全国合同管理师职业考试辅导教材

合同管理操作实务
HETONG GUANLI CAOZUO SHIWU

王嘉杰　王怀远　翟继光　郑佳宁　主编

经济科学出版社
Economic Science Press

图书在版编目（CIP）数据

合同管理操作实务/王嘉杰等编. —北京：经济科学出版社，2013.3

全国合同管理师职业考试辅导教材

ISBN 978-7-5141-3076-8

Ⅰ.①合… Ⅱ.①王… Ⅲ.①经济合同－管理－中国－资格考试－自学参考资料 Ⅳ.①D923.6

中国版本图书馆 CIP 数据核字（2013）第 039511 号

责任编辑：柳　敏　宋　涛
责任校对：隗立娜　杨　海
版式设计：代小卫
责任印制：李　鹏

合同管理操作实务

王嘉杰　王怀远　翟继光　郑佳宁　主编
经济科学出版社出版、发行　新华书店经销
社址：北京市海淀区阜成路甲 28 号　邮编：100142
总编部电话：88191217・发行部电话：88191537
网址：www.esp.com.cn
电子邮件：esp@esp.com.cn
北京汉德鼎印刷厂印刷
三河华玉装订厂装订
787×1092　16 开 23.5 印张 420000 字
2013 年 3 月第 1 版　2013 年 3 月第 1 次印刷
印数：0001—5000 册
ISBN 978-7-5141-3076-8　定价：52.00 元
（图书出现印装问题，本社负责调换。电话：88191502）
（版权所有　翻印必究）

《全国合同管理师职业考试辅导教材》
编委会

主　　　编：王嘉杰　王怀远　翟继光　郑佳宁

编委会成员：

于谦勇　王嘉杰　王怀远　王　敏　张长青
白留君　许立新　解跃进　周国银　何载福
马国智　许惠龙　简　明　金　进　徐佐中
王君芳　吴雪芳　赵德坤

本书编写成员：

翟继光　郑佳宁　雷润琴　吴　茵　吴飞飞
李成杰　赵　婧　赵晓钧　谭华霖　戴孟勇
刘竞元　杨　勇　郝佩青　郁　翔　陈　汉
林剑峰　赵德坤　姜志强　李　清　张建民

序　言

2011年全国首次提出了合同管理师制度，并采用考试的模式培养与选拔合同管理人才。这是合同管理专业化发展的一大进步，是市场经济发展的必然需求，也是企业发展的必然需求，对合同契约精神的提升、合同管理制度的完善、合同管理人才的培养都具有里程碑的意义。

合同是企业经济往来的桥梁，合同管理是企业经济管理的重要组成部分，又是企业风险防范、依法治企的重要组成部分。合同管理正在成为企业战略管理的核心，合同管理人才培养和使用也必将成为企业人才战略的核心。建立并实施合同管理师制度对规范企业交易行为、保障交易安全、防范和化解交易风险具有重要的现实意义，同时对引导企业树立诚信、公平、法制意识，促进建设和谐社会具有长远的历史意义。

随着我国经济的高速发展，法治经济制度的完善，依法治企工作的推进，以及国际化竞争加剧，企业成本与法律风险提高，企业迫切要求更高、更专业化的法律与合同管理人才为之服务。目前，在大部分企业中，从事合同管理工作的人员，一部分是法律专业人员，一部分是其他管理类专业人员，但绝大部分没有相关职业资格，没有经过系统化、全面性的专业培训与教育，从事的合同管理工作也仅限于合同文档管理、简单合同审核工作等；一部分企业外聘律师从事合同管理工作，但也仅限于一些重大、重要合同审核工作。企业离真正实现合同管理系统化、合同风险防范系统化、合同管理人才专业化、合同管理信息化等还有较大的距离。

近年来，随着高等院校的扩招，大学教育正在从精英教育走向大众教育，大学生就业面临巨大压力。特别是法学专业毕业生，一方面人数激增；另一方面就业通道不宽、不畅，以及就业门槛过高，造成大量法学毕业生游走于法律与非法律职业边缘。其次，缺少完善的法律职业体系与相应的职业教育也是造成大量法学毕业生就业困难的原因之一。目前符合法律专业学生报考的职业考试仅有法律职业资格考试（司法考试）和企业法律顾问考试，其中法律职业资格考试由于难度较高及通过后就业渠道较窄，阻碍了大批法律毕业生就业；而企业法律顾问考试由于要求 3 年或 5 年的工作经历才能报名，又把大批应届法律毕业生拒之门外。不完善的法律职业体系，势必造成法学毕业生就业压力。另外，大部分企业要求应聘人员有一定的工作经验或持证上岗，而大学毕业生又缺少相应的职业培训与职业规划，也是造成应届毕业生就业压力的另一原因。

建立完善的法律职业体系，进行合理的职业规划与培训，是解决法律毕业生就业、培养企业合同管理人才的有效途径。目前，企业吸收了 80% 以上的法律毕业生就业，而在这些岗位中，70% 以上又从事合同管理工作。合同管理师考试及相关制度的推出，完善了法律人才职业体系，形成了法律职业资格、企业法律顾问资格、合同管理师职业认证三位一体的法律职业格局，满足了不同职业需求、不同就业志向的法律人员的选择，有效地缓解了大学生就业压力，促进了企业合同管理人才培养，引导了法律与管理人才到企业建功立业。

本套书的编写得到了人力资源与社会保障部有关领导的大力支持，得到了部分中央企业总法律顾问、法律事务部领导、部分省份省人民政府国有资产监督管理委员会法规部门领导、部分省份经济和信息化委员会法规部门领导、知名大学教授以及知名律师事务所律师的大力支持与积极参与，在此表示感谢！

本套书详尽阐述了合同法基础知识、合同法律风险控制、合同管理信息化、合同管理操作实务、涉外合同法律知识等内容，首次全面、系统化地讲述了企业合同管理制度发展、合同管理职业定位，是一本合同管理师考试实用的、高质量的辅导教材。

2013 年，合同管理师职业考试辅导教材对部分内容进行了修订，并增加了一些章节，保证了合同管理师教材内容与企业合同管理实际需要相吻合，保证了合同管理师教材与时代经济发展相吻合。但由于时间仓促，在编写过程中难免存在纰漏，在此欢迎广大考生及读者批评指正！

全国合同管理师职业考试辅导教材编写组
2013 年 1 月 29 日

目录

上篇 合同管理实务总论

第一章 合同管理师岗位认知 ································ 3
第一节 合同管理师制度概述 ································ 3
第二节 合同管理师岗位 ···································· 8

第二章 合同管理概述 ······································ 10
第一节 合同管理制度概述 ·································· 10
第二节 现代企业合同管理中存在的主要问题和对策 ············ 15
第三节 现代企业的合同管理模式 ···························· 19
第四节 现代企业合同管理机构和人员 ························ 21
第五节 现代企业合同管理制度 ······························ 27

第三章 合同谈判与起草 ···································· 30
第一节 合同谈判 ·· 30
第二节 合同起草 ·· 34

第四章 合同审查 ·· 39
第一节 合同审查的一般内容 ································ 39
第二节 合同审查的主要内容 ································ 42
第三节 合同审查的流程 ···································· 53

第五章 合同履行管理 ······································ 54
第一节 合同履行管理概述 ·································· 54

第二节　合同履行的法律风险 …………………………………… 56
第三节　合同履行的常见问题及其对策 ………………………… 58
第四节　合同履行中合同异动和终止的处理 …………………… 62

第六章　合同纠纷处理 …………………………………………… 68

第一节　合同纠纷概述 …………………………………………… 68
第二节　合同纠纷处理方案 ……………………………………… 70
第三节　合同纠纷处理机制 ……………………………………… 72
第四节　合同纠纷解决方式的选择 ……………………………… 80
第五节　及时开展与合同纠纷有关的各种管理工作 …………… 84

第七章　合同风险管理控制 ……………………………………… 87

第一节　风险和合同管理概述 …………………………………… 87
第二节　合同管理中的风险控制 ………………………………… 99
第三节　合同法律风险 …………………………………………… 103
第四节　合同法律风险防范存在的问题及对策 ………………… 109

第八章　合同管理信息化 ………………………………………… 115

第一节　合同管理信息化简介 …………………………………… 115
第二节　合同管理信息系统的建设目标和具体设计目标 ……… 118
第三节　合同信息管理系统的风险管理 ………………………… 120

第九章　涉外合同实务 …………………………………………… 123

第一节　涉外合同概述 …………………………………………… 123
第二节　国际贸易中的法律风险识别与防范 …………………… 126
第三节　海外投资中的法律风险识别与防范 …………………… 151

中篇　合同管理实务分论

第十章　买卖合同管理 …………………………………………… 161

第一节　商业交易中合同及证据法律风险控制 ………………… 161

第二节　买卖合同法律风险管控 ·················· 163
第三节　商品房买卖合同及其风险防范 ············ 169

第十一章　供用电、水、气、热力合同 ············ 180

第一节　供用电、水、气、热力合同一般知识 ······ 180
第二节　供电企业合同有关难点问题 ·············· 181
第三节　供电企业合同风险及防范 ················ 184

第十二章　赠与合同 ······························ 193

第一节　赠与合同概述 ·························· 193
第二节　赠与合同的几种特殊情况 ················ 195
第三节　赠与公证 ······························ 199

第十三章　借款合同 ······························ 202

第一节　借款合同的立法概况及法律特征 ·········· 202
第二节　借款合同法律风险防范 ·················· 210

第十四章　租赁合同 ······························ 224

第一节　租赁合同基础知识 ······················ 224
第二节　租赁合同签订常见的问题及对策 ·········· 227
第三节　设备租赁合同应注意的问题 ·············· 233
第四节　周转材料租赁合同的常见风险及防范 ······ 239

第十五章　融资租赁合同 ·························· 243

第一节　融资租赁合同的基本知识 ················ 243
第二节　融资租赁合同风险管理 ·················· 252

第十六章　承揽合同 ······························ 262

第一节　承揽合同基础知识 ······················ 262
第二节　承揽合同在实务中区分的难点 ············ 266
第三节　签订承揽合同的主要风险防范措施 ········ 272

第十七章　建设工程合同 ·························· 278

第一节　建设工程施工合同的一般知识 ············ 278

第二节　建设工程施工合同签订和履约注意事项 …………………… 279
　　第三节　建设工程施工合同管理 …………………………………… 288

第十八章　运输合同 …………………………………………………………… 299
　　第一节　运输合同基础知识 ………………………………………… 299
　　第二节　运输合同订立和履行的重点问题 ………………………… 301
　　第三节　物流行业合同风险及其防范 ……………………………… 304

第十九章　技术合同 …………………………………………………………… 310
　　第一节　技术合同基础知识 ………………………………………… 310
　　第二节　技术合同签订和履行中应注意的问题 …………………… 314

第二十章　仓储合同和保管合同 ……………………………………………… 321
　　第一节　仓储合同基础法律问题 …………………………………… 321
　　第二节　仓储合同的签订及纠纷预防 ……………………………… 324
　　第三节　保管合同及其履行注意事项 ……………………………… 327
　　第四节　保管合同与仓储合同 ……………………………………… 330

第二十一章　委托合同、行纪合同和居间合同 ……………………………… 334
　　第一节　委托合同 …………………………………………………… 334
　　第二节　行纪合同 …………………………………………………… 338
　　第三节　居间合同 …………………………………………………… 344

下篇　其他合同管理实务

第二十二章　合同犯罪 ………………………………………………………… 353
　　第一节　合同诈骗罪 ………………………………………………… 353
　　第二节　签订、履行合同失职被骗罪 ……………………………… 359

第二十三章 "守合同 重信用"体系建设······362

第一节 "守合同 重信用"公示活动的建立与发展······362
第二节 评选"守合同 重信用"企业的原则和标准······363
第三节 加强对"守合同 重信用"企业的监督和引导······363
第四节 "守合同 重信用"评选活动对新经济形势的影响······364

上 篇

合同管理实务总论

第一章 合同管理师岗位认知

第一节 合同管理师制度概述

一、合同管理师制度的产生背景

(一) 国内合同管理师制度的首次提出

合同是企业经济往来的桥梁，合同管理是企业经济管理中的重要组成部分，合同管理人才培养和使用也必将成为企业人才战略的核心，建立并实施合同管理师制度对规范企业交易行为、保障交易安全、防范和化解交易风险具有重要现实意义，同时对引导企业树立诚信、公平、法制意识，促进建设和谐社会具有长远历史意义。

1. 企业的现实迫切需求。随着我国经济的高速发展，法治经济制度的完善，依法治企工作的推进，以及国际化竞争加剧，企业成本与法律风险提高，企业迫切要求更高、更专业化的法律与管理人才为之服务。

目前，在大部分企业中，从事合同管理工作的人员，一部分是法律专业人员；另一部分是其他管理类专业人员，但绝大部分没有相关职业资格，从事的合同管理工作也仅限于合同文档管理、简单合同审核工作等；一部分企业外聘律师从事合同管理工作，但也仅限于一些重大、重要合同审核工作。企业真正实现合同管理系统化、合同风险防范系统化、合同管理人才专业化、合同管理信息化等还有较大的距离。

在企业合同管理工作的范围越来越宽，涉及企业管理的各个层面，工作质量和要求越来越高的形势下，合同管理专业人才严重不足，许多企业合同管理工作面临有岗无人的局面，导致合同管理工作开展不顺、效果不好，造成了合同管理工作一方面很重要、一方面被冷落的尴尬局面和恶性循环。加快培养合同管理专业人才势在必行、迫在眉睫。

2. 人才发展的必然趋势。一方面，近年来国内法学专业毕业生人数激增，就业压力剧增；另一方面，就业通道不宽、不畅。目前符合法律专业学生报考的职业考试仅有法律职业资料考试（司法考试）和企业法律顾问考试，其中法律职业资格考试由于难度较高及通过后就业渠道较少，阻碍了大批法律毕业生就业，而企业法律顾问考试由于要求3年或5年的工作经历才能报名，又把大批应届法律毕业生拒之门外，这样既减少了应届法律毕业生的就业培训与职业规划，又降低了就业竞争力。另外，大部分企业要求应聘法律人员必须有一定的工作经验或持证上岗，也增加了应届毕业生就业压力。还有工程类、企业管理类、财会类、文秘类专业等学生从事合同管理工作及或相关工作的也越来越多。上述种种原因叠加在一起，造成了目前企业法律管理人员供需脱节问题非常严重。建立并实施合同管理师制度正是解决这一难题的良方和有效途径。

从这个意义上看，合同管理师制度符合人才发展的内在规律，是人才培养的必然趋势。合同管理师职业考试推出，统一了合同管理人才培养与岗位技能标准，促进了法律与管理类毕业生就业，培养了企业所需要合同管理人才，对社会就业问题的解决和企业的发展具有极其重要的意义。

（二）合同管理师制度前景展望

1. 相关法律法规和政策大力支持和鼓励。《中华人民共和国职业教育法》规定，"在我国实行学历证书、职业培训证书和职业资格证书制度。国家实行劳动者在就业前或者上岗前接受必要的职业教育的制度。"

国务院《关于大力推进职业教育改革与发展的决定》中指出：用人单位招收录用职工，属于国家规定实行就业准入控制的职业，必须从取得相应学历证书或职业培训合格证书并获得相应职业资格证书的人员中录用；属于一般职业（工种），必须从取得相应的职业学校学历证书、职业培训合格证书的人员中优先录用。

国务院在《关于加强职业培训促进就业的意见》中再次指出："十二五"期间，力争使新进入人力资源市场的劳动者都有机会接受相应的职业培训，使企业技能岗位的职工得到至少一次技能提升培训，使每个有培训愿望的创业者都参加一次创业培训，使高技能人才培训满足产业结构优化升级和企业发展需求。

"要统筹利用各类职业培训资源，建立以职业院校、企业和各类职业培训机构为载体的职业培训体系，大力开展就业技能培训、岗位技能提升培训和创业培训，贯通技能劳动者从助理工、中级工、高级工到技师、高级技师的成长通道。"

"在职业院校中积极推行学历证书与职业资格证书'双证书'制度。充分发挥技能竞赛在技能人才培养中的积极作用，选择技术含量高、通用性广、从业人员多、社会影响大的职业广泛。开展多层次的职业技能竞赛，为发现和选拔高技能人才创造条件。"

人社部在《关于印发人力资源和社会保障事业发展"十二五"规划纲要的通知》中明确指出，"造就宏大的高素质人才队伍。全国人才资源总量达到1.56亿人。其中，专业技术人才总量达到6800万人左右，高技能人才总量达到3400万人"。

2. 合同管理师职业培训考试的优势与核心竞争力。合同管理师职业培训考试，旨在打造"全国合同管理师考试——司法考试——企业法律顾问考试"三位一体的考试模式，从而满足企业的需求。解决法律专业考试过关率过低而企业门槛过高职业招聘标准模糊的问题。

该考试是属于全国职业技能认证考试，在全国范围内具有效力。职业培训证书是表明劳动者具有从事某一职业所必备的学识和技能的证明。劳动者从事这种职业所达到的实际能力水平，所以它是劳动者求职、任职的凭证，是用人单位招聘、录用劳动者的主要依据。

从业务技能角度来看，业务能力证书往往比学历证书在行业内更具有权威性。企业招聘录用人才时，学历证书只作为应聘人员个人文化修养程度的参考，而职业培训证书则是应聘人员专业知识、能力水平的重要参考依据。通过认证除了在任职、就业有优越性之外，其他好处在于：提高个人的策划理论水平和综合素质；持证人信息在官网上公布，为用人单位提供查询服务；持证人可获得国家合同管理师人才库的备案服务；合同管理师认证，是国家证书，具备权威性。

二、合同管理师制度

（一）合同管理师制度的概念

合同管理师制度是指规范合同管理师执业资格、执业岗位、权利义务和法律责任等一系列制度的总称。

1. 合同管理师制度主要是规范企业内部从事合同管理专业人员的行为规范。可以从两方面理解：一是合同管理师制度主要适用对象为企业，也包括非企业其他组织；二是合同管理师制度规范的对象仅是从事合同管理专业人员。

2. 合同管理师制度是企业管理制度中最重要子制度之一。合同管理师制度和企业法律顾问制度等制度一样，都是企业现代管理制度的有机组成部分。

3. 合同管理师制度是我国人才职业制度的创新。合同管理师制度是首次围绕合同管理这条主线设置的包括主体资格、行为规范、权利义务等一系列制度，属于人才职业制度的创新。

(二) 合同管理师制度的主要内容

1. 合同管理师的人才资源管理。合同管理师是懂合同涉及具体义务、懂法律、懂管理的复合型人才，是我国人才队伍的重要组成部分，应该纳入我国人才发展整体规划。根据国务院在《关于加强职业培训促进就业的意见》文件的精神，围绕培养、使用、吸引等关键环节，加快合同管理师制度建设力度。

合同管理师人才资源管理具体包括合同管理师人才的职业资格取得、培训和教育、注册备案管理、选聘和解聘、激励和约束等具体内容。

2. 合同管理师的组织管理。合同管理师资格取得是在国家有关部门或组织有效组织、控制、监督和指导下取得的。合同管理师职业是国家人才职业规划中的一个分支，必须接受统一规划和管理。合同管理师履行职责必须接受所聘单位的约束和管理。具体包括主管机构、培训机构、考试机构、发证机构、岗位设置等内容。

全国合同管理师考试由人力资源和社会保障部中国就业指导中心"1＋N"项目管理办公室主管，全国"1＋N"复合型人才职业培训项目合同管理师课程发展中心负责，在全国范围内进行统一招生、统一组织、统一教材、统一命题、统一考试的职业技能认证考试。考试采用合同管理师课程发展中心组织的全国统考形式，考试合格后由人力资源和社会保障部中国就业培训技术指导中心颁发职业培训证书。

CETTIC《合同管理师职业培训证书》是由人力资源和社会保障部中国就业培训技术指导中心核发的全国性职业培训证书。根据劳动和社会保障部的有关文件规定，CETTIC证书可以作为培训学员从业的凭证，同时，也可作为申请职业技能鉴定时，接受相关职业资格培训的证明。

CETTIC职业培训证书由人力资源和社会保障部中国就业培训技术指导中心颁发，全国通用，证书编号可在全国"1＋N"复合型人才职业培训项目网站（www.ccetu.org）和中国就业培训技术指导中心网站（www.cettic.cn）上查询，全国通用。

3. 合同管理师工作制度。合同管理师开展工作，包括工作职责和目标、工作方式、重点环节、实现途径、救济和责任等都必须按照一定的制度规则进行，做到有章可循、有据可依。

三、合同管理师

(一) 合同管理师的定义和特征

1. 合同管理师的定义。合同管理师是指从事合同管理的专业人员，是做好合同管理工作的核心力量和关键要素，工作上直接对相关业务负责人负责，业务上接受本单位合同管理机构指导。

2. 合同管理师的特征。合同管理师具有如下特征：

（1）合同管理师是一种职业资格称谓，受聘某一单位后，可以成为该单位员工。

（2）合同管理师是从事合同管理工作的专业人员，其承担的主要工作是合同管理，也不完全排除兼做其他一些工作，在某一单位既可以独立作为一个部门，也可以隶属法律服务机构或其他部门。

（3）合同管理师只从事受聘单位合同管理以及与此相关的工作，其服务对象主要面向企业，也可以为其他非企业组织和单位。

（二）合同管理师的任职条件

合同管理师应具备以下任职条件：

（1）具有合同管理师执业资格，即通过合同管理师资格考试，合格后取得由人力资源和社会保障部中国就业培训技术指导中心颁发职业培训证书。

（2）担任合同管理师必须受聘于某一单位，任职于该单位合同管理师岗位。

（三）合同管理师的任务

1. 促进合同管理专业化、系统化、科学化。合同管理师是从事合同管理工作方面的专业人才，其主要任务是推动合同管理实现专业化、系统化、科学化。完成任务的途径一是直接从事合同管理工作，实现对合同高标准、高质量、高效率的管理；二是通过建议、咨询等方式，促进相关业务为合同管理提高有效服务和支持。

2. 防范和化解合同风险。合同管理师最直接的任务是防范和化解合同风险。合同管理师的工作是以合同为主线，加强对合同涉及各个程序环节和实体内容的有效监督和指导，必须从事前防范、事中控制、事后补救等层面有效防范和化解合同风险。

3. 推动管理水平全面提升。合同管理是合同涉及的具体业务为载体的，具体业务为"目"，合同管理是"纲"，纲举才能目张，合同管理水平关系到具体业务工作的质量，做好合同工作，可有效带动其他工作水平的提高。

（四）合同管理师的权利和义务

1. 合同管理师享有以下主要权利：负责处理合同管理及其相关事务，从合同管理的角度提出意见和建议；根据工作需要，查阅本单位有关文件、资料、财务报表和统计报表等；根据工作需要，请求其他部门或者个人支持和协助；所在单位规章制度或上级领导授予的其他权利。

2. 合同管理师负有以下主要义务：遵守国家法律法规和有关规定以及企业规章制度，恪守职业道德和职业纪律；忠于职守，依法履职，保守国家和单位秘密，维护单位合法权益；按照岗位标准，对所从事的合同管理工作的质量负责；所在单位规章制度规定的其他义务。

第二节　合同管理师岗位

一、合同管理师岗位的定义和特征

（一）合同管理师岗位的定义

合同管理师岗位是指合同管理师所聘单位依法自主设置的专门承担合同管理工作职能的工作岗位，体现出合同管理师在单位内的具体位置。

（二）合同管理师岗位的特征

1. 合同管理师岗位是所聘单位依法自主设置的工作岗位。该岗位属于单位所有岗位设计中的一种，从属于单位，和单位其他岗位一样，受单位领导和约束。

2. 合同管理师岗位是所聘单位内部承担合同管理工作职能的岗位。该岗位的职责明确为专门从事合同管理工作，体现出和其他岗位职责区别。

二、合同管理师岗位的设置和职能

（一）合同管理师岗位的架构

1. 企业应当根据工作需要设置专门的合同管理师岗位。企业应综合考虑工作量大、合同风险高、行业特殊等因素，设置多个不同层级的合同管理师岗位。

2. 非企业的组织或单位可以根据工作需要，设置合同管理师岗位。

（二）合同管理师岗位的职责

1. 管理单位合同，主持或参与合同起草和谈判工作；
2. 负责单位合同管理制度的拟订工作；
3. 负责和参与合同的签订、履约过程监督和指导；
4. 负责合同管理流程通畅、高效，提出合同管理工作的改进方案、实施意见和建议；
5. 负责或参与防范、化解合同风险，提出可行性方案；
6. 负责或参与合同管理宣传教育和业务培训；
7. 办理单位领导交办的其他有关事务。

（三）合同管理师岗位职业道德

1. 遵章守纪。严格遵守国家法律法规和有关规定以及单位各项规章制度。

2. 诚实守信。实事求是，以全面客观的态度待人接物、履行职责，不弄虚作假者、不欺骗隐瞒，胸怀坦荡、为人坦诚。

3. 勤勉敬业。工作认真踏实，兢兢业业，全心全意为单位工作。

4. 廉洁自律。洁身自好、严于律己、不谋私利。

（四）合同管理师岗位技能

1. 初级合同管理师：能够掌握合同基础法律知识、合同基础管理技能，对合同起草、审核等工作具备初步的了解，可以协助合同管理师完成合同的起草、初审等工作。

2. 中级合同管理师：熟练掌握合同法律知识，能够独立完成合同起草、审核、合同履行监督管理等工作，对合同管理技巧、流程有深刻的认知，对合同管理风险能够进行分析、预防。

3. 高级合同管理师：具备较高的政治素养与宏观经济洞察能力；有具备较高的合同管理知识与合同管理理论，能够针对不同的行业、不同的企业管理，制定不同的合同管理制度，制定不同的合同风险管理制度；能够组建、领导合同管理团队，完成企业经济发展规划；对合同谈判、合同起草、合同审核、合同履行、合同纠纷处理，具备较高技巧及应对能力；对涉外合同具备相应专业知识。

第二章　合同管理概述

经济一体化进程使得现代企业的经济活动变得频繁而活跃，这给企业带来无限机遇的同时，也带来更大的风险。企业开拓市场，扩大产品或服务的市场份额，也就是寻求更多机会订立更多合同的过程。知名法律服务机构发布报告称，公司治理和合同管理是中国企业最大的风险源。现代企业中大多数的法律纠纷都直接或间接地与合同管理中的某个环节有关。可以说，企业管理的成败在某种意义上来说取决于合同管理的成败。

第一节　合同管理制度概述

一、合同和合同管理

(一) 合同的概念及其法律特征

合同种类繁多、含义广泛，在其概念上存在诸多争议。和同事合同管理的基础，规范合同的签订、履行以及合同资料的整理和分析工作，深入地加强对合同的理解和把握，有助于更加有效地推进企业管理理念的更新。

1. 合同的定义。合同又称契约，是一个起源于罗马法的一个重要法律概念。大陆法学者认为合同是一种合议或者协议，英美法学者认为合同是一种允诺。我国基本上属于大陆法系。合同的概念见于《民法通则》和《合同法》。《民法通则》第85条规定："合同是当事人之间设立、变更、终止民事关系的协议。依法成立的合同，受法律保护。"《合同法》第2条规定："本法所称合同是平等主体的自然人、法人、其他组织之间设立、变更、终止民事权利义务关系的协议。婚姻、收养、监护等有关身份关系的协议，适用其他法律的规定。"

《合同法》关于合同的定义与民法通则的规定大同小异。由于本书涉及的是企业合同管理实务，而劳动合同也是企业生产经营中最常见的合同之一，因此，本书所指的合同还包括《劳动合同法》所规范的用人单位与劳动者之间确立的劳动关系的劳动合同。

2. 合同的法律特征。合同作为一种重要的法律行为，具有以下法律特征：

（1）合同是一种民事行为，是民事主体实施的以意思表示为要素的能够引起民事权利和民事义务的产生、变更和终止的行为。因此，合同双方当事人意思表示合法且达成合意的合同具有等同于法律的效力，一旦双方签订合同，就表示自愿受到合同规定的权利义务约束。而且在一方不履行合同义务的情况下，对方当事人还可以请求国家强制力来保证合同义务的履行，从而增加交易的安全性。

（2）合同当事人的民事主体地位是平等的，任何一方不得将自己的意志强加给另一方。地位的平等保证了当事人利益的表达，因此，合同才成为市场经济下经济主体交易的最重要形式。

（3）合同设立有明确的目的性，是当事人意志的表达。合同当事人签订合同均具有明确的目的和宗旨，因此，合同是当事人自由意志的表现，当事人会在合同中明确约定各自的权利义务，从而增加交易的可预见性。

（二）合同管理的定义和特点

1. 合同管理的定义。合同是商品经济的产物，也是商品交换的法律表现形式。合同作为一种实现当事人利益的手段或者工具，具有动态性，当事人通过合同订立、生效、履行、变更、终止，甚至违约的一系列行为，得到一种静态的财产归属或类似的归属关系。企业合同能否依法订立和履行，直接关系到企业行为法律评价和经营活动的成败。加强合同管理，及时发现竞争、合作中存在的违规问题，提出规避的方案和策略，使企业权益受到侵害时能够拿起法律武器进行维护。合同管理对企业的重要性越来越凸显。

合同管理是指企业为实现合同目的，根据本单位实际情况，依照合同法等有关法律法规，对以自身为当事人的合同依法进行订立、履行、变更、解除、转让、终止，纠纷解决以及审查、监督、控制等的整个过程众多进行的一系列民商事法律行为的总称。其中订立、履行、变更、解除、转让、终止是合同管理的内容，审查、监督、控制是合同管理的手段。合同管理是一个动态和静态结合的过程，它并不仅限于合同本身，而是与企业经营目标、企业组织机构、外部法律环境等因素密切联系。它需要通过企业建立必要的合同管理机构和管理制度，通过专业人员加强对本企业合同签订、审批、履行等动态流程的管理和对合同文本的归档研究，确保合同依法订立并得到全面履行，从而降低企业风险、提高企业经济效益。

2. 合同管理的特点。虽然每个企业合同管理的情况不尽相同，但是，从合同管理的概念出发，我们可以归结出企业合同管理的主要特征：

（1）企业合同管理的主体是以企业名义，按照职权分工做出合同管理行为的企业内部各有关部门。合同管理主体与合同主体不同，合同管理主体是指企业作为合同一方当事人，为了企业利益，以企业的名义，依照职权实施合同磋商缔约、履行监督、变更或解除、维权救济等合同行为的企业内部各部门的总称。

合同管理的主体适用于合同一方当事人的内部。从静态角度讲，是指为了签订、履行、变更、解除合同以及为在产生合同纠纷时解决纠纷救济权利的需要，在本单位内部设立的专门分工负责某方面合同管理工作的各个部门；从动态角度讲，是指做出某项具体的合同管理行为的单位内部某一部门。合同管理主体做出的行为对外代表本方当事人整体，是由法律效力的合同行为；对内是本部门的职权行为，对自己的行为向本单位负责。

企业合同管理主体所实施的合同管理行为应当具有以下特点：①必须是以企业名义实施；②必须是为了企业的利益；③必须是在本部门职权范围内；④必须是与合同有关的行为。不符合任何一种情形的，都不属于合同管理行为。仅仅为了企业利益并且确实给企业带来利益，或者保护企业利益，避免了实际发生的侵害，但是不符合其他三种情形的，只能被认定为法律上的无因管理、紧急避险或者正当防卫行为，企业应当给予表扬和补偿。因合同管理行为的错误（过错或者重大过失）给企业造成损失的，企业可以根据具体情况对该部门责任人员予以批评、处分或者追偿。

（2）企业合同管理的宗旨是实现合同目的。一般来说，除少数经营公益事业并享受政府补贴的企业，如公交、水、电、气、热供应企业之外，企业经营的目的就是实现经营利润的最大化。因此，企业的任一合同都是服务于这个最高目标的。

（3）企业合同管理的实质是民事法律行为。首先，合同管理行为具有很强的目的性，体现的是企业未达到特定目的所做出的一系列意思表示；其次，合同管理本身就是在处分合同法律关系；最后，合同管理行为必须是合法行为，违法行为不但实现不了合同管理目的，还会使企业受到法律追究，承担民事、行政甚至刑事责任。

（4）企业合同管理要从企业实际出发。合同管理是企业管理现代化的必然要求，合同管理的成败直接关系到企业的兴衰，因此，合同管理必须从企业自身的实际情况和需要出发，如合同管理组织设置、人员配备、程序设计等既要符合本企业的实际，也要符合企业的发展。

（5）企业合同管理是由企业贯穿合同全过程的制度、规范和操作程序组成的一系列管理行为。

二、合同管理的基本理念

合同管理是一项实践性非常强的综合性管理工作。随着合同作用的日益凸显,合同管理逐渐成为企业管理的一个重要内容。在美国,合同管理从研究到实务已经发展成为一个系统性工程,还出现了以合同管理为研究对象的专业性协会和刊物。如美国于1959年成立了全面合同管理协会NCMA(National Contract Management Association)专门对合同管理相关内容进行研究,《德克萨斯州合同管理指南》(State of Texas Contract Management Guide)通过发表政府指导文件,全面细致地阐述了合同管理的内容,通过对合同管理的关键点的理解和阐述,形成了一系列有意义的研究成果和理论。

此外,其他发达国家也存在通过在行业协会中成立专门行业合同管理研究组织对涉及具体行业的专门性合同管理进行研究的情况。如高风险的石油天然气行业每年都举行上有油气企业的合同风险管理研讨会;国际咨询工程师联合会发布《土木工程施工合同条件》(FIDIC条款)。

我国学者对合同管理的研究在改革开放以后才开始发展,起步较晚,主要研究方向集中在基础理论、合同治理、合同管理绩效考评等方面;主要研究领域则集中在建筑、建设、国际工程合同管理、招投标合同管理、劳动合同管理、项目合同管理等方面。综合起来看,我国的合同管理理念主要表现在以下几方面:

1. 合同管理是企业生存发展的根基。合同管理实际上是企业权利管理、风险管理、效益管理,对企业的生存和发展具有基础性的作用。

2. 合同管理是企业运作流程管理。合同管理是一个动态和静态结合的过程,渗透企业运营流程的各个环节,是全过程、全方位、多层次、高效率的管理。

3. 合同管理的核心是对人的管理。合同管理将企业合同管理人员从资格、职权、责任三方面与企业员工进行了区别和明确,其核心是对人的管理。

三、合同管理的作用

合同管理的作用是合同管理行为对企业产生的最具体、最直接的后果。合同是调节各方经济活动关系的法律依据,加强合同管理,是发展和完善社会主义市场经济的必然要求,合同管理好坏直接关系市场主体、市场价格、市场交易。因此,合同管理对现代企业和市场经济的作用及意义是巨大的。合同管理的作用主要表现在两个层面:

1. 宏观方面,对社会主义市场经济秩序的重要作用。市场经济是信用经济,也是法治经济。随着世界经济全球化的进程进一步加快,企业要想更好发展、参与全球市场竞争并在竞争中取得优势,就必须严格遵守市场规则,按照国际规则、惯例和标准行事,加快建立现代企业制度,加强合同管理,及时发现竞争和合作中存在的问题,及时提出应对措施,监控了企业经营风险,提高了企业发展的预见性，有助于实现企业对市场的承诺，体现企业的诚信，提升企业的品牌和形象，使企业更牢固地立足市场，实现可持续发展。

2. 微观方面，对现代企业自身的重要作用。对企业自身来说，合同管理的重要作用体现两方面：一是合同管理对内理顺了公司和员工、公司与投资者的权利义务关系，通过一系列动态和静态的合同管理行为，进一步整合公司资源，能够使企业的生产经营和市场接轨，满足市场要求，提高企业适应市场和参与市场竞争的能力；二是在于通过合同管理，控制了决策的随意性，通过对合同对方当事人的分析和判断、通过科学的谈判、通过合理设计合同条款、通过选择经济的纠纷解决方式和程序，使企业在履约过程中不仅维护自身的合法权益，而且提高了经济效益。

总之，在市场经济条件下，企业的一切行为都通过合同来体现。成功的企业合同管理是把合同的权利义务按职能分工分解到各个职能部门，由各部门协作、配合完成。因此，合同管理的水平集中体现了企业的综合管理水平。

四、合同管理的目标和原则

（一）合同管理的目标

每个企业在进行合同管理之前要首先明确合同管理的目标，合同管理的目标就是合同管理需要达到的目的和结果。合同管理目标一般分为三个层次：

1. 总目标。合同管理的重要作用决定了合同管理的总目标就是通过控制企业经营风险，提高企业的综合管理水平。这是合同管理的总目标，也是合同管理的根本目标。这是在合同管理过程中必须始终坚持到底、坚定不移的。

2. 具体目标。合同管理的具体目标，也可以叫阶段目标，就是通过职责部门对合同行为的规范，达到签订的合同没有重大潜在风险，履行合同的过程杜绝潜在纠纷的发生，争议解决的圆满高效。

3. 队伍建设目标。队伍建设目标是实现合同管理总目标的智力保证和前提。合同管理每一项具体工作，最终将由某个具体的个人来完成。因此，做好合同管理工作，还必须制订合同管理队伍的目标，保证合同管理队伍的数量和质量，确保合同管理总目标的实现。

（二）合同管理的原则

1. 依法管理原则。依法管理，是指合同管理过程不能违反国家的法律、法规和规章的明文规定和基本原则。依法管理，首先要求企业签订的合同内容要合法，违反法律强行性规定和社会公序良俗的合同内容，不能得到国家法律的保护；其次，要求合同形式合法。除法律对合同形式有特殊规定的情况，如法律规定必须采用一定书面形式或者经过一定手续的要式合同，一般情况下法律对合同形式并没有特别的要求。但是为了便于企业合同管理，一般应当签订书面合同。最后，是指签订合同的程序要合法。包括签订合同前遵守诚实信用原则，认真履行先合同义务，也包括签署合同要按照企业合同管理的有关规定来办理，还包括履行合同以及终止合同甚至纠纷处理的全国过程都要合法。

2. 渗透管理原则。渗透管理原则，又称全方位管理原则，是指合同管理应当充分渗透到合同谈判、签订、执行、纠纷解决等所有过程、细节和环节当中去。合同管理的内容和过程贯穿企业经营方方面面，无论合同处于哪种状态、运作到哪个阶段，合同管理工作都必须跟上，不能掉以轻心。

3. 预防为主原则。预防为主原则，又称未雨绸缪原则，是指合同管理要突出预警作用，合同管理工作的重心在于预防纠纷、防范风险。不能用合同管理人员是不是忙于合同纠纷和风险的处理或者处理的纠纷和风险数量来衡量合同管理部门和人员的作用和水平。相反，没有合同隐患、没有合同纠纷产生更加说明合同管理的作用和水平。

4. 分类管理原则。分类管理原则，是指合同管理人员对待合同应当认真区分合同性质和特点，有针对性地区别对待，量身定制具体的管理方式和程序。

5. 流程管理原则。流程管理原则，是指将合同管理按照时间顺序分成若干阶段，并利用业务人员的专业特点和职责范围，对各个阶段合同管理工作的主要内容进行规定，使合同在多角度、多方位的科学有序的考察研究中产生，从而最大限度地防范纠纷和风险，最有效率地实现合同目的。

第二节　现代企业合同管理中存在的主要问题和对策

一、现代企业合同管理中存在的主要问题

虽然我国不少企业逐渐意识到了企业合同管理的重要性，但是由于合同管理的意识、制度、人员等原因，我国企业在合同管理特别是信用管理方面还有很多缺陷，不少企业的合同管理体系至今仍属空白，具体主要表现在以下几方面：

1. 合同签订行为和合同文本不规范，条款过于简单或不明确。一些企业签订合同时普遍缺少对合同向对方资信的调查了解，没有审查合同向对方的法人营业执照或自然人身份证明、法人授权委托书。一些合同简单以协议书、意向书等命名且不加区分。有的认为是老关系，碍于情面搞口头的"君子协议"，而不签订书面合同；有的怕麻烦，图简单或只签内容条款不全的合同；有的则为偷逃

国税（如印花税），故意不签书面合同。许多企业虽然注意签订相关的合同，但却不是用成文的格式合同文本，造成双方对合同标的约定不明确，合同条款不完善，权利表述不明确，意思表达模糊。一些合同条款过于简单，约定的意思不明确、不具体，无法操作或者操作过程中容易引起歧义。

2. 合同签订履行监控制度不完善。市场经济下，企业的生存和发展完全取决于市场竞争，市场成为社会资源配置的主要形式。而我国多数企业尚处于转型时期，还不能完全适应靠合同来维护企业自身利益这种市场竞争的方式，缺乏可行、有效地合同管理体系和具体的操作流程，合同签订把关不严，签约随便，解约自由。"阴阳合同、口头协议、私下合同"屡禁不止。需要变更或解除的合同，不按法定条件、法定期限和法定形式办理。

3. 企业仅注重合同的静态管理，忽视合同的动态管理。企业在签订合同前，虽然注意审查合同对方的资信和履约能力，但一般只注重对对方以往履约行为和注册资本、生产规模、业内影响等方面进行审查。而且合同的履行是一个包括签约、交货、验收、结算等很多环节的动态过程。对方当事人的资信到底如何，是在合同履行过程中体现出来的。因此，注重对签约时对方当事人的资信调查和合同文本的审查，而忽略合同过程的管理，是做不好合同管理工作，也无法保障企业的合法权益。更有一些企业没有建立有效的合同管理制度，发生纠纷时要么不了解情况而陷入被动，要么因为合同基础材料原件丢失或仅保存复印件而无法主张自己的权利。

4. 合同履约率偏低。投标过程轻率，低价竞标，中标后不认真履行合同，履约过程随意修改合同或违背合同约定。发生争议和违约，听之任之，拖拖拉拉，不努力寻求解决之道。即便诉诸法庭，败诉一方也寻找各种理由，想尽办法，拒绝赔付甚至逃逸，造成事实上的"执行难"问题。

5. 企业合同管理手段滞后。部分企业合同管理工作仍以手工操作为主，信息化程度低，影响了合同归档、调阅以及进度分析，甚至纸质合同遗失、损毁的现象也时有发生。随着全球一体化和网络经济的发展，企业在采购、产品销售等方面将越来越依赖网络，信息化程度偏低，对合同管理中与对方的沟通协调以及合同履行中的进度控制和问题解决都将产生影响，最终导致企业效率和效益的降低。

二、现代企业合同管理存在问题的主要原因

对目前我国企业合同管理存在的问题进行深入分析，造成这些问题产生的主要是三方面的原因：认识、制度和素质。

1. 法律意识淡薄，风险防范意识较差。企业领导对合同管理的重要性认识不足，只关注企业经济效益。企业的从业人员的合同法律意识淡薄，对市场与合同、合同与合同管理的关系缺乏正确的认识。有些业内人士只顾到市场上承揽任务，却不去签订合同或者草率签订，一旦合同签订了，合同就束之高阁了，结果忘记了对合同履行过程的监控，一旦发生纠纷往往因没有协商与调解的依据，或者依据不足而导致企业利益受损。

2. 企业合同管理制度不健全，无法发挥应有的作用。"认识的高度决定行动的力度"，受制于法律意识淡薄、风险防范意识差，很多企业管理层无法正确认识合同管理对企业经营管理甚至生存发展具有的重要意义。不注重合同管理基础设施建设，导致合同管理制度流于形式，根本无法发挥应有的作用。企业外部工商行政管理部门、业务主管部门、金融机构还没有形成在各司其职的同时又相互配合的多层次合同管理网络，使企业合同管理制度建设缺乏外部推动力和激励机制。

3. 合同管理人员素质低，不能满足合同管理的要求。合同管理是一项专业性强、知识面宽、法律法规意识要求高、需要丰富管理工作时间经验的工作。合同管理人员相应的应当是具有相关方面专业知识的复合型人才。但目前很多企业合同管理人才缺乏、执业水平低，无法对合同涉及的各项法律问题做出正确判断，不能胜任合同管理的工作。

三、解决现代企业合同管理存在问题的主要对策

为解决我国目前合同管理存在的问题，提高我国企业合同管理能力和水平，企业实践界和合同管理专家提出大量的对策，有些从横向管理的角度，认为机构建设、信息化、预防机制、监督机制、人员教育培训和文本管理制度建设对提高合同管理效率和效益具有重要作用；有的从纵向的角度，以合同运行的时间为序对合同管理的不同环节提出了对策和建议。

（一）横向方面的建议

横向方面的建议主要是以合同管理为整体来进行考察，主要对策有：

1. 建立合同管理部门，统一归口合同审核和管理；
2. 积极推进合同管理信息化，实现合同管理方式的转变；
3. 加强合同纠纷的预警和预防；
4. 加强合同履行监督，及时处理违约纠纷；
5. 加强合同管理人员的执业教育培训；
6. 做好合同管理的基础性工作。

（二）纵向方面的建议

纵向方面的建议主要是以合同运行的时间为序，一般可以将合同准备、合同谈判、合同文本起草和审查、合同的签署和保管、合同的履行、合同的补充与变更、合同的结算与支付、合同关系确立八个环节采取不同对策。

1. 合同准备环节，要注意合同主体及其资格；
2. 合同谈判环节，需要强化认真严谨的合同谈判方式方法；
3. 合同文本起草和审查环节，尽可能选用国家、政府和企业颁布的通用合同文本；
4. 合同的签署和保管环节，签署的合同文本除了及时报企业对口业务部门备案外，均应交由项目部业务对口部门负责人集中保管留存；
5. 合同的履行环节，要围绕合同履行，采取切实有效措施不断改善和提高履约水平；
6. 合同的补充与变更环节，签订的补充协议、会议纪要及其双方约定的书面文件等，均应与合同文本一样管理、一样履行；
7. 合同的结算与支付环节，企业要整章建制，完善管理，严格把好支付关；
8. 合同关系结束环节，要坚决杜绝合同范围内的人和工作，切实维护企业合法权益。

（三）综合建议

1. 加大宣传力度，转变思想观念，增强法律意识。企业领导及其员工都要认真学习有关法律法规，加深对市场经济条件下合同管理的认识，树立良好的法律意识，学会用法律手段来保护企业的合法权益。

2. 切实提高合同管理人员的综合素质。企业应严格合同管理人员的配备及选拔程序，选择优秀人才担任合同管理人员。在使用过程中坚持持证上岗、优胜劣汰的原则，建立健全考核和激励制度。同时，企业还应当创造条件，组织合同管理人员参加各种执业培训。

3. 建立健全企业合同管理体系。包括合同管理机构和制度的建设。企业要由上而下地建立和健全合同的管理机构，使企业合同管理覆盖企业的各个层次，延伸到各个角落。企业还必须就合同管理全过程的各个环节，建立和健全具体的可操作的制度，使合同管理有章可循。

4. 加强合同履约过程的动态管理。企业要根据合同约定，对施工过程进行全面监控，企业合同管理部门和有关职能部门要对准备实施的合同制定阶段性的预警和监控计划，使项目的各个环节处于受控状态。

第三节 现代企业的合同管理模式

一、合同管理模式概述

(一) 合同管理模式的分类

企业合同管理模式是以企业的经营理念为依托，综合考量企业自身各种因素确立的合同管理制度。确立合同管理模式依照不同标准有不同分类。

1. 利润型管理模式、风险型管理模式和利润风险型管理模式。这种划分主要是以合同管理目标是以利润为主还是以防范风险为主，或者是两者兼而有之的标准对合同管理模式进行的划分。利润型管理模式是指在合同管理过程中，企业以营利为管理的核心重点和最终目标；风险型管理模式以稳定企业公司经营与发展为管理的核心重点和最终目标；利润风险型管理模式则既考虑营利也考虑稳定企业经营和发展为目标。

2. 封闭型管理模式和开放型管理模式。这是以合同管理是否有外部人员参与为标准对合同管理模式进行的划分。封闭型管理模式下，企业不聘用外部法律顾问，所有的合同管理事项均在企业内部完成，这种管理模式的优点在于能保护企业的商业秘密，加强企业内部沟通，但是在专业性上有所欠缺；开放型管理模式下，企业需要在企业外部聘请法律专业人士来协助企业处理公司的合同事务，这种模式的优点在于专业性较强，但由于外部人士对企业的了解不够深入，在融合性上会有所欠缺。

3. 专业管理模式和项目管理模式。这是根据合同管理的方式为标准对合同管理模式进行的划分。专业管理模式即根据企业内部职能的分工，由不同部门各自负责合同的不同内容。如，合同中涉及商业的部分由业务部门负责，财务部分由财务部门负责，公司法律部门则负责审查合同的合法性。从合同的立项到谈判，再到起草、审查以及履行，整个过程非公司的某一个部门能够单独完成。目前国内大部分企业采取的是专业管理模式。

项目管理模式则是将合同作为一种项目进行管理，如，国外有些企业专门设立了类似合同管理中心的机构，由合同管理中心来统筹协调业务部门、财务部、法律部等职能部门来处理合同的整个生命周期中涉及的所有问题，并对公司的所有合同进行综合分析整理，从而给予公司更多的战略性信息。

4. 行业联合指导合同管理模式。这是以企业所在行业的特点对合同管理模式进行的划分，目前世界上比较成功的，且知名度较高的是大型工程建设方面的

FIDIC 合同管理模式。

FIDIC（International Federation of Consulting Engineers，国际咨询工程师协会）是一个联合会机构，于 1933 年由欧洲 5 国独立的咨询工程师协会在比利时成立。由该协会编制的各类工程承包合同和协议文本条款内容严密，对履约各方和实施人员的职责义务以及实施项目过程中可能出现的情况也都有较合理的规定，被世界银行、亚洲开发银行等国际和区域发展援助金融机构作为实施项目的合同和协议范本，对国际实施工程建设项目，以及促进国际经济技术合作的发展起到了重要作用。

（二）合同管理模式的选择——实现合同本身性质

成熟的合同管理应当实现合同自身的三种不同特性，明确合同的经济价值、保证其合法以及按照合同提高企业内部的管理效率。仅停留在操作性层面的合同管理，无法挖掘出合同中所蕴涵的更多价值，也无法为公司的经营决策提供足够的支撑。合同管理应从操作性、事务性的工作层面走向管理性、战略性的层面，这就涉及企业对合同管理模式的选择。

战略性的合同管理决定于合同自身的本质。成熟的、战略性的合同管理是能够实现合同的本质的管理。

对于合同本身性质的认定，可以从不同层次来考察。第一，是商业层面，合同要实现自身的商业目标，实现其经济性；第二，合同是有一定约束力的法律文件，它同时具有法律性；第三，企业将依据签订好的合同组织生产和管理，新的合同内容就会带来新的生产内容甚至管理模式，因此合同还具有与生俱来的管理性。

因此，成熟的合同管理应当实现合同自身的三种不同特性，明确合同的经济价值、保证其合法以及按照合同提高企业内部的管理效率。这应当成为合同管理的基本理念。然而，目前国内大部分企业的合同管理，仍主要以合同审查为核心，也就是主要以确保合同的法律性为核心，合同的经济性和管理性则尚未得到足够重视。

从国际趋势来看，项目管理模式更适应现代合同管理的需要，是合同管理模式的发展趋势，如公司法务人员常常会抱怨合同管理中法律部门和业务部门"打架"的情况，项目管理模式可能会更好地解决这个问题。但是，就目前的实践经验而言，专业管理模式仍更加契合中国企业的管理现状，综合项目管理模式的操作难度相对更大。虽然目前跨部门、跨流程的项目管理模式还不能说是国内企业合同管理的新发展方向，这至少是一种新的角度，为解决传统专业管理模式中很难解决的一些问题提供新的可能。

（三）建立合同管理模式的方法

1. 选择适合企业发展需要的合同管理模式。现代企业的合同管理模式选择受制于企业的人力资源结构、发展规模、所属行业及企业所处的法律环境，不能简单一言而概之。但有一点是可以确定的，那就是要根据企业实际情况，选择能够真正实现合同管理目的宗旨的合同管理模式。

2. 建立完善的合同管理制度。现代企业的合同管理是全过程、全方位的管理。要使合同管理规范化、科学化、法律化，首先要从完善制度入手，制定切实可行的合同管理制度，使管理工作有章可循。合同管理制度的主要内容应包括：合同的归口管理，合同资信调查、签订、审批、会签、审查、登记、备案，法人授权委托办法，合同示范文本管理，合同专用章管理，合同履行与纠纷处理，合同定期统计与考核检查，合同管理人员培训，合同管理奖惩与挂钩考核等。

3. 建立严密的合同管理流程。现代企业流程管理非常重要，通过严密的流程可以将合同管理的各个环节整合为一体，并通过标准化的管理达到化解企业常规性合同风险的目的。

4. 配备相应的合同管理人员。合同管理人员执业素质的高低，直接影响合同管理的质量。通过学习培训，使合同管理人员掌握合同管理的理论和技巧，可以有效地识别合同风险，发现问题并及时采取防范措施。

第四节 现代企业合同管理机构和人员

企业的生命在于经营，而合同管理的生命在于解决企业运营的实际问题。如果说合同管理理论是合同管理的精神和灵魂，那么合同管理的机构和合同管理人员就是合同管理的外在表现形式。只有建立健全的合同管理机构并配备好合适的足够的人员，明确各个机构和人员各自的权力、责任，合同管理工作才能发挥巨大的作用。

一、现代企业合同管理机构和人员配备原则

（一）因事设人原则，又称对应流程原则

这条原则的基本含义有两层：

第一层是合同管理机构设置和人员配备必须与合同管理实际工作流程的各个环节相呼应，有事设人，无事不设，避免资源浪费。

第二层是从合同管理工作的实际需要出发，形成一个常设机构、专职人员、兼职人员与临时外聘专门人才相结合的，灵活机动的用人机制。合同管理流程是一个动态的过程。它不仅在实现对于合同的各个不同阶段的管理上是动态的，而且，对于各种不同的合同也有相应的不同的管理流程。这些流程所体现的合同管

理环节是不一样的，因此，我们在设置这些部门和配置相应人员的时候必须考虑周全，既不能搞烦琐哲学浪费企业财力、制造冗员，又不能让具体合同在管理的流程中的任何一个环节失去控制，损害企业利益。

（二）权责明确原则

这条原则也包含两个层次：

第一层是权责明确。即要明确部门之间权力责任的边界和互相衔接关系，同时一个部门内部也要明确每一个岗位权力责任的边界和互相衔接关系，关键是要避免权力之间的争抢（积极冲突）和职责之间的推诿（消极冲突）。

第二层是权责相适应。权力与职责是一个事物的两个方面。权力是现象，职责是本质。职责决定权力。权责相适应原则要求权力与责任不仅应当在性质上相适应，而且在分量上也应当互相适应。权大而责轻，责任就会失去对权力的约束力；权小责重，等于没有授权，丧失市场机遇。

（三）效益和效率原则，也称节约成本原则

合同管理与经济效益原则是相辅相成的。良好有效的合同管理，能够最大限度地避免企业的市场风险，提高经济效益。效益原则一方面要求合同管理应最大限度地为企业创造效益，另一方面要求企业在合同管理人员和机构的设置上也应始终贯彻效益原则。机构与人员的设置应充分贯彻效率原则，本着精干高效的原则，合理安排岗位，不能为进行合同管理而凭空增设不必要的机构或人员。增加现有机构及人员的职责可以节约管理成本。

二、合同管理机构的框架及人员构成

合同管理的任务必须由一定的组织机构和人员来完成。要提高合同管理水平，必须使合同管理工作专门化和专业化，在企业中应设立专门的机构和人员来负责合同管理工作。合同管理机构是企业内部依照职权分工做出合同管理行为的各有关部门，这个机构由一系列互相衔接、互相监督、互相制衡、共同沟通协调行动的流程环节所组成。

一般来说，企业合同管理机构组织结构，根据职责来分，可以分为决策层、监督层和执行层三个层次。根据功能来分，可以分为合同业务部门、合同审核部门、合同批准部门和合同归档部门。

（一）决策层、监督层和执行层的组成及其职责

1. 决策层——合同管理领导小组。合同管理领导小组，一般有两种组成形式：一种由法定代表人担任组长，业务分管领导任副组长，相关职能部门负责人为小组成员；另一种是由业务分管领导担任组长，合同管理职能部门负责人任副

组长，其他有关职能部门负责人为小组成员。

合同管理领导小组是企业合同管理的最高领导机构，承担企业合同管理工作的领导和管理职能。包括合同管理制度的制定、合同管理机构的设置、检查合同管理工作、听取并决策企业合同管理中的重大问题等。

2. 监督层——合同统一管理机构。合同监督层采用的形式，一般是由企业根据自身生产经营规模以及业务数量来决定。具体而言主要包括法律事务机构，合同业务部门、设计机构以及纪委监察机构等。

合同管理监督层是企业合同管理领导小组的执行机构，负责具体执行合同管理领导小组的各项决策。具体职责包括：执行合同签订、谈判、起草、纠纷解决以及合同执行情况动态监控和分析工作、办理合同专用章、法定代表人授权委托等事项。

3. 执行层——合同管理人员。合同管理执行层是在企业（项目）专门从事合同管理工作的人员，是企业合同管理组织的终端执行者，负责不折不扣执行并完成合同管理各项工作。合同管理执行层对企业合同管理制度落实程度将最终决定企业合同管理工作的成败。

（二）合同业务部门、合同审核部门、合同批准部门和合同归档部门的表现及其职责

1. 合同业务部门。合同业务部门是合同管理的基础部门，负责起草与其职能相关的合同标的的合同草案，并对合同文本的经济性、合理性、可行性以及有关资料描述的真实性和专业描述的准确性负责。理论上，公司的每一个业务部门都有可能对外签订合同，合同业务部门可以是企业任何职能部门。因此各部门都应当配备两种人员：精通本行业务的合同起草人员和兼通合同法、书面表达能力强的合同初审人员。

2. 合同审核部门。合同审核部门就是公司法律部门，负责对合同文本形式和内容的合法合规性进行审查。在整个合同管理流程中，合同的法律审核是最重要、最关键也是工作压力最大的一环。因此，有些合同管理流程设计者把公司法律人员称为"专职合同管理员"。

3. 合同批准机构。合同批准就是将经过上述环节通过的合同草案交与拥有相应职权的部门或人员最后审核并在合同上签字认可的行为。合同草案一经批准签字，就意味着公司已决定向合同对方发出正式的要约或承诺。因此，企业应当按照合同性质和权限来规定相应的合同批准机构。一般地，合同批准机构有五个层次：主管合同业务的副总经理、总经理、董事长、董事会和股东会。

4. 发文归档机构。发文归档部门就是公司的印章档案管理部门。由于印章

管理工作和档案管理工作各自的特殊作用，两种职能混淆将形成重大的隐患，因而这个部门一定要设置两类职能不相交叉的人员：一是印章管理人员，二是档案管理人员。

三、合同管理人员的素质要求及其职责

（一）合同管理人员的素质要求

合同管理工作专业性很强，综合性也很强。每一个环节的工作人员都要求拥有特定的专业知识。其中，对于业务部门专门负责初审合同草案的合同初审人员、合同审核部门的合同法律人员和总经理（副总经理）要求最高。

1. 合同业务部门人员的素质要求。

（1）精通本行业业务，了解本公司业务范围相关的市场动向，熟悉与本行业业务相关的其他法律法规；

（2）能够根据自己的业务知识迅速判断和了解拟签署合同对方的资信及履约能力；

（3）能够起草出既符合合同目的又符合本行业规律的合同主要条款；

（4）严谨仔细，文字功底较深，书面表达能力强。

2. 合同审核部门人员的素质要求。合同审核部门人员，不仅要求专业性强，而且要求综合性强。需具备以下素质：

（1）在知识结构方面，不仅要求有扎实的法律专业理论基础，精通法律实务，还要加强经济管理/企业管理知识的积累，深入了解熟悉企业的经营程序与环节，对公司经营所涉及或者可能涉及的各项行政法、诉讼法等法律有全面的掌握；

（2）理论联系实际的能力强，善于将法律知识与公司的经营管理行为结合起来思考，能够将公司的经营管理实际与法律问题结合起来，提出应对措施；

（3）在工作作风方面，要注意与业务部门人员进行有效的沟通，虚心请教，熟悉业务背景与流程，细心考虑业务中可能出现的风险，寻求合适的规避方式。耐心解释法律结论，说服业务人员充分考虑法律判断。全程参与合同谈判、起草、修改、履行和救济整个过程，积极维护公司合法权益。

3. 合同批准机构人员的素质要求。合同批准机构人员含义很广，甚至可以包括企业的出资人、股东、老板。合同批准机构人员，既握有重大权力，又承担着重大责任。即使是出资人、股东、老板，只要承担合同批准职责，就应当尽力使自己具备这些特殊的素质。

（1）敢于承担责任是他们共同应当具备的素质。只有公司高管们随时准备为

自己的行为承担相应的责任，合同管理各个环节的人员才会放心大胆地充分发挥自己的专业特长，合同管理流程才会顺利地进行下去。

（2）合同批准机构人员应当具有较强的法律和风险防范意识，对合同管理的理念和重要性有充分的认识。这是他们做好合同管理工作的基础。

（3）合同批准机构人员应是自己所分管业务方面的专家，对公司的总体战略有全局的、长远的规划，能对拟签订合同在公司总体战略上的地位和作用做出迅速的判断。

4. 合同发文归档部门的素质要求。

（1）忠诚于公司，严守公司的商业秘密；

（2）原则性强，忠于公司的规章制度并勇于承担责任；

（3）熟悉合同管理的各个环节，敢于监督合同管理各个部门，敢于在自己的职权范围内抵制不符合公司合同管理流程制度的合同；

（4）对自身职责在合同管理在工作中的作用有充分的了解，确保自身合同管理职责的实现；

（5）作为档案管理人员，应该熟悉合同从谈判到履行完毕整个过程的档案管理，对应留存的文书有一定的鉴别力。

（二）各级合同管理机构人员的职责

1. 合同业务部门人员的职责。合同业务部门直接负责与合作伙伴进行合同谈判，是合同谈判的第一线主力；负责将谈判的结果形成合同草案文本，是合同第一稿的起草者。合同签订生效后，要负责监控合同的履行。具体职责主要有：（1）对合同对方的资信进行考察，提出合同谈判的相关业务内容，负责涉及本行业的合同条款起草工作并参与合同谈判；（2）负责已生效合同的履行，及时通报合同履行中发现的新问题；（3）积极配合并及时提供相关业务方面的专业意见参与合同纠纷处理。

2. 合同审核部门人员的职责。合同审核部门是合同管理中间环节中关键的一环。合同审核部门的职责虽然归纳起来简单，不外乎审核合同业务部门报送合同草案的合法性、规范性，为合同的订立、履行和争议处理提供法律支持。

职责主要有：（1）配合合同业务部门，共同负责审查合同对方在法律方面的资信和能力；（2）审查合同条款的合法性和规范性，审查合同条款是否存在法律风险；（3）监控合同履行的整个过程，解释、处理合同履行中出现的法律问题，配合合同业务部门一起处理法律纠纷；（4）负责重大事务的合同文本，参与合同谈判，与合同业务部门一起研究对方提供的合同文本并提出修改意见；（5）参与公司高层关于重大、疑难合同的决策研究；（6）负责聘请公司常年法律顾问并与之进行沟通，配合外聘律师处理合同纠纷。

3. 合同批准机构的职责。合同批准机构的职责就是按照公司章程和公司合同管理制度规定的权限审查批准合同，决定合同履行及合同争议中重大问题的解决方案。一般地，在合同审查方面，主要是对合同草案的核心商业性条款进行审核；在合同履行方面，主要是针对重大合同出现的重大问题及纠纷制订处理方案。

4. 合同发文归档部门的职责。印章和档案管理工作直接关系公司的生存和安全。档案管理工作做得好，会给公司的发展提供丰富的历史经验和教训，为公司解决问题和规划问题提供参考。

具体职责主要包括：（1）审查合同是否经过了相应的审批环节；（2）收集合同订立、履行、纠纷处理全过程的有关文书，并对该等文书科学分类、整理、归档。（3）做好档案统计和研究报告，并向有关部门提交统计报告，为领导决策提供有益建议和设想；（4）负责本公司以合同安全为中心的商业秘密保护工作。

(三) 各类合同管理人员合同管理的职权

1. 企业法定代表人管理合同的职权。

（1）认真贯彻有关法律法规，保证国家法律法规在本企业得到切实落实；（2）把合同管理工作纳入本企业总体发展规范和目标责任制，确保本企业合同依法得到签订和全面履行；（3）建立健全合同管理机构和各项合同管理制度；（4）按照法定代表人的职权依法任免合同管理人员和合同业务人员；（5）签发法人授权委托书，委托代理人签订合同或者代为诉讼；（6）依法亲自签订、审查重大合同，积极解决合同纠纷，维护企业的合法利益；（7）监督、检查本企业合同的签订和履行情况。

2. 企业法律事务机构管理合同的职责。

（1）配合企业领导，对合同管理进行通盘研究，总体规划，全面提高企业合同管理水平；（2）组织本企业员工合同法律知识的培训学习，提高法律意识和法律素养；（3）建立健全本企业合同管理制度；（4）参与本企业重大合同谈判并起草重大合同；（5）指导监督和检查本企业合同的签订和履行情况；（6）审查本企业合同，防止不完善或不合法的合同出现；（7）建立健全合同档案、台账、报表等基础工作；（8）对合同专用章、法人授权委托书和空白合同书进行管理；（9）参与合同纠纷的调查、调解、仲裁和诉讼活动；（10）对本企业合同的签订、履行情况进行调查研究、统计总结，提出有关的意见和建议。

3. 企业各有关部门管理合同的职责。

（1）积极组织本部门合同业务人员和管理人员参加合同法的培训和学习；（2）负责审批、签订本部门分类专项管理的合同，并对其合法性、可行性负责；

（3）制定本部门合同管理的实施细则或实施办法；（4）根据需要，积极参与本部门分类专项管理的合同发生的纠纷的协商调解、仲裁和诉讼活动；（5）做好本部门合同档案、台账、报表等基础工作。

4. 合同管理员的职责。

（1）协助合同承办人员依法签订合同，参加重大合同的谈判、起草与签订；（2）审查合同；（3）检查合同的履行情况，协助合同承办人员处理合同履行中出现的问题和纠纷；（4）会同合同承办人员办理有关合同法律事务，制定有关法律文书，并建立有关台账；（5）制止不符合法律法规规定的合同行为；（6）依法参加对合同纠纷的协商、调解、仲裁和诉讼。

5. 合同承办人员的主要职责。

（1）代理企业在授权范围内签订、变更、解除合同；（2）提请有关方面审查其经办的合同；（3）检查所签订合同的履行情况；（4）及时向合同管理人员通报合同在履行中发生的问题，并提出解决问题的意见和建议；（5）依法参加对合同纠纷的协商、调解、仲裁、诉讼；（6）保管好合同文本及与履行、变更、终止合同有关的文件，及时归档。

第五节 现代企业合同管理制度

企业合同管理机构的正常运作需要靠制度来保障。一般来说，企业内部合同管理制度包括合同管理职责分工与合同办理流程中的各个环节。

一、合同管理制度的设计原则

合同管理制度是企业为使其所签署的合同得到顺利履行，其合法权益得到有效保障而设计的，因此在设计时要具备合法性、统一性、预防性、前瞻性、可操作性和开放性。

1. 合法性。企业合同管理制度是国家法律法规在企业中的具体化。企业合同管理制度的设计遵循的合法性原则是指企业合同管理的制度应当服从于国家有关的法律法规。

2. 前瞻性。前瞻性是指制度的制定做到合理合法的同时，还要考虑国家立法和社会经济发展的趋势，避免出现频繁修改合同管理制度的情况。

3. 统一性。企业合同管理是一项综合性工作，贯穿企业经营管理的每一个环节。因此，合同管理制度设计的统一性原则包括两个方面的含义：一是企业合同管理制度应于企业的众多经营管理制度相一致；二是企业合同管理制度自身应当完备、统一，避免因企业内部制度规定的漏洞和矛盾导致企业利益受损的情况。

4. 预防性。预防性是指合同管理制度的设计应保证合同管理宗旨的实现，根据该制度进行操作，能有效堵塞企业在合同管理过程中各种漏洞，保证合同在签订后得到预期而有效的履行，降低企业经营风险。

5. 可操作性。可操作性是指该制度要结合该企业实际制定的，能用于实践中并发挥应有的作用，而不是为制定制度而制定制度。要通过分析企业主要合同的种类及可能存在的管理漏洞，来制定管理制度，对于重点和难点问题给予应有的注意；同时通过对执行中存在的问题进行分析，修订不合时宜的规定。

6. 开放性。开放性是指制度在运行中能自我发现缺陷，并通过一定的程序对该缺陷进行修复。

二、企业合同管理制度的主要内容

由于企业规模有大有小，产品千变万化，所以在合同管理制度设计上也不能照抄照搬，必须从分析企业目前合同管理存在的问题入手，因地制宜进行设计。但是，无论如何设计，一个完善的企业合同管理制度应当包含以下几方面的内容：

（一）合同管理组织的规定

这部分主要是对企业合同管理的最原则规定，包括企业对合同管理组织模式的选择、合同管理机构的分工以及合同管理人员的履职等方面的规定。

（二）法定代表人授权指引的规定

授权指引是企业根据岗位职责要求规定的各岗位人员对某一事项在决策的权限。它是根据合同金额和合同履行期限进行划分的，是授权委托书签发和合同用章的基础，也是日后合同责任追究的基础。这一部分主要包含合同专用章的刻制、保管和使用，合同文本的领取、保管和使用的规定，授权委托书的办理、保管和使用方面的规定。

（三）合同会签、审查、审批制度的规定

合同会签和审批制度是公司相关部门参与合同管理的有效形式，对于杜绝违纪、维护公司利益、保证程序正当有效具有一定意义。如财务部门要审查付款、贷款条款，技术部门对合同技术条款和对方技术资格进行审查，纪检监察部门对招标过程进行监督，法律顾问对合同中法律条款全面审查。这一部分主要包括合同会签的组织、程序，负责合同审查的机构和人员，审查的内容和方法，审查失误的责任，以及合同的批准机构或者人员划分等方面的规定。

(四) 合同履约检查制度的规定

合同签订以后，合同管理部门应将合同交付执行部门执行，办理交接手续。同时执行部门应将执行中的情况反馈管理部门，以便管理部门及时发现问题，采取措施。强化合同交付执行及履行检查，对于克服合同管理脱节，及时有效保障企业权益具有重大意义。

这一部分主要包括合同台账的建立、合同传递、合同交底和合同（履行）检查等内容。

(五) 归档、统计和考核的规定

合同终止或履行完毕，合同管理部门要对该合同签订和履行各环节存在的问题和采取的措施是否适当进行评估，对存在的问题应分析原因，追查责任人。

这一部分主要包括合同文本以及相关资料的收集、归档和整理，合同履行以及纠纷产生情况统计和评估，合同考核以及责任追究等内容。

第三章 合同谈判与起草

第一节 合同谈判

一、合同谈判过程

合同谈判是准备订立合同的双方或多方当事人为相互了解、确定合同权利与义务而进行的商议活动。合同谈判是达成合同的必经阶段,企业应给予充分重视。

一般来说,合同签订前的谈判需要经过四个步骤:一是确认合同目的。合同目的明确了,可以避免因合同目的违法而导致合同无效的情况发生;二是选择和了解交易对象。合同交易对象是企事业成败的关键,对交易对象的选择和了解应作为签约前的必经程序来严格操作;三是合同谈判前的准备,不仅要做好是商业利益方面的准备,还要做好法律上的准备;四是合同谈判并确定合同条款。

二、合同谈判前的准备

合同谈判之前的准备是做好合同谈判工作的前提和基础,充分的准备能够使谈判人员胸有成竹,胜券在握;准备不足则会是谈判工作陷于被动,在谈判中不知所措,甚至错失商机。这一阶段的主要工作是收集、整理和熟悉与谈判有关的资料,并努力做到能运用自如。

(一) 收集谈判信息

1. 要做好谈判对象的摸底工作,了解对方企业的基础情况,包括对方在业内成绩、技术、市场、资金、人才等方面的优势、法人资格和资信情况以及对方的履约能力等,并了解客户对你所销售产品的了解程度。

谈判不仅包括两方,还存在第三方,即竞争者。所以,在谈判的准备阶段,还要打探清楚同行的信息,如他们的产品的质量、产量、交货期、价格的弹性、服务、维护等,还要掌握他们的顾客关系以及竞争策略。

2. 了解对方的需求、心理、期望，以及对方谈判人员的身份、地位、性格、爱好、办事作风、分析各自的优势和劣势；

3. 了解谈判地点、时间等事务性筹备工作。

4. 在国际贸易里还要了解对方国家的法律制度、风俗习惯、经济、技术和质量水平。

（二）归纳谈判要点

1. 分析论证，确定谈判的目标、任务和要求。谈判者对于谈判目标底数要严格保密，绝不能透露给其他人。谈判目标如要改动，应与参加谈判的人员协商，取得一致意见后再加以改动。

2. 设计谈判计划和谈判提纲。谈判计划是谈判者行动的指针、方向和纲领。谈判计划要简明扼要，但是对实质内容应具体，同时充分考虑不同情境，以便实际谈判时能够灵活选择。

（三）组建谈判队伍

商务谈判是一项有组织的经济活动，要确保谈判的成功，做好谈判人员的筛选、谈判班子的配备，以及谈判人员的组织与管理，是人员准备的主要工作。

1. 组建谈判班子，应遵循全面高效、小而精的原则、专业配合、分工明确的原则、赋予谈判人员谈判自主权的原则。

2. 进行内部分工，派定谈判角色，以便在谈判桌上角色分明，相互配合，各有重点，进退自如。

（四）拟订谈判策略

1. 设计和确定最优方案、次优方案和备选方案，做到临场不乱。

2. 模拟演习。将各种可能发生的状况，预先模拟，以免实际遭遇时难以主控战局。

3. 在了解优、劣后，假想各种可能发生的状况，预作策划行动方案。

三、合同谈判遵循的原则

谈判是一种既高超又细腻的技巧，这种技巧的灵活运用与发挥固然有赖于长期的经验与演练，但其基本要领也可以透过一些相对成型的原则而获得。概括起来，谈判的基本原则和要点有如下一些：

（一）依法办事的原则

双方只有把自己的想法和愿望放置于法律的框架内，才能防范自己在市场经营过程中由各方面因素所带来的风险，其权益才能受到国家法律的保护。

（二）知己知彼的原则

"知彼"，就是通过各种方法了解谈判对手的礼仪习惯、谈判风格和谈判经历。不要违犯对方的禁忌。"知己",则就指要对自己的优势与劣势非常清楚,知道自己需要准备的资料、数据和要达到的目的以及自己的退路在哪儿。

(三) 互惠互利的原则

商界人士在准备进行商务谈判时,以及在谈判过程中,在不损害自身利益的前提下,应当尽可能地替谈判对手着想,主动为对方保留一定的利益。

(四) 平等协商的原则

谈判是智慧的较量,谈判桌上,唯有确凿的事实、准确的数据、严密的逻辑和艺术的手段,才能将谈判引向自己所期望的胜利。以理服人、不盛气凌人是谈判中必须遵循的原则。

(五) 人与事分开的原则

在谈判会上,谈判者在处理己方与对手之间的相互关系时,必须做到人与事分别而论。要切记朋友归朋友、谈判归谈判,二者之间的界限不能混淆。

(六) 求同存异的原则

商务谈判要使谈判各方面都有收获,大家都是胜利者,就必须坚持求大同存小异的原则,就是要注意在各种礼仪细节问题上,要多多包涵对方,一旦发生不愉快的事情也以宽容之心为宜。

(七) 礼敬对手的原则

礼敬对手,就是要求谈判者在谈判会的整个进程中,要排除一切干扰,始终如一地对自己的对手,时时、处处、事事表现出对对方不失真诚的敬意。

四、合同谈判过程的技巧

(一) 善于倾听对方观点

倾听不但有助于了解问题的实质,而且有助于了解对方的动机,从而及时正确做出判断,采取适当的行为。倾听一要做到专注,听清对方的表达,并充分利用这段时间进行思考、判断甚至寻求对策。二要注意完整,不要随便打断对方的谈话。只有听完对方完整的表述才能了解对方意图,从而给予正确的回答。三要注意配合。倾听的过程还要以体态语言,如表情、姿势或者口头语等配合对方的阐述。

(二) 清晰表达自己意见

谈判时表达自己对某一问题的立场、观点、看法和意见要注意几点:

1. 通俗易懂。尤其是涉及专业词语的时候,要做必要的解释,只有明确易懂,对方才能明白自己的意思,才能争取得到对方的同意。

2. 重点突出。阐述的时候要直接表明自己的观点,抓住主题、突出重点,不要远离主题去叙述一些无关紧要的事情。

3. 精确严谨。谈判中涉及的实质性内容，如价格、税率、质量规格参数等，要讲出精确的数值，不能有半点含糊。需要讨价还价的地方，可以提出上限和下限数值供对方选择。

4. 慎重修正。谈判时要做好充分的准备工作，谈判时要采取谨慎的态度，叙述时要将叙述的内容说对，切忌信口开河，然后再修正。

（三）运用不同方式提问

提问的作用在于获取自己不知道的信息，或者希望对方提供自己还不知道的资料，或要求对方澄清我方尚未弄明确的事情，或者提醒对方注意到某些的问题，为对方的思考提供新的思路，或者借机表达发问人的感受等。有的问话甚至还有利于终结话题。因此，合理运用不同的问话方式获取信息，可以有效地推动谈判进程。

（四）谨慎答复对方问题

答复在谈判中相当于自己对对方做出的承诺。答复不准确，就会给自己造成极大的被动。因此，答复是要注意：

1. 答复之前要深思熟虑。如果对方提出的问题是自己始料不及的，千万不要随口答复。

2. 要在弄清楚问题的真正含义之后再进行答复。

3. 谈判中应预先设定谈判的标底，但应通过谈判逐步引导谈判向标底靠拢，确定谈判的顺序，不要一开始就将标底和盘托出。

4. 适时使用回避手段。对于一些不能答复或者不便于立即答复的问题，采用适当的方式回避一下，更有利于谈判的顺利进行。

（五）有理有利说服对方

说服的目的是为了设法让对方改变当初的想法而接受自己的意见，这是谈判中最艰难也是最富有挑战性的一步。为此，要做到：

1. 态度友善。只有让对方感到谈判人员的亲切、可信，才能使对方接受我方的意见。

2. 换位思考。向对方讲明接受我方意见的利弊得失，如果对方感到还是有利可图，就会欣然接受意见。

3. 坦率求实。说服对方是，也应该坦率地说明我方利益所在，是对方认为我放的要求合情合理。

4. 求同存异。谈判中要更多强调双方利益的一致性。

（六）不拘一格的辩论技巧

谈判中为了证明自己的立场，维护自身的而合理要求，经常需要与对方进行辩论。辩论时要注意：

1. 针对对方对我方的指责，要充分说明自己意见的科学性和正确性，说明自己意见的事实根据或者法律依据。

2. 针对对方的不合理意见，要及时反驳。

3. 抓大放小、突出重点辩论。要采取原则问题不妥协，枝节问题不纠缠的方法来进行辩论。

4. 客观公正、善意辩论。辩论的目的还是为了合作，因此应该是有原则、有分寸也应当是善意的。辩论时语言不能刻薄讽刺、人身攻击或者断章取义。

第二节　合同起草

随着社会主义市场经济体制的确立和不断完善，合同在企业经济交往中所起的作用越来越重要。合同起草与修改的好与不好不仅直接关系企业合同管理人员服务的质量，而且反映了合同起草者所掌握的法律知识水平高低和将其运用于法律实践能力大小的综合测评指标，甚至有可能会关系企业发展的成败与存亡。

一、起草合同前的准备工作

（一）整理材料，规划设计

从着手某个项目开始，合同管理人员从了解到的相关事实出发，整理与目标委托事宜相关的事实情况、证明文件、背景资料，分析所涉基本法律关系，归纳牵涉的法律问题和可能存在的法律风险。针对所归纳的法律问题，找出相关法律条文，做出详细法律文件索引，并注意剔除业已作废的法律法规；查找解决思路，从而对所涉事实进行具体法律分析，得出正确的结论。结合案件事实及当事人所要达到的目的考虑法律关系、潜在风险，规划合同条款设置。

（二）确定合同性质，采用不同文本规范

由于市场交易的复杂化和多样化，从而导致表现为交易形式载体的合同会被划分为性质不同的类别。合同性质不同，法律所规定的合同成立或生效要件、合同各方的具体权利义务关系及违约责任的承担方式会有所差异；合同的类别不同，所适用的合同法分则也不同。

如买卖合同与设备安装服务合同性质是不一样的，单纯的设备或房屋租赁合同与包括经营权在内的承包合同也是有差别的。对合同的起草或审核而言，首先要对合同的性质进行确认或归类，对于性质难以界定、无法归类的合同，最好在合同的"标题名称"中直接标明合同的性质。

企业所处的行业、规模、经营方式等不同，对其合同的关注事项也应不同。

二、起草或修改合同文本

通常合同对起草方较为有利。根据人类社会的趋利避害的条件反射本性，起草方在拟定合同条款时，会不经意地压缩己方的责任与义务，相应地也就减少了合同对方所应当享受的权利。而这也正是《合同法》对格式合同起草方作出某些特别规定的原因之一。

如果想要己方起草的合同尽快获得对方的认可，就应该使合同条款不仅满足己方的需求，也要关注对方的核心权益，努力去追求双赢的社会效果，实现社会各个组织的合理分工与有效运转。在合同起草时，可以从以下几方面加以考虑：

（一）审核主体资格

起草合同应首先审查主体资格。一要注意审查合同主体是否具备签订及履行合同的资格，这涉及交易是否合法、合同是否有效；二要针对具体法律关系，确认待拟合同当事人各方是否具备合同项下的法律资格。尤其是对某些业务领域，按照相关的法律法规规定，需要合同一方或双方主体必须具备相应的资质或经营许可才可从事该业务领域范围的经营。

（二）起草合同的序言部分

合同正文具体条款编写之前，建议先写一段序言，简单概括双方签订合同的事宜，介绍签订情况。如"根据中华人民共和国有关法律、法规和……规定，甲、乙双方（下称'双方'）就……所涉事宜，在……的基础上，经充分友好协商，特达成如下……合同"。

（三）起草合同的正文部分

合同正文部分要设计一般性条款，根据《中华人民共和国合同法》第十二条：合同的内容由当事人约定，一般包括以下条款：（1）当事人的名称或者姓名和住所；（2）标的；（3）数量；（4）质量；（5）价款或者报酬；（6）履行期限、地点和方式；（7）违约责任；（8）解决争议的方法。

当事人可以参照各类合同的示范文本订立合同。

（1）当事人的名称或者姓名和住所。个人姓名应与身份证一致；个人住址应与身份证或户口本规定一致。

（2）关于标的。合同标的最能体现合同的性质，所以合同标的、条款及术语等事项的约定应尽可能与法律法规的规定相符，避免与其相冲突，且必须单独写明，达到"准确、简练、清晰"的标准要求，切忌含混不清。

（3）数量称谓。尽量不要使用"包、箱、袋、捆、打"等国家没有计量标准的数量单位。

（4）质量问题。要明确质量标准、质量验收内容、质量提出异议的期限和方式。

（5）价款或报酬的条款。实行市场价格的，按公平合理原则确定价格。

（6）履行期限、地点和方式。要明确交付标的和支付价款或报酬时间和履行地点。

（7）责任分担及违约责任问题。在起草合同时，避免出现只片面强调一方当事人的权利而忽略其义务，或片面强调一方当事人的义务而忽略其权利的情形。违约责任条款内容不能太笼统。重要义务，违约责任应较重；次要义务，违约责任应较轻。

（8）合同争议解决方法。主要有仲裁和诉讼两种方式。

三、起草或修改合同的基本规范

1. 注意交易实施的安全性和可操作性。当事人之间订立书面合同的目的就是明确交易各方的权利义务关系，更好地保证交易实施的安全性。所以，起草合同时应特别注意能够保障合同交易顺利实施的条款内容。如当事人选择的付款期限和付款方式条款、合同履行的担保条款等是否存在不符合实际或无法保证交易安全的情形。尤其是在大宗货物买卖、不动产买卖的合同中，这些条款内容显得尤为重要。

另外，有关合同的签订地、履行地（如交货地点等）、标的物所在地及合同纠纷的管辖地、解决方式等条款内容，如何约定也直接关系到交易能否顺利实现或交易的安全性，在给当事人起草或审核合同时，同样不要忽视此类条款内容。

2. 注意对合同订立后的可变更情形的约定。现代社会瞬息万变，且不说自然事件和社会因素非我们自然人或单个企业能力所能抗拒外，就连市场主体自身的变革或变化之快有时也是让人意想不到的。所以在订立合同时，必须考虑到合同订立后履约过程中，可能发生的一些影响合同正常履行的因素。

如自然事件中的台风、洪水等不可抗力事件，社会因素中的国家法律政策调整、市场价格重大波动等重大情势变更事项，微观方面可能遇到的合同一方当事人死亡、企业终止清算、破产倒闭或重组并购等事项。未雨绸缪，起草或审核合同时，对影响合同变动的因素考虑得越周密细致，就越能避免纠纷，当事人的合同权益也就越容易得到保障。

3. 注意合同纠纷发生的可能性。当事人之间通过订立合同所建立的是一种动态的债权或债务关系，一方权利之实现有赖于另一方义务之履行；换句话说，合同之债权是一种信用上的法律关系，若合同一方当事人违反"诚实信用"原则，则另一方当事人的权利就存在灭失的可能性，尽管可以通过法律上的救济途径来保障其权利实现。但由于合同之权利是一种私权利，法律对私权利进行保护的主要依据就是当事人之间订立的合同。所以，要求起草或审核合同的人员必须具备"法律的头脑"和"商业的意识"，在起草或审核合同时一定要充分考虑发生合同纠纷的法律风险，在合同中尽可能地将双方的权利义务及违约责任条款约定清楚。这样，即便将来发生纠纷，依据合同约定的内容也比较容易确定各方所应承担的法律责任。

4. 注意合同文本语言表达的准确性。首先，合同条文应有逻辑性，上下文连贯，意思表达统一，不能出现内容相互矛盾、不一致或主合同与附件内容相互抵触冲突的情形，必要时应对矛盾或冲突的处理原则作出约定；其次，应注意语句意思表述概括精练，具有归纳性，务必将当事人（尤其是事务所委托人）权利义务穷尽，以避免日后合同履行发生诉争。

另外，对于合同关键性语句一定要注意措辞严谨。对于合同中重要条款的撰写应当仔细斟酌用词是否恰当，在一些保护性条款（特别是赋予我方当事人权利，增加对方当事人义务的条款）上多用一些法律文字技术处理，尽可能使对方当事人接受。应当特别明确合同支付期限、方式等关键性问题以免产生日后争议。

5. 注意合同用语的规范性。一是条款应列序，写标题，应根据具体合同性质按内容设置合同标题，避免不分主次不分条理，笼统罗列权利义务至"甲方义务"、"乙方义务"等项下。二是要注重行文工整，同一条款中应尽量使用相同句式（如动宾一致、主谓一致），避免文章长句、短句参差不齐，尽量少用括号，保证条款的通俗性、可读性和实用性，避免一个条款包含太多含义，复杂拗口造成主要含义表达模棱两可、含混不清，成为当事人日后争议的隐患。三是要注意合同法律用语的准确性。当事人之间订立的书面合同属于非常严肃的法律文件。所以，在起草或审核合同时应当按照法律文件的一些书写标准或要求去做，对容易引起误解、产生歧义的术语、专有词汇等概念性词语作专款解释，确保合同的文字表述准确无误，使用国家统一规定的度量衡和法定计量单位，涉及数字及日期时应当注明是否包含本数在内。如在审核合同时，发现一些常见的法律用语错误，像"定金"与"订金"不分、"权利"与"权力"混淆、"抵押"与"质押"混用的情形等。另外，还发现不少合同中出现类似"一方对另一方罚款"等明显违反"合同各方法律主体地位平等"的用语或表述。其实，上述每个法律用语都是有其特别的含义，随意滥用可能要闹笑话，甚至直接影响合同内容的有效性和当事人需承担的法律责任之大小。

四、其他事项

1. 调查案件事实，进一步确认所掌握案件事实准确无误、充分详尽。

2. 结合案件事实考虑法律关系、可能风险，规划条款设置，再比对现有合同，进行条款增补。

3. 通读全文，核对意思表述，修改逻辑错误，统一上下文用语，避免合同双方错位；查找错别字漏字，病句；涉及款项金额，应特别核对数额阿拉伯数字及中文大写准确一致。

第四章 合同审查

第一节 合同审查的一般内容

合同审查是指为了防范交易风险、维护企业利益，在合同签订之前，企业合同管理人员依据法律法规以及企业规章制度的要求，针对送审的合同文本及资料，通过检查、核对、分析等方法，就合同中存在的法律问题及其他缺陷，提出修改、增删、调整等意见建议的专业活动过程。从企业利益的角度分析，审查合同的终极目的是要判断合同是否能够保证自己达到交易目的，以及合同条款是否能够有效保护自己的权益。

一、合同审查的基本原则

（一）合法有效性原则

合同有效性问题，事实上包括三个方面的内容：一是合同主体是否适格；二是合同目的是否正当；三是合同内容、合同形式及程序是否合法。只要不违背我国法律法规强制性和禁止性规定，合同的有效性就能得到保障。

（二）公平性原则

所谓合同的公平性是指合同双方权利与义务要相对平衡。不存在只有权利而没有义务的合同。过分强调一方的权利、忽略合同相对方的利益的合同草稿，要么得不到签署，要么变成"显示公平"。

（三）可操作性原则

实现合同可操作性是合同得以有效利用、完成交易和实现利益均衡的具体保证，尤其如建设工程、合作开发房地产此类履行周期长、影响因素多、风险大的合同，切实地贯彻可操作性原则，尤显重要。

二、合同审查的定位

现实中，常常出现这样的情况：在审查合同时确实发现了很多问题，可是合同又无法修改，企业决策者又要求合同审查人员签署同意签订的意见，这种情况下怎么办？这就是我们要弄明白的，合同管理人员在合同审查中扮演什么样的角色？

1. "领航员"而非"船长"或"船员"。上述疑问的产生是因为，从管理的角度来讲，合同管理人员是企业的员工，受雇于企业，企业要求我们怎么做，我们就应当怎么做。但从合同管理的角度来讲，合同管理人员承担着审查合同的职责就应当尽职尽责。这两者似乎是矛盾的。

但从企业和员工利益上讲，双方是一个有共同利益和目标的团队，企业发展好了，员工的利益才能更好地实现。所以，在法律审查或法律审核把关上，合同审查人员应该是经验丰富的领航员，因此，领航员可以判断风险存在并向船长提出建议，但绝不能擅自决定改变方向。最终的决定者应是企业的决策者。

2. "建议者"而非"质疑者"。由于企业和员工的利益有共同性的一面，因此企业合同管理人员在审查合同中，便不应当以"这样的做法存在法律风险"等理由，去轻易否定、质疑企业的计划、方案或者合同，而应当采取合理的怀疑态度，对事实的判定和解决方案运用批判性思维来思考，从客观角度分析问题，提出解决方案，帮助解决问题，而非去做一个意见的质疑者。

3. "风险控制者"而非"交易扼杀者"。合同管理人员在企业管理中的重要任务是防范与控制风险，因此我们在合同审查过程中，分析风险和提出解决方案的同时，要注意考虑如何平衡双方权益，一定要注意是要促成交易而非破坏交易。

三、合同审查的思维

（一）正确的法律思维

审查合同需要用法律思维。所谓法律思维，就是对于某一问题的判断，不是凭社会判断标准或者道德观念，也不是凭自身主观感受或者个人喜恶来随意决断，而只能忠实于法律，在现有法律框架内，分清各自法律关系，依据法律规定行事。

（二）注重"以法律手段防范风险"而不仅仅是"防范法律风险"

西方有不少关于律师和医生的笑话不同的人有不同的思维模式，思维模式的差异决定了人们对风险的不同态度。在经济活动中，风险不仅仅来源于绝对法律意义上的风险，而且还有各式各样的商业风险，合同管理人员的职责是了解和掌握各种风险的产生原因和控制方法来控制风险。企业决策者追求企业达成交易、获得利润也是对的。

在这种情况下，合同管理人员就不但要具有"法律思维"，同时要具备"商业意识"，能区分法律风险和商业风险，并采取不同的处理方法。属于法律风险的条款，必须坚持修改或回避。属于商业风险的，提出意见或建议，供企业决策者决定。

（三）"以实现企业目标为前提"

合同审查过程中会碰到面对很多面对"非黑即白"问题的处理，这种情况实际上是合同审查人员自身陷入了思维的误区，将这类问题的前提设置为"非黑即白"，即"不是合法的，就是违法的"。事实上，这种真正"非黑即白"的极端例子是不多的。

商业交易的逐利性决定了企业肯定会以追逐更高的利润为目标，但利润往往跟风险程度成正比，更高的利润率或更多的商业机会玩玩存在于交易规则不成熟的空白地带中。合同审查的重要作用就是帮助企业在法律障碍和商业目标之间寻找平衡。因此合同审查人员应当是利用法律思维和法律知识，寻找出一条既能够实现企业目标，又能保持风险与收益相平衡的路径。

四、合同审查的准备工作

（一）了解合同签订的背景及企业的目标等相关要求

每一份合同都是为了完成交易，但合同目的的不同，会影响合同的内容。合同的目的就是企业的目的，了解了企业在什么样的背景下需要达到什么样的目标，才能够明白所审查的合同。

（二）做好相关资料的查询工作

这里主要包括：（1）查询合同相关的法律法规，以及特殊合同相关部门规章的规定。（2）查询相关的合同示范文本或法律文书。（3）审查本合同与合同示范文本或法律文书相比，遗漏了哪些必备的条款等。这些工作，有助于完善合同条款和控制风险。

（三）法律调查与论证工作

这项工作一般针对企业重大生产经营活动相关的合同开展。根据企业所处行业性质和企业规模不同，各个企业对这类合同的界定不尽相同。一般地说，企业的重大合同主要有：合作发展合同、企业购并合同、联营合同、独家代理协议、重大技术改进或技术引进合同、涉及担保的合同、房地产开发与交易合同、金额巨大的购销合同等。由于这些合同涉及企业的重要经济利益，对企业的发展有着至关重要的影响，因此，在合同签订与审查前，一定要进行充分的法律尽职调查，并把这些合同作为合同的重点审核和管理对象，严格管理和控制，确保法律分析论证程序、实体合法，预防合同纠纷的发生，有效维护企业合法权益。

第二节 合同审查的主要内容

一、合同主体的审查

合同主体的审查是合同审查中首先要确认的问题，也是防止合同诈骗的最有力的防范措施。因为合同当事人的身份和资格是直接关系到合同签订后是否有效、是否能真正履行的先决条件。合同主体的审查主要是指审查合同主体是否适格，即是否具备签订及履行合同的资格。对拟合作企业进行的审查，可以自己进行，也可以委托律师事务所、会计师事务所等中介机构进行。审查的内容因具体合同的内容侧重也有不同。如果是特别重大的合同，企业在签订合同之前，应派遣相关人员去对方企业所在地进行尽职调查。一般合同主体的审查，除对方企业提交的企业基本资料之外，也应去工商行政管理局、税务局、环保局、法院、土地管理部门和房屋管理部门等合同监管部门调查核实该企业的合同管理和履行、企业登记、年检注册奖罚、土地审批、不动产的抵押担保、税费清缴、环保以及依法经营情况等信息。

审查合同主体时，应重点审查合作企业的资格和信用，旨在对其签订合同的资格及履行合同的能力做出初步判断。审查合同主体时应审查5项内容：

（一）合同当事人的民事主体问题

我国《合同法》第二条规定："本法所称合同是平等主体的自然人、法人、其他组织之间设立、变更、终止民事权利义务关系的协议。"合同的主体包括自然人、法人和其他经济组织。

1. 对企业法人，要重点审查对方是否拥有合法、有效的《企业法人营业执照》，通过营业执照及其年检的情况，了解其主体的合法性和经营范围、经营方式是否与拟签订的合同相适应。对于企业法人，还应当注意区分企业法人的分支机构和内部职能部门的签约问题。一般情况下，企业法人的分支机构如果有营业执照就具有签约主体的资格，其是否独立承担民事责任是诉讼中要解决的问题。而企业的内部职能部门就始终不具备这样的资格。分支机构和职能部门的主体资格问题，在面对小企业的时候比较容易区分，但对于规模比较大、分支机构和职能部门比较多的企业可能就会有些困难，因此需要我们在审查过程中予以注意。

2. 对于自然人主体资格审查，主要审查其身份证件等，查看其是否具备民事权利能力和民事行为能力，在这里就不多说了，大家都比较明白。

3. 其他组织，主要审查在法律上对这样的组织签订合同有没有特殊的规定。比如，商业银行、保险公司等分支机构。

(二) 合同委托代理人的问题

实践中，企业的大多数合同是由企业的法定代表人授权代表签署，因此，对代理人的资格和权限的审查就很重要，尤其是对初次合作的单位。审查时要对对方代理人身份、代理权、代理权限范围、期限等进行必要的审查，否则可能会发生没有代理权或超越代理权而导致合同效力产生瑕疵。

(三) 经营资格的合法性问题

经营资格主要指某些特定行业或领域经济活动的主体，我国相关的法律法规规定必须具备相应的资质。比如，建筑业企业需要建筑业企业施工资质、房地产公司需要房地产开发资质、药品企业需要药品生产资质等。

1. 对这类合作企业要根据合同内容审查对方的资质现状，审查资质的有效期（年审情况），是否符合承揽本合同约定的工程项目（从资质的类别、承揽工程的技术要求、标的额等方面审查）。

2. 对于合同内容是否属于限制经营、特许经营以及法律、行政法规禁止经营等问题进行审查。

(四) 某些特定类型合同的主体资格问题

对于某些特定类型的合同，我国法律法规对其主体也有特殊的要求。比如，保证合同中保证人不得为国家机关（为特定目的经批准的除外）、学校、幼儿园、医院等以公益为目的的事业单位、社会团体、企业法人的分支机构等。如果合同一方不具备相应的资质、经营许可和资格，由此所订立的合同一般会因违法而无效。

(五) 合作企业的信用审查问题

审查合同主体时，除要对上述合作企业主体资格进行审查之外，还应对对方企业的履约能力进行必要的评估，如根据其经营现状、以往合作情况以及其他客户评价等因素对其履约能力及信用程度进行判断，以保证签约后合同的顺利履行。有担保人的合同，还应当审查担保人是否具有担保能力和担保资格。

二、合法性审查

合同合法性审查就是审查合同是否合法、是否存在违反法律法规强制性规定的内容。合同合法性审查主要审查合同效力、合同内容以及订立程序是否合法三方面的内容。

审查合同内容的合法性时，要特别注意我国《民法通则》第五十八条的规定、我国《合同法》第五十二条的规定和一些特别法的相应规定。应当重点审查合同内容是否损害国家、集体或第三人的利益；是否有以合法形式掩盖非法目的的情形；是否损害社会公共利益；是否违反法律、行政法规的强制性规定。

（一）合同效力的合法性审查

对合同的效力的审查主要指合同的效力，审查合同是否无效或存在无效条款（部分无效）。按照我国法律规定，一般从三个方面审查：

1. 行为无效则合同无效。这里的行为主要指我国《民法通则》第五十八条规定的七种情形：

《民法通则》第五十八条　下列民事行为无效："（一）无民事行为能力人实施的；（二）限制民事行为能力人依法不能独立实施的；（三）一方以欺诈、胁迫的手段或者乘人之危，使对方在违背真实意思的情况下所为的；（四）恶意串通，损害国家、集体或者第三人利益的；（五）违反法律或者社会公共利益的；（六）合同违反国家指令性计划的；（七）以合法形式掩盖非法目的的。"

无效的民事行为，从行为开始起就没有法律约束力。

2. 存在特定问题的合同无效。这里的特定问题主要指我国《合同法》第五十二条规定的五种情形：

《合同法》第五十二条规定："有下列情形之一的，合同无效：（1）一方以欺诈、胁迫的手段订立合同，损害国家利益；（2）恶意串通、损害国家、集体或者第三人利益；（3）以合法形式掩盖非法目的；（4）损害社会公共利益；（5）违反法律、行政法规的强制性规定。"

3. 存在特定内容的合同条款无效。这里的特定内容主要指我国《合同法》第五十三条和第四十条规定的免责条款和格式条款无效的内容：

《合同法》第五十三条　合同中的下列免责条款无效：（一）造成对方人身伤害的；（二）因故意或者重大过失造成对方财产损失的。

《合同法》第四十条　格式条款具有本法第五十二条和第五十三条规定情形的，或者提供格式条款一方免除其责任、加重对方责任、排除对方主要权利的，该条款无效。

（二）合同内容的合法性审查

合同内容的合法，是指合同内容的约定尽可能与法律的规定相符，涉及合同的名称、约定的条款、术语解释等方面，目的主要是避免合同里的内容与法律规定相冲突。

1. 名称的合法性问题。合同法分则规定了15种"有名合同"并对这15类合同中当事人的权利义务进行了规定。如果合同名称与实际内容不符，发生纠纷，涉及合同的解释和适用法律等，会产生不必要的麻烦。比如说买卖合同与承揽合同，在承揽合同中定作人可以约定留置权，如果当做买卖合同处理，则增大了制作人的风险。合同的名称应当根据其内容判断，符合有名合同的一般使用标准的合同名称，可以防止合同名称对合同性质的判断影响。在审查合同时，一般按以下确定合同名称：

（1）合同的主要内容符合某一有名合同特征的，应当建议以该有名合同作为合同名称；合同次要内容作为合同中的特别约定。

（2）合同主要内容是无名合同的，要尽可能避免以有名合同命名，特别是要避开对合同不利的有名合同，力争使合同仅适用民法通则及合同法的总则部分。

2. 约定的合法性。要衡量合同中约定的权利义务是否合法，就必须将问题条款和相关的民事法律、行政法规的规定进行对比。一份合同会涉及多个法律关系，也就涉及多重法律关系，要使约定完全合法，所有涉及的法律法规都需要加以考虑。比如建设工程劳务分包合同能够，不仅受合同法、建筑法的调整，还要符合建设部关于劳务分包企业资质的规定。

民事主体在民事活动中有法定的权利义务，也有约定的权利义务。法定权利义务中有的是强制性的禁止性的规定，有的是明确赋予的权利，从谨慎原则出发，合同中约定的权利义务不宜与这类规定相冲突。比如建筑法规定的禁止转包、违法分包等都属于这类固定。对与强制性规定一致的条款完全可以不予约定，而对当事人非常重要且可以自行约定的条款，则一定要使用好。

3. 术语的合法性。术语的合法性，是指合同中所使用的法律术语，要符合民法通则、合同法、司法解释，以及其他法律、法规的规定。比如在合同中经常出现的"订金"、"押金"等不确定的用语均应以规范的术语"定金"所替代。比如，在有限公司股权转让合同中，将"股权"与"股份"概念相混淆等。比如在合同中约定的法律名称中使用已废止的法律等。用标准的法律术语，有效防止合同条款的效力无法确定等。

（三）合同订立程序的合法性审查

对合同订立程序的合法性审查，主要审查合同签订的手续和形式是否完备，具体包括以下几方面：

1. 需经企业内部或者相关监管机构批准或登记的合同，是否已经获得企业内部的批准，并约定了办理批准或登记手续的责任。

2. 如果合同中约定了经公证后合同方能生效，应审查合同是否经过公证机关公证。

3. 附期限和条件的合同，应审查期限和条件的规定是否合法。

4. 如果合同约定第三人为保证人的，应审查是否有保证人的签名或盖章；采用抵押方式担保的，如果法律规定或合同约定必须办理抵押物登记的，应审查是否办理了登记手续；采用质押担保方式的，应按照合同中约定的质物交付时间，审查当事人是否按时履行了质物交付的法定手续。

5. 审查合同双方当事人是否按合同约定签字或盖章。

三、商业性审查

合同的商业性主要指合同内容是否能够实现合同目的，即确保各方能够活的令其满意的经济利益，包括双方利益是否达到平衡、合同内容是否可以得到切实执行，以及合同双方容易控制合同的风险等具体内容。合同的商业性审查，主要是指审查合同中约定标的、数量、质量等实现双方目的的条款及明确合同当事人权利义务，争议解决等条款。

《合同法》第十二条的规定，合同的内容由当事人约定，一般包括以下条款：（一）当事人的名称或者姓名和住所；（二）标的；（三）数量；（四）质量；（五）价款或者报酬；（六）履行期限、地点和方式；（七）违约责任；（八）解决争议的方法。

按照合同的功能，下面将常见的合同分为定义、主义务、担保义务、附随义务、责任分配和处理、争议解决、合同效力和附则七个功能模块来审查：

（一）定义模块

定义模块通常出现在合同的开始，主要作用是对合同当中多次出现的重要或复杂名词进行定义，其目的在于统一称谓和含义，避免歧义，简化合同。比如建设工程施工合同通用条款第一部分，一般都对"工程师"、"索赔"等合同中出现的概念进行逐个定义。

1. 对定义条款的审查一般注意以下四个方面：

（1）每一个定义必须明确、简洁，不能使用约数或其他模糊用语；

（2）多个定义之间有嵌套关系的，下定义最小范围的、最基本的定义，然后依次进行；

（3）各个定义之间一般按照法律关系为排列顺序，采取主体（合同各方和关联方）—客体（标的或标的物）—权利义务内容的表达方式，同时参考按照定义在合同正文中出现的先后顺序进行排列；

（4）各个定义之间尽量不要相互引用，否则容易产生互相嵌套的问题。如确需引用的，被引用的定义应该放在前面。

2. 对定义条款的审查，要避免以下三种错误：

（1）总分定义混淆导致错误。合同当中基于陈述需要，同一定义在不同阶段或场合，可能有不同的含义和适用范围，这种情况下要审查各个阶段是否分别定义。

（2）定义的限制条件过多难以执行。审查这类定义，尽量将定义中的限制条件简化，避免条件之间发生关系交叉，互相排斥等情况。

（3）定义的前后顺序错误导致合同陈述不够严谨。将定义顺序与合同当中的出现顺序逐一比较，审查是否一致。

（二）"主义务模块"

主义务模块是区分合同各方权利义务关系的关键，主要包括付款和交付两个重要环节。

1. 交付条款。对交付条款主要审查三方面：（1）交付的条件；（2）交付的程序；（3）所有权保留。

2. 付款条款。对付款条款主要审查四个方面：（1）付款条件，即在满足什么条件的时候一方付款；（2）支付主体；（3）金额、币种和单位；（4）支付方式，一次性还是分期，分期付款的话每期需要支付的数额或者比例；（5）支付期限，即需要付款的某一特定日期或期限。

（三）"担保义务模块"

担保义务模块主要是合同一方向另一方做出必要的陈述和保证，以及提供抵押、质押或其他方式的合同履约担保等的约定。

1. 陈述和保证条款的审查重点。

（1）对合同各方主体资格、签订合同的授权合法性、有效性和完整性的保证；

（2）对标的物所有权独立、完整和不受第三方追索的保证；

（3）对标的物不存在明显或潜在缺陷的保证；

（4）对履行合同及时、全面、完整和通知的保证。

2. 保证条款的审查重点。

（1）保证方式，债权人一般喜欢选择连带保证方式。

（2）保证内容。

①被保证的主债权种类、数额的范围；

②债务人履行债务的期限；

③保证的方式；

④保证担保的范围；

⑤保证的期间；

⑥双方认为需要约定的其他事项。

(3) 保证范围，主要包括主债权、利息、违约金以及实现债权的必须费用。

(4) 保证期间以双方约定期限为优先。

3. 抵押条款的审查重点。抵押是指债务人或者第三人提供房地产等不动产作为履行债权的担保，债务人不履行债务时，债权人有权依照担保法规定以该财产折价或者以拍卖、变卖该财产的价款优先受偿。根据定义，抵押的审查重点是：（1）抵押物的真实有效；（2）抵押物价值；（3）抵押是否需登记生效；（4）抵押权实现的可能性。

4. 质押条款的审查重点。

(1) 关于出质人的主体资格审查。出质人在进行股份质押时，应当是该股权的合法持有人，质押合同中应当将出质人合法拥有的股权凭证、出资证明书及其他证明材料作为合同附件。

(2) 关于质押行为的合法性审查。首先是公司股东会或董事会一致同意的决议，出质人为公司法人时，法律虽未明确规定都应该经过公司股东会或董事会同意，但因为股权质押属于公司经营中的重大事项，为了降低法律风险，要求出质人提交上述文件是规避风险较稳妥的方法。

(3) 关于质押行为的生效时间点。

（四）"附随义务模块"

附随义务模块是为了解决合同一方担心因履行本合同而可能导致的知识产权侵权、商业秘密泄露等问题，合同双方做出假设约定。附随义务模块一般包括知识产权条款、保密义务条款、通知条款和反商业贿赂条款。

1. 知识产权条款。知识产权条款的作用有如下两个方面：一是保护一方对于交易当中所涉及财产的知识产权权属、保护商业秘密；二是出现纠纷时有所依据。审查与完善这类条款一方面保护己方的财产权利；另一方面有助于分清合同各方的责任，避免受到侵犯知识产权承担连带责任。

知识产权条款一般审查：权利的来源、权利归属、权利范围、权利限制、发生纠纷后的处理方式、发生第三人索赔事件后的责任分配。

2. 保密义务条款。对于保密义务条款一般审查：保密范围的定义、范围和期限；承担保密义务的主体和具体人员；保密义务的抗辩和豁免。

3. 通知条款。通知条款一般审查：送达通知的地址和联系人；发出通知的方式；通知到达的认定方式。

4. 反商业贿赂条款。像工程建设承包合同中一般都有专门的廉政合同，就属于此类条款。一般审查其禁止性行为是否有可操作的认定程序和处罚措施。

（五）"责任分配和处理模块"

"责任分配和处理模块"主要是为合同双方设计的一套违约责任和意外事件

的认定和分配机制，如果合同履行发生问题时选择适用。

1. 违约条款的审查。对于合同风险控制来说，违约条款是解决这一问题的最好处理方式。违约条款一般应当满足三个条件：（1）浅白的标准，即制订一些简单的、客观的违约行为认定标准；也便于实际违约时的违约责任的认定。（2）充分的补偿，即通过约定违约金的明确金额或计算标准，使守约方获得足够的经济损失补偿。（3）高额的罚惩，即通过高额违约金等方式加大对方违约成本，从而有效地防止和惩罚违约行为，保证合同能够最大限度地得到履行。

审查违约条款比较简单易行的方法是将所有涉及违约责任的条款集中起来。有多少合同义务就有多少违约责任，将所有违约条款集中在一起，这样做的好处是将违约风险和惩罚措施集中控制，不会有所遗漏，对合同双方都公平。

2. 不可抗力条款的审查。不可抗力条款是双刃剑，因为合同双方均可以运用同一条款的规定予以免责。不可抗力在《合同法》中有明确规定，一般审查以下四个方面：（1）不可抗力事件的范围；（2）不可抗力事件的认定方式；（3）发生不可抗力事件后双方的通知义务；（4）发生不可抗力事件后双方责任的免除。

3. 合同解除与终止条款的审查。合同的解除和终止是两个并不完全等同的法律概念，审查合同时应掌握《合同法》第六章关于合同权利义务终止的相关规定，尤其注意以下问题：

（1）我国《合同法》第九十三条规定了当事人双方可以在合同中约定解除合同的条件，这些条件的设置往往与乙方的违约行为相联系。在审查合同时，应当注意解除合同与判断乙方违约行为的标准是否明确等问题。

第九十三条　当事人协商一致，可以解除合同。

当事人可以约定一方解除合同的条件。解除合同的条件成就时，解除权人可以解除合同。

（2）我国《合同法》第九十四条规定了单方解除合同的情形，但应当注意这种解除权是一种单方任意解除权而非法定解除权，适用该条款的前提是当事人之间的明确约定，因此应当仔细审查相应合同内容。

第九十四条　有下列情形之一的，当事人可以解除合同：

（一）因不可抗力致使不能实现合同目的；

（二）在履行期限届满之前，当事人一方明确表示或者以自己的行为表明不履行主要债务；

（三）当事人一方迟延履行主要债务，经催告后在合理期限内仍未履行；

（四）当事人一方迟延履行债务或者有其他违约行为致使不能实现合同目的；

（五）法律规定的其他情形。

这两种解除需要提出解除合同的一方通知对方，且在通知到达对方时发生解除的效力。这也是合同审查时需要注意的问题之一。特别是在一方迟延履行时，只有这种迟延达到根本违约的程度时，另一方才享有单方解除权，否则，应当给予违约方合理期限令其履行合同义务而不能解除合同。

（3）审查时还要注意的是合同当中是否约定了行使解除权的期限。根据《合同法》第九十五条的规定，双方可以约定行使解除权的期限，没有约定的，适用法律的规定，法律也没有规定的，则在对方催告后的合理期限内必须行使，否则会导致该权利的丧失。合同法分则许多条款都有关于法定解除的特别规定，比如《合同法》第二百六十八条关于承揽合同的规定，定作人可以随时解除承揽合同，造成承揽人损失的，应当赔偿损失。这要求审查时还应当掌握合同法分则对各类合同的具体规定。

第九十五条　法律规定或者当事人约定解除权行使期限，期限届满当事人不行使的，该权利消灭。

法律没有规定或者当事人没有约定解除权行使期限，经对方催告后在合理期限内不行使的，该权利消灭。

4. 判断履行瑕疵条款。我国《合同法》规定了合同履行中的三种抗辩权：同时履行抗辩权、先履行抗辩权和不安抗辩权。审查这类条款的时候要依据不同抗辩权实现的条件：（1）主义务迟延履行；（2）主义务部分履行或不当履行；（3）附随义务不履行、部分履行或不当或迟延履行三种情况审查在合同条款中是否制定相应的判断方法和惩罚措施。

（六）"争议解决模块"

"争议解决模块"主要是指我们平时所讲的"争议解决方式"条款。该模块主要是规定了争议解决的基本规则，包括了合同的语言适用、法律适用和纠纷解决方式的选择规则等。对这类条款一般审查争议解决方式约定是否有效，是否能够约定为于自身较为有利的仲裁机构仲裁，具体选择视具体的合同而定。

（七）"合同效力和附则模块"

"合同效力和附则模块"主要负责分清合同与附属文件、关联文件之间的关系、合同生效等问题。主要包括：（1）合同的生效条款：生效条款是控制合同风险的重要条款之一。合同的生效可以附条件，也可以附义务。一般常见的有签署生效、约定生效和法定生效三种情况。（2）主从关系的条款：合同签订前后双方发生的书面文件、信函等在合同中效力。（3）合同转让条款：合同权利义务是否能够转让，转让会产生什么样的风险。实践中为控制法律风险，合同双方一般会对合同转让行为做出限制。（4）授权代表的条款：在合同的主体审查中已经进行了说明。

四、表述性审查

除对合同的合法性、商业性审查外，还应当审查合同的表述性。表述问题虽然不是直接的法律问题，但是许多表述问题会产生不利的法律后果。对合同的表述性审查，也是合同审查的一个重要方面。一般从四个方面对合同的表述性进行审查：

（一）体例严谨

对合同体例严谨的审查不是合同审查工作中所必需的审查，但在面对篇幅较大的合同或以"条款罗列"方式制作的合同时，往往需要看清或重新整理其结构体系，然后才能在理解其结构体系的基础上进行高质量的审查。比如对违约条款的约定，分散在篇幅较大的合同的多个条款中，不便于审查，可将其集中到一起作为独立的章节进行系统审查。

合同体例既要视合同当事人的情况而定，又要与合同所涉事项、金额、履行方式、有效期、操作难易程度等因素相一致，即因人而异、因事而异。可以采用"章节"的形式，也可以采用"条款项"或"数字"的形式排列，当应当清晰明了，直奔主题。

（二）内容齐备

合同内容齐备，主要是按照合同的性质，依据相应的法律法规的规定审查合同是否具备相应的基本条款或必备条款，确定合同条款有无遗漏，各条款内容是否具体、明确、切实可行。避免因合同条款不全和过于简单、抽象、原则，给履行带来困难，为以后发生纠纷埋下种子。《合同法》第十二条的规定，合同一般具备："（一）当事人的名称或者姓名和住所；（二）标的；（三）数量；（四）质量；（五）价款或者报酬；（六）履行期限、地点和方式；（七）违约责任；（八）解决争议的方法。"八个条款。

对于一般的合同审查这八个条款是否全部具备即可。对于担保合同等法律另有规定，审查是否具备法律规定的基本条款。

对于复杂的合同，可以根据合同条款在合同当中的性质和作用不同，按照合同商业性审查部分所讲的"七个功能模块"审查。即审查"定义模块"、"主义务模块"、"担保义务模块"、"附随义务模块"、"责任分配和处理模块"、"争议解决模块"、"合同效力和附则模块"是否完备，一份复杂的合同应当同时具备以上七个功能模块才能称为好的合同。

（三）表达精确

俗话说：一字值千金，在合同上表现尤为突出，可谓一字之差，谬之千里。

合同用语不确切，不但使合同缺乏可操作性，而且还会导致纠纷的产生。因此审查合同时应对合同每一条款、每一个词、每一个字乃至每一个标点符号都仔细推敲、反复斟酌。确定合同中是否存在前后意思矛盾、词义含混不清的文字表述，并及时纠正容易引起误解、产生歧义的语词，确保合同的文字表述准确无误。表达精确主要涉及从词汇选择到句法、语法、语言歧义等多个方面。

1. 合同语句的表述问题。常见的需要审查和修改地方有：

（1）称呼前后不一：各个主体的前后称呼不一致，"甲方"、"出售方"、"所有权人"、"合同一方"其实都指同一主体；

（2）主体关系混淆：多个主体同时存在，各个主体的简称区分，以及每个主体之间是"和"还是"或"的关系，容易发生混淆。

另外，需要注意语体及标点符号的问题。一方面，合同的语言风格应当使用专业书面语言。另一方面，注意标点符号的使用尽量符合标点的使用用途。

如《合同法》第三十二条"当事人采用合同书形式订立合同的，自双方当事人签字或者盖章时合同成立。"如果在合同中约定"本合同自双方当事人签字、盖章时生效。"最终签订的合同一方当事人只有盖章，没有签字，该合同是否生效？这里的顿号在汉语中代表"并"的意思。使用在本处意味着合同的生效条件是签字加盖章，只签字或盖章都不能生效。

2. 合同的词汇使用问题。

（1）术语似是而非。对合同中与法律术语相近但意思不同的术语进行修改。比如说企业中常使用的"商业机密"并没有明确的法律定位，标准的法律术语应当是《中华人民共和国反不正当竞争法》等法律中规定的"商业秘密"。比如合同文本中经常出现的"守约方"、"非违约方"其实应该是"相对方"。违约的相对方可能是"守约方"也可能是另一方面的违约方，如果合同只保护"守约方""非违约方"的利益，双方均有违约责任时将无法适用。

（2）词义难易衡量。某些条款会由于关键词义无法衡量而影响到精确性。比如说在合同中约定"因……原因给甲方造成严重后果的，乙方应当承担……的责任。"这里的严重后果，如果缺乏对严重后果的定义，对这一条款则难以适用。

（3）措辞指代不明。如果句子中主语或宾语较多，或语法关系复杂，有时候会导致指代内容不明确。比如说在买卖合同约定"乙方向甲方提供产品"。这里的产品就会出现到底是指"乙方生产的产品"还是"乙方代购产品"，特别是乙方同时经营上述两种业务，更无法分清。

（四）版面美观

主要是指版式设计、序号编排等符合公文的一般要求。

第三节　合同审查的流程

除企业合同管理人员直接参与谈判、起草的重大合同外，其他合同可以由负责具体工作的承办人员先起草，再经合同管理人员审查，一般程序应包括：

1. 申请审查。首先由相关业务部门将合同草案（而不是已经签字生效的合同）提交本企业法律事务部门（或合同管理部门）申请审查，由合同管理人员负责审查并签署意见。申请合同审查需要给审查人员留出足够的时间，才能保证审查的质量。由本方起草的合同，如标的较大、情况复杂、约定条款难以把握的，应该在提交对方讨论前送审，其他的则可以在双方讨论之后送审。

2. 实施审查。法律事务部门（或合同管理部门）收到合同审查申请后，应及时安排合同管理人员对合同草案进行审查，这是审查程序中最为关键的阶段，决定了审查质量。合同管理人员要与承办人员多沟通，了解背景，熟悉情况，提高针对性；还要结合企业的行业特征，认真研究相关法律法规、司法解释及有关政策，提高合法性。

3. 提出审查意见。审查应有书面意见。要依法审查，体现审查意见的合法性；要不受他人特别是企业领导的影响，体现审查意见的真实性、客观性；要明白无误，体现审查意见的明确性。审查意见必须和对方协商、确认，然后再对合同进行修改。

4. 审查方法。合同审查的方法常用的有调查、比较、征求意见三种。其中调查方法包括口头调查、书面调查、实地调查；比较方法包括与国家有关部门制定公布的合同示范文本或与以前签订的同类合同进行比较；征求意见方法的对象主要包括：企业内部的部门、人员、其他相关人员或政府主管部门、权威机构等，通过征求意见可以弥补审查人员可能遗漏或疏忽的问题。

第五章 合同履行管理

合同履行管理是督促合同各方严格按照合同约定履行合同义务，顺利完成合同目标的阶段。随着人们法律意识的增强，很多公司已经重视合同的签订，在合同的谈判及签订的过程中，请律师参与，但对于很多项目而言，签订一个好的合同只是一个良好的开端，合同的履行才是真正重要的环节。

第一节 合同履行管理概述

一、合同履行管理的重要性

相比合同谈判、审查以及签订合同的过程，合同的履行过程较长，期间需要合同双方或者多方的配合，这固然需要在合同中详细约定相关细节，但更需要合同当事人根据合同履行的实际情况以及合同的约定做出补充或者修改。因此，为保障项目合同能够顺利履行，企业应当重视履约管理，包括妥善保管合同以及履行过程中所形成的任何文件，针对合同履行过程中出现的问题即时与合同对方协商解决方案并形成补充协议或者备忘录，签收对方送达的函件或者其他书面文件并做出相应的回应等，以便及时处理合同履行过程中出现的问题，保障合同如期、顺利履行，实现合同的目的，而且在处理合同纠纷时能够有理有据，不至于陷入被动。

（一）合同的履行过程就是企业合同利益的实现过程

企业订立合同的目的就是获取合同利益，实现经营目标。但是约定在合同中的企业合同利益，并不是现实利益，只是企业获取实际利益的法律基础。没有合同的履行过程，企业永远不能获取自己的合同利益。因此，从企业经营活动的形式上看，企业经营过程的核心内涵就是合同履行，企业对合同履行过程的管理就是对自己经营目标实现过程的管理。

（二）合同履行过程也是合同风险最频繁的过程

合同风险来源于很多方面，但是合同履行过程的时间漫长性以及履行阶段风险发生的隐蔽性使合同履行阶段成为合同风险的多发过程。从企业合同管理的时间看，履行阶段企业合同利益丧失和损失是隐蔽的，为了尽早发现问题、避免商业航船撞上暗礁的危险，企业必须加大对合同履行阶段合同管理的力度。

（三）合同履行阶段的管理难度最大

合同履行阶段的分散性、长期性、实践性以及多部门同时参与等特征决定了企业合同履行阶段的管理要比合同订立阶段的管理难度大得多，管理的复杂程度大得多。

以上从企业合同履行阶段管理的目的、防范风险以及管理难度的角度进行了阐述，足以说明合同履行阶段合同管理的重要性。

二、企业合同履行管理的基本要求

生效的合同对于合同当事人各方均具有法律约束力。如果当事人不按合同约定履行义务，就要承担相应的违约责任。因此，企业合同履行管理的基本要求为：

1. 管理自己，严格按合同约定履行，做到自己一方不违约；

2. 督促对方按合同履行其义务，如对方在履行中有不符合合同约定的行为，要密切关注，及时做出反应，固定对方违约的证据，为以后处理合同纠纷做准备。

三、加强企业合同履行管理的方法

（一）履行好合同人是根本

履行阶段合同管理的重要性决定各类履行阶段的合同管理水平是企业整体合同管理制度和组织运作的水平的直接反映。企业建立完善的合同管理组织，合同管理能否真正发挥应有的作用，根本在于执行合同管理制度的人。因此，合同管理人员的素质和能力是决定企业合同管理水平的根本。

企业合同管理人员的业务能力是一个综合指标，由多种因素构成，但影响业务人员业务能力的主要因素是交易知识、法律知识和技术知识三项。合同管理人员处于企业合同管理的第一线，缺少这三样知识就无法有效地开展工作。

因此，为了做好企业合同管理工作，保证企业获取合同利益，企业应当高度重视企业合同管理人员的培养和培训工作，只有下大力气建立业务能力搞得合同管理人员队伍，才能为企业管理好合同奠定智力基础。

要依靠合同管理人员履行好企业合同，除了业务素质有要求之外，还应当对合同管理人员对企业的忠诚度作出要求。企业合同管理人员对企业的忠诚度是制约企业对合同履行过程管理水平的重要因素。为此，企业一方面要严格管理，完善合同管理人员履职的有关制度，另一方面要建立健全考核激励机制，对那些职业操守好、业务能力强、工作业绩突出的合同管理人员给予肯定。

(二) 履行好合同执行制度是关键

制度与人的辩证统一关系，决定了企业要做好合同管理工作，尤其是做好履行阶段的合同管理工作，必须制定切实可行的制度。要执行好企业的合同管理制度，必须做好以下几方面的工作：

1. 制定制度。切实可行的制度是企业合同管理工作的纲领性文件，也是做好合同管理工作，履行好合同的前提和基础。

2. 培训制度。要使制度真正得到执行，对合同管理人员进行培训是必不可少的，只有使他们掌握了相关的制度内容和要求，他们才能依制度办事，做好合同管理工作。

3. 检查和考核。制度的执行情况需要经常得到反馈，因此检查和考核制度不可缺少，做到赏罚分明，公正处理，让制度发挥强大的生命力。

执行制度是企业搞好履行阶段合同管理的关键，执行制度必须坚持培训、检查、考核三位一体，缺一不可。

(三) 履行好合同部门分工是基础

企业合同管理工作需要由各个部门分工配合完成。合同履行阶段涉及的合同管理部门能否做到分工详细、分工协作，既互相配合又互相监控是履行好合同的基础。没有分工就会权责不清，就容易出现权利有人抢，责任无人担的情形，这不仅是做好合同管理工作的大忌，也是做好一切管理工作的大忌。企业内部各职能部门在合同管理工作中的分工要通过企业有关管理制度落实，通过制度分配合同管理过程中各职能部门的权利和责任。

(四) 履行好合同法务部门的支持必不可少

法务部门是企业合同管理工作的综合管理部门，承担着合同前期策划、订立、履行及履行后的全程履行支持和监督的职能。实践中，企业法务部门的合同管理职能受到很大限制，不利于企业对履行过程的合同进行有效管理。如很多企业，合同文本要求法务部门审查，除了纠纷要法务部门全权处理，但是合同的履行却没有法律部门介入。以至于合同履行一旦出现异常情况，法务部门往往被动处理，严重影响了其合同管理职能的发挥。因此，为了管理好合同履行，为实现企业利益，企业应当给予并保证法务部门参加合同履行阶段的管理，充分发挥自己的支持与监督职能。

第二节 合同履行的法律风险

合同履行阶段的风险是指在合同履行阶段中存在不当行为的风险，包括合同履行过程中的风险、合同变更或转让风险、合同终止风险、合同纠纷处理不当的风险等。

一、合同履行过程中的风险

合同履行过程中的风险是指在合同履行过程中存在的风险，主要表现为违约风险，即本企业或对方没有恰当地履行合同中约定的义务。控制违约风险的主要方法是：签约前认真调查对方的履约能力和商业信誉等情况，尽量只与具有良好履约能力和商业信誉的单位签订合同；在合同中明确规定违约责任；要求对方为履行合同提供相应的担保措施；对合同履行过程进行监督，一旦发现对方有违约的可能或违约行为，则采取相应措施将合同损失降到最低等。

二、合同变更或转让风险

合同变更或转让风险是指在合同变更或转让过程中存在的风险。这种风险主要表现为：应当变更合同内容或条款但未采取相应的变更行为；合同变更未经相应的管理程序，导致合同变更行为不当或无效；合同转让行为未经原合同当事人和合同受让人达成一致意见，使合同转让行为无效；合同转让未经相应的管理程序，导致合同转让行为不当或无效等。控制此类风险的主要方法是：明确规定合同变更或转让需向相关负责人报告；合同变更或转让的内容和条款必须与当事人协商一致；变更或转让后的合同视同新合同，需履行相应的合同管理程序等。

三、合同终止风险

合同终止风险是指在办理合同终止手续过程中存在不当行为的风险。这种风险主要表现为：未达到终止条件的合同终止；合同终止未办理相关的手续等。控制此类风险的主要方法是：明确规定合同终止的条件以及应当办理的相关手续；指定专人对合同终止手续进行复核等。

四、合同纠纷处理不当的风险

合同纠纷处理不当的风险是指在处理合同纠纷过程中存在不当行为的风险。这种风险主要包括：未及时向相关领导报告合同纠纷和拟采取的对策；未及时采取有效措施防止纠纷的扩大和发展；未与对方有效协商合同纠纷解决办法，或合同纠纷解决办法未得到授权批准；未收集充分的对方违约行为的证据，导致本企业在纠纷处置过程中处于举证不力的地位；未按照合同约定追究对方的违约责任等。控制此类风险的主要方法是明确规定合同纠纷的处置办法；明确各类人员在合同纠纷处置中的责任；合同纠纷处置方案应当经适当管理层的审核批准等。

第三节 合同履行的常见问题及其对策

一、合同履行的常见问题

很多合同纠纷发生在合同履行之中，合同种类不同，旅行中常见的问题也各有特点。实践中，合同履行阶段常见的问题主要有：

（一）严格按照合同履约意识不强

合同签订后不重视自身按照合同约定应当履行的义务，认为关系好，耽误几天没有关系，如交付标的物、支付款项等。结果在合同出现争议后，这些没有按照合同约定履行义务的行为往往都被放大，并被诉违约，造成己方被动。

（二）对于对方没有按照合同约定履行义务的事实证据收集意识差

在合同履行过程中，出现对方违约事实后，往往存在这样一种认识，认为没有必要计较，或者处于双方关系考虑不愿意计较该问题，也就没有重视和收集对方违约的事实证据。结果合同出现争议甚至诉讼时，拿不出对方违约的证据。相反对于有的问题，对方却掌握了自己违约的证据，这时才后悔自己合同意识、法律意识、证据意识差，此时却已经无法挽救。

（三）交付标的物不重视索取、保留相关凭证证据

一些企业在履行合同过程中，在交付货款、智力成果等标的物时，不注意索取接收凭证，有的得到了接收凭证也不注意保管，导致丢失、毁损或许要找不到。在出现合同争议时，不能证明自己已履行交付标的物的义务，导致无法索要款项，甚至最终还承担违约责任。

（四）不重视验收环节

一些合同涉及对标的物的验收，有的企业作为合同一方没有严格按照验收约定进行验收工作，最后引起了涉及是否进行了验收、验收是否符合约定的争议。

（五）行使相关合同权利意识不够

根据《合同法》规定，企业可以行使"同时履行抗辩权、后履行抗辩权、不安抗辩权、代位权、撤销权、索赔权"等，但有的企业对此类权利的法律规定了解不够，导致没有及时行使，或者无法及时维护自己的合同权益的情况发生。

（六）未经担保方同意即签订新的协议，导致对担保方的权利丧失

（七）必要时没有对合同相关条款、履行问题进行变更协调

有的合同在履行过程中发现原有条款存在不能履行需要调整的问题，或者出

现了合同部分条款乃至整个合同无法履行的问题，双方没有及时变更或者终止合同，最后导致纠纷。

（八）对还款计划与还款协议的区别认识不够

还款计划只是债务人单方出具的还款意见，该意见不一定被债权人接受，如债权人没有接受，则该还款计划不能认定为双方的合意，对债权人不具有法律约束力。而还款协议却完全不同，一旦双方就债务偿还大臣还款协议，就应视为合同双方就合同之债形成新的处理意见，债务人有权按该还款协议执行。

因此一方当事人对所拖欠的对方当事人合同款项计划给付时，若对方同意还款计划建议，作为债务人应尽量争取与对方签订还款协议，而不是简单地给对方出具还款计划。

（九）对于对方违约，自身也应避免损失扩大的意识不够

《合同法》第一百一十九条规定：当事人违约后，对方应当采取适当措施防止损失的扩大；没有采取适当措施只是损失扩大的，不得就扩大的损失要求赔偿。该规定即为减损规则。该规则是法律为促进诚信、维护公平而课以赔偿权利人的一项义务，也是对损害赔偿责任范围的限制。该义务既包括积极作为，采取措施防止损失扩大，也包括消极不作为，以避免造成新的损失。

（十）合同相关资料管理制度欠缺

一些企业对合同资料没有设立保管制度，或者保管制度欠缺合理性、科学性、安全性。合同资料应包括相关合同的全部资料，如合同文本、合同附件、图纸、往来函件、备忘录、补充协议、交接凭证、变更单、交付款项凭证等。有的企业是合同资料随处放，有的是由不同部门保管与各自相关的部分，导致随着企业人员的流动，最终合同资料原件丢失，或者无法找到完整的合同资料。

（十一）合同管理不力，合同款项不清

有的企业对合同管理不够严谨，支付款项对应合同哪笔应付款，或者收取款项对应合同的应收款，往往一方甚至双方均没有确认、登记，导致不能确定合同中间应付款项是否按时支付。还有的企业财务管理混乱，对于收取的合同款项转付他人没有记录，以及收取的合同款项被挪用、占用而没有相应的财务记录。

（十二）不及时核对合同货物、款项账目

在合同履行过程中，特别是双方间有多个合同，双方交接合同标的物较多，款项往来较多时，双方应及时核对合同货物、款项账目。因没有及时核对，最后双方的货物、款项账目无法分清，时间一长，人员多变，往往更理不出头绪，结果往往哪个要出现纠纷，且这样的纠纷还常常是旷日持久的拉锯战。

（十三）不及时行使诉讼、仲裁权利，导致时效超过

一些企业在合同对方已经严重违约，协商无果的情况下，不及时提起诉讼或

者申请仲裁，最后导致诉讼时效超过。有的合同标的巨大，拖欠款项数额巨大，损失往往很惨重。在时效问题上，国有企业问题尤其突出，其中最主要的原因是领导变更、企业改制、合同管理制度缺陷严重，结果眼看着债权时效要超过，却无人问津。

二、企业合同履行管理常见问题的对策

《合同法》第六十条规定，当事人应当按照约定全面履行自己的义务。当事人应当遵循诚实信用原则，根据合同性质、目的和交易习惯履行通知、协助、保密等义务。根据第三节合同履行管理中常见的问题的分析，我们总结出合同履行管理中需要注意的问题：

（一）保管好合同及履行合同的相关资料、交货的证据，信守合同，认真、全面履行合同义务

1. 对于一些合同，要注意在自己或者对方付款时，书面确定或说明款项是针对的具体合同、合同阶段、款项性质，以免出现双方存在多个合同时，难以确定所支付款项针对的具体合同、合同阶段以及款项性质的问题。这往往要涉及合同款项支付情况的确认，涉及诉讼时效的起始点的认定问题。

2. 为防止买方在出卖人送货时，不签名、让工人签名，而又不承认工人签名的做法，卖方应尽量要求买方在收货单上盖章。对时点后或事实的确认，可以在合同中约定买方收获时须在送货单上加盖公章或收货专用章，或由买方确定特定人员签收。最好确认的收货方式是由买方在送货单上加盖公章或合同专用章，并且在一定时间后或送货达一定数量后，由卖方与买方共同确认交货数量等情况，即时小结。

3. 注意有关发票的问题。

（1）无论合同对方是个人还是单位，在接受其发票时都应尽量避免接受其以其他单位名义开具的发票。若确有特殊考虑，收取对方以其他单位名义开具的发票，那必须要求对方出具书面意见，说明代开发票的实施，以备我方将来证明相应款项给付了的事实。

（2）一般情况下，不要在没有收取对方款项的情况下，先开具发票给对方，否则对方将来可能以此为依据，主张其已支付相应款项，且款项支付为现金方式，届时我方将陷入不利地位。

（3）若因交易目的的需要，必须先开发票给对方，那应让对方出具相应款项为支付的书面说明。

（4）注意发票的保管。使用发票的单位和个人应确定专人保管发票，用票多

的单位应建立领用台账；适用增值税专用发票的单位应有保险柜妥善存放。

4. 注意有关支票的问题。

（1）在用支票支付时，要严格按规定办理，不开"空白"支票给对方当事人，尤其是对入账单位的名称、欠款数额要严格认真填写，不给对方以填写任何内容的机会。

（2）接受对方用支票支付的货款时，应按规定程序检查，以免被套走标的物。可以在款到后交货，或者直接到出票人开户银行去持票入账，确保支票能顺利兑现。

（二）如发现对方不适当的履行合同义务，应及时了解和监测其经营状况，要在法定或约定的期限内向对方指出其不适当的履行合同义务的问题

一些企业往往在合同对方当事人不适当地履行合同义务时忽视了解和监测其经营状况，导致因对方生产经营状况发生严重恶化、面临倒闭、人去楼空，而无法实现其债权。如发现对方不适当的履行合同义务，一方面要及时了解和监测其经营状况，另一方面要在法定或约定期限内向对方指出其不适当的履行合同义务的问题。意见的提出应注意用书面形式，要求对方签收或者通过特快专递等形式送达。如收到对方关于履行方面的异议函电，应在法定或约定的期限内回复。

（三）发现对方有违约甚至是严重违约以及欺诈情形的，及时考虑采取措施

为确保债权实现，维护交易安全，世界各国民法都设立有债的担保制度——事前保障，以及违约责任制度——事后保障，还有针对损害没有特别担保的一般债权人利益的债的保全——代位权和撤销权制度。

因此，发现对方有违约甚至是严重违约以及欺诈情形的，及时考虑采取相应措施，如协商变更或解除合同；中止履行；终止履行；请求法院、仲裁机构确认合同无效；向司法机关报案等。

（四）关于时效问题

千万注意在法定时效内及时主张权利，如质量异议的提出、欠款主张时间的连续、起诉或仲裁一定不要超过法定诉讼时效。

（五）恰当选择正义的解决方式

1. 注意选择有利于自身的管辖地，一则可以节省诉讼成本，二来可在一定程度上避免可能的地方保护。

2. 注意争议解决条款的有效性，不能有选择性条款，这是一个普遍出现的典型问题。如"双方争议可通过诉讼或者仲裁解决"，这样的约定不具有效力，只能通过人民法院以诉讼方式解决。

3. 可以约定管辖的时候，注意不能违反法院级别管辖和专属管辖的规定。

第四节 合同履行中合同异动和终止的处理

一、合同异动和终止概述

合同异动是指合同在执行过程中,合同一方因商事原因或者法定权利改变原已签订并正在执行的合同内容的情况。这种异动主要包括合同变更和合同转让两种情况。实现这种变更的渠道有两条:一是通过双方协商;二是在法定情况下,拥有法定权利的乙方通过行使自己的法定权利来实现。

合同变更是指对已经生效的合同内容的增删修改,将原已确定的合同权利和义务关系予以修改、调整。这种异动应当经双方协商一致,不能协商一致的,应当通过法院或者仲裁机构来实现。

合同转让是指合同当事人将合同权利或者义务,或者权利与义务的一部分让渡给原不属于合同当事人的而第三人享有或者承担的行为。这种转让,包括转让权利、转让义务、权利义务一并转让的三种情形。其中转让权利属于当事人处分自己的权利的行为,其法定程序比较简单,而转让义务的行为因为涉及合同另一方当事人的利益,因此法律一般作了较为严格的规定。

合同终止是指合同确定的各方当事人的权利义务终结,即自终结起,双方不再享有权利,也不承担义务。合同终止的原因有自然终止、被撤销、被解除三种。实现合同终止的渠道,与合同异动的途径,同样也是协商一致和通过仲裁或者诉讼解决两个渠道。

二、合同变更

(一)双方协商一致的变更

1. 发现有需要变更合同的情形。

(1)情势变更:新出现的、不能归因于当事人的新情况动摇或者排除履行合同的原有基础,继续履行可能导致对己方明显不公。

(2)重大误解:一般指因自身的原因对合同的标的、价款、报酬、数量、质量等重大条款存在与自己本意不一致的理解。

(3)显失公平:即合同条款明显不合常理,且对己方非常不利。

(4)欺诈或者乘人之危。

2. 及时向对方提出协商变更合同的建议。

3. 双方商定日期，进行协商变更合同相应条款。

4. 协商一致后，按照变更后的合同继续执行。

（二）请求诉讼或者仲裁变更

1. 确定是否存在单方请求变更的法定情形。

（1）重大误解：一般指因自身的原因对合同的标的、价款、报酬、数量、质量等重大条款存在与自己本意不一致的理解。

（2）显失公平：即合同条款明显不合常理，且对己方非常不利。

（3）欺诈：与诈骗不同，诈骗是严重的违法行为，属于刑事犯罪，因诈骗而签订的合同自始无效。欺诈行为只是一般的违法行为，按照《合同法》的规定，属于"可撤销合同"，应当由当事人自己申请仲裁机构或者人民法院予以撤销。因此，如果合同一方认为对方存在欺诈，应当有充分证据。

诈骗与欺诈的根本区别在于是否有"非法占有"的目的。诈骗是指出于非法占有的目的，根本不打算履行合同义务，采取虚构事实、隐瞒真相的方式使合同对方产生错觉违背真实意思而签订合同的行为。欺诈指的是在有意履行合同义务的前提下，为获取不公平的利益，采取虚构事实、隐瞒真相的手段，使对方在违背真实意思而签订合同的行为。

（4）胁迫或者乘人之危：胁迫是指将对方置于某种危险或者紧急情况下，迫使对方为脱离此种危机而做出违背其真实意思的意思表示。乘人之危，其实是一种消极的胁迫，是指当对方已经处于某种危险或者紧急情况下，以帮助对方脱离这种危机为条件迫使对方做出违背自己真实意思的意思表示。合同法规定，以胁迫或乘人之危手段确定的合同属于"可撤销合同"。

2. 对方不愿意协商或者与对方协商无法达成一致。

3. 有仲裁协议的，向仲裁机构提出仲裁申请；没有仲裁协议或者仲裁协议无效的，向人民法院提起诉讼。

4. 仲裁机构做出不予变更裁决时，继续执行原合同。不服的，可以申请人民法院撤销仲裁裁决，法院撤销裁决后，再根据新的仲裁协议申请仲裁；不能再达成新的仲裁协议的，直接向人民法院提起诉讼。

人民法院作出不予变更的判决时，可以上诉或者遵照判决继续执行原合同。

5. 仲裁机构作出变更裁决或者人民法院作出变更判决时，若原合同应通过国家有关部门批准程序或者登记程序的，还应当再经批准程序或者登记程序，经批准或者登记后再执行。

6. 变更部分已经生效，应当执行；未变更的部分仍然有效，继续执行。

三、合同转让

(一) 合同权利转让

1. 确定合同权利是属于法定可以转让的权利。

根据相关法律规定，合同权利在以下三种情况下不得转让：

(1) 合同性质或者转让对象决定其不得转让的。包括：①合同权利具有人身属性的，如与权利人的姓名、人身直接联系在一起的知识产权，由当事人的特定身份所产生权利；②合同权利的行使需要具备一定的合法资质要求的，而欲转让的对象不具备这种资质。

(2) 合同条款明文规定该项合同权利不得转让的。

(3) 法律规定不得转让的权利。

2. 转让人直接将该项合同权利转让给第三人，然后通知合同对方。

3. 合同对方接到转让通知后，转让方应当及时着急被转让人与合同对方进行三方协商，并签订转让协议。

4. 转让协议成立后，合同权利转让完成。若合同属于应当经过批准或登记的，还必须及时报请有关部门批准或登记，合同权利转让才完成。

(二) 合同义务转让

合同义务转让又称债务转移，是指根据当时人的协议或者法律规定，由债务人转移债务给第三人，由第三人取代债务人地位成为新债务人的现象。

根据《合同法》第八十四条至第九十条，有效的合同义务转让必须符合以下条件：(1) 拟转让的合同债务在转移时必须是有效成立的。已经消灭的债务不存在转移的问题；(2) 拟转让的合同债务是可以转移的；(3) 约定的债务转移，必须取得债权人同意。

企业进行债务转移的具体流程是：

1. 确定合同义务可以转让。合同义务在三种情况下不得转让：(1) 合同性质或者转让对象决定其不得转让的。包括：①合同义务具有人身属性的；②合同义务的行使需要具备一定的合法资质要求的，而欲转让的对象不具备这种资质。(2) 合同条款明文规定该项合同义务不得转让的；(3) 法律规定不得转让的义务。

2. 征求合同权利人（对方和第三方）的意见，如果合同权利人不同意转让，则不得转让。

3. 如果合同权利人同意转让合同义务，合同义务人应当及时召集受让人与合同权利人一起协商，达成一致后，三方签订债务转移协议。

4. 转让协议成立后，合同义务转让完成。若合同属于应当经过批准或登记的，还必须及时报请有关部门批准或登记，合同义务转移才完成。

（三）合同权利义务一并转让

合同的权利义务一并转让，又称合同转让，分为法定转让和协商转让两种情形。无论何种转让，都应当由参与各方共同协商，签订转让协议，并经批准或登记（法律没有规定必须批准或者登记的合同则不需经历此程序）生效后完成转让。

1. 法定转让的情形。

（1）当事人合并：指的是合并的一方原为合同一方当事人；另一方为非合同当事人。这时合并后的新组织受让原合同一方当事人的全部权利义务。

（2）当事人分立：为保护合同一方当事人的权利不受侵犯，合同一方当事人分立为两个或者两个以上组织时，该当事人原来的全部权利义务由分立后的各个新组织与原当事人（若原当事人还存在）一并连带受让。

2. 协商转让。即通过原合同当事人与合同权利义务受让人共同协商，产生以下转让后果：（1）由受让人受让某方的全部合同权利和合同义务，出让全部权利义务的原合同当事人退出原合同关系。（2）受让人受让原合同双方当事人出让的部分合同权利和合同义务，加入原合同关系，成为新的合同当事人；原合同当事人继续保留部分合同权利义务，不失去合同当事人的身份。

四、合同的终止

合同终止是一个合同生命结束的过程。合同终止的原因很多，分为自然终止、因解除而终止、因被撤销而终止。每一种终止都是一个法定程序，各方当事人应当履行的义务和享有的权利都不同。因此，企业不应放弃对合同终止的监督和管理。

（一）自然终止

1. 自然终止的原因较多，但程序相对简单。自然终止的原因主要有：

（1）合同履行完毕，即合同规定的义务得到全部履行、权利得到实现或者标的物被提存。

（2）按照合同的预先约定而终止。

（3）合同当事人混同，即原为独立法人的合同各方，由于组织的合并而使得原合同规定的债权债务关系集于同一主体而消灭。例如企业合并，合并前的两个企业之间有债权债务时，企业合并后，债权债务因同归一个企业而消灭。

（4）债权人免除债务。一般的单务合同中，合同权利人（债权人）单方宣告免除合同义务人（债务人）的债务，则合同自然终止。

（5）抵销，即合同各方互负债务时，如果债务性质相同，数额相当，且均已到期，可以互相抵销。如果合同的权利义务因抵消而全部消灭的话，合同也自然终止。

2. 对于比较重大的合同，合同各方应当签订合同终止协议，将合同确已执行完毕的事实记录在案。

3. 合同终止后，当事人应当完成相应的附随义务。即将合同终止的事实通知对方、协助对方做好结束时的收尾工作、继续为合同对方保守合同相关信息的商业秘密。

4. 合同的结算条款、清理条款和救济条款仍然有效。

（二）因解除而终止

1. 合同因解除而终止的原因。

（1）当事人协商一致解除合同。《合同法》第九十三条规定："当事人协商一致，可以解除合同。"这是合同法关于约定解除的规定。如果不属于必须经批准或者登记才能解除的合同，当事人一旦协商一致，合同就解除。

（2）合同约定的解除条件成就。这是，合同一方应当及时将合同解除条件成就、应当解除合同的意思及时通知合同他方，收到通知的一方可以就此表示同意，不同意时应当提出异议，提出异议后协商达不成一致意见的，有权申请仲裁或者提起诉讼。

（3）合同某一方单方行使解除权。合同单方的解除权在以下几种情形下可以使用：①遭遇不可抗力，无法实现全部合同目的；②遭遇重大情势变更，履行合同的基础基本归于消灭，继续履行合同义务明显不利于自身，经向合同对方提出，对方不愿意协商变更或者协商不成时；③因对方根本违约或者严重违约，导致合同目的的落空；④因对方预期违约，即合同对方在履行期限届满前明确表示或者以实际行动表示不履行合同义务的。

对于单方形式解除权，对方有异议的，有权诉诸仲裁或者诉讼。如果仲裁机构或者法院的生效裁判认为不能解除合同，各方应当继续履行合同义务；如果裁判解除合同，则待裁判生效后合同即告解除。须经批准或者登记方可解除的合同，还应报请有关机关批准或登记才可解除。

2. 合同被解除的法律后果。

（1）合同尚未履行的，不再履行，无过错方可要求过错方承担违约责任，并赔偿相应的损失；

（2）合同已经部分履行的，可要求过错方采取补救措施，承担违约责任，并

赔偿损失;

(3) 合同的结算条款、清理条款和救济条款仍然有效。

(三) 因被撤销而终止

1. 合同被撤销的法定原因。与解除合同不同，撤销合同一定是单方面的行为。合同被撤销必须出自法定原因。这些法定原因是：

(1) 善意相对人的撤销权。这种情况包括两种：第一种是无民事行为能力人签订的，其法定代表人不予追认或者无法追人的合同；第二种是无权代理人签订的，代理人不予追认或者无法追认的合同。为保护合同各方利益，法律规定赋予上述两种情况合同相对人有撤销权。善意相对人行使撤销权不需要经过仲裁或者法院，书面通知对方当事人及其法定代表人并告知原因即可。

(2) 意思表示不真实行使撤销权。这种情形主要是四种：①因对方原因，在合同签订时存在重大误解；②因对方原因，合同内容显失公平；③对方签订合同时存在欺诈行为；④对方在签约时存在胁迫或者乘人之危的行为。

上述四种情况下，既可以行使变更权，也可以行使撤销权，具体由权利人自行决定。如果决定选择行使撤销权，则应当通过仲裁或者诉讼，至于是否撤销，必须依生效的仲裁裁决或者法院判决为准。

(3) 第三人行使撤销权，这里主要说的是债的保全，即债务人到期不履行债务，并且低价或者以明显不合理的低价向他人转让财产，使得债权人的债券受到损害时，债权人有权向人民法院起诉撤销债务人的转让财产的行为。

2. 合同被撤销的法律后果。

(1) 被撤销的合同自始无效。这是合同撤销与合同解除的最大区别：合同被解除后，合同未解除前已经履行的部分依然有效；而合同被撤销后，合同自始无效，相当于没有签订过合同。

(2) 被撤销合同的解决争议条款仍然有效。

(3) 因合同取得的财产应返还，因合同改变的状态应恢复原状。

(4) 不能返还的财产，或者无法恢复原状的，应当折价偿还。

(5) 给对方造成损失的，过错方应当承担赔偿责任。

第六章 合同纠纷处理

合同纠纷对于合同管理来说，就像开车在路上行驶，总是面临这样那样的不可预知的风险，只能尽量避免，但却无法根本消除。

合同当事人签订合同之后，理想的状态是当事人各自分别按照合同规定完成合同义务，直至合同圆满终止。但是，在现实生活中，由于各种各样的原因，导致合同在签订之后的履行过程中并不是一帆风顺的，往往会出现各种各样的，或大或小的纠纷。没有任何纠纷，合同即履行完毕的情况是不多见的。尤其是在大型合同及涉外合同之中，对于合同纠纷，有些当事人协商加以解决，有些却协商不了，就可能会使一方当事人诉诸仲裁或诉讼，一旦纠纷得不到解决，就会影响合同的正常履行，甚至扰乱社会经济秩序。

第一节 合同纠纷概述

一、合同纠纷的定义

合同纠纷，是指因合同的生效、解释、履行、变更、终止等行为而引起的合同当事人的所有争议。合同纠纷的范围广泛，涵盖了一项合同从成立到终止的整个过程。

具体说来，合同的纠纷有：合同的效力，即合同是否有效之争议；合同文字语言理解不一致之争议；合同是否已按约履行之争议；合同违约责任应当由何方承担及承担多少之争议；合同是否可能单方解除之争议……

二、合同纠纷的成因

关于合同纠纷的成因，主要有主管和客观两个方面的原因。

(一) 主观方面的成因

合同是双方当事人协商一致的结果。既然双方当事人在自愿，平等的基础上订立了合同，那么，按合同履行义务应当是毫无疑问的。然而，合同签订后，一方当事人可能会因为种种原因而主观上不想履行或不想完全履行合同。

例如，买卖合同中，买方与卖方签了购销钢材的合同之后，合同所确定的钢材价格上涨，卖方发现如果仍按合同规定的价格交给买方，就会损失一大笔钱，于是就想提价或毁约，或以支付违约金的方式不履行合同。买方则不同意，坚持按事先规定的价格购买，双方遂起纠纷。再如，技术实施许可合同中，技术转让方已经与另一方签订了独家许可合同。但见另外一方又欲高价受让此技术，转让方则又将此技术许可给另外一方使用。独家受许可方获知后要求转让方赔偿损失，双方之纠纷因此而起。可见，主观原因往往先引起违约行为，再由违约行为导致纠纷的产生。纯粹主观上的原因是少见的，主观上原因背后往往存在着客观原因。

（二）客观方面的成因

与主观方面的成因相对应，这里所指的客观方面的成因，指不是由合同当事人主观意志所导致的，因合同履行过程中的变化不得已而为之而引起纠纷的原因。任何一项合同，从订立到履行完毕，除了即时清结的之外，往往经过一个较长的过程。在合同履行过程中，也会出现一些客观上的原因，导致合同无法按约履行，由此引起纠纷。

例如，在合同履行过程中发生了不可抗力，致使合同不能全部或部分履行。双方当事人对不可抗力的范围，遭受不可抗力的一方是否采取了措施防止损失扩大，不可抗力是否已导致合同不能履行等问题的看法上不一致，因此而起纠纷。再如，由于双方当事人在订立合同时未考虑周全，致使合同在履行过程中出现诸如履行地点不明确，质量规格不明确等情况，协商不能达成一致时就会引起纠纷。

一项合同纠纷，有时由单纯的主观原因或客观原因而引起的，有时则既有主观原因，又有客观原因。合同纠纷归根到底是与双方当事人订立合同的意图相违背的，除非是一方当事人有意欺骗对方当事人，借纠纷而企图获利。合同在履行，甚至终止时发生纠纷是在所难免的。重要的是在发生纠纷之后如何能行之有效地去解决纠纷。

三、合同纠纷的特点

合同纠纷，从总体上来讲，具有如下之特点：

（一）主体特定

合同纠纷的主体特定，一般都是合同各方当事人。合同纠纷涉及第三人的情况也存在，如债的保全措施中的代位权、撤销权的行使，但这种情况总的来说并不多见。合同纠纷主要还是发生在订立合同的双方或多方当事人之间。

（二）纠纷内容多样

合同纠纷的内容多种多样，涉及合同内容的各个方面，几乎每一个与合同有关的方面都会引起纠纷，例如，在订立合同的当事人方面也会有纠纷，合同一方当事人是法人的分支机构，本没有对外签订合同的权利却签署了合同，一旦该方违约但无力承担债务时，依照法律规定应当由设立该分支机构的法人来承担责任。如果该法人不愿意，则纠纷就会产生。再如，双方口头协商订立了合同，在履行过程中因对原先协商的某一条款理解不一致，因口头无书面证明，纠纷遂起等。

（三）属于民事纠纷

签订合同的当事人是平等主体的公民、法人或其他组织，合同行为是民事法律行为，因此，合同纠纷从本质上说是一种民事纠纷，民事纠纷应通过民事方式来解决，如协商、调解、仲裁或诉讼等。民事方式区别于行政方式和刑事方式，行政方式是通过行政手段来直接干预合同纠纷，这不符合合同法平等的理念，也是与市场经济的要求相违背的；刑事方式是国家通过刑事手段来解决合同纠纷，合同一旦需要通过刑事方式解决，就不能称为合同纠纷了，而是刑事案件。当前，利用合同进行诈骗的情况很多，对于此类情况，应以诈骗案处理，而不是一般的合同纠纷。

（四）解决方式多样化

合同纠纷的解决方式多样，一般来说，主要有四种：(1) 协商，即合同当事人在友好的基础上，通过相互协商解决纠纷，这是最佳的方式。(2) 调解，即合同当事人如果不能协商一致，可以要求有关机构调解，如一方或双方是国有企业的，还可以要求共同上级机关进行调解。上级机关应在平等的基础上分清是非进行调解，而不能进行行政干预。当事人还可以要求合同管理机关、仲裁机构、法庭等进行调解。(3) 仲裁，即合同当事人协商不成，不愿调解的，可根据合同约定的仲裁条款或双方在纠纷发生后达成的仲裁协议向仲裁机构申请仲裁。(4) 诉讼。如果合同中没有订立仲裁条款，事后也没有达成仲裁协议，合同当事人可以将合同纠纷起诉到法院，寻求司法解决。

需要说明的一点是，合同纠纷除了上述一般特点之外，有些合同纠纷的解决还具有自愿的特点，如涉外合同纠纷的法律适用，解决时可能会按照当事人的约定选择适用外国法律，而不是中国相关的合同方面的法律。

第二节 合同纠纷处理方案

一、确定纠纷处理小组

合同纠纷发生后，首先应根据该纠纷的性质和程序，划分为不同的级别，分别组建相应的纠纷处理小组，负责纠纷处理过程中重大问题的决策，并协调纠纷处理过程中企业各部门的分工配合。

1. 安全合同纠纷：由企业总法律顾问、法律部门和合同所涉及的业务部门人员共同组成即可。

2. 一般合同纠纷：企业的业务主管负责人或者首席财务官（总会计师）加入纠纷处理小组。

3. 风险合同纠纷：由企业首席执行官（总经理）、首席财务官（总会计师）、总法律顾问、企业法律部门和合同所涉及的业务部门组成争议处理小组，并且聘请外部专职执业律师作为纠纷处理顾问全程参与合同纠纷的处理过程。

4. 高风险合同纠纷：争议处理小组的组成与风险合同纠纷的争议处理小组成员相同，但是，争议处理小组决策重要问题，如纠纷分析会、纠纷解决方式选择、出庭前准备会、对仲裁裁决、法院判决的谈论会等的时候，应当有企业法定代表人（董事长）参加。

值得一提的是，档案印章管理部门的人员，尤其是档案管理人员在处理合同纠纷过程中应当将合同纠纷处理工作置于一切工作的首位，全力配合合同争议处理小组并且全程跟踪，提供一切应当由自己企业提供的相关证据，收集一切新的相关资料备用。

二、合同履行人员提供信息

合同纠纷处理中十分重要的一个环节是负责合同履行的合同管理人员向纠纷处理小组成员提供完整、真实的合同执行情况，供纠纷处理小组决策之用。合同管理人员所有的陈述理由还应当有必要的事实及证据支持，以便纠纷处理小组更好做出判断。

三、提出法律意见

争议小组成立后，应当立即召开纠纷分析会，提出解决纠纷的法律意见，写出"法律意见书"。"法律意见书"的内容应当包括：

1. 争议或者纠纷的焦点、性质和产生原因。
2. 争议各方的优势和劣势分析。
3. 各种可能的处理方案与相应的后果的对比。
（1）协商处理方案及其后果。
（2）仲裁处理方案及其后果。
①申请法院进行财产保全和证据保全方案；

②仲裁调解方案；

③不服仲裁机构依职权裁决时的处理方案。有申请法院撤销仲裁裁决或者申请法院执行/不予执行仲裁裁决两种方案供选择。

（3）诉讼方案及其后果

①申请法院进行财产保全和证据保全方案。紧急情况或者对方当事人信用不好的，只要可能并且不会不合理地损害争议对方利益，最好在诉前15日申请这两项保全。对于财产保全，申请人应当提供相应担保。证据保全的费用由申请人负担。无论仲裁还是诉讼，保全均由人民法院决定并执行；

②管辖法院选择方案；

③法院调解方案；

④不服法院一审判决时的应对方案。有上诉和申请法院强制执行的方案供选择。

四、确定处理方式

1. 首先向对方提出协商建议，确定协商时间、地点和出席人员，对方同意协商的，与对方友好协商。

值得一提的是，无论"法律意见书"或者纠纷分析会确定最终选择仲裁或诉讼何种解决方式，都应争取与对方协商解决合同纠纷。且无论协商成功与否，协商过程都应由档案管理部门作出正式的备忘录，并争取获得对方签字确认。

2. 对方不同意协商时，或者协商之后打不成一致意见的，依照合同约定的争议解决条款执行。

3. 如果合同中未约定争议解决条款，或者合同中的争议解决条款无效，合同纠纷争议处理小组应当根据具体情况决定采取仲裁还是诉讼的方式解决。有关仲裁和诉讼的利弊比较，我们将在后文做重点阐述。

第三节　合同纠纷处理机制

合同纠纷的解决方式多样，根据我国《合同法》第一百二十八条的规定，合同争议的解决方式有四种：和解、调解、仲裁和诉讼。其中，和解和调解并非解决合同争议必经的程序，即使合同当事人在合同争议条款中作了相应的规定，当事人也可不经协商和解或调解而直接申请仲裁或提起诉讼。故选择仲裁还是诉讼解决合同争议是订立合同争议条款要解决的一个重要问题。

一、协商

1. 协商的概念。协商，即当事人自行协商解决合同纠纷，是指合同纠纷的当事人，在自愿互谅的基础上，按照国家有关法律、政策和合同的约定，通过摆事实、讲道理，以达成和解协议，自行解决合同纠纷的一种方式。

用协商的方式解决合同纠纷，程序简便、及时迅速，有利于减轻仲裁和审判机关的压力，节省仲裁、诉讼费用，有效地防止经济损失的进一步扩大，同时也有利于增强纠纷当事人之间的友谊，有利于巩固和加强双方的协作关系，扩大往来，推动经济的发展。由于这种处理方法好，在涉外合同纠纷的处理中，也相当盛行。从这种角度来说，协商解决合同纠纷是合同纠纷解决的最佳方式。

2. 协商的原则。合同双方当事人之间自行协商解决纠纷，应当遵守两个原则：

（1）平等自愿原则。不允许任何一方以行政命令手段，强迫对方进行协商，更不能以断绝供应、终止协作等手段相威胁，迫使对方达成只有对方尽义务，没有自己负责任的"霸王协议"；

（2）合法原则。即双方达成的和解协议，其内容要符合法律和政策规定，不能损害国家利益，社会公共利益和他人的利益。否则，当事人之间为解决纠纷达成的协议无效。

3. 协商应注意的问题。发生合同纠纷的双方当事人在自行协商解决纠纷的过程中应当注意以下问题：

（1）分清责任是非。协商解决纠纷的基础是分清责任是非。当事人双方不能一味地推卸责任，否则，不利于纠纷的解决。因为，如果双方都以为自己有理，责任在对方，则难以做到互相谅解和达成协议。

（2）态度端正，坚持原则。在协商过程中，双方当事人既互相谅解，以诚相待、勇于承担各自的责任，又不能一味地迁就对方，进行无原则的和解。尤其是对在纠纷中发现的行贿受贿，以及其他损害国家利益和社会公共利益的违法行为，要进行揭发。对于违约责任的处理，只要合同中约定的违约责任条款是合法的，就应当追究违约责任，过错方应主动承担违约责任，受害方也应当积极向过错方追究违约责任，绝不能以协作为名假公济私，慷国家之慨而中饱私囊。

（3）及时解决。如果当事人双方在协商过程中出现僵局，争议迟迟得不到解决时，就不应该继续坚持协商解决的办法，否则会使合同纠纷进一步扩大，特别是一方当事人有故意的不法侵害行为时，更应当及时采取其他方法解决。

二、调解

1. 调解的定义。合同纠纷的调解，是指双方当事人自愿在第三者（即调解的人）的主持下，在查明事实、分清是非的基础上，由第三者对纠纷双方当事人进行说明劝导，促使他们互谅互让，达成和解协议，从而解决纠纷的活动。调解有以下三个特征：

（1）调解是在第三方的主持下进行的，这与双方自行和解有着明显的不同；

（2）主持调解的第三方在调解中只是说服劝导双方当事人互相谅解，达成调解协议而不是作出裁决，这表明调解和仲裁不同；

（3）调解是依据事实和法律、政策，进行合法调解，而不是不分是非，不顾法律与政策在"和稀泥"。

2. 调解遵循的原则。发生合同纠纷的双方当事人在通过第三方主持调解解决纠纷时，应当遵守以下原则：

（1）自愿原则。自愿有两方面的含义：一是纠纷发生后，是否采用调解的方式解决，完全依靠当事人的自愿。调解不同于审判，如果纠纷当事人双方根本不愿用调解方式解决纠纷，那么就不能进行调解。二是指调解协议必须是双方当事人自愿达成。调解人在调解过程中要耐心听取双方当事人相关系人的意见，在查明事实的基础上，对双方当事人进行说服教育，耐心劝导，晓之以理，动之以情，促使双方当事人互相谅解，达成协议。调解人既不能代替当事人达成协议，也不能把自己的意志强加给当事人。如果当事人对协议的内容有意见，则协议不能成立，调解无效。

（2）合法原则。根据合法原则的要求，双方当事人达成协议的内容不得同法律和政策相违背，凡是有法律、法规规定的，按法律、法规的规定办；法律、法规没有明文规定，应根据党和国家的方针、政策，并参照合同规定和条款进行处理。

3. 调解的分类。根据国家有关的法律和法规的规定，合同纠纷的调解，主要有以下3种类型：

（1）行政调解。行政调解，是指根据一方或双方当事人的申请，当事人双方在其上级业务主管部门主持下，通过说服教育，自愿达成协议。从而解决纠纷的一种方式。对于企业单位来说，有关行政领导部门和业务主管部门，是下达国家计划并监督其执行的上级领导机关，它们一般比较熟悉本系统各企业的生产经营和技术业务等情况，更容易在符合国家法律、政策或计划的要求下，具体运用说服教育的方法，说服当事人互相谅解，达成协议；如果当事人属于同一业务主管部门，则解决纠纷是该业务主管部门的一项职责，在这种情况下，当事人双方也容易达成协议；如果当事人双方分属不同的企业主管部门，则可由双方的业务主管部门共同出面进行调解。例如，按照《全民所有制工业企业转换经营机制条例》规定，国家根据需要，有权向企业下达指令性计划。企业执行计划，有权要求在政府有关部门的组织下，与需方企业签订合同，或者根据国家规定，要求与政府指定的单位签订国家订货合同。对于这种因执行计划而发生的合同纠纷，由业务主管部门出面调解，说明计划的变更情况等，对方当事人能够比较容易接受，也比较容易达成调解协议。同时应当注意合同纠纷经业务主管部门调解的，当事人双方达成调解协议的，要采用书面形式写成调解书作为解决纠纷的依据。

（2）仲裁调解。仲裁调解，是指合同当事人在发生纠纷时，依照合同中的仲裁条款或者事先达成的仲裁协议，向仲裁机构提出申请，在仲裁机构主持下，根据自愿协商、互谅互让的原则，达成解决合同纠纷的协议。根据我国《仲裁法》的有关规定，由仲裁机构主持调解形成的调解协议书、与仲裁机构所作的仲裁裁决书具有同等的法律效力。生效后具有法律效力，一方当事人如果不执行，另一方可以向人民法院提出申请，要求对方执行。对方拒不执行的，人民法院可以依法依照生效的调解协议书强制其执行。

（3）法院调解。法院调解，又称为诉讼中的调解，是指在人民法院的主持下，双方当事人平等协商，达成协议，经人民法院认可后，终结诉讼程序的活动。合同纠纷起诉到人民法院之后，在审理中，法院首先要进行调解。用调解的方式解决合同纠纷，是人民法院处理合同纠纷的重要方法。在人民法院主持下达成调解协议，人民法院据此制作的调解书与判决具有同等效力。调解书只要送达双方当事人，便产生法律效力，双方都必须执行，如不执行，另一方当事人可以向人民法院提出申请，要求人民法院强制执行。根据《民事诉讼法》的规定，人民法院进行调解也必须坚持自愿、合法的原则，调解达不成协议或调解无效的，应当及时判决，不应久调不决。

三、仲裁

1. 仲裁的定义。仲裁也称公断。合同仲裁，即由第三者依据双方当事人在合同中订立的仲裁条款或自愿达成的仲裁协议，按照法律规定对合同争议事项进行居中裁断，以解决合同纠纷的一种方式。仲裁是现代世界各国普遍设立的解决争议的一种法律制度。合同争议的仲裁是各国商贸活动中通行的惯例。

根据我国《仲裁法》规定，通过仲裁解决的争议事项，一般仅限于在经济、贸易、海事、运输和劳动中产生的纠纷。如果是因人身关系和与人身关系相联系的财产关系而产生的纠纷，则不能通过仲裁解决，而且依法应当由行政机关处理的行政争议，也不能通过仲裁解决。

2. 仲裁的类型。就一国范围内的经济贸易仲裁来说，大致有以下 3 种类型：

（1）民间仲裁。是指按照法律规定，经双方当事人约定，在发生经济纠纷地，由双方选择约定的仲裁人或数人进行仲裁，仲裁人的仲裁决定，对当事人来说，同法院的判决有同等的效力，如果一方当事人不予遵守，向法院提起诉讼时，对方可以请求法院驳回原告的诉讼，如果一方当事人不履行仲裁决定，对方当事人有权向法院申请强制执行；

（2）社会团体仲裁。即当事人的双方约定，对于现在或者将来发生的一定经济纠纷。由社会团体内所设立的仲裁机构进行仲裁，这种仲裁裁决，同样具有法律效力，广义上的民间仲裁，包括这种仲裁在内；

（3）国家行政机关仲裁，即对国家经济组织之间的经济纠纷，由国家行政机关设置一定的仲裁机构进行仲裁，而不由司法机关进行审判。

3. 仲裁的特点。合同仲裁有以下几个特点：

（1）合同仲裁是合同双方当事人自愿选择的一种方法，体现了仲裁的"意思自治"的性质。即合同纠纷发生后，是否通过仲裁解决，完全要根据双方当事人的意愿决定，不得实行强制。如果一方当事人要求仲裁，而另一方当事人不同意，双方又没有达成仲裁协议，则不能进行仲裁；另外，仲裁地点，仲裁机构以及需要仲裁的事项，也都根据双方当事人的意志在仲裁协议中自主选择决定。

（2）合同纠纷仲裁中，第三者的裁断具有约束力，能够最终解决争议。虽然合同纠纷的仲裁是由双方当事人自主约定提交的，但是仲裁裁决一经作出，法律即以国家强制力来保证其实施。合同纠纷经济仲裁作出裁决后，即发生法律效力，双方当事人都必须执行，如果一方当事人不执行裁决，对方当事人则有权请求法院予以强制执行。

（3）合同纠纷的仲裁，方便、简单、及时、低廉。首先，我国合同仲裁实行一次裁决制度，即仲裁机构作出的一次性裁决，为发生法律效力的裁决，双方当事人对发生法律效力的仲裁决都必须履行，不得再就同一案件起诉。因为，既然当事人自主、自愿协议选择仲裁来解决合同纠纷，就意味着当事人对于仲裁机构和裁决的信任，就应当服从并积极履行仲裁裁决。其次，仲裁可以简化诉讼活动的一系列复杂程序和阶段，例如起诉、受理、调查取证、调解、开庭审理、当事人的双方进行辩论及提起上诉等程序上的规定，这些往往是要花费数月或更长的时间，加重当事人的负担。再次，合同纠纷仲裁的收费也比较低。所以它和诉讼相比，具有方便、简单、及时、低廉的特点。

4. 仲裁的原则。合同纠纷当事人双方通过仲裁解决纠纷时，应当遵守一定的原则。根据我国的仲裁实践以及我国仲裁法和涉外常设仲裁机构的有关规定。

规范仲裁程序的基本原则主要有：

（1）当事人自愿原则。《中华人民共和国仲裁法》第4条规定："当事人采用仲裁方式解决仲裁纠纷，应当双方自愿、达成仲裁协议，没有仲裁协议，一方申请仲裁的，仲裁委员会不予受理。"具体来说，该原则主要表现在以下几个方面：

第一，选择冲裁方式解决纠纷是以当事人自愿协议（表现为仲裁协议）为前提的。任何仲裁机构都不应受理未经自愿协议而提交仲裁的案件；而当事人一旦自愿达成选择以仲裁方式解决纠纷的协议，该协议不但对协议当事人，而且对人民法院也具有程序上的约束力，即当事人自愿达成的仲裁协议可以排斥法院的法定管辖权，任何仲裁机构都不应受理未经自愿协议而提交仲裁的案件，而当事人一旦自愿达成选择以仲裁方式解决纠纷的协议，该协议不但对协议当事人，而且对人民法院也具有程序上的约束力，即当事人自愿达成的仲裁协议可以排斥法院的法定管辖权；

第二，当事人要以自愿协议选择仲裁机构和仲裁地点，《中华人民共和国仲裁法》第6条规定："仲裁委员会应当由当事人协商选定，仲裁不实行级别管辖和地域管辖。"这也是仲裁在某种意义上优越于诉讼之处，而且仲裁委员会的设立不按行政区域设立，有利于消除当前解决合同纠纷过程中不良的地方保护主义倾向；

第三，当事人有权自愿选择审理案件的仲裁员。《中华人民共和国仲裁法》第31条规定："当事人约定由3名仲裁员组成仲裁庭的，应当各自选定或者各自委托仲裁委员会主任指定一名仲裁员。"被选定的仲裁员行使的仲裁权并非来源于国家的司法权力或行政权力，而是来自当事人的自愿委托。因此，更便于很好地解决合同纠纷；

第四，当事人有权约定仲裁事项。对于合同纠纷来说，就是双方当事人认为最需要解决的那部分争议。当然，这种需要必须双方认识一致，才能在仲裁协议中约定出仲裁事项。

（2）仲裁的独立性原则。《中华人民共和国仲裁法》第8条规定："仲裁依法独立进行，不受行政机关、社会团体和个人的干涉。"从整个仲裁法的精神来看，该原则主要表现为仲裁机构的独立性和仲裁员办案的独立性这两个方面。

（3）仲裁一裁终局的原则。《中华人民共和国仲裁法》第9条第一款规定："仲裁实行一裁终局的制度。裁决作出后，当事人就同一纠纷再申请仲裁或者向人民法院起诉的，仲裁委员会或者人民法院不予受理。"这主要是从仲裁裁决的法律约束力来说的。

第一，对合同双方当事人来说，仲裁裁决具有既判力。从形式上看，当客人不得对同一合同纠纷基于同一的事实和理由再次申请仲裁或者向法院起诉；从实质上看，当事人对争议的合同事实与法律问题不得再次争执，即合同争执已依仲裁程序法定地给予消除；

第二，对仲裁庭来说，仲裁裁决不得擅自变更，一裁即终局；

第三，对人民法院来说，对仲裁庭所裁决的合同关系无司法管辖权。

四、诉讼

1. 诉讼的定义。上述合同纠纷解决争议的方式有 4 种：即当事人自行协商解决，调解仲裁和诉讼。其中，仲裁方法由于比较灵活、简便，解决纠纷比较快，费用又比较低，所以很受当事人欢迎。但是，如果当事人一方不愿仲裁，则不能采用仲裁的方式，而只能采用诉讼的方式来解决双方当事人之间的争议。所以，诉讼是解决合同纠纷的最终形式。

所谓合同纠纷诉讼是指人民法院根据合同当事人的请求，在所有诉讼参与人的参加下，审理和解决合同争议的活动，以及由此而产生的一系列法律关系的总和。它是民事诉讼的重要组成部分，是解决合同纠纷的一种重要方式。与其他解决合同纠纷的方式相比，诉讼是最有效的一种方式，之所以如此，首先是因为诉讼由国家审判机关依法进行审理裁判，最具有权威化性；其次是裁判发生法律效力后，以国家强制力保证裁判的执行。

2. 诉讼的特点。

（1）合同纠纷诉讼与其他解决合同纠纷的方式的区别。合同纠纷诉讼和其他解决合同纠纷的方式特别是和仲裁方式相比，具有以下几个特点：

①诉讼是人民法院基于一方当事人的请求而开始的，当事人不提出要求、人民法院不能依职权主动进行诉讼。当事人不向人民法院提出诉讼请求，而向其他国家机关提出要求保护其合法权益的，不是诉讼，不能适用民事诉讼程序予以保护。

②法院是国家的审判机关，它是通过国家赋予的审判权来解决当事人双方之间的争议的。审判人员是国家权力机关任命的，当事人没有选择审判人员的权利，但是享有申请审判人员回避的权利。

③人民法院对合同纠纷案件具有法定的管辖权，只要一方当事人向有管辖权的法院起诉，法院就有权依法受理。

④诉讼的程序比较严格、完整。例如，《民事诉讼法》规定，审判程序包括第一审程序、第二审程序、审判监督程序等。第一审程序又包括普通程序和简易程序。另外，还规定了撤诉、上诉、反诉等制度，这些都是其他方式所不具备的。

⑤人民法院依法对案件进行审理作出的裁判生效后，不仅对当事人具有约束

力，而且对社会具有普遍的约束力。当事人不得就该判决中确认的权利义务关系再行起诉，人民法院也不再对同一案件进行审理。负有义务的一方当事人拒绝履行义务时，权利人有权申请人民法院强制执行，任何公民、法人包括其他组织都要维护人民法院的判决，有义务协助执行的单位或个人应积极负责地协助人民法院执行判决，如果拒不协助执行或者阻碍人民法院判决的执行，行为人将承担相应的法律后果。以国家强制力作后盾来保证裁判的实现，也是诉讼形式别于其他解决纠纷形式的一个显著的特点。

（2）合同纠纷诉讼与民事诉讼的区别。合同纠纷诉讼虽然属于民事诉讼，但它与其他民事诉讼相比，又有其自己的特征。

①合同纠纷诉讼的产生是合同当事人在履行合同的过程中，就权利义务关系发生了纠纷和争议，如果不是因合同的权利义务关系而发生纠纷和争议，就不是合同纠纷诉讼。

②合同纠纷诉讼具有广泛性、专业性和技术性。首先，合同纠纷诉讼涉及面广，在社会主义市场经济体制下，社会生产经营活动过程中所发生的绝大部分经济活动都要靠合同来规范和调整，由此而产生的纠纷都可以纳入合同纠纷诉讼的轨道；其次，大量的合同纠纷所涉及的问题具有很强的专业性和技术性，如技术合同纠纷、保险合同纠纷等，在处理这些纠纷过程中必然涉及很多的专业知识和技术知识。

③合同纠纷诉讼具有较大的社会效益性，随着我国经济建设的迅猛发展，生产建设的规模、市场交易的数量越来越大，与此相应的合同纠纷诉讼的标的也就越来越大，及时解决这些纠纷，特别是重大的合同纠纷，对于维护社会经济秩序，保证经济生活的正常运转，促进社会主义市场经济的建设和完善，促进经济的发展具有十分重要的作用。

3. 合同纠纷诉讼的作用。发生合同纠纷的当事人之间通过诉讼方式来解决纠纷，从社会和个体的角度来看，具有如下意义：

（1）维护正常的社会经济秩序，促进社会主义市场经济体制的建立和完善。1993年3月29日第八届全国人大第一次会议通过的《中华人民共和国宪法修正案》明确规定了"国家实行社会主义市场经济。"经过这几年的探索和实践，我国改革开放的政策进一步实施，经济建设不断发展，社会主义市场经济体制正在逐步建立和完善，商品流通分配摆脱了计划经济体制的困扰，逐渐市场化，各种形式的经济实体都可以平等自由地参与市场竞争、而他们参与市场竞争的方式大量地表现为通过订立和履行合同以实现自己的经济目的。因而，合同纠纷的发生，就会给正常的交易造成障碍，合法有效的权利义务关系遭到破坏，从而使社会经济生活的某个环节出现故障，造成一定的社会经济问题，如某项合同中断，局部生产停顿，一些设备无法使用，一定的资金不能周转流通，直接或间接影响国民经济的正常发展。所以，合同纠纷通过诉讼得以及时迅速的最终解决，就可以有效地保护当事人的合法权益，维护交易安全，促进社会主义市场经济的繁荣，保证国家经济建设的健康发展。

（2）创造良好的法制环境，促进对外开放。对外开放是我国的一项基本国策。十一届三中全会以来，改革开放政策的实施，促进了我国对外贸易的发展，取得了举世瞩目的成就，而我们无论是引进先进技术、设备，还是吸引外商投资绝大部分是通过签订涉外合同来实现的。因此，妥善地解决好涉外合同纠纷诉讼，创造良好的对外贸易和外商投资的法制环境，对于进一步搞好和扩大对外开放具有举足轻重的作用。

（3）促进生产发展，保障人民生活需要。合同纠纷涉及社会生活的各个方面，与国家的经济建设，人民群众的生活息息相关，如果不能及时正确地解决企业的产、供、销就不能正常运行，商品交易就不能正常进行，人民群众的正常生活需要就得不到良好的保障，所以合同纠纷是关系到促进生产发展，保障人民生活需要的大问题。

（4）有利于加强社会主义法制，提高公民的法律意识。合同纠纷诉讼的解决过程，是向合同双方当事人进行法制教育的过程，是严格执法的过程，也是向社会宣传法制的过程。通过诉讼、使当事人了解和掌握了一定的法律知识。提高了学法、守法的意识，这对于加强社会主义法制。提高公民的法律意识无疑是有十分重要的意义的。

（5）保护当事人的合法权益，制裁违法犯罪行为。合同当事人订立合同的目的在于合法地获得经济利益和其他利益，合同纠纷的诉讼解决，就是要分清责任是非，依法追究其违约责任，保护对方的合法权益。同时，人民法院在审理合同纠纷案件时，可以认真分析研究案情，区别合同纠纷和利用合同进行违法犯罪，及时地制止违法行为，与公安、检察机关密切配合，打击经济领域的犯罪行为，维护法律的尊严，加强社会主义的法制建设。

第四节 合同纠纷解决方式的选择

一、合同纠纷仲裁与诉讼解决方式的区别

诉讼与仲裁都属法律程序，二者作出的裁决都具有法律效力；双方当事人在

诉讼或仲裁过程中都处于平等地位；诉讼或仲裁活动都独立进行。但是，作为不同的法律程序，很多方面存在着很大的区别。

1. 启动的前提不同。要启动仲裁程序，首先，必须双方达成将纠纷提交仲裁的一致的意思表示，这可以通过专门的仲裁协议也可以通过合同中的仲裁条款表现出来。达成一致意思表示的时间可以是在纠纷发生前，纠纷中也可以在纠纷发生之后。其次，双方还必须一致选定具体的仲裁机构，即仲裁委员会的具体名称，比如北京仲裁委员会而非北京市仲裁委员会。只有满足上述条件仲裁机构才予受理。

对诉讼而言，只要一方认为自己的合法权益受到侵害，符合法院的立案条件，属于人民法院处理的范畴，即可以向法院提起诉讼，而无须征得对方同意。基于此，诉讼的条件要宽泛得多。

2. 受案范围不同。仲裁机构一般只受理民商、经济类案件（婚姻、收养、监护、抚养、继承纠纷不在此列），不受理刑事自诉案件、刑事附带民事诉讼、行政案件。而对上述案件，当事人均可向人民法院起诉。

3. 管辖的规定不同。仲裁机构之间不存在上下级之间的隶属关系，仲裁不实行级别管辖和地域管辖。一般情况下，当事人可以在全国范围内任意选择裁决水平高、信誉好的仲裁机构，而不论纠纷发生在何地、争议的标的有多大。

人民法院分为四级，上级法院对下级法院具有监督、指导的职能，诉讼实行级别管辖和地域管辖。根据当事人之间发生的争议的具体情况来确定由哪一级法院及由哪个地区的法院管辖。无管辖权的法院不得随意受理案件，当事人也不得随意选择。

4. 选择审判员、裁判员的权利不同。在仲裁中，当事人约定由三名仲裁员组成仲裁庭的，应当各自选定或者各自委托仲裁委员会主任指定一名仲裁员，第三名仲裁员由当事人共同选定或者共同委托仲裁委员会主任指定仲裁员。

而诉讼之中，当事人无权选择审判员。但是在法定的情况下，可以要求审判员回避，或者要求将审判由简易程序（只有一位审判员）转入普通程序（三位审判员组成合议庭）。

5. 开庭的公开程度不同。仲裁一般不公开进行，但当事人可协议公开，但涉及国家秘密的除外。而人民法院审理案件，一般应当公开进行，但涉及国家秘密、个人隐私或法律另有规定的，不公开审理。离婚案件、涉及商业秘密的案件，当事人申请不公开审理的，可以不公开审理。

6. 终局的程序不同。仲裁实行一裁终局制，仲裁庭开庭后作出的裁决是最终的裁决，立即生效。但劳动争议仲裁是个例外，当事人不服仲裁裁决的，还可以向法院提起诉讼。

诉讼则实行两审终审制,一个案件经过两级人民法院审理,即告终结,发生法律上的效力。当然也存在特例,如选民资格案件、宣告失踪和宣告死亡案件、认定公民无民事行为能力和限定民事行为能力案件、认定财产无主案件实行一审终审。当然,当事人还有救济途径,即要求再审。

7. 强制权力的不同。仲裁机构对于干扰仲裁活动的当事人,无权行使强制措施。人民法院则可以对干扰诉讼活动的当事人采取拘传、训诫、责令退出法庭、罚款、拘留的强制措施。

当事人拒不履行仲裁机构作出的裁决时,仲裁机构无权强制执行,只能由一方当事人持裁决书申请人民法院执行。人民法院作出的生效判决,当事人拒不履行义务时,人民法院可以自行决定或者依当事人的申请,采取强制执行的措施。

二、合同纠纷仲裁与诉讼解决方式的利弊

仲裁与诉讼制度各有优劣势,二者形成相互补充的状态,也构成了我国基本的法律裁判程序。因此,当事人可以根据自身的具体情况来选择纠纷的解决方式。二者的利弊主要表现在如下几个方面。

1. 关于效率。当事人发生纠纷一般都希望尽可能在短时间内解决,以避免投入更多的财力、时间成本。在这点上,仲裁比较占优势。首先,仲裁的受理和开庭程序相对简单,诉讼相对复杂;其次,仲裁实行一裁终局,裁决立即生效。诉讼实行两审终审,当事人不服一审判决的还可上诉,并且提起上诉程序仍需时间;再次,目前诉讼的案件呈上升趋势,而人民法院的诉讼资源有限,加之案件的复杂程度、法官的判案水平、社会不良风气的干扰和影响等因素,一个案件从人民法院受理到判决生效,往往需要较长时间。

2. 关于灵活性。在仲裁中,当事人可以根据自身的情况来选择仲裁机构、选择仲裁员,甚至选择仲裁的时间和大家都不熟悉的地点,选择适用的实体法。特别是可以据仲裁员的经验、阅历、职称、学历、品行素养、仲裁水平等诸多方面来自由选择自己信任的仲裁员。而诉讼则基本确定了受理的法院、审判员、审判的程序、时间及地点。当事人只能通过调整自己的相关情况来应对诉讼。

3. 关于专业性。有些纠纷的事实判别强于法律判断,而这些事实判别又需要相当丰富的专业方面的知识,这正是仲裁机构既具社会威望,又具备权威的相关专业知识且熟悉法律规范的专家仲裁人员的优势,因而审理案件更具有权威性和说服力,有利于这些纠纷的解决。而法院的法官往往只具有法律的专业知识,对纠纷所涉及的专业知识不一定了解,在事实认定上可能存在不足。

4. 关于国际性。仲裁较之于诉讼，相对而言更具有国际性，它可以更多地参照国际间的有关公约、条约、议定书，乃至国际惯例，相容性较大，适合于不同制度、不同国家与民族，不同社会政治经济文化传统背景下的当事人。

5. 关于权利救济。仲裁是一裁终局，在快捷方便的同时，又失去了二审的监督作用，没有了当事人进一步主张权利的回旋余地。当然在法定情况下，当事人是可以向法院申请撤销仲裁裁决的。而诉讼本来就是二审终审，即便发生了法律效力的判决，当事人还可以向上级法院申请再审，救济途径相对更广。

如果效率、灵活性、专业性能在公平的环境下得到保障，那么权力救济自然就会退居次位。

三、选择以仲裁方式解决合同争议应注意的问题

合同当事人将合同争议提请仲裁，必须基于有效的仲裁协议。根据《仲裁法》第十六条第二款的规定，仲裁协议内容必须具备三个要素：一是要有请求仲裁的意思表示；二是要有仲裁事项；三是要有选定的仲裁委员会。其中对第一项和第三项的规定，合同当事人往往会由于不了解仲裁制度和仲裁机构的设置，在合同争议条款中作出以下几种不规范的仲裁协议：

1. 约定了仲裁地点，但没有约定仲裁机构，或虽然有约定，但约定的仲裁机构名称的方式、术语不规范。如：争议在"合同签订地（履行地）仲裁解决"、"争议所在地仲裁解决"，争议由"本市仲裁机关仲裁"、"本市有关部门仲裁"、"当地仲裁委员会仲裁"，争议由"××市合同仲裁委员会仲裁"等。

2. 同时约定两个仲裁机构仲裁。如：争议可提交"A市有关仲裁机构仲裁"或"B市有关仲裁机构仲裁"。

3. 既约定仲裁，又选择诉讼。如：发生争议向"合同履行地（签订地）仲裁机关申请仲裁，也可以直接向人民法院起诉"，争议由"合同履行地仲裁机关仲裁，对仲裁不服，向人民法院起诉"等。

在现实案例中，上述各类不规范的仲裁协议，虽不是一律被认定为无效，但多数会因为无法明确当事人的仲裁意思表示或无法确定仲裁机构而导致无效。

此外，合同当事人如何对仲裁事项进行规定也是应注意的问题。我国《仲裁法》规定：平等主体的公民、法人和其他组织之间发生的合同纠纷和其他财产权益纠纷，可以仲裁。这项规定不难理解，但在实际操作中合同当事人如何针对自身的情况确定将提请仲裁的事项是一个值得注意的问题。如合同当事人属长期合作关系，双方在前合同尚未履行完毕时又签订了含有仲裁条款的合同，且两合同的履行具有一定的交叉性，这样会导致合同当事人之间的纠纷一部分在仲裁管辖

范围内，一部分在诉讼管辖范围内，所以一旦发生合同争议，就会出现合同当事人既要进行仲裁，又要到法院诉讼的情况。故为防止类似问题的产生，合同当事人在约定仲裁协议时，应将对前期没有约定仲裁方式的前合同一并写入新合同争议条款中。

四、选择以诉讼方式解决合同争议应注意的问题

根据我国民事诉讼法的规定，只有因合同发生的纠纷，可以由双方当事人通过订立合同争议条款自由约定由哪个法院来管辖，这在法律上称"协议管辖"。合同当事人可以通过约定一个对自己有利的法院（往往规定在本地法院）来管辖案件，以节省费用，避免地方保护主义因素产生的不利影响。应注意的是，合同当事人的这种自由选择权是有条件限制的，这些限制主要表现在以下几个方面：

1. 协议管辖不得违反级别管辖与专属管辖。如：按照规定，在重庆市一般财产案件诉讼标的超过人民币200万元的，应由中级人民法院管辖。对于标的低于200万元的合同，约定"有关本合同的一切纠纷，应由某中级人民法管辖"是无效的。又如，海事案件，只能由海事法院管辖，合同当事人约定由普通法院管辖是无效的。

2. 被选择的法院必须与合同有关联，即只能在被告住所地、合同履行地、合同签订地、原告住所地、标的物所在地的法院中进行选择，而当事人在制定合同争议条款时应做到表述明确，选择的管辖法院是确定、单一的，不能含糊不清，更不能协议选择两个以上管辖法院。如类似"因本合约发生的任何诉讼，双方均可向原告所在地人民法院提起诉讼。"的约定，虽在一般情况下不会被认定为无效，但若发生合同双方当事人同时提起诉讼的情况，则很容易引起管辖争议，造成诉讼程序的延长，诉讼成本的增加，给当事人带来很多不必要的麻烦。

3. 合同当事人只能就第一审案件决定管辖法院，而不能以协议决定第二审法院。

4. 双方必须以书面方式约定管辖法院，口头约定无效。

第五节 及时开展与合同纠纷有关的各种管理工作

一、注意合同诉讼时效

企业提起合同纠纷诉讼或者仲裁，应当选择合适的时机。时机的选择对于企业诉讼利益的维护有至关重要的作用。这里所说的合适的时机，就是企业应当在

法律规定的时效内提起合同纠纷诉讼或者仲裁,并充分考虑有申请仲裁或起诉的足够时间。

诉讼时效是指民事权利受到侵害的权利人在法定的时效期间内不行使权利,当时效期间届满时,人民法院对权利人的权利不再进行保护的制度。在法律规定的诉讼时效期间内,权利人提出请求的,人民法院就强制义务人履行所承担的义务。而在法定的诉讼时效期间届满之后,权利人行使请求权的,人民法院就不再予以保护。

此外,我国法律还固定了诉讼时效的中止、终端和延长的规定。因此,企业除了注意诉讼时效期间提起合同纠纷诉讼之外,还应当充分运用诉讼时效中断制度,可以在诉讼时效期间内采用书面形式向债务人明确提出履行义务的要求,也可以当面索债获得债务人的书面还债承诺,从而使诉讼时效中段,时效计算的时间便重新开始,从而使本企业的正当利益得到保护。

二、关注与合同向对方有牵连的主体,积极行使权利

如果发现与本企业发生纠纷的合同向对方已经名存实亡或者已经资不抵债,要注意抓住与其有牵连或者利益往来的其他主体,例如,债务人无偿还能力,如果有保证人的,将保证人列为被诉方;不具备法人资格的,将其总公司或主管部门列为共同被告;属于承包性质的,将发包方列为共同被告。此外,还要注意及时行使代位权和撤销权,保证自身利益不受损害。

三、持续监控合同纠纷解决进度,保证落实情况

(1) 企业对双方已经签署的解决合同纠纷的协议书,上级主管机关或仲裁机关的调解书、仲裁书,在正式生效后,应复印若干份,分别送与该纠纷处理及履行有关的企业职能部门收执,各部门应由专人负责该文书执行的了解、跟踪或履行。对于对方当事人在规定期限届满时没有执行上述文书中有关规定的,承办人应及时向主管领导和公司法律顾问汇报。

(2) 合同对方逾期不履行已经发生法律效力的调解书、仲裁决定书或判决书的,要由法务部门配合具体承办的业务部门向人民法院申请执行。

(3) 在向人民法院提交申请执行书之前,具体承办的业务部门应认真检查对方的执行情况,防止差错。执行中若达成和解协议的,应制作协议书并按协议书规定办理。

(4) 合同纠纷处理或执行完毕的,合同承办部门应及时通知相关各部门,并将有关资料汇总、归档,以备查核。

四、动态处理合同纠纷,坚持事后问责制度

合同纠纷处理完毕后,企业应对整个事件过程作出评估和总结,在根据成因分清责任后对负有责任的相关人员追究责任,企业对外承担法律责任,而负有责任的相关人员应最终对企业的损失承担责任,构成犯罪的,企业应将其移交司法机关追究刑事责任,不能不了了之。对不合格的业务人员或法务人员要及时撤换,或对其进行离职培训。

第七章 合同风险管理控制

企业作为以营利为目的的经济组织，其经营活动是通过一系列的合同的建立和履行来体现的，合同既是企业对外经营活动的联系纽带，也是企业获取经济效益的根本保证。企业的合同管理包括了从合同的签订、履行、变更、违约处理、争议解决等全过程的管理活动，因此，合同风险管理是企业整体风险管理的重要组成部分，如何避免因合同风险而给企业造成损失，是企业合同管理的一项核心工作。

第一节 风险和合同管理概述

一、风险

（一）风险的起源

"风险"（risks; danger; hazards）一词的由来，最为普遍的一种说法是，在远古时期，以打鱼捕捞为生的渔民们，每次出海前都要祈祷，祈求神灵保佑自己能够平安归来，其中主要的祈祷内容就是让神灵保佑自己在出海时能够风平浪静、满载而归；他们在长期的捕捞实践中，深深地体会到"风"给他们带来的无法预测无法确定的危险，他们认识到，在出海捕捞打鱼的生活中，"风"即意味着"险"，因此有了"风险"一词的由来。

而另一种据说经过多位学者论证的"风险"一词的"源出说"称，风险（risks）一词是舶来品，有人认为来自阿拉伯语，有人认为来源于西班牙语或拉丁语，但比较权威的说法是来源于意大利语的"RISQUE"一词。在早期的运用中，也是被理解为客观的危险，体现为自然现象或者航海遇到礁石、风暴等事件。大约到了19世纪，在英文的使用中，风险一词常常用法文拼写，主要是用于与保险有关的事情上。

（二）风险的概念

现代意义上的风险一词，已经大大超越了"遇到危险"的狭义含义，而是

"遇到破坏或损失的机会或危险",可以说,经过两百多年的演义,风险一词越来越被概念化,并随着人类活动的复杂性和深刻性而逐步深化,并被赋予了从哲学、经济学、社会学、统计学甚至文化艺术领域的更广泛更深层次的含义,且与人类的决策和行为后果联系越来越紧密,风险一词也成为人们生活中出现频率很高的词汇。

目前,学术界对风险的内涵还没有统一的定义,由于对风险的理解和认识程度不同,或对风险的研究的角度不同,不同的学者对风险概念有着不同的解释,但可以归纳为以下几种代表性观点。

1. 风险是事件未来可能结果发生的不确定性。美国学者莫布雷(A. H. Mowbray, 1995)称风险为不确定性;威廉斯(C. A. Williams, 1985)将风险定义为在给定的条件和某一特定的时期,未来结果的变动;马奇和夏普拉(March & Shapira)认为风险是事物可能结果的不确定性,可由收益分布的方差测度;博米力(Brnmiley)认为风险是公司收入流的不确定性;马克维兹(Markowitz)和夏普(Sharp)等将证券投资的风险定义为该证券资产的各种可能收益率的变动程度,并用收益率的方差来度量证券投资的风险,通过量化风险的概念改变了投资大众对风险的认识。由于方差计算的方便性,风险的这种定义在实际中得到了广泛的应用。

2. 风险是损失发生的不确定性。罗斯本(J. S. Rosenb, 1972)将风险定义为损失的不确定性,克雷恩(F. G. Crane, 1984)认为风险意味着未来损失的不确定性。卢弗力(Ruefli)等将风险定义为不利事件或事件集发生的机会。并用这种观点又分为主观学说和客观学说两类。主观学说认为不确定性是主观的、个人的和心理上的一种观念,是个人对客观事物的主观估计,而不能以客观的尺度予以衡量,不确定性的范围包括发生与否的不确定性、发生时间的不确定性、发生状况的不确定性以及发生结果严重程度的不确定性。客观学说则是以风险客观存在为前提,以风险事故观察为基础,以数学和统计学观点加以定义,认为风险可用客观的尺度来度量。例如,佩费尔(Peffer)将风险定义为风险是可测度的客观概率的大小;F. H. 奈特认为风险是可测定的不确定性。

3. 风险是指可能发生损失的损害程度的大小。段开龄认为,风险可以引申定义为预期损失的不利偏差,这里的所谓不利是指对保险公司或被保险企业而言的。例如,若实际损失率大于预期损失率,则此正偏差对保险公司而言即为不利偏差,也就是保险公司所面临的风险。马克维兹(Markowitz)在别人质疑的基础上,排除可能收益率高于期望收益率的情况,提出了下方风险(Downsiderisk)的概念,即实现的收益率低于期望收益率的风险,并用半方差(Sernivaviance)

来计量下方风险。

4. 风险是指损失的大小和发生的可能性。朱淑珍（2002）在总结各种风险描述的基础上，把风险定义为：风险是指在一定条件下和一定时期内，由于各种结果发生的不确定性而导致行为主体遭受损失的大小以及这种损失发生可能性的大小，风险是一个二位概念，风险以损失发生的大小与损失发生的概率两个指标进行衡量。王明涛（2003）在总结各种风险描述的基础上，把风险定义为：所谓风险是指在决策过程中，由于各种不确定性因素的作用，决策方案在一定时间内出现不利结果的可能性以及可能损失的程度。它包括损失的概率、可能损失的数量以及损失的易变性三方面内容，其中可能损失的程度处于最重要的位置。

5. 风险是由风险构成要素相互作用的结果。风险因素、风险事件和风险结果是风险的基本构成要素，风险因素是风险形成的必要条件，是风险产生和存在的前提。风险事件是外界环境变量发生预料未及的变动从而导致风险结果的事件，它是风险存在的充分条件，在整个风险中占据核心地位。风险事件是连接风险因素与风险结果的桥梁，是风险由可能性转化为现实性的媒介。根据风险的形成机理，郭晓亭、蒲勇健（2002）等将风险定义为：风险是在一定时间内，以相应的风险因素为必要条件，以相应的风险事件为充分条件，有关行为主体承受相应的风险结果的可能性。叶青、易丹辉（2000）认为，风险的内涵在于它是在一定时间内，有风险因素、风险事故和风险结果递进联系而呈现的可能性。

6. 利用对波动的标准统计测方法定义风险。1993年发表的30国集团的《衍生证券的实践与原则》报告中，对已知的头寸或组合的市场风险定义为：经过某一时间间隔，具有一定工信区间的最大可能损失，并将这种方法命名为风险价值法（Value at Risk，简称VaR法），并竭力推荐各国银行使用这种方法；1996年国际清算银行在《巴塞尔协议修正案》中也已允许各国银行使用自己内部的风险估值模型去设立对付市场风险的资本金；1997年乔利恩（P. Jorion）在研究金融风险时，利用"在正常的市场环境下，给定一定的时间区间和置信度水平，预期最大损失（或最坏情况下的损失）"的测度方法来定义和度量金融风险，也将这种方法简称为VaR法（乔利恩，P. Jorion，1997）。

7. 利用不确定性的随机性特征来定义风险。风险的不确定性包括模糊性与随机性两类。模糊性的不确定性，主要取决于风险本身所固有的模糊属性，要采用模糊数学的方法来刻画与研究；而随机性的不确定性，主要是由于风险外部的多因性（即各种随机因素的影响）造成的必然反映，要采用概率论与数理统计的方法来刻画与研究。

根据不确定性的随机性特征，为了衡量某一风险单位的相对风险程度，胡宜达、沈厚才等提出了风险度的概念，即在特定的客观条件下、特定的时间内，实际损失与预测损失之间的均方误差与预测损失的数学期望之比。它表示风险损失的相对变异程度（即不可预测程度）的一个无量纲（或以百分比表示）的量。

从以上学者对风险的定义可以看，无论如何定义风险一词的由来，但其基本的核心含义是"未来结果的不确定性或损失"，也有人进一步定义为"个人和群体在未来遇到伤害的可能性以及对这种可能性的判断与认知"。如果采取适当的措施使破坏或损失的概率不会出现，或者说智慧的认知，理性的判断，继而采取及时而有效的防范措施，那么风险可能带来机会，由此进一步延伸的意义，不仅仅是规避了风险，可能还会带来比例不等的收益，有时风险越大，回报越高、机会越大。

我国国有资产监督管理委员会发布的《中央企业全面风险管理指引》提出了企业全面风险管理的总体目标，即"确保风险控制在可以承受的范围内，确保遵守有关法律法规并建立针对各项重大风险发生后的危机处理计划，保护企业不因灾害性风险或人为失误而遭受重大损失"。

（三）风险的特征

1. 风险的不确定性。

（1）风险是否发生的不确定性；

（2）风险发生时间的不确定性；

（3）风险产生的结果的不确定，即损失程度的不确定性。

2. 风险的客观性。风险是一种不以人的意志为转移，独立于人的意识之外的客观存在。因为无论是自然界的物质运动，还是社会发展的规律都是由事物的内部因素所决定，由超过人们主观意识所存在的客观规律所决定。人们只能在一定的时间和空间内改变风险存在和发生的条件，降低风险发生的频率和损失程度，但是，从总体上说，风险是不可能彻底消除的。正是风险的客观存在，决定了保险活动或保险制度存在的必要条件。

3. 风险的普遍性。人类历史就是与各种风险相伴的历史。自从人类出现后，就面临着各种各样的风险，如自然灾害、疾病、伤残、死亡、战争等。随着科学技术的发展、生产力的提高、社会的进步、人类的进化，又产生了新的风险，且风险事故造成的损失也越来越大。在当今社会，个人面临着生、老、病、残、死、意外伤害等风险；企业面临着自然风险、市场风险、技术风险、政治风险等；甚至国家和政府机关也面临着各种风险。风险无处不在，无时不有。正是由于这些普遍存在的对人类社会生产和人们的生活构成威胁的风险，才有了保险存在的必要和发展可能。

4. 风险的可测定性。个别风险的发生是偶然的，不可预知的，但通过对大量风险奋不顾身的观察会发现，风险往往呈现出明显的规律性。根据以往大量资料，利用概率论和数理统计的方法可测算风险事故发生的概率及其损失程度，并且可构造出损失分布的模型，成为风险估测的基础。例如，在人寿保险中，根据精算原理，利用对各年龄段人群的长期观察得到的大量死亡记录，就可以测算各个年龄段的人的死亡率，进而死亡率计算人寿保险的保险费率。

5. 风险的发展性。人类社会自身进步和发展的同时，也创造和发展了风险。尤其是当代高新科学技术的发展和应用，使风险的发展性更为突出。风险会因时间、空间因素的不断变化而不断发展变化。

（四）风险的构成要素

1. 风险因素。风险因素是指引起或增加风险事故发生的机会或扩大损失幅度的条件，是风险事故发生的潜在原因；它是风险事故发生的潜在原因，是造成损失的内在或间接原因。

根据性质不同，风险因素可分为实质风险因素、道德风险因素和心理风险因素三种类型：

（1）实质风险因素；

（2）道德风险因素（故意）；

（3）心理风险因素（过失、疏忽无意）。

2. 风险事故。风险事故是造成生命财产损失的偶发事件，是造成损失的直接的或外在的原因，是损失的媒介。风险事故是造成损失的直接的或外在的原因，是损失的媒介物，即风险只有通过风险事故的发生才能导致损失。

就某一事件来说，如果它是造成损失的直接原因，那么它就是风险事故；而在其他条件下，如果它是造成损失的间接原因，它便成为风险因素。

举例：（1）下冰雹路滑发生车祸，造成人员伤亡；（2）冰雹直接击伤行人。

3. 损失。在风险管理中，损失是指非故意的、非预期的、非计划的经济价值的减少。损失是指非故意的、非预期的和非计划的经济价值的减少。

通常我们将损失分为两种形态，即直接损失和间接损失。直接损失是指风险事故导致的财产本身损失和人身伤害，这类损失又称为实质损失；间接损失则是指由直接损失引起的其他损失，包括额外费用损失、收入损失和责任损失。在风险管理中，通常将损失分为四类：实质损失、额外费用损失、收入损失和责任损失。

上述三者关系为：风险是由风险因素、风险事故和损失三者构成的统一体，风险因素引起或增加风险事故；风险事故发生可能造成损失。

(五) 风险的分类

风险分类有多种方法，常用的有以下几种：

1. 按照风险的性质划分：

（1）纯粹风险：只有损失机会而没有获利可能的风险。

（2）投机风险：既有损失的机会也有获利可能的风险。

2. 按照产生风险的环境划分：

（1）静态风险：自然力的不规则变动或人们的过失行为导致的风险。

（2）动态风险：社会、经济、科技或政治变动产生的风险。

3. 按照风险发生的原因划分：

（1）自然风险：自然因素和物力现象所造成的风险。

（2）社会风险：个人或团体在社会上的行为导致的风险。

（3）经济风险：经济活动过程中，因市场因素影响或者管理经营不善导致经济损失的风险。

4. 按照风险致损的对象划分：

（1）财产风险：各种财产损毁、灭失或者贬值的风险。

（2）人身风险：个人的疾病、意外伤害等造成残疾、死亡的风险。

（3）责任风险：法律或者有关合同规定，因行为人的行为或不作为导致他人财产损失或人身伤亡，行为人所负经济赔偿责任的风险。

二、风险管理

(一) 风险管理的概念

风险管理又名危机管理，是指如何在一个肯定有风险的环境里把风险减至最低的管理过程。当中包括对风险的量度、评估和应变策略。理想的风险管理，是一连串排好优先次序的过程，使当中的可以引致最大损失及最可能发生的事情优先处理，而相对风险较低的事情则押后处理。

风险管理的权威性定义有两个。其一，"企业风险管理是企业在实现未来战略目标的过程中，试图将各类不确定因素产生的结果控制在预期可接受范围的方法和过程，以确保和促进组织的整体利益实现"（2006年4月，亚洲风险与危机管理委员会）。其二，"企业风险管理是一套由企业董事会与管理层共同设立、和与企业战略相结合的管理流程。它的功能是识别那些会影响企业运作的潜在事件和把相关的风险管理到一个企业可接受的水平，从而帮助企业达成目标"（2003年7月，美国COSO委员会）。

以上两个定义都说明，企业风险管理的目的，不是回避风险和减轻风险，而是对风险实施有效的管理，寻求风险和收益的最佳平衡点，以实现企业战略目标。风险管理既包括预测和回避威胁与损失，也包括识别与把握风险后的机遇。

（二）风险管理的发展

风险管理是一门新兴的管理学科。风险管理从20世纪30年代开始萌芽。风险管理最早起源于美国，由于受到1929～1933年的世界性经济危机的影响，美国约有40%的银行和企业破产，经济倒退了约20年。美国企业为应对经营上的危机，许多大中型企业都在内部设立了保险管理部门，负责安排企业的各种保险项目。可见，当时的风险管理主要依赖保险手段。

1938年以后，美国企业对风险管理开始采用科学的方法，并逐步积累了丰富的经验。20世纪50年代，风险管理发展成为一门学科，风险管理一词才形成。

20世纪70年代以后逐渐掀起了全球性的风险管理运动。随着企业面临的风险复杂多样和风险费用的增加，法国从美国引进了风险管理并在法国国内传播开来。与法国同时，日本也开始了风险管理研究。

近20年来，美国、英国、法国、德国、日本等国家先后建立起全国性和地区性的风险管理协会。1983年在美国召开的风险和保险管理协会年会上，世界各国专家学者云集纽约，共同讨论并通过了"101条风险管理准则"，它标志着风险管理的发展已进入了一个新的发展阶段。

1986年，由欧洲11个国家共同成立的"欧洲风险研究会"将风险研究扩大到国际交流范围。1986年10月，风险管理国际学术讨论会在新加坡召开，风险管理已经由环大西洋地区向亚洲太平洋地区发展。

中国对于风险管理的研究开始于20世纪80年代。一些学者将风险管理和安全系统工程理论引入中国，在少数企业试用中感觉比较满意。中国大部分企业缺乏对风险管理的认识，也没有建立专门的风险管理机构。作为一门学科，风险管理学在中国仍旧处于起步阶段。

进入到20世纪90年代，随着资产证券化在国际上兴起，风险证券化也被引入到风险管理的研究领域中。而最为成功的例子是瑞士再保险公司发行的巨灾债券，和由美国芝加哥期货交易所发行的PCS期权。

（三）风险管理的步骤

对于现代企业来说，风险管理就是通过风险的识别、预测和衡量、选择有效的手段，以尽可能降低成本，有计划地处理风险，以获得企业安全生产的经济保障。这就要求企业在生产经营过程中，应对可能发生的风险进行识别，预测各种风险发生后对资源及生产经营造成的消极影响，使生产能够持续进行。从全面风险管理（ERM）的角度来分析，企业风险管理一般包括以下几个步骤。

1. 建立风险管理信息系统，收集和管理风险信息。建立合理与完善的现代企业风险管理信息系统是企业提升预测、监测、预警机量化风险管理能力的根本保证。现代风险管理信息系统包括：信息处理系统；风险识别系统；风险预测、预警与报警系统；风险管理量化与分析软件体系；风险审计软件支持系统；网络预警与网络审计系统；分析与决策支持系统。建立全方位多角度的风险信息收集渠道，利用风险管理信息系统对风险信息过滤、梳理、整合、分类。

2. 进行风险评估。风险评估包括风险识别、风险度量、风险分析、风险评价几个组成部分。风险的识别是风险管理的首要环节。只有在全面了解各种风险的基础上，才能够预测危险可能造成的危害，从而选择处理风险的有效手段。

风险识别常见的方法有：

（1）生产流程分析法。生产流程分析法是对企业整个生产经营过程进行全面分析，对其中各个环节逐项分析可能遭遇的风险，找出各种潜在的风险因素。生产流程分析法可分为风险列举法和流程图法。

①风险列举法指风险管理部门根据本企业的生产流程，列举出各个生产环节的所有风险。

②流程图法指企业风险管理部门将整个企业生产过程一切环节系统化、顺序化，制成流程图，从而便于发现企业面临的风险。

（2）财务表格分析法。财务表格分析法是通过对企业的资产负债表、损益表、营业报告书及其他有关资料进行分析，从而识别和发现企业现有的财产、责任等面临的风险。

（3）保险调查法。采用保险调查法进行风险识别可以利用两种形式：

①通过保险险种一览表，企业可以根据保险公司或者专门保险刊物的保险险种一览表，选择适合本企业需要的险种。这种方法仅仅对可保风险进行识别，对不可保风险则无能为力。

②委托保险人或者保险咨询服务机构对本企业的风险管理进行调查设计，找出各种财产和责任存在的风险。风险预测实际上就是估算、衡量风险，由风险管理人运用科学的方法，对其掌握的统计资料、风险信息及风险的性质进行系统分析和研究，进而确定各项风险的频度和强度，为选择适当的风险处理方法提供依据。风险的预测一般包括以下两个方面：①预测风险的概率：通过资料积累和观察，发现造成损失的规律性。一个简单的例子：一个时期一万栋房屋中有十栋发生火灾，则风险发生的概率是1/1000。由此对概率高的风险进行重点防范。②预测风险的强度：假设风险发生，导致企业的直接损失和间接损失。对于容易造成直接损失并且损失规模和程度大的风险应重点防范。

当代企业应用最为广泛的几种风险度量与分析方法包括：风险价值法（VAR）；压力测试法（情景分析的一种形式）；风险调整资本收益法（RA-ROC）；经济资本法。通过风险度量和分析，把握风险的频度、程度、危害和潜在的机遇。

在风险度量和分析的基础上，可以利用风险坐标图等工具，对多项风险进行直观的比较，从而确定各风险管理的优先顺序和策略。

3. 拟定风险管理策略。风险管理基本战略对策包括避免、保留（接受）、转移、减少、利用五类。在制定风险管理对策时应综合考虑以下因素：地区特点、法律环境限制；对剩余风险的考虑；风险的严重程度（关键性）；风险产生的可能性；风险产生的频率；风险的相互关联性；人员的道德操守；信息的有效性（可靠性）；企业文化等。

（1）避免风险：消极躲避风险。比如避免火灾可将房屋出售，避免航空事故可改用陆路运输等。应予以避免的风险具备以下特征：该风险与企业战略关联度较小；风险回报率不佳；企业现有条件下还没有能力控制该方面的风险。避免风险的方法包括：放弃或不接受暗含该风险的新机会；停止某业务，放弃与退出市场；抛售（个别或某些）业务；禁止（限制）某些高风险活动（通过政策、处罚、设防等方式）。避免风险策略因为存在以下问题，所以一般不采用。

①可能会带来另外的风险。比如航空运输改用陆路运输，虽然避免了航空事故，但是却面临着陆路运输工具事故的风险。

②会影响企业经营目标的实现。比如为避免生产事故而停止生产，则企业的收益目标无法实现。

（2）保留（接受）风险：企业自己承担风险。途径有：①小额损失纳入生产经营成本，损失发生时用企业的收益补偿。②针对发生的频率和强度都大的风险建立意外损失基金，损失发生时用它补偿。带来的问题是挤占了企业的资金，降低了资金使用的效率。③对于较大的企业，建立专业的自保公司。

应予以保留（接受）的风险具备以下特征：为实现战略而不可摆脱的固有风险；风险稳定，不会再加大；对承受风险损失已经有所准备。保留风险的应对方法包括：预算出可能的损失额度，用额外预留资金或其他风险融资方式对冲；集团内调拨资金平衡总风险；必须制订风险应对计划。

（3）转移风险：在危险发生前，通过采取出售、转让、保险等方法，将风险转移出去。应予以转移的风险具备以下特征：风险发生频率不高，但可能损失太大；市场上已经存在较好的风险转移工具。转移的方法包括：保险合约（通用合约，量身度造合约）转移；衍生金融工具转移；保险——资本市场混合新工具转移；通过联盟签约等联合承担风险，实现部分风险转移；其他签订合约的专业方法。

（4）减少风险，也称预防风险：采取措施消除或者减少风险发生的因素。例如为了防止水灾导致仓库进水，采取增加防洪门、加高防洪堤等，可大大减少因水灾导致的损失。

应予以减少的风险具备以下特征：为实现企业战略而不可摆脱的固有风险；对风险的损失已经有所准备。"控制"为减少风险的主基调，减少风险的方法包括：风险分散管理原则（如分散资产的类别）；隔离控制原则；全方位管理控制；实施特定风险的特定控制程序；预算出可能的损失额度，计划好自筹资金的对冲方式；制订风险应对计划。

（5）利用风险：利用风险的前提因素为：风险管理的目的不是消灭风险，而是管理风险，消灭风险也就等于消灭了机遇。风险的利用原则包括：利用固有的风险进入市场、并购联合、引进项目；在有把握的前提下，加大新风险的程度，抓住新机遇；重新设计更具挑战性的经营模式等。开发新市场、新产品，收购合并，企业重组、流程再造、多样化投资、套利交易等均是利用风险的实例。

4. 制订风险管理解决方案。在风险管理策略基础上，针对各类风险或每一项重大风险制定风险管理解决方案。方案一般应包括风险解决的具体目标，所需的组织领导，所涉及的管理及业务流程，所需的条件、手段等资源，风险事件发生前、中、后所采取的具体应对措施以及风险管理工具（如：关键风险指标管理、损失事件管理等）。风险管理解决方案是风险管理的主干，是要将风险反应策略落实到各项政策（policy）和程序（process）。包括针对每种业务活动建立起清晰的授权体系，建立各项业务流程的运作标准、明确岗位职责、实施业绩评价等。以及保险工具和衍生金融工具的使用等。

三、合同风险

（一）合同风险概述

风险的种类有很多，对于合同涉及的风险，有观点将其分为合同管理风险和合同法律风险。其中管理风险包括组织结构风险、人力资源风险、合同管理制度风险、合同业务流程风险、合同信息管理风险、标准文本风险等。而合同法律风险到底包括哪些内容，学界却一直存在争议，对法律风险的定义，有从合同签订、履行、救济等过程来分析其中的法律风险，认为合同管理中的法律风险包括以下几类：因合同主体不符合法律规定导致的合同无效；因合同签订不符合法定程序而导致的合同无效；在合同履行中因相对方履约能力降低而带来的法律风险；合同履行中合同主体和内容变更带来的法律风险；因诚信缺失导致的合同欺诈；国家政策变动或金融危机带来的合同法律风险；或者从合同订立中、效力方面、履行中、担保中、违约责任方面、解决合同纠纷中的失误、风险；还有从合同的要素和合同流程两个方面来分析合同风险，并对风险进行定性和定量的分析。

综合多种分类标准，与合同管理相关的风险主要是法律风险，但不仅限于法律风险，还包括信用风险、自然风险、投资风险等。巴塞尔委员会和国际证券组织联合会对法律风险的定义是："指合同不符合法律的可实施性或文件是否正确的表述。这种风险不仅包括文件是否具有法律实施性的问题，还包括金融机构是否是当地履行了它对客户端法律和条规职责。"

合同中的法律风险更多倾向于合同本身是否符合国家法律的规定，具有可实施性，并是否适当地履行合同规定，没有收到法律的负面评价，即被对方依照法律起诉、面临法律纠纷等。而合同管理除了防范法律风险，对于其他风险，也同样可以起到积极作用。

因为合同风险本身非常多样，且根据不同标准对合同风险类型有不同的划分，因此要穷尽所有风险是不可能的。本章将依照合同管理的特性，对合同管理可以防范的风险进行列举式的阐述。旨在说明合同管理中的风险防范并非单向和单一的，而是一个全方位的体系，既涉及企业与客户之间的联系，也涉及企业与供应商之间的联系，还有企业内部的管理以及外部法律环境的作用力。

（二）法律风险

企业的法律风险，是指由于企业外部的法律环境发生变化，或由于包括企业自身在内的主体未按照法律规定或合同约定有效行使权利、履行义务，而对企业造成的负面法律后果的可能性。

纵观企业风险，无外乎商业风险和法律风险，而商业风险往往在一定程度上就是法律风险，或最终以法律风险的形式表现出来。因此，法律风险已经成为企业最为常见、爆发率最高的风险之一，它给企业所带来的损害，往往是企业难以承受的，法律风险已经成为中国企业走向失败的重要原因之一。

（三）管理风险

管理风险的防范，指的是企业的管理部门，如企业负责人、合同管理部门负责人的管理风险的防范，以保证高效的合同管理流程和提供有效管理决策的合同信息。

管理风险的防范与法律风险的防范不同。法律风险防范实际上侧重外部的法律环境风险，而管理风险则侧重于内部管理机构在管理制度上的风险防范，包括组织机构风险、人力资源风险等，完善相应的管理制度，建立内部有效的管理机制，确保合同管理的有序高效进行。

（四）信用风险

信用风险是指以信用关系规定的交易过程中，交易的一方不能履行给付承诺而给另一方造成损失的可能性。在赊销过程中，信用风险是指买方到期不付款（还款）或者到期没有能力付款，造成货款拖欠或无法收回的可能性。

国际证监会组织（IOSCO）认为，对银行信用风险的传统观点一般禁止对方不履约的风险，而对风险本质更进一步的解释是，信用风险不仅仅是对方的违约风险，还可以在更广泛的意义上看做是由于公司交易对方在履约能力上的变化而导致经济意义层面的公司资产的价值遭受损失的风险。

1. 信用风险的外部原因：（1）交易双方产生的贸易纠纷；（2）交易伙伴客户经营管理不善，无力偿还到期债务；（3）交易对象有意占用企业资金；（4）交易对象蓄意欺诈。

2. 信用风险的内部原因：（1）所掌握的交易对象的信息不全面、不真实；（2）对交易对象的信用状况没有准确判断；（3）对交易对象信用状况的变化缺乏了解；（4）财务部门与销售部门缺少有效的沟通；（5）企业内部人员与交易对象相互勾结；（6）没有正确地选择结算方式和结算条件；（7）企业内部资金和项目审批不严格；（8）对应收账款监控不严；（9）对拖欠账款缺少有效的追讨手段；（10）企业缺少科学的信用管理制度。

（五）投资风险

投资风险是指对未来投资收益的不确定性，在投资中可能会遭受收益损失甚至本金损失的风险。它也是一种经营风险，与上述法律风险、信用风险均有交叉。大中型企业的投资活动相对较多，尤其是向境外投资，对于境外的法律环境、被投资方的主体资格等均需要详尽的考察。通常只有风险和效益相统一的条件下，投资行为才能得到有效的调节。

（六）自然风险

自然风险，在现实生活中是大量发生的，主要是指因自然力的不规则变化产生的现象所导致危害经济活动，物质生产或生命安全的风险，如地震、水灾、火灾、风灾、雹灾、冻灾、旱灾、虫灾以及各种瘟疫等自然现象。在各类风险中，自然风险是保险人承保最多的风险。

自然风险的特征是：自然风险形成的不可控性，自然风险形成的周期性，自然风险事故引起后果的共黏性，即自然风险事故一旦发生，其涉及的对象往往很广。

第二节 合同管理中的风险控制

"财富的一半来自合同",企业作为市场经济主体,几乎一切经营活动都要通过合同形式来进行,合同管理是现代企业管理制度的重要内容之一。合同管理是对合同签订、履行、变更、索赔、解除、解决争议、终止与评价的全过程进行的管理工作。合同管理的任务是根据法律、政策的要求,运用指导、组织、检查、考核、监督等手段,促使当事人依法签订合同,全面履行合同,妥善处理合同争议和纠纷,维护合同主体合法权益,保证合同目标顺利实现。简言之,就是要保证合同顺利实施,防范和化解合同风险。

按全面风险管理理论,合同管理工作可分为三个大的控制阶段。即事前控制阶段——合同的签订;事中控制阶段——合同的履行;事后补救阶段——合同纠纷处理,每个阶段的风险控制都是企业合同管理风险控制的有机组成部分。

一、事前控制阶段(合同的签订)的管控重点及其对策

(一)搞好尽职调查,明晰合同主体身份

全面了解并认真审查合同相对方的有关信息是订立合同的基础要求。订立合同之前要尽可能多地了解对方资信状况,留意对方的营业执照是否过期未年检、是否是假执照、单位经营场所和办公场所是否与其所言相符、有否皮包公司的迹象、有否濒临破产或经营境况日益恶化的迹象、有否信誉欠佳的中介人牵线搭桥、有否高额回扣引诱、有否劣迹或商业丑闻等,不可轻信电话、传真或亲友的言辞。同时订立合同时须确认经办人的身份和资格,防止出现无权代理、越权代理等容易不被代理人追认的情形。

(二)慎重填写合同的形式和实质要件

形式要件的审查指合同是否需要报批、公证、见证(签证)或出具确认书以及相关的签章是否准确、完整、合法,实质要件的审查指合同的内容、条款是否与合同目的相符。特别注意以下几方面的内容:

1. 关于主体资格。一要确认对方是以一个单位的名义签订合同还是以一个单位下属单位的名义签订合同;二要注意在合同名称一栏及收货条上用全称,不要用简称。

2. 关于数量。一要审查数字的填写,大小写是否一致;二要审查量词是否规范,尽量选用规范表述,同时注意表述方法和使用标准。

3. 关于价款或者报酬。一要写币种;二要写单位,不能只写数额,如苹果

1.5/斤，不知是元还是角；三要写清楚结算方式或支付程序。

4. 关于履行期限、地点、方式。履行的期限应明确、具体，不能用"尽可能"、"争取"、"左右"等文字来进行表述；履行的地点和方式涉及合同义务的分配、合同风险的转移和发生纠纷后的诉讼管辖，尤为重要，必须明确。

5. 如果合同采用格式合同或者合同示范文本签订，文本中常有"其他"或空格。如果在这些"其他"项或者空格处没有内容的话，应写上"无"或相同意思的表示。千万不能空着，最好也不要只画一道"——"，以防被人填上内容。

6. 还应注意。订立合同应写清楚两个条款：一是"本合同每一页都应由双方加盖公章，无公章或只有一方公章的，该页内容无效"，以防止换页；二是"本合同内容如有修改，应在修改处加盖双方公章，无公章或只有一方公章的，修改后的内容无效，合同内容以修改前的为准"。签订合同时务必要注意签字盖章与签约单位及其负责人（或授权人）是否相符。

（三）充分利用意思自治原则设计合同条款

意思自治原则是《合同法》的基本原则，最集中体现的是《合同法》中的"契约自由"或"合同自由"，充分尊重当事人的自由意志，赋予民事主体之间的意思表示一致等于法律的效力。如在合同中可约定交付定金、设定担保、抵押、设定先履行条件和附加条件、设定违约金条款、设定合同终止和解除条件等明确表述自己的意见。这其中最主要的是设定违约条款。

1. 根据不同表现形式的侵权行为造成违约结果规定不同的处理方式，包括单方行为侵权、双方混合侵权或第三人侵权的情形下分别确定违约责任。

要强调的是，如果是合同优势方，可以采取"客观归罪"的方式，即在合同当中约定无论基于任何原因，只要发生了违约事实，则对方将无条件地承担违约责任，可表述为："如果发生下列一种或更多种事件或该违约事件持续发生的，无论该事件起因系基于违约一方的过错还是第三人原因；或者基于违约一方自愿或非自愿原因；或者受法律实施的影响；或者根据任何生效法律文书认定，均构成本合同所称的违约事件，违约一方均应当向另一方承担本合同所述的违约责任。"

如果是合同劣势方，则应当在合同当中加入强调我方在有主观过错的前提下方才承担违约责任，通常可表述为，在列举视为我方违约的种种行为之后，加上一个小尾巴："但非我方过错造成的除外"。

2. 根据违约情况设定合同解除条款。只有设定终止和解除条款才能有效地控制风险，避免损失扩大。依照《合同法》第九十三条的规定，合同当事人可设定单方解除权，如果约定守约方可解除合同，则需要明确表述可以导致合同解除的违约情形，以及行使解除权时的方式、通知和处理。

（四）进行经济技术评审和法律审查

合同审查就是对合同严谨性的检验，对合同条款根据标的特点、根据事物的发生发展规律、根据以往发生的情况、根据交易的目的或重点利益，目前情况下，还可以借助合同流转单和经过验收的合同范本来检验合同进行前瞻性穿行测试。

对合同的审查不仅仅由懂得法律的人员依据《合同法》进行审查，还要有经济的、技术的、工程施工的各类专家进行经济技术评审。要对合同对方的主体资格的合格性进行审查，看其是否有履行合同的能力；要对合同约定的内容进行合法性审查，看是否能够得到法律的保护；要对合同条款的实用性进行审查，看是否便于合同的履行；要对合同权利义务的明确性进行审查，看其是否易于区分责任；要对合同纠纷处理的有利性进行审查，看其是否能够维护权益。

二、事中控制阶段（合同的履行）的管控重点及其对策

合同履行阶段的管理和风险控制主要是保证合同按照约定正常履行，处理履行过程中出现的影响合同实施的情况，做好合同履行中的书面记录和会签资料等并妥善保存，及时判断处理出现的可能导致违约、合同解除的意外情况等。

如果在缔约过程中未能将风险防住或出现缔约时不可预见的情况，则应在履行合同过程中尽力竖立起第二道防护网，在履行过程中进行防范和保护，主要表现为各种抗辩、变更、通知、解除、终止等。

（一）利用合同抗辩权与合同解除权防范潜在风险

作为债权人，在履行合同过程中发现对方存在经营严重恶化、转移财产、抽逃资金、逃避债务、丧失商业信誉、丧失或可能丧失履行债务能力的情况，可主张不安抗辩权，拒绝履行对待给付；如果对方负有先履行或同时履行义务却未予履行，则主张先履行抗辩或同时履行抗辩，以防范自己履行义务却得不到对价的风险。

按照《合同法》的规定，守约方可以在出现根本违约情形时，行使法定解除权，也可依照约定行使约定解除权以防范风险。但在行使法定解除权时应当满足法定的解除步骤，如书面通知，在行使约定解除权时也应注意满足约定的解除权行使程序，避免因程序瑕疵而使防范风险的正当行为变成违约。

（二）正确识别与运用情事变更原则

在《合同法》司法解释二及最高人民法院《关于当前形势下审理民商事合同纠纷案件若干问题的指导意见》中，明确规定了所谓的"情事变更"原则及其使用条件和要求。依其规定，构成情事变更当需满足以下条件：1. 须有情事

之变更；2. 情事变更须于法律行为成立后、债务关系消灭以前发生；3. 情事之变更，须未为当事人所预料，而且具有不能预料之性质；4. 情事之变更须因不可归责于当事人之事由而发生；5. 情事的变更导致履行合同将会显失公平。

情事变更与商业风险有明显区别。商业风险属于从事商业活动的固有风险，诸如尚未达到异常变动程度的供求关系变化、价格涨跌等。情势变更是当事人在缔约时无法预见的非市场系统固有的风险。情事变更赋予当事人依法变更或解除合同的权利，商业风险造成的损失则应按合同约定承担。情事变更原则运用得当，可以有效化解合同风险，有力地维护自身利益。

(三) 把握细节，防止出现不必要的违约和纠纷

作为债权人，对于对方的违约行为，应注意在适当期间内以适当的方式进行催告，适时适当的催告不仅可以给予违约方继续履约的压力和动力，同时也避免了自己的债权因超过诉讼时效而无法获得司法救济的风险。

主张抗辩权时，应依法书面告知对方，否则对风险的正当防范很有可能就会变成违约，从而承担不必要的违约责任。作为债务人，当发生了不可抗力等特殊因素而无法如约履行债务时，应当及时通知债权人，终止或解除合同，防范债权人以原合同为据要求自己承担违约责任的风险。

(四) 提高风险意识

未付款不能提前开发票，发票是付款的重要凭证，一旦出现纠纷，在没有相反证据的情况下，将使收款方陷入难以抗辩的境地。向合同对方发催款通知或者重要文书，应使用特快专递等方式寄送或对送达情况作书面签证。

三、事后补救（合同纠纷处理）阶段的管控重点

合同纠纷处理是合同签订时和合同履行过程中出现纠纷时不得已采取的补救措施，是合同管理者为保护自身合法权益最后手段。

(一) 善用调解

大家都知道打官司是"劳民伤财"的办法。再出现纠纷时，要权衡利弊，尽力调解。

(二) 善用诉权

认真研究案情，做原告时要科学设立案由，如在侵权和违约的竞合时选择侵权之诉还是合同违约之诉有时案由直接影响诉讼结果。

(三) 善用诉讼技巧

科学掌握答辩时间，如提出管辖异议和正常答辩是不一样的，善于使用保全措施。

合同风险的控制贯穿于合同管理的全过程，实际操作中，应综合运用法律、经济、技术的手段，细化合同细节，控制合同节点，发挥合同的积极约束力，推动企业管理的健康发展。

第三节　合同法律风险

一、合同法律风险概述

（一）合同法律风险概念

合同的法律风险，是指企业在订立、履行合同的过程中，未来实际结果与预期目标发生差异而导致企业必须承担法律责任，并因此给企业造成损害的可能性。它往往是由于企业外部的合同法律环境发生变化，或由于企业主体及其员工未按照法律法规的规定或合同的约定行使权利、履行义务而造成的。

合同法律风险管理是企业首要的风险管理。企业设立的目的是开展各种生产经营活动；企业各种生产经营活动所形成的产品或服务是用来交易的；而交易是通过合同来实现的。所以说合同风险管理就是管理和控制交易风险，这是企业风险管控第一步，全面风险管理中的其他风险管理，如：战略风险管理、财务风险管理、市场风险管理、运营风险管理等，都是在此基础上进行。事实证明，企业所面临的风险大多数与合同有关，其发生的后果也影响巨大。

（二）合同法律风险的特征

合同法律风险具有可控性。与一般风险不同的是，由于合同法律风险发生原因、产生结果具有法定性（约定性），并且有法律条文的指导，因而具有很强的预见性和可控性，这就可以通过构建全方位的合同法律风险防范体系，把合同法律风险控制在最小的范围内，或从源头上消除隐患。因此要对企业的合同法律风险进行防范和规避，最有效的手段就是正确认识和了解企业合同法律风险的形成原因和发展特点，在此基础上根据企业所处的行业情况和自身特征，有针对性地构建企业事前防范、事中控制、事后补救的全方位的合同法律风险防范机制。

二、企业常见的合同法律风险

企业合同法律风险主要体现在合同主体不当、合同欠缺应当具备的法定条款、对合同双方权利义务约定不明确、合同约定条款无效、合同违约责任条款确实或过于原则、对合同终止等事项处理不当等。另外，根据合同法律风险产生的时间，合同法律风险还可大致分合同签订前法律风险、合同签订时存在的法律风险、合同履行过程中的法律风险和合同产生纠纷时的法律风险。

（一）合同签订前隐藏的法律风险

这类法律风险往往表现为合同相对方的主体资格和履约能力方面，我国法律对不同行业的企业主体资格要求是不一样的，对大部分行业的企业来说除了要求取得营业执照外，并无特殊规定。但对如药品、房地产开发、建筑施工等行业的企业来说，则要求在取得营业执照前须取得相应批准证书或资质证书，并且这些企业只能在其批准证书或资质证书允许的范围内从事经营活动，另外合同签订前隐藏的法律风险还包括合同相对方未经工商登记、未取得营业执照，或超过核定经营范围；也包括公司内设部门未经授权；还包括具体经办人未经授权。这类合同存在的法律风险是合同无效；或合同效力待定；或因履约能力有欠缺的当事人无法履行合同；或出现纠纷产生起诉障碍。

（二）合同签订时存在的法律风险

1. 合同内容违反法律强制性规定而最终导致合同无效，我国法律对某些类型的合同规定了较为严格的审批程序，未经批准或办理审批手续的合同，同样不具有法律效力，例如中外合资企业合同必须经主管部门批准方能生效；建筑工程合同必须办理了规划审批并取得规划许可证等。如果没有办理批准或审批手续，将会导致合同无效或被撤销，企业需要补办相应手续才能使合同生效，有些合同还会因受到行政主管部门的处罚而额外发生一些费用。

2. 合同条款语意模糊产生歧义或约定内容不完备。

合同内容一般由合同条款和附属文件两部分构成，合同条款主要包括：合同当事人的名称或者姓名和住所、标的、数量、质量、价款或者报酬、履行期限、地点和方式、违约责任等，附属文件主要包括双方约定的各种文字、图、表等资料。合同内容如果不完备，会出现某些条款没有约定或约定不明，导致双方发生分歧而影响合同的正常履行；其次应做到合同条款之间彼此一致，如果合同中各个条款相互之间存在矛盾和逻辑错误，会导致双方对合同条款的认识发生争议，影响合同的顺利履行。

3. 对公司印章或盖章的空白便笺纸的使用缺乏规范管理。

对于在公章使用过程中的法律风险，主要存在以下几种情况：

一是代理风险。主要指开具盖有公章的空白介绍信、合同、协议等法律文件造成的风险。我国《合同法》第四十九条有明确规定："行为人没有代理权、超越代理权或者代理权终止后以被代理人名义订立合同，相对人有理由相信行为人有代理权的，该代理行为有效。"

二是由"关系章"、"人情章"带来的风险。从实际发生的多起公章纠纷来看，相当一部分法律风险是由于公章管理人员缺乏原则性、纪律性，违反印章管理制度，服从或威慑于领导的授意安排所造成。

三是保管、交接过程中产生的风险。公章外借、随意摆放、交接不清等违规操作都是风险隐患，都有可能给伺机作案人员以可乘之机。此外，操作中的疏漏，如合同协议等重要法律文件漏盖骑缝章，有可能导致合同内容被更改，从而导致法律风险。

4. 授权不及时收回，导致被授权人滥用权力。

企业在发出《授权委托书》时，一定要明确代理权限、授权范围、有效期限等，在代理工作完成后，及时收回《授权委托书》，无法收回的，应及时向相关企业、客户发出告知函，或在报纸上刊登失效、遗失声明。

（三）合同履行过程中的法律风险

该类法律风险主要指在合同履行过程中双方或单方变更合同内容、对方丧失履行能力、对方出现违约情形、合同履行过程中发生突发事件等引起的风险。

1. 口头变更合同后未用书面形式确认。一些企业在订立合同时比较注意采用书面形式，而在对合同进行变更时却常以口头协定来代替书面协议。如果对方缺少诚信意识，在合同履行后不承认变更内容，企业在诉讼中便无据可依。

2. 未及时行使法定抗辩权利即三大抗辩权，即先履行抗辩权、同时履行抗辩权和不安抗辩权。合同法赋予合同当事人这三大抗辩权，对于降低交易风险起着极为重要的作用。如合同中明确约定了履行次序，企业作为先履行一方，有足够证据证明对方出现财务危机或濒临破产等情况，可以行使不安抗辩权；如企业作为后履行一方，在对方未先履约或履行不符合约定时，可以行使先履行抗辩权；如合同中未明确约定履行次序，双方互负的债务均已届清偿期，一方在对方履行之前或对方履行不符合约定时，可以行使同时履行抗辩权。

有些企业签订合同后并不关注对方经营状况的变化和实际履约情况，自己履行了义务却因对方亏损、破产或转移财产而无法收回投资的案件并不罕见。

3. 没有正确行使合同解除权。依合同解除权产生的条件不同，可将其分为约定解除权和法定解除权。约定解除权的产生是基于双方当事人的约定，而不是单方所能决定。值得注意的是，当发生符合行使约定解除权的事由时，并不当然出现合同解除的后果，而是必须经由解除权人在解除期限内向对方发出解除合同的意思表示。通常情况下，解除合同既可在诉讼外提出，也可在诉讼中提出。法定解除权是指由法律直接加以规定，当一定事由发生时，一方当事人享有解除合同的权利，《合同法》第九十四条规定了当事人单方行使合同法定解除权的五种情形，须予以注意。

(四) 合同产生纠纷时的法律风险

该类法律风险主要体现在合同可能产生纠纷时应对措施不力而导致己方在日后诉讼中处于不利境地。

1. 未及时补齐证据和修正证据。需补齐证据的情况很多，比如原来未签书面合同的要设法补签书面合同，原来对方未签收货物的要设法让对方补签收，原来对方未开发票或收据的要设法让对方补开发票或收据，原来未拿到合同原件的要设法拿到合同原件，原来未拿到授权委托书原件的要设法拿到授权委托书原件，前述该等原始文件如难以补齐则应设法让对方出具说明确认相关交易的实际履行情况。

需修正证据的情况较复杂，比如对方虽有签收但货物清单上无签收，对方虽出具收据但收据上只有对方经办人员（非法定代表人）签字无盖章，合同实际履行情况发生变更但未签署变更协议，等等。

2. 超过诉讼时效。超过诉讼时效的风险就是丧失胜诉权，即丧失了要求人民法院判决强制合同债务人履行债务的权利。诉讼时效的具体计算比较复杂，在必要时要采取如下措施：

（1）采取要求债务人提供履行担保，先期履行部分债务或者支付利息，以及出具《承诺书》放弃时效利益等方法来证明债务人认账的事实；

（2）要求债务人在还款协议或计划上签字盖章；

（3）债务人在对账单上签字盖章；

（4）债务人在催收通知单上签字盖章；

（5）债务人重新出具欠条、借据；

（6）申请调解或者仲裁，必要时提起诉讼来主张自己的权利。

三、合同法律风险管理的内容

（一）建立健全合同管理制度

要想将合同法律风险管理机制打造成为一种长效机制，就必须把合同风险防范纳入企业各项管理制度、工作流程之中，要通过规章制度来规范各部门、各岗位在合同风险防范中的职责，建立和完善合同风险管理制度体系，如《合同管理办法》、《合同专用章管理规定》、《授权委托书证管理规定》、《合同审查、会签、审批管理规定》、《合同纠纷调处管理规定》等，使企业合同管理的各项活动全部纳入法制化、规范化运作的轨道。

（二）合同管理指南

将国家法律、法规、部门规章和企业政策、标准、规范、规章、制度等细化为合同管理部门、管理员、业务员的行为指南，对其职权职责、管理流程等明晰分解，各司其职、各尽其责。

（三）上岗培训和业务培训

合同管理是一项专业性很强的工作，要求业务人员、管理人员除具备业务知识外，必须熟练掌握合同法及相关法律知识。因此上岗资格考试中必须设置合同法等课程，同时对在岗人员要有计划、有步骤、有重点地持续培训，打造一支过硬的合同管理队伍。

（四）规范授权委托书证管理

企业对外签订合同，应由其法定代表人或授权代理人进行。未经授权，任何人不得以企业名义对外签约，包括除法定代表人之外的其他领导层人员。而法定代表人直接签约不多，主要是委托代理人办理，这就有必要建立一整套合同授权委托制度。

根据实际情况，供销业务人员宜发放授权委托证，可在一定时间内多次使用，其他人员发放授权委托书，一事一用。授权委托书证的授权范围、代理权限、有效期限、办理条件、程序等都必须明确，并且要特别对授权委托证的年审、使用、在合同注明编号、遗失补办和交还程序，对方授权委托书证的出具存底等作出规定，并严格管理。

（五）规范合同专用章管理

合同专用章使用管理主要包括：签订合同必须使用合同专用章；合同专用章由专人使用、保管；合同专用章应由合同归口管理部门刻制、编号、发放、备案；合同专用章刻制的申请、审批手续；遗失补刻和交还程序；对滥用合同专用章或合同专用章管理不善的责任者的处理等。

（六）严格合同文本管理

企业常用的合同文本，必须事先起草印制好，并依法适时修改，如产品或服务销售常用的买卖合同、物资采购常用的买卖合同、外包业务常用的承揽合同等，其他合同文本也有必要准备好规范文本。一事一用的重要合同，要争取起草权，以便更充分地考虑和保护自己一方的权益。使用对方出具或起草的合同文本时，必须交公司法律顾问认真审查。

（七）理顺合同评审流程

合同草案须经评审，企业应成立合同评审委员会，由供销、技术、生产、财务、法律、审计、质量等部门的专业人员组成，就合同草案的商务要件、技术要件、文字表述等进行可行性、合法性、真实性、严密性评判和审查，决定是否修改。合同评审应置于签约之前，而且是必经程序。

(八) 加强招投标管理

为降低成本，体现公开、公正、公平原则，抑制腐败等，目前大型工程、中型项目甚至小额采购，往往采取招标方式进行，企业也需通过投标来订货、通过招标来采购。有鉴于此，企业必须完善招标、投标管理，成立相应领导小组，制定管理规章，对标书的制作、购买、标底的保密、评标、答辩、开标、中标等依法作出具体规定，同时将合同管理延伸到签约之前。

(九) 落实合同履行管理

主要是管理合同按时按质按量履行，并履行附随义务（通知、协助、保密）；遇合同内容不明确从而影响到履行时，应及时协商补充；审查合同主体、内容的变更；依法行使不安抗辩权、代位权、撤销权等权利；办理债务转移、委托收款等事宜。

(十) 规范合同纠纷处理

企业强化合同管理可避免许多合同纠纷，但并不能完全排除合同纠纷的产生。建立企业合同纠纷调处制度，需要明确纠纷处理的原则、纠纷具体负责机构和基本程序等。首先由经办部门与对方协商解决，企业法律事务机构积极配合，给予帮助和指导；协商不成需申请仲裁或提起诉讼的，一律移交企业法律事务机构，由其决定自行办理还是外聘律师办理，经办部门负责提供证据材料。企业法律事务机构应注意诉讼时效和对外委托案件的考核。

(十一) 建立客户信用管理

企业要做大做强，肯定要依托忠诚的客户群和可靠的供应商。客户和供应商的价值高低，最重要的判别标准之一就是其信用程度如何，而信用程度的高低，直接关系到合同法律风险的大小和有无。因此企业有必要建立客户信用管理和评价制度，分类、分级拟定交易条件，控制赊购幅度和应收账款、质量保证金余额等，规避不必要的风险出现。

(十二) 规范合同档案管理

必须制定严格的归档制度，妥善保管合同档案。合同依法签订后，承办人员要将合同正本上交本单位合同管理人员保管，自留副本备用，必要时抄送、抄报有关部门；合同管理人员对生效合同要编号登记，逐个建立档案，与合同有关的文书也要附在合同卷内归档，包括合同附件，往来信件、电报、电传、传真、电子数据交换、电子邮件以及送货、提货、托运、验收等有关凭证，货物销售发票、货款托收、承付凭证，有关财务单据，产品的质量标准、封样、样品或鉴定报告等；履行完毕的合同，按会计档案保管期限保管。

第四节 合同法律风险防范存在的问题及对策

一、合同法律风险管理的难点

（一）合同法律风险防范意识提升难

强化企业员工尤其是领导层的合同风险意识，是识别合同风险、防范合同风险的前提，也是建立健全合同法律风险防范机制的思想基础。而目前企业领导层普遍存在对合同法律风险管理工作支持力度不够，重商机、轻风险的现象。

（二）再造管理流程难

即将法律风险控制手段内置于合同管理环节难。合同法律风险管理是企业内控机制之一，由于企业领导层、管理部门和员工的风险意识不高、管理惰性、经验主义甚至抗拒心理等，加上法律事务机构没有着力构造合适的交流与沟通平台、寓管理于服务之中等原因，新的管理流程运行艰难。

（三）客户的信用情况收集难

掌握和了解客户的信用情况，是企业从外部来防范合同法律风险的关键。而恰恰在信用评价体系建设方面，我国还尚付阙如，仅有的几条调查收集途径，如工商注册、财务报表、纳税登记查询等，也是障碍重重，真假莫辨。而国外完善的信用评价体系，国内企业尚不能自觉和充分地加以利用。

（四）是约束员工的道德操守难

实践证明，不少合同风险的产生，是由于企业员工自身的道德操守造成的。对此，大多数的企业无能为力，由于行为的隐蔽性，加上取证、定性困难，对员工转签合同谋取私利等行为制约办法不多。

二、合同法律风险管理存在的问题

（一）企业对合同风险管理认识不足

目前企业领导层普遍存在对合同风险管理工作支持力度不够，重商机、轻风险的现象。有的企业的合同管理人员队伍建立时间比较短，工作经验不成熟；有的企业合同管理人员所学专业是理工类，没有法律专业的学习经历，他们对企业的生产经营比较了解，但是法律专业水平却不高、法律意识不强；一些合同管理人员甚至把合同管理工作简单等同于一般的档案管理工作，不重视合同条款审查，更谈不上资信调查、条款审查、合同谈判、组织论证等管理内容。

（二）管理手段落后

合同风险管理是企业内控机制之一，由于企业领导层、管理部门和员工的风险意识不高、管理惰性，其管理方式停留在传统的、单一的人工方式管理，新的管理流程、信息系统技术等新型管控手段未内置于合同管理当中。

合同风险管理手段的不足体现在：没有着力构造合适的交流与沟通平台，企业客户信用评价体系的缺失，没有充分利用计算机这一资源优势对合同档案进行管理、对搜集的信息进行统一整理和分类。

(三) 管理机制不健全

一方面，经济合同全面风险管理体系在企业当中还未完全构建，以简单的合同谈判、合同签订为主，忽视了从合同订立、履行到工程竣工结算的全过程管理，公司相关职能部门共同参与的全员式管理，以及从经济合同的技术、经济、法律等各个方面的全方位式管理。另一方面，合同管理机制有待完善。一些大型集团公司中，上级公司对下级公司不能经常性地监督、检查和考核，或者考核没有与薪金报酬等挂钩，从而缺乏必要的威慑力。在一些中小型公司中，合同管理也没有与员工绩效挂钩，致使员工管理积极性不强。

(四) 合同管理制度不完善且执行不力

有的企业只是原则规定了合同如何签订，对合同管理等方面的制度规定却很少，可操作性不强。例如，一些集团企业的基层单位都有自己的合同专用章，签合同就是基层单位自己说了算，上级公司也很少对下级公司签订的合同进行审批。因此，目前我国没有完善的合同管理制度是导致风险发生的主要的也是最直接的原因。

虽然有的企业制定了较为完备的合同管理规章制度，但却无法做到制度的严格落实，也没有把合同管理作为一项重要的企业管理工作来抓，致使合同管理工作无法渗透到企业生产、销售、服务全过程中去。

三、合同风险管理措施

针对合同风险管理中存在的问题，应采取以下措施加强管理。

(一) 量身打造合同法律风险管理模式，实现全面风险管理

根据国有资产监督管理委员会 2006 年 6 月发布的《中央企业全面风险管理指引》给出的定义，全面风险管理是指企业围绕总体经营目标，通过在企业管理的各个环节和经营过程中执行风险管理的基本流程，培育良好的风险管理文化，建立健全全面风险管理体系。合同全面风险管理包括全过程管理、全员管理、全方位管理三个层面。

1. 全过程管理。合同风险管理应该是对合同从订立、审核、履行直到终止、变更、责任追究的全部过程进行综合管理，从原先侧重于合同的签订与履行监

督，延伸到合同风险的事前预警和事后控制，突出"全过程管理"。合同风险管理可以分为合同风险预警、合同审签、合同履行、合同台账信息、合同统计分析等五条主线。

合同审签阶段的管理包括对合同主体资格、合同文本、合同条款等的审核；合同履行阶段管理是对合同变更、转让、责任履行的过程管理；合同台账信息管理由合同模板、基础数据、供应商信息等的管理；合同统计分析管理是合同的归类与分级管理，以及利用分析结果做培训管理。

2. 全员管理。合同风险管理是企业相关职能部门共同参与的全员式管理。合同风险全员管理以统一管理、相互配合、分级负责为构建原则，公司及各部门领导、合同管理人员、合同审批人员、合同承办人员均明确权限、严格责任、共同负责。全员管理主要包括合同决策审批部门、合同综合管理部门、合同相关职能部门和合同承办—履行部门四个层次。

3. 全方位管理。合同风险管理涉及到企业管理的各个方面，只有发挥相关职能部门的作用，实行全方位的管理，才能达到有效控制风险的目的。合同风险的全方位管理包括合同的技术、经济、法律等各个方面的管理。各个部门做好严格审查、各口把关，从专业管理的角度对合同进行综合管理。

（二）改进合同风险控制流程

合同从制定、审核到签订是一个过程，只有把这个过程理顺，才能对合同进行更好的监督和管理。因此，负责合同风险管理的会计人员应该从一开始就设置好合同法律风险管理整个过程的流程，并制定相应的流程说明，以便其他合同参与部门能够清楚本部门在合同风险管理中的职责。这样做既有利于各个部门的衔接，又有利于合同风险管理效率的提高。

理想的风险管理流程，应始终贯彻全过程管理与全员管理的原则。企业中各个部门共同参与合同的编制、审核、监督等全部过程。其中企业管理部是合同的归口管理部门，负责合同的风险预警管理和合同法律方面的审查；待审查通过之后，交由项目单位编制相关项目的合同；然后由其他部门共同参与审核合同的相关条款，并监督合同的履行。

（三）建立健全合同风险管理制度

健全防范合同风险管理的制度是合同风险管理的保证，企业合同风险管理需要从以下方面进行制度建设：

1. 合同风险预警管理制度。合同风险预警管理是指在合同签订之前，对合同订立、履行过程中可能会遇见的风险进行分析，并运用技术模型提出合同风险防范方法。合同风险预警管理制度需要规定以下内容：签约主体信用调查、市场经济环境分析、合同风险预警报告。

2. 合同审查制度。合同审查包括法律、技术、经济、财务等方面的审查。合同制定出来之后，原则上首先需要经律师进行法律审核，然后按规定上报审批。为保证合同实施所带来的经济效益，合同条款必须经过相关部门进行技术上的可行性分析和财务上的收益性分析。并明确规定，对于企业大型项目的合同，可委托给专门机构或委托代理人进行审查。

3. 合同印章管理制度。根据我国当前企业合同章的使用规定，企业的合同章具有法定的法律效力。为了保证签订的合同统一合法有效，并得到严格履行，对外签订合同必须统一加盖合同专用章，防止一些部门和人员加盖其他公章对外签订合同，逃避合同综合管理部门的监督。签订合同时，必须有经办人签字，得以明确责任。

4. 合同监督制度。对企业合同进行监督是企业合同法律风险管理的一项必不可少的方法和内容。合同的监督同样从合法性、可行性、经济性方面入手。从财务上说，正确组织企业资金供应、严格控制预收预付账款范围；在技术上，严格跟进技术指导和技术成果转让；以及从法律角度监督合同双方在整个合同履行过程中的行为是否合法，并追究其法律责任。

5. 合同履行报告制度。在签订合同前，虽然审查合同对方当事人的资信和履约能力，但合同的履行是一个动态的过程。合同履行报告制度能够规范合同签订双方行为，保障企业合法权益。该制度规定，在合同履行过程中，经办人员有权发现并提供签约对方法律责任违约方面的证据，并报集团公司进行集中处理。在合同终止以后，形成最终合同履行报告书。

（四）加强合同风险管理意识

强化企业员工尤其是领导层的合同风险意识，是识别与防范合同风险的前提，也是建立健全合同风险防范机制的思想基础。

1. 加强合同风险管理意识首先要提高管理队伍的法制观念。开展《合同法》、《企业法》等一系列法律、法规的学习培训，广泛进行全方位、多层次的普法宣传，加强企业领导干部和合同经办人员的法制意识；将企业各项活动纳入法制轨道，实现合同的依法签订、依法履行、合同纠纷的依法解决。

2. 合同风险管理意识应该贯穿于合同整个管理过程当中，即时时保持"风险防范"意识。对合同中规定的技术要求、质量标准要倍加注意、严格监督，防范仲裁和经济损失。

（五）建立合同管理数据库

建立合同管理数据库是及时识别、降低和化解风险的有效手段。企业的风险由领导层控制，而合同的日常管理主要是由业务部门进行，造成资源分割，领导层无法掌握具体的业务情况，就谈不上有效控制风险。因此，有必要通过信息技术这一有效的手段，来整合这些企业资源，让领导层可以通过合同管理模块，迅速掌握本企业目前一切与合同有关的工作进程，从而大大降低合同风险，提高审批效率，并且降低管理成本。因此企业应采用网络化管理，将合同管理纳入统一管理模式。

同时，企业需要通过构建良好的企业文化环境、构建良好的信息流通环境、构建良好的社会网络来保障合同数据库网络的实施。实行整体管理、分级维护、互动监督的管理机制，能够有效地防范合同逾期不能及时签订的风险，同时为规范化、及时办理合同的终止、解除、变更等工作提供了更加便利的操作平台，全面提升了企业合同风险管理工作质量。

四、合同法律风险管理应注意的问题

1. 避免合同修改带来新的法律风险。合同签订时，评审其商务和技术要件、文本条款等，不存在法律风险或法律风险可控，但在合同履行过程中，双方协商变更合同主体和修改合同内容，却可能产生新的法律风险，所以企业必须有效控制和规范合同修改程序，将合同修改与合同签订同样对待，避免合同修改带来新的法律风险。

2. 强化合同附件的法律风险管理。为细化或进一步明确合同条款，不少合同在签订之时或之后再签附件。而合同附件作为合同的有效组成部分，往往与合同主文具有同等法律效力，企业合同管理部门普遍存在主文认真、附件随意的现象，造成了法律风险隐患，因此要强化其管理。

3. 量化考核法律事务部门的合同法律风险管理工作。在定岗定员定职责的基础上，必须强化考核法律事务部门的合同法律风险管理，合理设置量化考核指标，确保和督促法律事务部门认真、扎实地进入合同管理环节。如设置"合同管理体系合法率"这一考核指标，旨在考核合同的签订、履行、纠纷处理的合法性，考核方法是统计期间经审查的合同在签订、履行、纠纷处理中出现不合法内容的次数；又如"合同漏审率"，旨在考核合同审查状况，计算公式为（期间漏审合同数量/期间提交审查的合同总数量）×100%；再如"合同审批效率"，旨在考核合同审查状况，考核方法是单项合同的法律环节审核时间不超过 X 个工作日等。

4. 建立合同法律风险动态管理机制。企业所面临的合同法律风险不可能一成不变。随着企业外部法律环境、企业战略策略、业务范围的不断变化，企业合

同法律风险的种类、性质、影响范围和表现形式也在不断变化；随着时间的推移，合同法律风险发生的可能性也会出现波动。合同法律风险的变化决定了其风险防范机制也应该是动态高速的。要根据企业以往实践中已经发生的合同法律风险进行归纳整理，确定风险偏好、风险点，并适时预测可能发生的风险点，不断进行高速完善，使企业合同法律风险的防范和管理切合企业自身实际，符合企业不同时期的发展需要。

5. 培养企业法律事务机构合同管理的工作技巧。再好的制度设计、流程设置，如果公司律师或法律顾问仅仅精研法律，而没有熟练掌握合同管理的工作技巧，也难以发挥其应有的作用。要做到与业务部门和人员关系融洽并被认可，从而发挥潜移默化的作用，必须营造与公司其他管理人员的相同语境和沟通平台，深入了解业务，培养商务头脑和全局观，从业务人员的角度看问题，切忌长篇大论来解释为什么不能做之类的法律问题，而是及时回应，清晰简明地交换意见，积极寻求合法可行的解决方案，在合法合规性与商业目标之间寻求平衡，切忌单纯规避风险而坐失商业机遇。

6. 建立专门的合同法律风险提示预警制度。企业法律事务机构通过专业眼光发现合同管理中存在的问题，可能导致潜在的法律风险，可通过《公司管理法律建议书》提出完善管理、化解风险的措施；在参与具体合同的审查时，应尽到审慎审查之义务，充分预见法律风险，及时起草《法律意见书》予以提示；遇到国家法律法规调整、新法实施、新政出台等，可能给企业带来新的合同法律风险时，应及时提交《公司运营法律风险提示书》，做到有备无患。如此一整套专门的法律风险提示预警制度，可将预见到的风险及时提示出来，通过风险转嫁等方式来化解。

第八章 合同管理信息化

企业总部、部门及分支分处异地,形成空间分离,造成业务办理往来困难,从人力上、物力上造成浪费,并造成工作效率低;大型项目的合同种类繁多,传统的手工管理方法耗时费力,很难实现合同信息的快速提取,对合同执行状况难以进行动态跟踪,对合同索赔缺乏信息支持。因此,对合同和法律相关的事务加强管理和监督是大型企业合同管理非常重要和迫切的工作之一。

为了加强企业合同管理工作、不断规范经营行为、避免和减少合同纠纷,同时提升全面合同管理水平,企业应尽快建立一个基于计算机网络应用于整个企业集团范围的合同及法律事务综合管理信息系统,该系统通过计算机网络系统,实现合同管理信息化规范管理,将极大地提高企业对合同的监管力度。

第一节 合同管理信息化简介

一、合同管理信息化建设的意义和重要作用

合同是企业经营管理基础工作的重要内容,通过提高合同管理水平,规范企业合同的签订和履行,能够有效地防范风险、优化管理、降低成本、提高效益。合同管理信息化建设的目标是实现合同在网上的起草申报、审查审批、签订管理、履行管理、数据统计、分析汇报等功能,以信息化技术提高企业合同管理水平,是现代企业合同管理的必然趋势,尤其对大、中型企业具有重要意义。合同管理信息化的意义具体体现在以下几方面:

(一)提高合同审查审批的节奏与效率

一方面大、中型企业合同业务量大,每天都有大量的合同业务,而且合同管理综合性很强,涉及合同立项、选商、审批、授权、签约、履行多个环节,需要各职能部门相互配合、各负其责、齐抓共管。另一方面,合同管理权限划分基于企业的授权经营,上下级单位之间经常发生合同的申报与审查审批。合同管理信息系统利用信息网络架设起总部与下属各级管理机构之间沟通的信息公路,方便

了总部与下属部门的信息沟通，实现了远程办公，及时地完成管理信息的上传下达，可有效节约时间。同时，文本实现网络共享，避免文本传递失误，减少审查核对时间，提高工作效率。

（二）节约管理成本，创造经济效益

衡量办事效率的标准有两条：一是准确；二是迅速。遗忘在各企业的合同管理中，大量的各种文件纸质处理存在工作量巨大、准确率低、传输延时、查询不便等诸多问题，大大制约了办公效率的提高。通过信息化系统对合同进行管理，能大大减少上下级机关之间因合同业务的人员异地往来，大大降低差旅费用。同时，管理人员可以从大量的信息收集、文件制作、资料整理等事务性工作中解放出来，将精力投入到专业论证和分析等管理工作中，将进一步优化人力成本，提高管理工作效率及企业经济效益。

（三）科学高效地管理合同信息数据

为企业管理提供支持信息数据，是企业的重要资源。通过网上动态管理合同，可利用信息化手段收集、整理各项合同管理信息。这些信息数据从合同角度反映出企业的经营管理情况，一方面按企业要求完成合同信息收集、披露等工作；另一方面，在评价企业经济运行状况、发现经营管理存在的问题、防范经营风险中，发挥较大作用。

合同管理信息系统通过为经营活动提供准确的数据、科学的分析，将为企业领导科学决策及严堵合同管理漏洞等方面都起到重要作用。

（四）增加合同管理的透明度，提高管理监督能力

合同所约定的交易涉及企业物资、产品或技术，与企业资金的流出流入紧密关联，只有进行有效监督，才能防止不正之风与职务犯罪。合同管理信息化通过网上办公与信息流转，将提高监督管理行为的能力，利于反腐倡廉的源头控制，不仅能保护企业财产不受侵蚀，还能净化企业环境，树立良好风气。

二、做好合同管理信息化建设的步骤

合同管理信息化建设工作一般分以下几个步骤：调查企业现有网络资源，了解功能需求；充分利用企业内部网络条件，应用现代信息技术手段，建立企业合同管理信息系统；组织相关人员培训，进行业务流程、用户初始化设置；合同管理信息系统试运行，完善功能和设置；合同管理信息系统正式运行。

三、合同管理信息化建设要注意的问题

合同管理信息化是基于传统管理模式，借助信息化技术完成的管理方式上的

一大转变，是提高合同管理水平的重要手段，然而，要做好合同管理信息化建设工作，除按步骤精心组织外，还需注意解决一些相关问题，才能真正实现降低管理成本，有效防范和控制合同风险的目标，从而全面提升企业合同管理水平。合同管理信息化要做好合同管理信息化建设工作：

1. 前期调查功能需求时，充分考虑管理体系要求。随着经济的全球化，有的企业已经建立并实施了质量健康安全环境管理体系和内部控制体系，合同管理信息系统功能设置上要落实这些管理体系的要求，保证系统功能的适用性。

2. 合同管理信息系统正式运行以前，完善相关管理制度。制度是一切管理工作的基础，合同管理信息系统是个新生事物，因此首先要制定系统操作方面的管理规定，明确要求，监督检查内容不可忽略，如：网上审查督办、超越时限审查通报、考核等，建立一套科学、合理、简洁、有效的信息系统管理制度。此外，为适应新的管理方式需要修订现有的合同管理制度，以及招投标、市场准入、授权管理等相关配套制度。

3. 针对不同对象，编写针对性强的培训教材。合同管理信息系统用户一般可划分为申报人员、审查审批人员、系统应用管理员和系统维护人员，不同人员的操作界面有繁有简，所需的知识和技能差别很大。申报人员操作比较复杂，因统计需要设置的选项大部分由申报人员在申报合同时填写，合同信息输入完毕后进入审查审批流程。审查审批人员的操作最简单，按各自负责审查的内容查看相关选项和合同条款后，选择通过与否。系统应用管理员和系统维护人员数量少，前者负责系统的应用，需要具有一定的计算机操作和简单的编程知识，后者负责系统的运行维护，一般由 IT 专业人员来完成。针对不同对象编写教材，培训时可使用户在短时间内了解与本岗位工作有关的系统功能和操作方法，达到事半功倍的效果。

4. 采取多种方式，保证系统运行效率。系统运行之初，审查审批人员上网意识不强，往往需要系统管理员通过各种渠道提醒审批审查人员。定期检查系统运行情况，对申报不及时、审查审批超规定期限的单位和个人进行通报，提高了各级合同承办、审查审批人员的责任感与紧迫感。拓展沟通渠道，通过例会、电话、电子邮件、messenger、短信、局域网等多种渠道进行沟通，确保信息交流快速、准确。

5. 及时发现和解决系统运行过程中遇到的各种问题，保证系统正常运行。任何一项管理要求都不是一成不变的，合同管理也不例外，因外部条件和内部需求而变，是一个动态的管理过程。人员变化、部门职能分工调整、新合同类别出现，如不及时协调解决，将直接影响系统运行效率。对出现的问题及时了解、及时沟通、及时调整、及时培训，结合合同业务实际优化、完善系统流程，增强合同管理系统的适用性、稳定性和长效性。

第二节　合同管理信息系统的建设目标和具体设计目标

一、合同信息管理系统的建设目标

1. 围绕合同管理的周期，针对不同类型合同的管理模式，将合同订立、履行、变更、纠纷以及评估等流程纳入统一的管理，建立严谨、完善的合同管理业务流程。按照定义的流程，相关部门在网上进行合同的会签和审批，对合同的执行过程全程跟踪管理，提高合同的管理规范性和管理效率，为企业动态了解合同签订情况、分析合同执行进度、合理计划合同结算工作等提供强有力的辅助。

2. 合同数据的分析也能为企业管理者决策提供帮助。系统主要包括合同基础信息管理、合同方资质管理、合同范本模块、合同信息维护、业务流程管理、统计分析等功能模块。系统通过这些功能模块对各种合同文本、数据、资料、报批表等分单位登记录入，实行集中管理、分权限查询、自动跟踪和动态控制。

3. 在整个企业集团范围内，构筑一个基于广域网的合同管理信息平台。该系统建成后，将为企业集团各级合同管理的相关部门和单位提供一个网络化的合同管理信息平台，将各单位纳入到一个统一的信息系统中，分层次按类别处理合同管理上的相关工作，改变合同管理效率低下的被动局面。实现信息共享，推动合同管理各项工作跃上新台阶。

二、合同管理信息系统的具体设计目标

合同信息管理系统设计目标是建立一个先进的合同管理信息平台，满足合同信息管理及交流的需要，具体设计目标如下：

1. 企业下属各级合同管理部门和人员的信息能够通过企业总部的网络即时准确地传输到上级决策部门和管理部门。

2. 全企业的合同可实现动态化管理，各级领导能有效地对合同各个环节进行有效控制。

3. 对合同履行过程中的一些重要环节即时间期限能实现自动警示功能，实现合同履行监管的智能化。

4. 企业各部门或人员在其职责权限范围内对系统的访问和操作具有相对独立型，系统提供友好的用户界面，使用方便，功能齐全，清晰而灵活。

5. 合同在系统流转过程中实行笔迹跟踪，并能实现对合同文本进行比对，方便发现合同问题。

6. 提供丰富的统计分析手段，准确快速地为企业各级管理者提供各类统计图表。

7. 保证系统良好的扩展性，横向扩展，支持更多的用户接入、更大的应用符合；纵向扩展，实现向更先进的技术升级；提供更为完善、有效的服务。

8. 合同信息管理系统采用高度缜密的安全技术防护措施，有效防止非法侵入，保证数据安全，同时具有强大的防病毒能力。

9. 系统设计应以模块化和数据库的建设为主，同时将合同流程管理理念贯穿其中。

三、合同管理信息系统的功能模块

（一）权限管理功能模块

支持无限级别和矩阵式组织权限管理，不再受有限级别权限的影响，可以真实模拟公司的组织结构；细分权限至每个模块的每个操作，提供自定义角色权限管理功能，系统按用户角色配置权限。

（二）业务协同功能模块

无限级别权限的业务审批流程；实现了审批流程的灵活定义，不管是合同的签订、费用的审批以及关键进展或重要文件的批复都可以通过该流程，用户可根据具体情况提交给相应的审批人员，实现跨部门、跨空间的发文和告知沟通工作。

（三）项目管理功能模块

从项目的角度进行合同管理，特别适用于招投标项目、工程建设项目、科研课题项目的合同管理，从整体上监督项目合同进度。

（四）合同管理功能模块

1. 签约方管理。

2. 文档管理。文档管理包括合同文件、合同发票、用章管理、表单附件、公文通知等文档的管理和流转。

3. 预算管理。管理项目立项及审价后确定的项目预算明细，作为费用报销或拨款的参考和限制条件。可以根据该经费明细控制项目经费的拨款或报销情况。

4. 费用控制。

5. 进度监控。

6. 变更管理。兼顾了变更过程管理的严谨和自动性，根据合同变更情况，调整相应的合同结算安排、结算细节、合同进展等情况。

7. 预警系统。

8. 商品管理。商品管理与合同相关的商品情况，从商品列表中选择相应的商品，查看其标准售价或买价，设置好相应的采购或销售数量，并按照现价进行商品价格调整，这样，就可以非常详细地将合同商品情况记录下来，如果需要还可以将它与合同信息一起输出报表，为市场策略、财务规划、招投标管理等提供依据。

9. 报表管理。

四、合同管理信息系统的信息化应用流程

首先项目由下属单位或者个人进行立项，通过层层分级审查结束后，项目确定。进入合同签署的阶段，合同签署后要先归档，并自动录入合同编号。

1. 基于工作流的业务处理流程。合同管理系统将合同的流转过程与相伴随的资金流、信息流有机地结合成一个完整的统一体，将整个合同管理归纳为一个全程、全网的闭环工作流程，并在此基础上建立一个完全基于工作流的工作管理体系。采用基于工作流的管理方式的合同管理系统，能实现合同管理工作流转的自动化，以及对合同流转过程的实时监控与跟踪。

2. 整合电子印章技术。从维护企业既有的投资利益考虑，拟将电子印章技术与合同管理系统进行整合。这种整合主要是完成合同书写、加盖电子印章、合同管理系统操作三者在界面上的高度融合。

3. 基于元数据的电子文件管理。基于元数据的电子文件管理方式，是档案管理中维护电子文件真实性、完整性及有效性的有效管理模式。它便于实现文档管理的自动化，并能有效对各类知识和信息有序地进行存储，可按权限进行查询利用等。

4. 基于 VPN 系统，突破了空间的限制，对于经常不在办公室工作的企业管理人员，为移动办公创造了条件。

第三节　合同信息管理系统的风险管理

企业合同管理信息化建设为加强合同管理提供了有利帮助，不仅可以及时为销售和业务人员提供有效的帮助，及时处理合同有关的问题，确保按期首付款项，而且可以进行精确的统计分析，为企业经营决策提供准确的依据。

但是，"利益总是与风险相伴而行"这句商界亘古不变的信条也贯穿合同管理信息化建设的始终。我们在充分认识合同管理信息化给企业合同管理带来巨大

的效益的同时，一样不能忽视的是合同管理信息系统自身的风险也属于合同管理风险的一个方面。这种风险属于信息化和高科技手段带来的新型增量风险，主要考虑有五个方面的因素：将实行、可靠性、有用性、安全性和稳定性。

一、合同信息的传递及时性

从实践角度而言，信息传递一定要及时。尤其对重大合同和重要合同而言，时间就是金钱。对于这些合同的审查和执行给企业带来的收益或者损失都是具有重要影响的，所以时间要求对信息而言是一个重要考虑因素。虽然在一般情况下，在网络平台上信息传输的及时性是很容易得到保证，但是从风险管理的角度来说，这仍旧是合同管理信息化需要管理的风险之一。在市场经济环境下，企业的商务交易主要以订立各种商务合同的方式来实现自身各种商业预期和目的。做好资信调查是企业商务交易中首先要重视的问题，因此，对合作对象资信信息的信息化管理也不容忽视。做好合同主体资信信息的动态管理，及时更新，企业才能根据合同主体资信状况的变化制定自身对应策略，以便更好维护企业的商务利益。此外，为保证信息传递的及时性，充分发挥合同管理信息化系统的作用，合同在网上的审查流程也应作出一定的时间限制。

二、合同信息来源的可靠性

信息来源渠道不同，其可靠性也受一定影响，比如，一般情况下，书面信息就比口头信息可靠，外部证据性的信息就比内部证据性的信息可靠，能够得到互相验证的信息就比不能得到验证的信息可靠等。当然，这样的判断标准也不是绝对的，需要根据具体情况作具体分析。但是作为决策依据的信息，其可信性、可靠性直接关系到决策的质量。

如对于合同范本的使用，企业也一定要注意，提供的范本，应遵循公平原则来确定当事人的权利义务，并采取合理的方式提请对方注意免除或者限制自身责任的一些条款。否则，一旦合同签订后，执行过程中产生纠纷或者争议，按照有关法律的规定，对这类条款的解释将按照不利于提供合同文本的这一方。使用范本的目的不仅达不到目的，反而适得其反。

三、合同信息决策的有用性

企业内部各种信息都是为了保障科学、有效地决策，如果提供的信息、制作的报表都是与决策无关的，那么据此做出的决策质量就可想而知了。对于可靠性和有用性这两个信息的特点，往往不是可以兼得的，举一个很简单的例子，固定资产的买价属于可靠性很强的财务信息，但是当需要出售定价时，根据买价推测的信息的决策有用性就很低，这时对于决策最有用的信息往往是重置价格，所以要想获取高质量的信息，只能在可靠性和有用性之间有所选择或者让两者达到一定平衡。

四、合同信息网络的安全性

网络安全是指为数据处理系统建立和采用的技术和管理的安全保护，保护计算机硬件、软件和数据不因偶然和恶意的原因遭到破坏、更改和泄露。在电子信息病毒肆虐的时代，信息安全已经成为企业日常工作重要的一环。企业网络很脆弱，这是一个事实。越复杂的企业网络，面临的安全威胁就越高。

大型企业网络的风险主要来自四个方面：一是边界安全风险，主要包括黑客攻击、垃圾邮件等；二是内网安全风险，主要包括主机系统漏洞、服务配置不当等；三是应用风险，主要包括 WEB 服务器、文件服务器安全风险等；四是管理安全风险，主要包括安全策略不完善、人员安全意识淡薄等。

合同管理信息化安全管理属于企业网络的应用风险。目前一些企业已经实现了在网络平台上录入、修改、保存、传输合同信息，是以网络完全为保障的，否则企业经营信息的泄露可能会导致不可预料的后果。安全性还包括对数据的备份以及数据丢失或者损害的防范。对这些数据应当采用加密措施以防止数据被未经授权地使用或者泄露，同时应当加强数据在传输过程中的风险控制。

五、系统的稳定性

现代企业的信息化建设不外乎两个方面：一是电子商务网站，用于在互联网上向公众介绍自身；二是管理信息系统，用于组织、管理企业的内部信息。

由于企业合同管理信息系统是建立在 IT 系统上的，那么这个系统从网络到引荐和软件都必须十分稳定，人和系统的停止都会导致企业合同管理的难题，会对企业造成重大损失。因此应加强系统的基础维护，并且需要配备专人 24 小时随时准备修复和维护系统突发状况。

第九章 涉外合同实务

随着中国经济的不断发展，以及国际经济全球一体化程度加强，中国企业越来越多地参与国际贸易，并且在其中得到不断发展和壮大。

但是，我们也看到，中国企业在涉外贸易中，由于对国外交易对象、市场环境、国际惯例、域外法律等不了解等原因，中国企业在签订、履行、争议解决涉外合同中面临比国内合同更多的法律风险。而这些来自涉外合同的法律风险防范一旦爆发，将给中国企业带来更加严重的损失。因此，涉外合同中的法律风险防范，应该引起中国企业的而高度重视。

第一节 涉外合同概述

一、涉外合同的概念

我国《合同法》以合同是否有涉外因素，将合同分为国内合同和涉外合同两类。所谓涉外合同，是指具有涉外因素的合同，即合同的当事人、合同的客体或者产生、变更、终止合同关系的法律事实中任何一个具有涉外因素的合同。在涉外合同中，最主要的是具有对外贸易性质的涉外合同（或称为对外贸易合同），它是指我国法人或者其他组织同外国的法人、其他组织或者个人之间为实现一定的经济目的而订立的合同。

二、涉外合同的特点

（一）涉外合同具有涉外因素

涉外合同具有涉外因素这一特征，是涉外合同与国内合同最显著的区别。涉外合同的涉外因素一般包括下列三种情况：合同的主体（即当事人）至少一方是外国人（含法人、其他组织和个人，下同）；合同的客体位于本国境外或者超过本国国境；合同的某种法律事实发生于境外（如合同成立或者履行均发生于国外时，虽然合同的当事人均为本国人，仍被视为涉外因素的合同）。

这里需要指出的是，涉外运输合同（又称国际运输合同）与一般涉外合同的显著区别是，它是以运输地点在境外为特点的，即起运地（又称始发地）、中途经停地和目的地中任何一个地点在境外就为涉外运输合同，而不管合同当事人是否涉外（例如，我国公民乘坐我国运输公司的交通工具到国外，该涉外运输合同中的双方当事人都是中国人）。也正因此，以前，《涉外合同法》并没有把涉外运输合同纳入调整范围。在《合同法》实施后，涉外运输合同同样由《合同法》调整，但同时也适用有关运输部门法律。

在涉外合同中，许多合同的当事人至少有一方是外国人。需要指出的是，就涉外货物买卖合同而言，除了我国法人或者其他组织同外国人之间订立的涉外合同外，根据最高人民法院有关司法解释规定，港澳地区的法人、其他组织或者自然人同内地的法人或者其他组织之间订立的合同，以及外国法人、其他组织或者自然人之间，港澳地区的法人、其他组织或者自然人之间，外国法人、其他组织或者自然人与港澳地区的法人、其他组织或者自然人之间在我国境内订立或者履行的合同，也属于涉外合同。

关于认定合同主体是否具有涉外因素，一般采取的标准主要是"国籍"标准。如果某一涉外合同的双方当事人都为我国境内法人或者其他组织，则该合同将被认为是国内合同。例如，在中国境内成立的中外合资企业、中外合作企业和外资企业，它们本身属于涉外合同，但它们之间以及它们同我国其他法人、组织或者个人订立的合同，不属于涉外合同。这是因为，上述外商投资企业都是经中国政府主管部门批准，在中国工商行政管理部门登记注册成立的，它们在法律上绝大多数具有中国法人资格，因此，它们之间以及它们同其他中国法人、组织或者自然人之间订立的合同，不是涉外合同。

但是，以国籍标准认定主体涉外因素的做法会产生一个比较特殊的情况。我国企业在境外设立的海外公司或者子公司，由于它们在当地登记注册，在法律上被视为外国法人，因此，它们同国内法人、其他组织订立的合同，仍为涉外合同。

（二）涉外合同中我方主体具有特殊性

1. 涉外合同中我方当事人多为我国法人或者其他组织。至于我国公民个人，在目前条件下除了可以成为国际客运合同的当事人外，一般只能作为非对外贸易性的涉外合同的当事人，如作为涉外赠与合同的一方当事人等。

涉外合同中方主体这种特殊性，也使它与国内合同有所区别，因为在国内合同中，我国公民、法人和其他组织，只要具有相应的民事行为能力，都可以成为所有类合同的当事人；而在涉外合同中，并不是我国所有民事主体，特别是非经济组织的组织和公民个人目前多数情况下不能成为涉外合同的主体，即不能对外签订合同。

需要指出的是，涉外合同中，我国非经济组织的组织和公民个人目前多数情况下不能成为涉外合同的主体、不能对外签订合同，并不是说我国任何公民个人都不享有涉外合同当事人的主体资格，个人在某些情况下可以成为涉外合同的当事人。例如，按照有关法律、法规规定，个人可以在涉外技术引进和边境小额贸易中成为涉外合同的当事人。

2. 涉外合同中我方主体具有特殊性，还体现在法律要求企业在国际贸易中具有进出口经营权。

进出口经营权是国家赋予的从事对外经济技术合作的权利，包括对外贸易经营权、对外技术引进权，办理涉外信贷、保险等涉外金融业务经营权等。目前，我国已经开放对进出口经营权的控制，企业可以获得进出口经营权而不必再通过外贸代理进出口。

就涉外货物买卖合同而言，也不是所有的中国法人和其他组织都具有该合同的主体资格，只有享有对外经营权的外贸企业或者经国家有关部门授予订约资格（订立某类涉外合同的资格）的法人和其他组织才可以成为涉外合同主体。没有对外经济经营权的单位和个人不得（直接地）从事对外贸易活动，其订立的涉外合同为无效合同。不具有对外经济经营权的单位和个人，按照《对外贸易法》的规定，可以委托有对外经济经营权的企业或者其他经济组织对外签订涉外合同。

（三）涉外合同的法律适用有其特殊性

涉外合同法律适用的特殊性主要是指，涉外合同的法律适用可能要使用外国法律、国际条约或国际惯例。在涉外合同中，合同的涉外性必然导致合同与外国法在特定条件下有着某种程度的联系。因而，在某些场合下，为确定涉外合同当事人的权利义务，冲突规范往往会指定使用外国法、国际条约或国际惯例。这也是导致涉外合同存在巨大法律风险的原因之一。

三、涉外合同的分类

在涉外合同分类问题上，《合同法》分则规定的十五种基本类型的有名合同同样适用于涉外合同的划分。除了《合同法》分则规定的有名合同外，涉外合同还有其他种类的合同。

随着对外开放政策的贯彻落实和对外经济技术交流与合作的发展，我国的涉外合同不仅数量增长快，而且种类也在不断增加。根据《合同法》和其他涉外法律的规定，结合涉外合同当事人权利、义务内容的不同，可以把涉外合同分为：国际货物买卖合同（含成套设备供应合同）、中外合资经营企业合同、中外合作经营企业合同、中外合作勘探开发自然资源合同、涉外借款合同、涉外租赁合同、涉外技术合同（包括涉外技术转让或者引进合同、涉外技术服务合同等）、国际工程承包合同、涉外承揽合同、国际劳务合同、补偿贸易合同、涉外保险合同、涉外仓储合同、涉外保管合同和涉外委托合同、涉外赠与合同、国际运输合同（以运输对象划分，包括国际客运合同和国际货运合同；以运输工具划分，包括国际公路运输合同、国际海上运输合同、国际航空运输合同、国际铁路运输合同等）。

第二节 国际贸易中的法律风险识别与防范

随着我国加入WTO，越来越多的中国企业参与国际市场竞争，我国进出口贸易快速攀升，与此同时，国内企业对外贸易的法律风险也随之增加，越来越受到相关企业的重视。国际贸易与国内贸易勉励的法律风险很多事银行组织的，如合同成立的纠纷、交货数量、质量、品质规格、包装、交货时间和地点与合同不符的纠纷等。

但是，由于国际贸易涉及的因素众多、过程复杂，国际贸易中的法律风险也更具有复杂性，如法律适用、知识产权、风险转移、信用证欺诈、提单纠纷、反倾销、反补贴等就呈现出与国内贸易不同的特色。同时，国际贸易的标的额往往较大，这些潜在的风险一旦发生就会对企业造成巨大损失。因此，企业国际贸易法律风险的防范就具有非常重要的意义。

一、国际贸易中一般法律风险的识别

(一) 法律适用的风险

不同法系，不同国家对相同法律问题会有不同规定。由于国际货物买卖合同的当事人营业所在地处于不同国家，在合同解释、合同执行以及合同产生纠纷时使用哪个国家的法律对当事人的权利就有可能造成完全不同的影响。因此，在国际贸易中不得不注意法律适用问题。

1. 法律适用原则。

(1) 当事人意思自治原则。当事人意思自治原则，是指涉外合同法律适用中，当事人有权选择支配他们所订立的国际合同（涉外合同）的法律，其原则实质，在于赋予合同当事人一种选择法律的特殊权利。当事人意思自治原则早在16世纪就由法国学者杜摩兰（Dumoulin）提出并适用于合同领域，由于这一原

则符合当时资本主义贸易自由的需要,因而为许多国家所采用依据该原则,当事人可以根据自己的意志自主决定适用于他们之间合同的法律。目前,该项原则已经发展成为合同法律适用的首要原则,并为大多数国家的立法和司法所承认和接受。

在我国的立法中,当事人意思自治原则已被采用。《民法通则》第一百四十五条第1款规定:"涉外合同当事人可以选择处理合同争议所适用的法律,法律另有规定的除外。"原来的《涉外经济合同法》第五条和新《合同法》第一百二五六条第1款也作了同样的规定,从而在立法上确立了当事人意思自治原则的法律地位,并与国际社会的普遍做法保持一致。

(2)最密切联系原则。最密切联系原则(the Doctrine of the Most Significant Relationship)就是指某一涉外民事法律关系适用与该法律关系有最密切联系的国家的法律。

最密切联系原则是当代国际私法中的一种崭新理论,为各国立法和司法实践所普遍接受。该原则作为法律选择的一项重要原则,其思想渊源可以追溯到德国学者萨维尼(Savingy)提出的"法律关系本座说"。然而,它是对传统法律选择方法的扬弃,并提高了法律适用的灵活性、客观性和合理性。依据该原则,合同准据法应为与合同法律关系有最密切联系的法律,也就是以合同法律关系的最密切联系地为客观标志来确定合同的准据法。尽管在国际私法上,最密切联系原则的适用范围非常广,并不局限于合同领域,但是它却代表着合同准据法理论的最新发展趋势。

在我国立法中,旧《涉外经济合同法》第五条、《民法通则》第一百四十五条、《海商法》第二百六十九条和新《合同法》都规定,在当事人对合同准据法缺乏明示选择时,"适用与合同有最密切联系的国家的法律。"从而与目前国际社会的通行做法保持一致,并把最密切联系原则作为合同准据法的补充原则。

(3)客观标志原则。客观标志原则是指在涉外合同的法律适用上,依照某些与合同有关的客观性标志来确定合同准据法。它是"场所支配行为原则"在确定合同准据法理论上的直接体现,是确定合同准据法最古老的理论,产生于13世纪的法则区别说初期,巴托鲁斯(Bartolus)通过总结主张对合同的不同方面分别适用不同的法律,并提出了一些标志作为适用的依据。后来许多国家的立法和实践相沿成习,形成了较为固定的学说。

在各国的立法和司法实践中,最能体现客观标志原则的标志主要有两个:合同缔结地和合同履行地。除此之外,债务人住所地、被告住所地、合同当事人的国籍、法院地、仲裁地、不动产所在地等,也在客观标志原则的影响下,分别被不同国家作为确定合同准据法的标志。

（4）特征履行原则。特征履行原则，有称为特征性给付原则（the Doctrine Characteristic Performance），其实 Performance 本身就有"履行"的意思，它作为一项涉外合同法律适用的原则，早已深入许多国家的理论和实践中。特征性履行（characteristic performance）是与非特征性履行相对而言的，合同特征性履行理论的核心在于确定各种不同合同的特征性履行，并以此选择合同的准据法。

特征履行原则运用的前提是依合同特征对该合同种类的划分。由于不同种类的合同具有不同的特征，所以，按这种方法来确定支配合同的法律就避免了"合同订立地法"原则或"合同履行地法"原则的刻板性，通过这种方法，可以针对不同种类合同所具有的不同特征，来分别确定支配它们的法律。

我国是在1987年最高人民法院的《解答》中开始出现特征性履行理论的适用的，其中某些法律适用规范并未表现为特征性履行，考虑到我国目前正处于一个从国外大规模引进先进技术和设备的时期，这样适用能增加适用我国法律的机会，从而有利于我国当事人。

2. 涉外合同法律适用渊源。鉴于涉外合同的特点，它所适用的法律不同于国内合同只适用本国法律，其法律渊源有更广泛的范围。

涉外合同的法律适用，有广义和狭义两种概念。广义的法律适用包括确定合同的订立和效力的应适用的法律，狭义的法律适用仅指确定合同效力应适用的法律，也就是合同准据法。

（1）法院地法。当事人在执行合同及发生纠纷时，虽然涉及的法律领域难以确定，但首先适用的仍然是东道国法律，尤其当涉及诉讼时，法院地国的法律显得尤为重要，表现在程序法的适用，法院地国的强制性法律、公共秩序、冲突法等是必不可少的，而被确定为实体法适用时，法院地国的法律往往是最多的。

（2）外国法及判例。在合同订立问题上，当事人属人法、合同缔结地法等都可能是外国法或外国判例。在合同效力问题上，如果当事人有效地选择了某一外国法律，那么该外国法律就成为该合同适用的实体法律。不仅于此，当适用法院地国的冲突规范确定合同应适用的法律时，也可能会适用一外国法律。另外，对于判决或仲裁裁决可能在国外执行时，有时还要考虑外国的公共秩序，这虽然有一定的争议，但对于裁决的有效性却是非常重要的。一般认为，我国对外国法律的适用只限于实体法，而不像有些外国，如果采用反致、转致时，也可能要包括冲突规范的适用。

有些国家的判例具有法律效力。在法、德等大陆法系国家，判例作为国际私法的渊源只具有辅助作用；而在英、美普通法系国家判例则是国际私法的主要渊源。同时，英美一些学者还主张学说也可以作为国际私法的渊源。我国大陆不承认判例的法律效力，香港地区则可以其他普通法系国家的判例作参考。在被确定适用外国法时，有的国家承认判例（可能还包括学说）的法律效力，它当然也就成了涉外合同适用法律的法律渊源。

（3）国际条约和国际惯例。为了减少各国在涉外合同中适用法律所造成的差异，尽量避免因各国争夺管辖权所造成的麻烦和障碍，国际社会在努力统一涉外合同的法律适用，这样就出现了各种类型的国际条约和国际惯例，其应用遍布经济等各个领域，而其适用又需要有各种不同的条件。

具体到我国，依据民法通则的有关规定，当涉外合同适用我国法律时，如果我国缔结或参加的国际条约不同于我国法律规定时，应当依法适用国际条约的有关规定（我国保留的条款除外），如果我国法律和我国缔结和参加的国际条约都没有规定时，可以适用国际惯例。实务操作中还有另外一种情形，即当事人的选择适用，如果当事人有效选择了某一个或几个国际条约和国际惯例，那么国际条约（即使我国没有加入）和国际惯例的适用是依当事人的选择而适用。

（二）与知识产权有关的风险

由于商标权、专利权等知识产权具有地域性的特点，在国际贸易中，如不能妥当地注意知识产权问题，就可能引发不必要的纠纷。随着人们对知识产权重要性的认识日益加深，国际贸易中的知识产权保护问题已经得到人们越来越多的关注。

1. 知识产权的概念及分类。知识产权（intellectual property），其原意均为"知识（财产）所有权"或者"智慧（财产）所有权"，也称为智力成果权。在中国台湾，则称为智慧财产权。根据我国《民法通则》的规定，知识产权属于民事权利，是基于创造性智力成果和工商业标记依法产生的权利的统称。该词最早于17世纪中叶由法国学者卡普佐夫提出，后为比利时著名法学家皮卡第所发展，皮卡第将之定义为"一切来自知识活动的权利"。

知识产权一般分为两类：一类是版权；另一类是工业产权。版权是指著作权人对其文学作品享有的署名、发表、使用以及许可他人使用和获得报酬等的权利；工业产权则是包括发明专利、实用新型专利、外观设计专利、商标、服务标记、厂商名称、货源名称或原产地名称等的独占权利。

按照内容组成，知识产权由人身权利和财产权利两部分构成，也称为精神权利和经济权利。所谓人身权利，是指权利同取得智力成果的人的人身不可分离，是人身关系在法律上的反映。例如，作者在其作品上署名的权利，或对其作品的发表权、修改权等，即为精神权利。所谓财产权是指智力成果被法律承认以后，权利人可利用这些智力成果取得报酬或者得到奖励的权利，这种权利也称为经济权利。它是指智力创造性劳动取得的成果，并且是由智力劳动者对其成果依法享有的一种权利。

我国法律规定了三种形式的知识产权：著作权（版权）、专利和商标（工业品外观设计）。版权是关于文学、科学和艺术作品创造者的权利。专利是给予发明者以专有权（具有排他性的独占权）。然而，只有新颖独创和工业应用的发明才能获得专利权。决定工业品的外观新颖、独到和具有审美价值的创造为工业设计。

2. 知识产权的特点。知识产权具有以下几个特点：

（1）知识产权的独占性，即只有权利人才能享有，他人不经权利人许可不得行使其权利。知识产权是一种无形产权，它是指智力创造性劳动取得的成果，并且是由智力劳动者对其成果依法享有的一种权利。这种智力成果又不仅是思想，而是思想的表现。但它又与思想的载体不同。权利主体独占智力成果为排他的利用，在这一点，有似于物权中的所有权，所以过去将之归入财产权。

（2）知识产权的对象是人的智力的创造，属于"智力成果权"，它是指在科学、技术、文化、艺术领域从事一切智力活动而创造的精神财富依法所享有的权利。其客体是人的智力成果，这种智力成果属于一种无形财产或无体财产，但是它与那种属于物理的产物的无体财产（如电气）、与那种属于权利的无形财产（如抵押权、商标权）不同，它是人的智力活动（大脑的活动）的直接产物。

（3）知识产权取得的利益既有经济性质的也有非经济性的。这两方面结合在一起，不可分。因此，知识产权既与人格权亲属权不同，也与财产权（其利益主要是经济的）不同。

（4）知识产权的地域性和时间性，知识产权的地域性是指除签有国际公约或双边、多边协定外，依一国法律取得的权利只能在该国境内有效，受该国法律保护；知识产权的时间性，是指各国法律对知识产权分别规定了一定期限，期满后则权利自动终止。

3. 国际贸易与知识产权保护。

（1）国际贸易中的知识含量不断增加。早在19世纪国际商人就已经注意到国际贸易中知识产权保护的重要性。在没有国际合作保护对方授予的知识产权在己方境内的效力的情形下，专利、商标和版权将遭受侵犯而求救无门。国际技术贸易作为知识产权交易的典型形式，与知识产权保护的关系自不待言。而在国际货物贸易和国际服务贸易形式中，交易的客体是否含有未经授权而擅自使用的专利、商标和版权，成为依据知识产权保护法以保护知识产权为由，扣押、查封和销毁侵权产品的关键。

（2）国际货物贸易、服务贸易和技术贸易迅猛发展的今天，知识产权对贸易数量和贸易金额的影响，不可小视。在知识产权保护对国际贸易影响上，人们普遍认为：一国知识产权保护的程度越高，国际贸易的发展水平越高。他们认为：20世纪80年代以来，国际贸易中技术、知识、资本所占比重逐年上升，与知识产权相关的商品转让额也不断上升，平均每5年翻一番，GATT研究报告中亦称世界贸易中有2%（即近800亿美元）属于假冒和仿制贸易。严重的侵权行为影响了国际贸易的正常运行，各国的贸易利益与知识产权保护息息相关。无视知识产权国际保护的法律，生产冒用他人商标的产品、冒用他人专利生产的产品以及侵犯他人版权——如侵犯他人计算机软件著作权而生产的产品，必将受到法律的严惩，甚至根本无法通过海关进入贸易目标国的国内市场。因为现在各国几乎都实行了知识产权的海关保护制度。

（3）中国企业在海内外市场遭遇知识产权纠纷的消息此起彼伏，知识产权已成为中国企业参与国际竞争过程中无法回避的焦点。随着科学技术的发展，知识产权与国际贸易的联系日益密切。因此，各国在大力鼓励发展知识和技术密集型产业的同时，十分关注出口商品和技术的知识产权保护。

如2005年1月，中国步入WTO后保护期不久，国际巨头英特尔起诉中国某企业生产的语音卡侵犯其专利，间隔不久日本三洋开始了与深圳比亚迪关于电池专利的纠纷。在2月，美国电子娱乐协会（ESA）向美国商务代表提交了一份来自国际知识产权保护联盟（International Intellectual Properly Alliance, IIPA）的报告指出：中国与马来西亚、俄罗斯一道成为全球游戏软件盗版最为严重的三个国家。中国已成为世界最大的伪正版制造地，消费国和输出国。当越来越多的中国企业以及中国产品在全球市场上扮演重要角色的时候，知识产权危机给这一全球化进程蒙上了一层阴影。来自美国、欧盟、日本、韩国等专利大国的知识产权压力已经对中国构筑了一道高高的门槛。通过知识产权来打压中国企业和中国产品，使中国企业进入一种国际化的怪圈循环：生产—跨国公司专利限制—巨额专利许可费以及侵权费的支付—再生产。

（三）货物风险转移的风险

在经济全球化的今天，国际贸易频繁且普遍，但货物的跨国流动仍然存在诸多变数。国际贸易双方由于地处不同国家，货物往往要经过一个相当长的运输期间，因外来因素的介入造成货物毁损或灭失的情况经常发生。如何准确地识别和控制国际贸易中的风险是我们减少损失和获得收益的关键。

1. 风险与风险转移概述。货物的风险一般是指货物在履行生产、储备、运输、交付等过程中可能遭受的各种意外损失情况,如盗窃、火灾、沉船、破碎、扣押及不属于正常损耗的腐烂变质等。这里的"风险"一般须符合两个基本特点:第一,这种损失并不是因合同一方当事人的违约造成的,即双方无过失;第二,这种风险是当事人不可预见的,具有不确定性。在货物贸易中的正常商业风险,如货物市价的涨跌等并不包括在内。

风险转移则是指风险何时以及怎样在合同当事人间移动,由哪一方承担的问题。其关键在于确定风险转移时间,即确定货物的灭失、损毁风险何时在卖方与买方之间发生转移。对风险转移时间的确定不仅可以解决各种风险造成的货物损失的责任承担问题,而且可以据以确定向造成损失的第三过错责任方行使追偿权的主体,因而意义重大。

2. 风险转移的时间。风险转移的时间即风险于何时起从卖方转移至买方。对于这个问题,各国理论不尽相同。归纳起来,大概有以下三种:

(1) 以合同订立的时间为转移时间,罗马法和现代瑞士债务法典都采取这一原则。

(2) 以所有权转移的时间为转移时间,英国货物买卖法和法国民法典体现了这一原则。

(3) 以交货时间为转移时间,美国、德国的法律、《联合国国际货物买卖合同公约》、《国际贸易术语解释通则》(以下简称《通则2000》)以及我国《合同法》均采用了这一原则,即所有权与风险相分离的方法。《联合国国际货物买卖合同公约》第四章对此作了专门规定。

3. 《联合国国际货物买卖合同公约》确立的风险转移原则。

(1) 货物交付时风险转移。卖方交付货物后风险就转移给买方,这是一般原则。在货物买卖实践中交付分两种情况:一是实际交付,即卖方将货物置于买方的实际占有之下;二是拟制交付或象征性交付,即卖方将代表货物的所有权凭证交给买方即视为交付,如提单的交付。《联合国国际货物买卖合同公约》第六十九条规定"从买方接收货物起,风险转移到买方承担。"涉及运输的,卖方交由第一承运人时风险转移。这就需要买卖双方准确约定交货时间与地点,卖方如约履行,风险就转移至买方,这在环境恶劣时尤为重要。

(2) 过错风险转移原则。《联合国国际货物买卖合同公约》第六十六条规定,货物在风险转移到买方承担后遗失或是损坏,买方支付价款的义务并不因此解除,除非这种遗失或损坏是由于卖方的行为或不作为所造成的,即由于卖方过错所致货损风险不转移。

例如,在一货物买卖合同中,卖方租用了一艘装运过有毒物质的船舶来装运该物质，致使该物质受到污染，失去原有价值，在这种情况下，尽管卖方已经将货物交给承运人，但其有过失，风险不转移，买方不必支付价款。再如：卖方将货物置于约定地点，买方没有按约定时间与地点接收货物，因不可抗力致使货物毁损，损失由买方自己负责。

（3）国际惯例优先原则。如果双方当事人在买卖合同中采用了《通则2000》中的贸易术语，则风险转移的时间应按这些贸易术语的规定来确定，而不按公约的规定来确定。不同的贸易术语下，规定了不用的风险转移时间。在国际贸易中，最常采用的就是 FOB、CFR、CIF 三种贸易术语。根据《通则2000》的规定，这三种贸易术语下风险都于货物在装运港越过船舷时由卖方转移到买方。但如果选择了 CPT 或者 CIP 时，则风险转移的时间为货交买方的时间。所以在国际贸易合同中，要注意贸易术语的正确使用，以规避己方的风险承担。

（4）货物特定化是风险转移的前提。所谓特定化，就是对货物加包装批注，或发转运通知，提单注明等方式表明此货物为买卖合同所约定的货物。《公约》第六十七条规定，当交货涉及运输时，风险在货交第一承运人时起转移到买方，但在货物未特定化以前不发生转移。

《联合国国际货物买卖合同公约》中关于风险转移的基本原则，在国际贸易实践中是个很重要的问题，企业应引起重视。我国是《联合国国际货物买卖合同公约》的缔约国，如果国际贸易买卖双方在合同中没有明确排除公约的适用，且对风险转移未做出约定，就适用该公约。只有熟知风险转移原则，才能趋利避害，才能通过恰当的合同安排，避免货损时钱财两空的不利局面，才能占据贸易全局中的制高点，进而游刃有余于国际贸易商战。

（四）违约救济中的风险

国际贸易合同订立后，买方和卖方都有可能发生违约行为，随时有面临违约救济的风险，如违约的判断、违约的处理方式、解决途径等，这与国内合同有一致性。由于国际贸易主体的特殊性，这里主要谈谈国际贸易中违约救济与国内合同相区别的方面。

根据《联合国国际货物买卖合同公约》第46，50，51条规定，卖方违反合同时买方可以采取的特有的补救方法主要有五个：（1）要求实际履行；（2）交付替代物；（3）修理；（4）减价；（5）宣告合同解除。而根据《联合国国际货物买卖合同公约》第61，62，63，64条，买方违反合同时卖方特有的补救方法主要有两个：（1）要求实际履行；（2）宣告合同解除。无论买方还是卖方违约，都可以采取的共同的救济方式主要包括三个：（1）中止履行义务（《联合国国际货物买卖合同公约》第71条）；（2）损害赔偿（《联合国国际货物买卖合同公约》第74、77条）；(3) 支付利息（《联合国国际货物买卖合同公约》第78条）。

在国际货物贸易实务中，经常遇到当事人很轻率地要求退货或要求退款，也就是单方宣告解除合同。这种宣告作为贸易谈判策略未尝无可，但作为法律救济手段，必须三思而后行。公约对于违约救济方式的采用与违约的程度紧密相连，必须根据违约的程度确定相应的救济方式，不可任意而为。

根据《联合国国际货物买卖合同公约》的规定，违约的类型可以概括为两大类，一类是根本性违约与非根本性违约（fundamental breach of contract V.S Non-fundamental breach of contract），另一类是实际违约与预期违约（actual breach of contract V.S Anticipatory breach of contract）。

1. 一方根本性违约，另一方的救济选择。根本性违约，根据《联合国国际货物买卖合同公约》第25条，指的是一方当事人违反合同的结果，使另一方当事人蒙受损害，以至于实际上剥夺了他根据合同有权期待得到的东西。但是，违反合同一方并不预知，并且同样一个通情达理的人处于相同情况中也没有理由预知会发生这种结果的除外。

(1) 卖方根本性违约时，买方的救济选择。《联合国国际货物买卖合同公约》并没有指出哪些情况属于根本性违约，但根据第51条，卖方完全不交货或者所交货物的质量、规格出现严重的不符合约定可以视为根本性违约。同时，根据《联合国国际货物买卖合同公约》第42条，卖方交付的货物必须是第三方不能提出权利或主张的货物，因此，可以认定，如果卖方交付的货物并非自己拥有所有权（即卖方交付的货物不是卖方自己的货物），或者卖方交付的货物是冒牌货，在货物贸易与知识产权联系越来越密切的今天，其结果实际等同于卖方并没有交付合同约定的货物，或者至少可以认定其所交付的货物严重不符合合同的约定，故这种情形也应被认定为属于《联合国国际货物买卖合同公约》第51条规定的根本性违约的情形。

对于卖方构成根本违约的这三种情形，根据第46条第2款和第49条的规定，买方的救济选择，温和型的救济是要求卖方交付替代物，比较强势型的救济则是宣告合同解除。

宣告合同解除，是指使合同恢复到没有履行前的状态。合同被宣告解除，会产生三个法律后果：如买方已经付款，卖方要连本带利返还给买方；如卖方已经交货的，买方要把货物返还给买方（退货）；这两种情况下，导致买方损失的，买方均可要求损害赔偿。而"要求交付替代物"的救济方式下，如果买方不能按照原状返还货物，例如货物已经销售出去，则不得要求对方交付替代物。

（2）买方根本性违约时，卖方的救济选择。《联合国国际货物买卖合同公约》也没有指出买方什么样的情况属于根本性违约，结合《联合国国际货物买卖合同公约》第 25 条关于根本性违约的一般性规定和《联合国国际货物买卖合同公约》第 64 条关于卖方在何种情况下可以宣告合同解除的规定，可以确定，买方如果不按合同约定的期限付款，或者是在合同没有明确约定付款期限时，卖方通知买方在一定的合理期限内履行付款，而买方仍不按该合理期限付款，或者在该合理期限内明确表示其将不履行付款时，将构成根本性违约；另外，如果买方没有按照约定接受货物，也不按约定付款，也将构成根本性违约。根据公约第 64 条的规定，在这两大类情况下，卖方才可以宣告合同解除。

卖方宣告合同解除的法律后果，根据公约第 81 条和第 84 条，主要有两个，要求买方返还货物；如买方不能返还，除赔偿给卖方货物的价值外，还必须向卖方返还他从货物得到的一切利益。

2. 一方非根本性违约时，另一方的救济选择。

（1）卖方非根本性违约时买方特有的救济方式。主要包括三种。其一，要求实际履行：例如数量不足、包装不符。必须注意：可以约定一段合理的时间让对方履行，若对方在此期间内仍不履行，便可为买方宣告合同解除创造条件。其二，修理，主要适用于一般的质量、规格问题。其三，减价，主要适用于数量不足、质量、规格不符合。需要注意的是。减价不等于随便砍价，根据公约的规定，减价应该按实际交货的货物交货时的价值与符合合同的货物在当时的价值两者之间的比例计算。

《联合国国际货物买卖合同公约》第 48 条规定，如果卖方在交货日期前已经做出补救，买方应该予以同意；卖方在交货日期后，只要符合以下三个条件，买方也要考虑其补救措施：第一，自负费用；第二，不得造成不合理的迟延或给买方带来不合理的不方便；第三，对买方提出要求或发出通知，要求买方某一特定时间内表明他是否接受卖方履行义务。另外，卖方若依照公约规定已经采取补救措施，或者买方一开始就不同意卖方的补救的情况下，买方便不能再主张减价。

可见，《联合国国际货物买卖合同公约》对减价的约定对卖方有利，对买方不利。在国际贸易实务中，为了避开对自己不利的规定，买方收到请求或通知后，如果不同意，必须明确答复 NO，如果不在约定的时间内作出答复，则卖方可按通知所指明的时间履行义务。

（2）买方非根本性违约时卖方特有的救济措施。例如，买方有义务支付部分预付款但违约不支付时，卖方可要求买方实际履行。卖方在这种情况下，最好要约定一段合理的时间，若在此期间内对方仍不履行，则可为自己宣告合同解除创造条件，或者为自己中止履行自己的义务提供依据。

3. 一方预期违约时，另一方的救济选择。预期违约，根据《联合国国际货物买卖合同公约》第71条，指的是，如果订立合同之后，另一方当事人由于下列原因显然将不履行其大部分重要义务：（1）他履行义务的能力或他的信用有严重的缺陷；（2）他在准备履行合同或履行合同的行为显示他将不履行主要的义务。此时，另一方的救济方式是中止履行自己的相应义务。

根据《联合国国际货物买卖合同公约》第72条，预期违约也分为预期一般性违约和预期根本性违约，一方预期根本性违约时，另一方的做法比较温和的选择是中止履行，比较强势的做法则是宣告合同解除。

（五）其他风险

由于国际货物买卖合同中的很多问题与国内买卖合同是相通的，而且我国《合同法》也是以《联合国国际货物买卖合同公约》为蓝本而制定的，因此，国际货物买卖过程中的许多具体风险如合同是否成立、交货与合同不符以及不可抗力的纠纷等可以参照本书其他章节的内容。

二、国际贸易信用证法律风险的识别

信用证作为国际结算的主要方式，给了买卖双方更大的安全保障。但在具体信用证业务操作中，要清醒地认识到信用证中可能存在的风险，增强风险防范意识，预防在先，以利业务的顺利进行，避免不必要的损失。

（一）信用证概述

1. 信用证的概念。信用证是银行根据申请人（进口商）的要求，向受益人（出口人）开立的一种有条件的书面付款保证，即开证行保证在收到受益人交付全部符合信用证规定的单据的条件下，向受益人或其指定人履行付款的责任。因此，信用证结算是依据银行信用进行的。

2. 信用证的特点。

（1）信用证是银行以自己的信用作出的付款保证，所以，在信用证方式下，银行承担第一性的付款责任，即信用证是以银行信用取代了商业信用，这一特点极大地减少了由于商人间交易的不确定性而造成的付款不确定性，为进出口双方提供了很大的保障作用。

（2）信用证虽以贸易合同为基础，但它一经开立，就成为独立于合同以外的一项契约。《UCP500》第3条规定信用证与其可能作为其依据的销售合同是相互独立的交易，即使信用证中提及该合同，银行也与该合同无关，并且不受其约束。由此可见，信用证的所有当事人仅凭信用证条款办事，以信用证为唯一的依据。出口方如果提交了与信用证条款完全一致的单证，就能保证安全迅速收汇。出口方履行了信用证条款，并出具了与信用证条款相符的单据，并不保证他完全履行了合同，相反，如果出口方认真履行了合同，却未能提供与信用证相符的单据时，也会遭到银行拒付。

（3）信用证业务是纯粹的单据买卖。《UCP500》第4条规定：在信用证业务中，各有关方所处理的是单据，而不是与单据所涉及的货物、服务或其他行为。银行只看单据，不看货物。只要求受益人所提供的单据表面上与信用证条款相符合，而对于所装货物的实际情况如何，是否中途遗失，是否如期到达目的港，货物与单据是否相符等概不负责；银行有义务合理小心地审核一切单据，以确定单据表面是否符合信用证条款，银行对任何单据的形式、完整性、准确性、真实性以及伪造或法律效力等概不负责。

因此，信用证是一种相对于托收、电汇等方式而言信用度较高的一种支付方式。交易双方通过信用证业务，就某笔交易，建立起商业信用加银行信用，这样的双重信用给了买卖双方更大的安全。买方可从信用证规定的单据中获得所需的物品和服务，而卖方如果履行了信用证项下的义务，提交正确的单据便可以从银行得到偿付。信用证业务由于有了银行的参与，较大程度上解决了进出口双方互不信任的问题，可以帮助降低国际贸易风险，并使双方得到资金融通。

（二）信用证方式下贸易双方及开证行面临的风险

信用证业务要求贸易双方严格遵守信用证条款，信用证的当事人必须受《UCP500》的约束才能起到其应有的作用，买卖双方只要有一方未按条款办事，或利用信用证框架中的缺陷刻意欺诈，则信用证项下的风险就会由此产生。

1. 进口商面临的主要风险。

（1）出口商交货严重违反贸易合同的要求。由于信用证是一项自足的文件，独立于买卖合同之外。信用证当事人的权利和义务完全以L/C条款为依据。银行对于买卖合同履行中出现的问题（如货物品质、数量不符）概不负责。若出口商以次充好，以假冒真，只要出口商提供的单据与L/C相符，出口商照样可得到货款，而深受其害的则是进口商。

（2）出口商伪造单据骗取货款。《UCP500》第15条规定"银行对单据下述方面不负责任：形式、完整性、准确性、真伪、法律效力等。银行对单据所代表的货物在下述方面不负责任：货品、数量、重量、状况、包装、交货、存在与否。"这一规定为不法商人伪造单据骗取货款提供了方便。

（3）卖方勾结承运人出具预借提单或倒签提单，或勾结其他当事人如船长等将货物中途卖掉。

2. 出口商面临的风险。

（1）由于交货期、交货数量、规格等不符点而造成的风险。在具体业务操作过程中，常常发生出口方未按信用证条款规定交货的情况，如品质不符，数量与信用证规定有异，逾期交货等，任何一个不符点都可能使信用证失去其保证作用，导致出口商收不到货款；即使出口方完全按信用证规定出货，但由于疏忽而造成单证不符，也同样会遭到开证行拒付。

（2）因软条款而导致的风险。有"软条款"的信用证开证人可以任意、单方面使单据与信用证不符，即使受益人提交了与信用证规定相符的单据，也可解除其付款责任。这种信用证实质上是变相的可撤销的信用证。常见的软条款有以下几种：①船公司、船名、目的港、起运港或收货人、装船日期等须待开证人通知或征得开证人同意，开证行将以修改书的形式另行通知。②货物备妥待运时须经开证人检验。开证人出具的货物检验书上签字应由开证行证实或和开证行存档的签样相符。③货到目的港后须经开证人检验才履行付款责任。④信用证暂不生效：本证暂不生效，待进口许可证签发后或待货样经开证人确认后通知生效。这些软条款，有些是进口商为保护自己的利益而采取的措施，有些则是恶意欺诈的前奏曲，但无论其初衷如何，这些限制性条款都有可能对受益人的安全收汇构成极大威胁。带有软条款的信用证，其支付完全操纵在进口商手中，从而可能使出口商遭受损失。

（3）进口商利用伪造、变造的信用证绕过通知行直接寄出口商，引诱出口商发货，骗取货物。

（4）正本提单直接寄进口商。有些目的港如中国香港、日本等地，由于路途较近，货物出运后很快就抵达目的港。如卖方同意接受信用证规定"1/3 正本提单径寄客户，2/3 提单送银行议付"的条款，则为卖方埋下了风险的种子。因为3份正本提单中任何一份生效，其他两份自动失效。如果一份正本提单直接寄给客户，等于把物权拱手交给对方。客户可以不经银行议付而直接凭手中的提单提走货物。如果寄送银行的单据有任何不符点而收不到货款，银行将不承担责任。实质上这是将银行信用自动降为商业信用。

（5）进口商申请开立不合格信开证，并拒绝或拖延修改，或改用其他付款方式支付。此时卖方若贸然发货，将造成单证不符或单货不符的被动局面。

（6）开证行倒闭或无力偿付信用证款项。此时，出口商只能凭借买卖合同要求进口商付款，须承担商业信用风险。

3. 银行方面的风险。

（1）进口商无理拒付合格单据或因破产给银行带来风险。信用证是开证行以自己的信用作出的付款保证，即在信用证方式下，开证行承担第一性的付款责任。当进口商破产，无力偿付或因市场情况发生变化，进口商拒绝付款赎单时，只要出口商提交的单据做到单单相符，单证相符，开证行必须承担付款责任。

（2）信用证打包贷款给银行带来风险。近年来打包贷款盛行，给进出口商带来了许多便利，但如果进出口商串通起来，合谋欺骗银行，则这种融资方式也给银行带来许多麻烦。如某外商向其在国内投资的中外合资企业购货，开出一张约50万美元的即期信用证，中外合资企业凭信用证向议付银行申请打包贷款，用于购买原料后投产。信用证到期时供货方却未出货。原来外商并不要货，只是由于该企业资金紧张，贷款无门，假借信用证内外勾结来获取贷款，像这类进出口商串通一气，骗取银行借款，到期不还的情况也把银行拖入大量债务纠纷之中。

（3）进出口双方合谋欺诈给银行带来风险，如牟其中勾结海外不法商人利用远期信用证进行融资诈骗。

（三）信用证的欺诈性风险

1. 信用证欺诈概述。信用证欺诈是民事欺诈在信用证领域的一种特殊表现形式，导致信用证欺诈的根本原因是信用证法律制度的独立抽象原则。

一般认为，信用证欺诈的构成应具备以下条件：

（1）信用证一个或几个当事人主观上是出于故意，即明知其欺诈行为可能使另一方当事人陷于错误认识，并希望另一方当事人基于错误认识而为一定行为；

（2）客观上欺诈的一方有积极的欺诈行为，如伪造虚假情况或蒙蔽事实真相；

（3）受欺诈人基于错误认识做了某种显然使自己处于不利地位的行为。应当指出的是，在信用证欺诈中行为人的主观故意性是区别于买卖合同中一般违约的重要特征，在违约行为中，违约人不存在利用信用证方式欺诈对方并使对方产生错误认识的故意。

2. 信用证欺诈的表现形式。在国际贸易实践中，信用证欺诈有多种形式，按欺诈人地位的不同以及信用证当事人的不同，可以分为开证申请人欺诈、受益人欺诈、开证申请人与受益人共同欺诈以及开证申请人与开证银行共同欺诈。按欺诈手段的不同可分为假冒信用证欺诈、软条款信用证、伪造单据等。

（1）开证申请人欺诈。

①假冒信用证欺诈。该种欺诈主要表现为欺诈人以开证申请人名义用伪造的信用证欺骗议付行和受益人，使受益人和议付行相信欺诈者的开证申请人的合法身份，骗取贷款，此种欺诈称假冒信用证欺诈。假冒信用证有两类：一类是以根本不存在的银行为名开立假信用证；另一类是冒用其他银行名义开立伪造的信用证。

②软条款信用证欺诈。软条款信用证（Soft Clouse Letter of Credit），又称为

陷阱信用证。信用证软条款一般指不可撤销的跟单信用证中规定的开证行可以随时单方面解除其付款责任的条款。这个条款会导致信用证的受益人不能通过信用证的结算方式收到货款而遭受损失。对于软条款的判断，国际社会并没有统一的标准，UCP500也没有对此作出规定。从本质上而言，软条款是开证申请人在申请不可撤销跟单信用证中，故意设置的某些能使受益人处于被动境地，从而达到控制交易进程的目的，开证行可随时自行免责的条款。

软条款的设置形式一般表现为：第一，对信用证的生效附条件；第二，在信用证中规定向银行交单的检验证书必须由买方指定的检验机构或检验人员签发；第三，限制受益人装运；第四，规定必须在货物抵达目的港，经买方检验后，方予以付款；第五，规定正本提单直接寄送进口商。这些条款都是极其有利于进口商的，而对于出口商而言，则存在着极大的风险。

（2）受益人欺诈。受益人欺诈是指受益人或他人以受益人身份，用伪造的单据或具有欺骗性陈述的单据欺骗开证行和开证申请人，以获取信用证项下的银行付款。受益人实施的欺诈是国际贸易中案发率最高、最容易得逞的一类信用证欺诈，被认为是信用证欺诈的最主要的情形。受益人欺诈主要表现为以下几种：

①欺诈者不履行交货义务，通过伪造信用证项下所要求的全套单据，骗取贷款。信用证通常要求受益人提交商业发票、保险单和提单等运输单据。其中商业发票由卖方制作，因而最容易伪造。虽然保险单由保险公司制作，运输单据由运输方制作，但是由于单据的保管不善以及格式上的不规范，使得伪造成为可能。实践中，买方时常误认为在信用证中要求卖方提交的单据种类越多就越具有安全性，就会增加卖方伪造单据的难度，但事实上一旦卖方有了欺诈的故意，伪造多少份单据并不能阻止欺诈的实施。

②欺诈者在单据中作欺骗性陈述。商业发票由卖方制作，作欺诈性陈述也是极其容易的。保险单据虽然由保险公司签发，但是保险公司签发保险单完全依赖于投保方的诚实告知，保险公司不可能实地了解。因此，如果卖方不作诚实说明，保险单中的内容也会不真实。运输单据同样也存在这一问题，因为对于包装物，承运人只能根据包装物上的说明和外表签发运输单据，托运人的不诚实陈述会导致运输单据内容不真实。

③受益人与承运人共同欺诈。倒签提单，某些海上货物运输方式下，提单的签发日期即为交货日期，卖方有时未能按时交货，却要求承运人签发按时交货的提单，这导致收货时间与提单日期差异很大，而货款早已为卖方支取。预借提单，托运人对其未装船的货物要求承运人签发已装船提单，以达到顺利收汇的目的。保函换取清洁提单，卖方发的货有重大缺陷而应承运人签发信用证要求的清

洁提单，而承运人出于自身利益要求卖方对此出具保函。由于提单具有物权凭证以及交货凭证性质，伪造或欺骗性陈述多集中于提单这种单据。

（3）开证申请人和受益人共同欺诈。此种欺诈表现为开证申请人与受益人相勾结，编造虚假或根本不存在的买卖方关系，由所谓的买方申请开立信用证，所谓的卖方向开证行提交伪造的单据骗取开证行的贷款。这种欺诈在中国出现比较频繁，尤其是开证申请人借此进行非法融资，比较多地表现为利用远期信用证进行欺诈。

此外，还有开证申请人与开证行共同欺诈。申请人与开证行共同欺诈是指开证申请人与开证行勾结制造信用证条款障碍，欺诈通知行和受益人，或申请人与开证行工作人员相勾结，以假合同骗取开证行信用证项下款项。由于有开证行的参与，通知行和受益人对对方的合法身份更加坚信无疑。

3. 信用证欺诈性风险的防范。

（1）信用证贸易商的自我防范。

①慎重选择交易伙伴。慎重选择交易伙伴是指在签订以信用证为结算方式的买卖合同之前，应充分了解交易对方的资信能力和商誉状况，尽量选择资信能力和商誉情况良好的贸易商为交易对手。对于陌生的客户，一般应通过银行或有关机构进行资信调查，尤其在知道对方为中间商时，对其经济实力和履约情况更应着重了解。实践证明，选择可靠的交易伙伴，是避免被欺诈或陷于被动局面的最佳途径。

②必须注意出口合同条款的拟定。

第一，信用证条款往往是根据合同条款开出的，合同条款规定得严密、无懈可击，并能考虑到各类可能发生的情况，则出现信用证软条款的可能性也会相应减少。目前，我国出口竞争激烈，国外某些商人常利用我方公司急于出口的心理，以有利的价格条件为诱饵，致使我方对合同其他条款疏于防范，甚至以此要求我方预付履约保证金或开证押金。我方公司必须对任何要求我方预付款项的合同提高警惕，尽量不要作出这样的规定。即使要签订此类合同，也应在合同中相应规定我方在审查接受开来的信用证之后才对外预付款项，以免日后陷入被动。

第二，合同中有关信用证的有效期必须合理、适当。贸易双方一旦确定信用证支付方式，作为受益人的出口商应要求尽快开立信用证，使受益人有合理、充分的时间在发现信用证的瑕疵时，要求对方修改并能从容地安排装运。否则，即使发现有与买卖合同条款不符合或无法履行的条款，出口商也没有时间要求修改及安排装运。为此，出口商极有可能要承担违约和违反信用证条款的责任，从而使进口商达到诈骗的目的。

第三，要特别注意审查信用证条款中的要求、规定是否和签约的买卖合同相符合。货物买卖合同中有关货款结算方式的规定是买方申请开立信用证的依据，所以，应当明确地订立信用证条款。不能含糊其辞，尤其是单据条款和装运条款。单据条款主要指单据的分数和种类，这是信用证最主要的条款，因为银行付款与否全凭单据，所以，进口商应对提单、保险单、商业发票商检证书等提出具体而明确的要求。装运条款如货物装运期、付款期限、付款行也必须明确而具体。同时，签订的买卖合同应有买卖双方承担风险的责任保证，同时应该有第三方、第三国做担保人以及进行公证，不能听信单方面的任何承诺。

第四，在合同中正确选择国际贸易术语。信用证贸易商在订立合同时，选择恰当的、合理的贸易术语来控制诈骗风险，也是防止信用证诈骗犯罪发生的重要环节。国际商会于1990年推出的《国际贸易术语解释通则》即《INCOTERM1990》规定了四组国际贸易术语。如果进口商进口货物签订FOB合同、出口商出口货物采取CFR价格成交，则租船订舱、货物保险的选择交易权以及有关风险均可控制在自己手中。同时订合同时，要力争客户同意由我国的商检机构来实行商品检验。近两年来由于改革开放，我国的商检机构在国际上的知名度越来越高，信用度也越来越大，各国贸易商对其检验结果都愿意承认。如果能争取到由我国商检机构实施商检，不但可以方便我国企业，而且还将主动权掌握在我们手中。

第五，认真审核单据。就出口商来说，在收到银行交来的信用证后应比照买卖合同的规定对该信用证条款作全面、及时的审查，以防止信用证条款与合同的规定不符。一旦发现软条款，应立即要求开证申请人修改。同时规定开证申请人修改或提出其他保证的最后期限，并说明由此引起的时间延误应通过开证申请人延长信用证有效期加以弥补。在开证申请人拒绝修改或对此避而不答时，卖方应对国内货源落实方面采取相应措施，并立即着手调查开证申请人的资信状况，力图弄清其规定上述软条款的真实意图。在开证申请人经再三请求仍拒不修改时，卖方受益人可以声明中止合同履行，要求开证申请人提供有效的担保，并保留因开证申请人违反合同规定条件而造成我方一切损失的索赔权利。

③由于在软条款信用证支付条件下银行信用风险与出口商信用风险并存，因此有必要采用相应的手段规避风险。出口商即使慎重地订立合同，严格审查信用证，但其对银行、买家资信状况的了解与评估还是会有一定的局限性，出口信用保险可以帮助出口商了解银行、买家的状况，更能补偿因买家或银行信用问题导致出口商无法收汇所造成的损失。出口商在投保时可根据开证行所在国家及保险人提供的银行、买家的资信状况权衡各种风险发生的可能性，决定究竟是投保银行风险还是投保买家风险，或是两者都保护。

(2) 银行对信用证诈骗的防范。

①认真做好对往来银行和开证申请人的资信调查及咨询服务。在信用证结算业务中，银行起着极其重要的作用。同时，银行也是信用证诈骗的主要受害者之一。因此，银行对信用证诈骗犯罪正确、及时的防范具有非常重要的意义。银行面临被诈骗的风险来自出口商、进口商、进出口商合谋、出口商或进口商与承运人合谋以及银行自身的审核单证不严。

在信用证软条款诈骗中，银行首先应加强对出口商的"软条款"防范，以保护进口商的利益。对于开证银行来说，应重点调查了解开证申请人的资信情况。因为若开证申请人资信不佳，开立信用证后，由于行情的变化，货物到港之后，开证银行通知开证申请人付款赎单时，开证申请人却在无任何理由的情况下拒绝赎单，甚至失去踪影。虽然，银行对货物拥有所有权，但因行情变化，或因进口商订立合同的失误，其货物的价值远低于银行垫付的货款，银行将遭受巨大损失。

因此，在开立信用证时，对那些资信状况不甚好的开证申请人，应要求其在开证时提供相当于货款数额一定比例的保证金后，方可开证。对那些资信状况不佳，有过诈骗劣迹的开证申请人，银行则应拒绝开证。其次，出口方银行（指通知行）必须认真负责地审核信用证的真实性，并掌握开证行的资信情况。对于信开信用证，应仔细核对印鉴是否相符，大额来证还应要求开证行加押证实；对于电开信用证及其修改书，应及时查核密押相符与否，以防假冒和伪造。同时，还应对开证行的名称、地址和资信情况与银行年鉴进行比较分析，发现疑点，立即向开证行或代理行查询，以确保来证的真实性、合法性和开证行的可靠性。

②严格审单，防患于未然。严格相符的单据是开证行付款的前提条件，单据不符是开证行凭以拒付的唯一正当依据。

③如果银行不是一开始就从单据入手，排除了一切可能产生的不符点隐患的话，那么开证行很可能从单据的角度提出拒付，议付行日后的交涉和安全收汇就缺乏良好的基础。

同时，单据与信用证是否相符，关系到开证行承担付款的责任是否可以解除的问题。信用证各方当事人对于信用证项下权利义务的解释和最终履行都在很大程度上依赖于单据的具体情况。

目前，《统一惯例》是确保在世界范围内将信用证作为可靠支付手段的准则，已被大多数的国家与地区接受和使用。我们必须按照《统一惯例》的要求，合理谨慎地审核信用证的所有单据，以确定其表面上是否与信用证条款相符。

④银行在审核单据时应注意的问题是：一要处理好信用证的规定与USP500有关规定的协调关系。在审核单据时，对信用证中没有特别规定的，可以依据

USP500 的相关条款进行衡量，以确定单据的合格性，如连 USP500 中也没有相关条款的，则应按银行行业习惯来解释、处理。审单中应做到有依据的内容应"严格相符"，没有依据的内容则"实质一致"：要严格按照 USP500 赋予银行的审单义务和标准来操作。因为 USP500 是解释和执行信用证的法律依据，银行应该按照该惯例赋予银行审单义务的要求履行职责。USP500 第 13 条第 A 分条规定：银行将不审核信用证没有规定的单据。如果银行收到此类单据，应退还交单人或将其照转，并对此不承担责任。

二要严格遵循信用证规定单据的要求来审核单据。如信用证载有某些条件，但并未规定需提交与之相符的单据，银行将视这些条件为未予规定而不予置理。信用证加列非单据条件银行将认为这些条件未曾提及，并对这些条件不予理会。如果信用证含有某些条件而未列明需提交与之相符的单据，银行认为这是非单据条件。

三要控制审单的时间。银行审单的合理时间是不超过收到单据次日起的七个工作日。这对开证行或保兑行或指定银行都适用，对其他银行则不适用。其他银行如果接到受益人提交的单据，被要求转递给开证行时，应使单据在信用证的有效期内尽快送达开证行。

(3) 要注意坚持遵循国际惯例，积极运用法律手段维护权益。只有熟练掌握国际惯例和信用证软条款的弱点的人，才能据理力争，尽可能地保护受益人的利益。

三、国际贸易救济措施风险的识别

(一) 反倾销

美国商务部 2009 年 11 月 24 日作出终裁，以中国油井管存在补贴为由宣称将对相关产品实施 10.36%～15.78% 的反补贴关税制裁。该案涉及金额约 27 亿美元，是迄今为止美对华贸易制裁的最大一起案件。仅 2009 年前三季度，就有 19 个国家和地区对我国产品发起 88 宗贸易救济调查，其中包括 57 宗反倾销调查。"在国际贸易保护主义加剧的背景下，我国已成为国际贸易摩擦的主要对象，中国频遭反倾销。"海关最新统计分析认为。

目前全球 35% 的反倾销调查和 71% 的反补贴调查针对中国出口产品。截至 2008 年，中国已连续 14 年成为遭受反倾销调查最多的经济体，连续 3 年成为遭受反补贴调查最多的经济体。仅自 2008 年 11 月以来，中国就遭受超过 100 项的贸易保护主义壁垒，占同期世界各国各地区采取的贸易保护主义措施的 1/3 强，名列世界第一。

从发起反倾销调查的国家和地区来看，印度对我国发起反倾销的宗数最多，商品涉及钢材、化学品、纺织品、机电产品等多个领域。虽然美国和欧盟针对我国发起反倾销调查的宗数不及印度，但由于二者是我国重要的出口市场，在我国出口贸易中占有40%左右的份额，因此美国和欧盟的反倾销措施对我国出口的影响更大。

反倾销（anti-dumping）指对外国商品在本国市场上的倾销所采取的抵制措施。一般是对倾销的外国商品除征收一般进口税外，再增收附加税，使其不能廉价出售，此种附加税称为"反倾销税"。

世贸组织的《反倾销协议》规定，一成员要实施反倾销措施，必须遵守三个条件：第一，确定存在倾销的事实；第二，确定对国内产业造成了实质损害或实质损害的威胁，或对建立国内相关产业造成实质阻碍；第三，确定倾销和损害之间存在因果关系。

按照倾销的定义，若产品的出口价格低于正常价格，就会被认为存在倾销。出口价格低于正常价格的差额被称为倾销幅度。所以，确定倾销必须经过三个步骤：确定出口价格；确定正常价格；对出口价格和正常价格进行比较。

反倾销的最终补救措施是对倾销产品征收反倾销税。征收反倾销税的数额可以等于倾销幅度，也可以低于倾销幅度。另外一种补救措施是价格承诺。若出口商自愿作出了令人满意的承诺，修改价格或停止以倾销价格出口，则调查程序可能被暂停或终止，有关部门不采取临时措施或征收反倾销税。

（二）反补贴

中国在极短时间里骤然成为世界头号反补贴调查目标国，到2009年，中国共遭遇反补贴调查22起，其中加拿大7起，美国13起，澳大利亚和南非各1起。

反补贴是指一国政府或国际社会为了保护本国经济健康发展，维护公平竞争的秩序，或者为了国际贸易的自由发展，针对补贴行为而采取必要的限制性措施。包括临时措施、承诺征收反补贴税。其中的补贴是指一国政府或者任何公共机构向本国的生产者或者出口经营者提供的资金或财政上优惠措施，包括现金补贴或者其他政策优惠待遇，使其产品在国际市场上比未享受补贴的同类产品处于有利的竞争地位。

世界贸易组织反补贴协议将补贴分为三种基本类型：禁止性补贴、可诉补贴和不可诉补贴。针对前两种补贴，一是向世界贸易组织申诉，通过世界贸易组织的争端机制经授权采取的反补贴措施；二是进口成员根据国内反补贴法令通过调查征收反补贴税。

反补贴、反倾销和保障措施是WTO规定的三大贸易救济措施，属于合规性贸易壁垒。与反倾销和保障措施相比，反补贴作为新型贸易壁垒对一国外贸出口和经济发展具有更大的危害性，其特点如下：

1. 反补贴的应诉主体为政府。补贴是政府行为，反补贴的调查对象是政府的政策措施。反倾销和保障措施的威胁主要针对企业和特定行业，而反补贴则会影响被调查国的贸易和产业政策、宏观经济政策甚至总体经济战略。

2. 反补贴的调查范围更广泛。反倾销和保障措施仅涉及特定企业或产品，而反补贴的涉及面更加广泛，调查范围可能接受政府补贴对象的下游企业甚至整个产业链，危害更大。

3. 反补贴的影响时间较长。相对于反倾销和保障措施，反补贴对一国经济的影响更加广泛和持久。为应对反补贴调查，一国政府必须逐步调整相应的贸易和产业政策，这种调整将在长时间内对一国经济、政治、社会发展产生巨大影响。

4. 反补贴具有更强的连锁效应。在一成员方反补贴调查中被认定的补贴措施，可以直接被其他成员在反补贴调查中援引。在当前WTO的其他成员方对反补贴是否使用非市场经济国家这一原则模糊不清时，美国的判例可能会成产生很强的连锁效应。欧盟等其他WTO成员方可能会效仿美国，重新修订反补贴法，使之适用于中国出口的产品。

四、国际贸易法律风险危害结果评估

（一）国际贸易中一般法律风险危害结果的评估

1. 法律适用中的风险：有可能导致使用企业不熟悉国家的法律法规，或者对自己不利国家的法律，造成对权利义务的重大影响；同时也有可能排除《公约》的使用，使得法律适用预期的落空；如果企业选择了不当的国际贸易术语，则会在费用、保险的承担、风险的转移等方面使企业处于不利地位。

2. 与知识产权有关的风险：作为卖方，将会面临第三方的权利和请求，不仅因违反合同的追夺担保义务而导致承担违约责任，同时也要花费巨大的人力、物力去面对第三方的指控；作为买方，如果知道或者不可能不知道的第三方可能提出权利或者请求，那么卖方将不承担任何责任，企业将独自面对第三方的指控，从而导致损失。

3. 货物风险的转移风险：不适当的交货方式或者贸易术语的选择有可能导致企业风险承担责任的加重，从而造成本可避免的损失。

4. 违约救济中的风险：不合理的救济方式可能导致救济权利的丧失，同时也有可能造成已有损失的扩大，甚至造成新的违约与侵权。

5. 其他风险：合同是否成立的纠纷可能导致企业承担本务必要承担的合同

义务或者导致企业为订立合同而作出的支出的损失；交货与合同不符的纠纷有可能导致信用证的拒付、过境通关的延迟以及对合同目的的损害，这些都会造成企业的损失；有关不可抗力的纠纷则会使得企业在某些特定情形下无法获得违约责任的豁免，或者不能使得对方承担违约责任，从而导致损失。

（二）信用证法律风险危害结果的评估

信用证的技术性风险降低了信用证的安全操作性，有可能导致议付行或开证行的拒付，而此时货物已经运出，货款追回难度大，甚至导致货款不能追回。

信用证欺诈性风险，如软条款导致付款主动权转移到申请人一边，可能给受益人带来无法按期出运、被迫降价、受制于人以及收汇不着、货物被提等一系列损失；伪造信用证单据可能导致议付银行和开证银行的完全付款，货物存在数量短缺或者质量瑕疵，造成货款的部分损失或全部损失。

（三）国际贸易补救措施中风险危害结果的评估

1. 反倾销：造成海外市场萎缩，甚至完全退出某国市场，对企业的出口创汇造成严重影响，从而遭受巨大损失；同时出口受阻的产品大批返销国内，可能搅乱国内市场的产业结构和价格体系，对企业造成不利影响。

2. 反补贴：反补贴税的征收将会削弱企业出口产品的市场竞争力，同时由于反补贴措施引起连锁反应，即当出口产品在一国遭到反补贴调查后，其他国家担心出口商品转向，也会对其发起反补贴调查，这样就会造成企业海外市场大幅萎缩，影响企业出口创汇能力，造成巨大损失。另外，出口受阻产品大批返销国内，也会对企业的国内市场造成不利影响。

五、国际贸易法律风险的防范

1. 涉外合同生效的法律适用。合同的效力，包括合同在当事人之间所产生的权利义务及违约责任等方面的内容。如当事人之间根据合同所享有的权利和所承担的义务的内容和范围，当事人未履行合同义务应承担的责任和债权人可以采取的救济方法等。因此，合同的效力涉及两个方面的问题：一方面是合同当事人在订立合同时期望或愿意发生的效果；另一方面是不履行合同时当事人所应承担的法律后果。关于涉外合同效力的法律适用主要采用以下几种做法：

（1）适用合同的准据法。在确定涉外合同效力的法律适用中，首先要看合同准据法是不是当事人自主选择的法律，如果是当事人自愿选择的法律，则应依意思自治原则，适用合同当事人选择的法律。如果当事人没有选择法律，则适用合同缔结地法，或者适用与合同有最密切联系的法律，或适用法院推定的法律。

（2）在合同关系中，如果涉及物权方面的问题（如买卖合同中，所有权于何时何地转让给买受人），一般应适用物之所在地法，而不应适用合同的准据法。

（3）如果违约的同时还伴有侵权的，有的国家主张对合同义务适用合同准据法，因为合同义务是合同约定的内容，其法律适用应当根据意思自治原则，首先适用当事人在合同选择适用的法律；对侵权行为则应用侵权行为地法，因为侵权行为适用侵权行为地法这一原则是各国所普遍采用的原则，只是理由各异，有的国家以"场所支配行为原则"为依据，有的国家以"既得权说"为依据。

（4）对于合同的履行问题，一般应适用合同的准据法，但也有些国家主张应适用合同的履行地法。如果合同有两个以上履行地，则一般适用主要履行地法。

2. 信用证欺诈性风险的防范。这一点在信用证欺诈性风险识别中已经作了分析，此处不再赘述。

3. 知识产权风险的防范。国际贸易中知识产权纠纷产生的主要原因之一，是知识产权尤其是工业产权的地域性。商标权和专利权的地域性特点决定了权利人在一个国家获得的商标权或者专利权，并不必然在其他国家也能获得保护，这是无形财产所有权与有形财产所有权的重大区别。因此，在国际贸易中，必须有知识产权意识。在任何情况下，尤其是在适用《公约》的情况下，卖方应充分关注买方营业地所在国家的法律以及订立合同时预期的货物转手地或者其他使用地国家的法律对知识产权问题的规定，如果卖方出售的货物违反了上述国家的法律规定引发争议，卖方将承担违约责任。

在我国企业作为买方的情况下，即便依照法律的规定应由卖方承担责任，使自己陷入一场不必要的纠纷也是得不偿失的。因此，此时我国企业无论最终是否要承担责任，也要对此问题给予关注，考察该产品是否会在我国或货物转手地发生知识产权纠纷，防患于未然。在我国企业提供技术图样、图案、程式或其他规格的情况下，更应对此问题多加防范。需要提醒的还有，为了避免不公平的竞争，对于自己出口的产品的商标权和专利权应在相应国家和地区及时注册，避免被他人恶意抢注，使自己丧失市场。

4. 风险转移及风险防范。各国法律及国际货物买卖合同公约和国际贸易管理对风险转移的划分有不同的规定。有些国家法律规定以货物的所有权转移的时间决定风险转移的时间，即"无助承担风险"原则；有些国家则不把风险转移与货物所有权联系在一起，而是以交货时间来决定风险转移的时间。为了避免不同国家的当事人对这一问题产生不同理解，国际货物买卖合同的当事人应当在合同中约定风险转移的时间。目前，我国企业通常采用的办法是约定适用的国际贸易术语，如 FOB/CIF 等，国际贸易术语对风险转移时间都有规定，选择了相应的国际贸易术语，也就相当于明确了风险转移时间。

5. 违约救济中的风险防范。合同的当事人一旦违约，就出现了违约救济问题。《公约》对违约救济问题作了较为详细的规定，但是，作为两大法系调和的产物，《公约》不可能将两大法系在违约救济领域的矛盾和冲突完全调和，因此，违约救济领域也有风险。

首先，要正确确定争议对方的当事人。由于国际货物买卖的法律关系复杂，经常出现将货物买卖合同法律关系与运输法律关系、将货物买卖关系与信用证关系混淆的情况；其次，要合理选择违约救济方式；最后，还要合理确定损害赔偿额和违约金。这点在前面违约救济风险识别中已经讲过，不再重复。

6. 反倾销风险的防范。了解欧盟反倾销法的基本概念、基本程序等内容，可以帮助中国出口商制定更为妥善的欧盟反倾销的打击。另外，一旦被欧盟反倾销立案调查，中国企业也可利用自己的反倾销知识积极配合律师应诉，而不是一味地听从律师的安排。

例如，反倾销调查是分阶段进行的，大致可以分为：（1）提出应诉申请；（2）对类比国进行评价；（3）填写市场经济地位和分别税率裁决申请表；（4）填写反倾销调查问卷；（5）市场经济地位和分别税率申请的实地核查；（6）生产成本或出口状况的实地核查；（7）对欧委会临时税的评价；（8）对欧委会最终税率的评价等等。各个阶段相互关联，如果出口企业不申请市场经济地位或是分别税率裁决，或是欧委会根据出口企业的申请表即决定不给予市场经济地位或是分别税率裁决，那么（5）、（6）两项实地核查的工作无须再做，代理律师的工作也会有所减轻。因此，企业在聘请律师时可要求律师按应诉的每个阶段分别报价，然后再报一个总价。

反倾销是一个十分复杂的程序，再加上每个环节的时限要求十分严格，如对类比国的评价和建议必须在立案后 10 天内提出、市场经济地位和分别税率裁决的申请必须在立案后 22 天内提出等等，而每个环节对应诉成败均十分关键。因此单纯靠企业自身的力量去应对恐怕较为困难，寻求律师后就可以把全部应诉工作都推给律师。一般来讲，律师所擅长的只是法律程序，只有将律师的法律专长与企业的产品和市场专长相结合，才能确保应诉工作的成效。在应诉的每个环节，企业都应积极、主动地参与，利用对涉案产品在国际、国内以及欧盟市场上的销售、生产情况为自己辩护。

企业在应诉工作中还应注意以下两点：一是积极寻求政府帮助。企业在应诉过程中如果遇到困难，均可寻求商务部、商会或是我驻外使馆经商处的帮助。二是充分发挥进口商，尤其是一些有实力和影响力的进口商协会的作用。这一点尤其重要，因为在绝大多数案件中，欧盟决定是否征收最终反倾销税是由 15 个成员国代表以简单多数进行表决，只要有 8 个或是 8 个以上的成员方表示反对，此案即可以无税告终。因此，通过进口商或进口商协会去做其所在成员方政府的工作，往往会对案件裁决产生较大的影响。

7. 反补贴风险的防范。

（1）正确认识反补贴措施。尽管补贴与反补贴的争议存在已久，但 GATT1994 和《SCM 协定》将补贴与反补贴纳入了国际法轨道，这就使 WTO 成员制定反补贴法、采取符合《SCM 协定》规定的反补贴措施成为符合 WTO 规则的合法行为。因此，我国出口产品遭遇反补贴，从国家主权角度讲，我们应当尊重有关进口国的反补贴法和实施的反补贴行为，但是，我国政府、企业以及行业组织应当积极应对。

政府通过磋商程序和 WTO 争端解决程序与有关进口国进行磋商或者向争端解决机构提出申请，要求有关进口国取消违背 WTO 规则的反补贴措施。企业和行业组织应当积极应诉，直至通过进口国的司法程序主张自己的合法权利。也就是说，我们应当通过运用法律制度、法理、法律概念来分析、解释反补贴个案的正当性与合法性，判断实施反补贴措施是否违背 WTO 建立的基本宗旨、基本原则，以及《SCM 协议》所规定的反补贴措施实施规则，证明补贴的合理性与合法性以及不存在补贴的情形，明确反补贴措施实施是一个法律上的问题，而不是政治上的或外交上的问题，不应当过多地使用外交辞令来分析反补贴裁决。

（2）适时调整国内补贴政策。在国际竞争日趋激烈的情势下，非价格竞争已取代价格竞争而成为国际贸易发展的潮流，但是，补贴仍是各国政府发展国内经济、推动出口贸易的主要政策手段和法律方法。因此，我国在遵循国际惯例的情况下，应当适时调整国内补贴政策：

首先，我国在认真分析《SCM 协定》基础上，审视各级政府特别是地方政府的产业政策或经济发展指导方针，借鉴外国经验，积极探索补贴类型。其次，在涉及产品出口产业坚决取消禁止性补贴。将法律、法规中明确规定的鼓励企业产品出口的各种税收、财政、信贷、公用设施、交通运输费用等各项优惠措施予以取消；同时应当对企业实行"非专项性"的财政、税收、信贷、管理费用、公用事业服务费用等补贴，当然，必须控制补贴额度的力度，以增加财政收入、稳定物价、保证人民生活安定为界线。最后，科学使用可申诉补贴。由于补贴仅在构成对进口国国内产业"不利影响"时方成为可申诉补贴，因而我国政府除了不采用禁止性补贴外，仍应继续采用不可申诉补贴，主要是税、费优惠以及贷款利率优惠。

（3）适度利用贸易救济措施应对国外反补贴调查。在贸易摩擦高发期，最好的防御就是进攻。企业在积极应诉的同时，应主动出击，在 WTO 规则下合理运用贸易救济措施和国内相关法规维护国内产业安全和企业正当权益，这样既可消除外国产品在华的不合理补贴行为，抵制不公平竞争，又可以使其来源国不敢肆无忌惮地对华发起贸易救济措施调查，以增加我国出口贸易摩擦应对的筹码。

尽管我国于 1997 年就公布了《反倾销和反补贴条例》、2001 年制定了《反补贴条例》，但至今我国尚未对外国进口产品实施反补贴措施。《反补贴条例》所规定反补贴措施可以基于两种情况：①一般情形，即外国进口产品存在补贴并对我国国内产业造成损害，且二者之间有因果关系，我国政府既可对该外国进口产品征收反补贴税；②特殊情况，即根据对等报复要求，对有关外国进口产品实施反补贴，以抑制我国出口产品频遭反补贴指控。该条例第 55 条规定："任何国家（地区）对中华人民共和国的出口产品采取歧视性反补贴措施的，中华人民共和国可以根据实际情况对该国家（地区）采取相应的措施。"

当然，我国在大胆运用反补贴手段保护我国产业的同时，必须各方面权衡考虑，谨慎从事，特别是近年来外贸顺差已经成为国外，特别是西方国家，掣肘我国出口贸易及其政策的借口。

第三节　海外投资中的法律风险识别与防范

一、海外投资风险概述

我国对外投资近年来快速增长。2004～2009 年我国累计对外投资额由 449 亿美元增加到 2460 亿美元。同期，我国对外直接投资企业由 5163 家增加到 12000 家。2010 年我国对外投资同比增长 20%，达到 680 亿美元，对外投资首次超过日本，成为全球第二大对外投资国。在未来的 10 多年内，出于国内资本和产能过剩等原因，以及为了有效缓解人民币升值压力、减少贸易摩擦和弥补国内资源不足等，对外投资规模还将不断扩大。为了更好地化解海外投资的风险，我国需要积极建立海外投资安全保障机制。

中国大规模的海外投资被视为"中国崛起"的新标志。然而，海外投资规模的急剧扩大、资产份额的快速提升，也意味着海外投资风险的日益加大，中国要学会跨国投资风险管理，提高中国的海外经济利益。

第一，投资保护主义风险。近几年，发达国家以威胁国家战略安全为由，使中国企业海外资产并购频频受阻。美国经济分析局统计显示，中国对美国历年投资存量仅为 23 亿美元，是美国外资直接投资存量的千分之一。深受债务危机困扰的欧盟对中国企业的并购也深感不安。在海外投资风险管理 thldl. org. cn 中需要注意，近期欧盟有意效仿美国在 1975 年成立外国在美投资委员会（CFIUS），希望设立一个新机构负责对外国企业投资和收购本国企业进行安全审查。此外，部分国家新出台的法律提高了外商直接投资的成本，使中国海外投资遇到阻碍。与应对关税战相比，遏制投资保护主义的难度要大得多。

第二，海外投资成本上升风险。比如，中国每年从澳大利亚进口大量资源。然而，继欧盟率先通过碳排放交易体系之后，澳大利亚总理吉拉德近期宣布，计划从 2013 年 7 月 1 日起在全国范围内开征碳排放税，3 年后还将引进碳交易排放机制，以降低澳大利亚碳排放。目前公布的受控于碳价的企业名单包括：国际电力、TRU 能源等电力企业，布鲁斯科等钢铁公司以及力拓、必和必拓和伍德赛德等矿产资源和石油巨头。将被征收碳税的二氧化碳排放总量占到了澳大利亚总排放量的 60% 以上。这也意味着，今后对矿产资源丰富的澳大利亚进行直接投资，其投资成本上升的不确定性开始变得越来越大。

第三，海外投资战略缺失风险。联合国贸发会议（UNCTAD）的排名更能说明问题。在全球 128 个参与排名的国家中，2003～2005 年中国的对外直接投资流出绩效指数（OND）为 1.139，全球排名第 67 位，而该指数 2007 年以后再次下滑。中国对外直接投资流出绩效非常低，意味着中国对外直接投资项目的技术含量不高，效益较差，严重缺乏海外投资的所有权优势。金融危机导致许多国家经济增速下降，需求不旺，大宗产品国际价格低迷，企业流动性出现严重短缺。相比之下，手中相对充足的现金激发了不少中国企业，特别是大型国有企业强烈的"抄底"心态。但总体看来，中国企业对海外投资特别是对收购整合的理解，似乎一直停留在买设备、买厂房、买技术的阶段，而缺乏明确、长远的战略规划。

第四，海外资产汇兑风险。近年来人民币不断升值，我国企业海外投资面临的汇兑风险越来越突出。特别是 2008 年以来，传统的对冲工具等套期保值手段更加难以有效应对国际金融危机带来的高度不确定风险，中国海外企业屡屡蒙受因汇率剧烈波动而带来的巨大损失，投资风险管理策略急需完善。

当然，更不可避免的是国家政局动荡等带来的不可抗力风险。海外投资活动具有投入大、周期长的特点，中国企业在投资意愿高涨、投资规模迅速扩大的同时，必须重视日益复杂的海外投资环境，做好投资风险管理。今年以来，中东、北非局势动荡让在这些地区拥有大量投资、工程承包、基础设施建设的中国企业蒙受重大经济损失。

因此，海外投资不能仅仅考虑规模和速度，而要考虑如何利用全球分工体系和产业链，增强海外投资风险管理意识，增强对外直接投资主体的要素跨国整合能力,以产业增值链为纽带开展海外投资。要降低暴露风险、规避摩擦风险,可采取"因地制宜"和"柔性进入"的海外投资战略。

二、海外投资非市场风险的类型

从实践中看,我国企业海外投资中的非市场风险主要包括东道国政治动乱风险、政策与法律风险、文化差异风险、合同条款风险、项目价值风险、企业内部运营管理风险等六种类型。非市场风险已经成为我国企业海外投资过程中的重要威胁,政府和企业都要重视,并采取有效措施予以化解。

(一)东道国国家风险

国家风险,也叫政治风险,是指东道国国内的政治事件以及东道国与第三国政治关系变化给跨国投资企业经济利益带来不利影响的可能性。政治风险是海外投资最大的、最不可预见的风险,产生的原因本质上与投资所在国的政治环境、经济环境、社会环境、文化环境、法律环境有关,是投资企业无法控制的风险。政治风险在发展中国家和发达国家各有特点,一些发展中国家政局不稳、政权更迭、宗教、民族冲突此起彼伏,甚至爆发内战造成国家分裂,这些都会给海外投资企业带来风险;而发达国家一般政局稳定,但存在对外国投资技术限制及环境保护等方面的风险。政治风险主要有:战争、动乱、政变、政策变化等社会动荡风险;文化差异风险;法律法规风险与环境保护风险等。

从主要国际银行业务——国际贷款的角度看,国家风险可能以下述几种违约情况出现,给贷款银行造成损失:拒付债务(repudiation);延期偿付(moratorium);无力偿债,未能按期履行合同规定的义务,如向债权人送交报表以及暂时无法偿付本息等;重议利息(renegotiation),债务人因偿债困难要求调整原定的贷款利率;债务重组(rescheduling),债务人因偿债困难要求调整偿还期限;再融资(refinance),债务人要求债权人再度提供贷款;取消债务(concellation),债务人因无力偿还要求取消本息的偿付。

1. 主权风险(sovereignrisk)。主权风险是主权政府或政府机构的行为给贷款方造成的风险,主权国家政府或政府机构可能出于其自身利益和考虑,拒绝履行偿付债务或拒绝承担担保的责任,从而给贷款银行造成损失。

2. 转移风险(transferRisk)。转移风险是因东道国政府的政策或法规禁止或限制资金转移而对贷款方构成的风险,在开展国际银行业务时,由于东道国的外汇管制或资本流动管制,出现银行在东道国的存款、收入等可能无法汇出或贷款本金无法收回的情况,就是典型的转移风险。

3. 国家风险还包括由于东道国政治因素而产生的社会变动所造成的风险,

这些变动包括战争、政变、骚乱等，它们对外国的贷款人和投资人的经济利益有同样的威胁。

政治动乱风险主要是指东道国参与的任何战争或者在东道国内发生的革命、颠覆、政变、罢工、内乱、破坏和恐怖活动，以及地方武装的冲击等事件，而造成损失的可能性。政治风险是与东道国主权有关的不确定因素，在一些发展中国家发生的可能性较大，因为这些国家易产生政局不稳、政权更迭等情况。政治风险产生的根源十分复杂，主要有以下几个方面：政策不稳定、民族主义、社会不稳定、武装冲突、区域联盟等。

当前，在非洲、拉美、亚洲等我国企业已进行海外投资的许多国家和地区，均存在政治动乱风险。无论何种原因，一旦在东道国发生政治动乱风险，我国企业均将面临产生损失的可能性。如，在委内瑞拉和赞比亚等与我友好的国家，甚至也出现了敌视我投资的现象。上述两国的在野党针对我国在该国的资源能源类投资就已经提出了强烈抗议，宣示如果能够上台执政，就将赶走中国等国家的投资者。

以利比亚为例，利比亚是我国对外承包工程业务的重要市场之一。目前我国在利比亚承揽的大型项目共计约 50 个，涉及合同金额 188 亿美元。在 13 家央企的投资中（中国铁道建筑工程总公司、中国建筑工程总公司、中国葛洲坝集团公司、中国建筑材料集团、中国冶金科工集团、中石油、中国水利水电建设集团公司等），涵盖了房屋建设、配套市政、铁路建设、石油和电信等领域。无论利比亚战事结局如何，我国企业均面临着工程设备等固定资产损失、预期收益损失、撤离费用损失、未来汇率结算损失等一系列风险。而面对如此巨额的损失，中国企业却缺乏挽回损失、获得救济的权利工具。

(二) 政策与法律风险

政策与法律风险是指因东道国变更政策、法律而给外国投资者造成经济损失的可能性。政策风险主要包括重大外国投资政策的调整、政府禁令、政府违约、税收政策的调整、国有化政策（包括征用、征收、没收、报复性充公）；法律风险主要有立法不全、执法不严、法律冲突等。

最近的政策与法律风险以澳大利亚资源租赁税的出台最为典型。再如，最近几年，在拉美地区，从委内瑞拉到玻利维亚，再到厄瓜多尔，"拉丁美洲国家石油和天然气工业国有化运动"不断涌现，也对我国海外投资企业形成了巨大的政策与法律风险。

(三) 文化差异风险

文化差异风险是指我国企业及其管理人员与东道国当地政府、社区、员工由于中外文化上的不同而带来损失的可能性。实践中，中外不仅有语言文字上的区别，在待人接物、处理事情上更是烙有深深的各具特色的民族传统印迹，文化的差异往往在不经意间即招致纠纷和损失。

文化差异往往带来管理理念和行为的不同，20世纪末期大量日本企业到美国投资经营，当时有一家企业的12个美国女工起诉抗议日方总经理对她们实施歧视待遇，比如要求她们从事本职工作以外的"为客人端茶倒水"的事务，并要求日方对所有女工进行赔偿。官司从1982年打到1989年，给日方企业造成巨大亏损，其原因就在于日本企业把其本国的管理模式、行为举止等文化照搬到了美国。此后，日本企业吸取教训，在20世纪90年代开始在美国推行本土化经营，并在营销和人力资源等部门大量雇佣美国人。

实践中，我国的部分企业非常易于将一些不良的文化习惯延伸到国外使用。如，我国一些企业在拉美与工人、工会发生争执之后，往往并不通过合法手段予以积极合理解决，而是采取贿赂收买等违法方式处理，易造成无穷遗患，最终致使问题升级。再如，在非洲的赞比亚，中国企业管理人员枪击当地员工的事例，被国际媒体广泛报道，影响极坏。

（四）合同条款风险

合同条款风险是指在我国企业与东道国当事人签订的投资合作协议中，因对双方权利义务的约定不够具体而产生理解差异，最终出现合同纠纷而发生损失的可能性。实践中，因合同权利义务条款界定模糊极易导致我国企业产生巨大风险。

（五）项目价值风险

项目价值风险是指由于我国企业对海外投资项目的开发成本、影响项目开发的具体制约因素估计不足或误判而造成损失的可能性。发生项目价值风险往往基于五个方面的原因：我国企业因急于扩张规模而"饥不择食"、企业及其所聘顾问专业水平不足、情势变更、被欺诈、违反中国企业海外投资的国内审核程序等。

（六）企业内部运营管理风险

企业内部运营管理风险是指因我国企业的内部运营管理出现问题而造成损失的可能性。对民营企业而言，主要是决策易粗糙草率的情形；对国有企业而言，主要是决策程序、考核激励、监督是否健全适当、到位的情形。由于上述情形存在，往往使得企业缺乏风险防范制度设计，或制度设计不科学、不严密。

如2004年中航油在新加坡亏损5.5亿美元的案例。作为上市公司，中航油本应将风险控制放在首位，但公司的奖惩机制却鼓励高管过度投机和冒险。该公司当时规定每年将10%的盈利奖励给老总，但却没有相应的惩戒条款。单向激励下，公司总裁年薪一度高达2300万元，但过度投机最终导致了公司巨亏5.5

亿美元的严重后果。

三、海外投资非市场风险的防范

（一）对中国政府的五点对策建议

1. 政府要正确引导企业客观对待"走出去"。政府及有关学者在引导企业客观对待国家的"走出去"战略上负有重大的必要责任。特别是国资委等政府相关部门对所谓的"企业国际化经营程度"所占考核权重比例应当慎之又慎，要竭力避免出现"逼"着企业"走出去"的情况。

2. 政府要创造良好的多双边国际关系。虽然我国走的是和平发展之路，不会像历史上西方国家通过侵占殖民地或不平等贸易的方式掠夺矿产资源。但是随着近年来我国经济的持续、稳定增长，综合国力和国际地位的不断上升，仍然引起了越来越多的国家和地区的关注（包括警惕和防范心理）。我国政府应充分运用政治、经济、外交、文化等各种方式为企业的海外投资创造一个良好的国际环境，为企业"走出去"利用好"两个市场、两种资源"做好保驾护航工作。

3. 政府要重视参与跨国投资领域国际条约的相关事项。总的来看，我国现在仍处于接受、学习和消化现存国际规则的阶段，在国际规则的制定上发言权较小。今后我国政府应当积极、全面、深入地参与和影响国际投资领域规则的形成，促进多边、区域、双边等各层次国际投资规则的发展完善。

4. 政府要采取积极而具体的国内政策措施，助力和呼应我国企业的海外投资。政府相关部门除了应加速起草综合性的《海外投资条例》之外，建议政府还要采取以下具体政策措施，助力企业减少海外投资风险：尽快完善海外投资保险制度，为我国企业的海外投资提供风险分担机制；按行业类别，设立或加大有关产业的海外发展基金，在项目费用等方面降低企业的成本风险；同等支持民营企业与国有企业开展海外投资经营；进一步完善吸引和利用外资法律制度，间接支持企业"走出去"，减少海外相类似的风险。

5. 国务院国资委要对央企的海外投资风险承担不可或缺的责任。国务院国资委代表国家行使中央国有企业的出资人权利，代表国家行使对中央国有企业监督管理的责任。据国资委的统计数据，截至 2009 年底，中央国有企业境外资产总额超过 4 万亿元人民币。保护中央国有企业的海外资产和人员安全也是国资委的职责所在。

（二）对中国企业的五点对策建议

1. 企业要尽量做好做足"走出去"开展海外投资的前期功课。企业"走出去"之前要做好人才储备，搭建好相应的项目经营平台，企业的管理层应真正具备风险管理的意识，深入了解掌握东道国当地的政策法律、民族宗教、文化民俗等方面的情况，对不同风险程度的国家（地区）制定差异化的进入策略和风险防范策略，认真做好项目的可行性研究报告及风险评估。如果风险超出预期或难以控制，则即使已经发生了一定的前期费用，项目也必须立即停止，避免将错就错，因小失大。

2. 中国企业海外投资可以采取灵活多样的方式方法。例如，在那些对外来投资反应较为敏感的东道国，我国企业在海外投资（特别是资源能源类的海外投资）中，投资或合作形式方面可灵活多样，不必绝对以获得股权或控股权为最高目标，此时可以视情放弃股权之要求，代之以获取资源能源的稳定供应权益即可，以减少东道国的民族抵触情绪等所带来的风险（此种方式先前有日本经验可资借鉴）。又如，我国企业在海外投资中可以视情选择与各国企业开展合作（包括与东道国企业、世界知名跨国公司的合作），这样不仅可以降低风险，同时也可以学习和借鉴到发达国家跨国公司对外投资的经验。

3. 企业在海外投资经营实践中要避免授东道国以口实。我国企业在海外投资经营的过程中要处理好与东道国的关系，提前预防风险的发生。一是注重学习东道国针对外资的法律规定，认真遵守东道国当地法律、尊重当地宗教民俗和文化。二是积极承担社会责任。三是尽力实施用工的本地化。

4. 在特定的巨额海外投资合作或工程承包项目中，我国企业应要求东道国方面提供足够的有效担保。以所谓的"贷款换资源"为例。近几年来，我国已经与委内瑞拉、巴西、俄罗斯等多个国家签署了涉及数百亿美元贷款支出的合作协议。从"贷款换资源"合作协议的实施程序上来看，我国的贷款先行付出，而对方的资源能源之后供应，这对我国来讲就形成了一定的风险，极有可能出现"款贷出去了"，而资源能源没能"进来"的局面。这就要求我国企业在谈判合作协议时必须要求对方提供担保，并且要特别注重对方所提供担保的有效性。如对方贷款企业是国有矿业公司时，应尽可能地要求对方政府提供担保，而不是仅限于由某个企业提供担保。

5. 海外投资经营发生风险后，企业要采取积极而适当的补救程序。风险是一种具有极大不确定性的客观存在，即使采取了投资前的预防性策略和投资中的分散风险等策略，也不可能完全杜绝风险。以东道国国有化的政策与法律风险为例，一旦面临此类海外投资风险，我国企业应当及时采取以下补救措施来减少损失。

第一，做好谈判工作。在东道国国有化政策公布以后，如果发现所公布的政策有可协商的余地，那么，我国企业就要积极与东道国政府进行沟通，在交流中阐明由此可能对双方造成的危害。第二，争取有关方面的支持。如果风险发生后的谈判没有取得理想的结果，我国企业就应想办法争取东道国有关方面的支持。第三，诉诸法律。当谈判最终破裂，东道国政府正式启动国有化政策时，企业就应果断地将争端诉诸东道国法院或国际法庭，以期获得赔偿。第四，放弃资产所有权，争取与东道国政府签订管理合同。对于跨国投资企业来说，与东道国签订管理合同，也是风险补救的一条有效途径。如委内瑞拉政府征用外国的石油公司后，同时与征用对象签订管理合同，合同规定由跨国投资者在原地继续勘探、钻井、炼油和销售。经过实践发现，这样的处理方式也未尝不可，不一定要拥有资产、掌握股权才能获利，交出股权同样能够获得利润。因此，当以上办法均不能有效地解决争端时，我国企业可以考虑放弃资产所有权，换取与东道国政府签订管理合同。

中 篇
合同管理实务分论

第十章 买卖合同管理

公司在生产、经营、管理和其他商业交易活动过程中形成的各种法律关系，大多是通过各种合同来体现的，这些合同的内容是否符合规定、条款有无遗漏、文字是否准确都直接关系到公司的切身经济利益。在介绍过合同管理基础知识和一般流程之后，本章开始，将围绕《中华人民共和国合同法》规定的十五种有名合同，从实务角度出发，针对每一种有名合同的风险管理控制提出具体的操作方法。

第一节 商业交易中合同及证据法律风险控制

一、合同法律风险控制流程

如果忽视商业交易法律风险控制，会使公司在发展过程中存在重大隐患，也会带来不可预知的经济损失。因此，必须了解商业交易中合同的一般法律风险控制流程：

1. 明确合同性质：要防止合同约定权利不明、责任不清，而使交易双方陷入不必要的合同纠纷，更要防止合同一方借另一方合同性质不明而故意混淆合同的性质来减轻其应当承担的法律义务、责任。

2. 审查合同主体：具体包括履行合同过程中可能涉及的所有主体，包括合同交易双方、授权人、保证人等资格、资信等方面的审查。这点在前面已经提及，此处不再赘述。

（1）对法人单位的资格审查：审查其是否依法成立；其是否有必要财产和经费；其生产场所、办公场所是否真实存在；其公司法人营业执照、税务登记证、法人组织机构代码证等是否真实、是否按时年检。

（2）对非法人单位的资格审查：审查其是否执有营业执照、是否是某公司的分支机构、是否能独立从事经济业务、能否独立承担民事责任。

（3）对公民个人的资格审查：审查其是否具有个体工商户营业执照、是否能从事民事行为、审查其身份证、工作证等证件。

（4）对保证人的资格审查：审查其是否具有民事行为能力、是否具有代为清偿债务的能力，需注意：第一，除国务院批准外，国家机关不能作为保证人；第二，学校、幼儿园、医院等以公益为目的的事业单位、社会团体不得作为保证人；第三，除书面授权外，公司法人的分支机构、职能部门不得作为保证人。

（5）对从事特殊行业的单位的资格审查：审查其是否具有相应的经营许可证、生产许可证及其他资质证明。

（6）对代签合同代理人的资格审查：首先审查其是否有被代理人签发的授权委托书；其次审查其代理行为是否超越了代理权限；最后审查其代理权是否已超出了代理期限。

（7）审查对方的资信及履约能力：审查其是否具备了履行合同所必需的人力、财力、物力，包括资金状况、债权债务关系、技术条件、商业信誉等。对于无履约能力、信誉不佳的单位最好不要与之签订合同。

3. 起草和审查合同：起草和审查合同需注意该合同内容是否违法、合同条款是否完备、文字是否规范准确、签订手续和形式是否完备。具体来说，需要关注以下方面：

（1）当事人的姓名、名称、住所；（2）标的条款：应明确标的名称、型号、规格、品种、等级、产地、商标等内容，对于不动产要明确坐落地址等内容；（3）数量和质量条款：明确计量方法、计量单位、质量参照标准、验收时间、地点、方式、标准、质量异议期限、方式、质保的期限和方式等；（4）价款或报酬条款；（5）合同履行期限条款；（6）履行地点条款；（7）履行方式条款；（8）违约责任条款：应当根据上述条款分别逐项确定违约的责任、形式；（9）解决争议条款；（10）其他内容：是否约定担保等。

4. 建立合同管理制度：协助公司建立健全合同分类专项管理制度、合同授权委托制度、合同审查制度、合同公证制度、合同专用章管理制度、合同台账及统计报表制度、合同归档制度。

二、证据法律风险控制

市场经济运行离不开法律保障，而当事人的权益能够得到法律保障的关键是自身的证据意识。提高公司包括各级领导和管理人员的证据意识，是当前公司乃至一切当事人管理能力和水平提高的出发点和归结点。在一旦发生的民事诉讼中不能获得主动，只能说明公司管理不成功，只能说明合同管理纠纷处理过程中存在某种疏忽和失误。因此，还必须了解以下法律风险控制流程：

1. 把公司负责人、法务工作人员和合同管理人员作为工作重点，组织专门的培训，认真学习证据规定，结合公司实际和履约管理的具体特点，提高当事人的证据意识。

2. 根据证据规定的有关要求，建立严格的文档记录和各类合同履行资料收集和保管制度，加强检查监督，确保证据的固定和保管工作。

3. 建立公司合同和资料管理人员的履约管理责任制，设定量化考核指标，对因证据意识不强、违反证据管理规定造成公司损失的，追究个人责任。

4. 确定负责公司证据管理工作的负责人和部门，贯通公司和项目经理之间的监督、检查，能够及时发现证据管理中的问题，并督促各项目经理部提高管理水平，减少失误。

5. 结合合同的有关条款约定，研究履行和索赔的期限，在履约过程中凡应在期限内提出的书面要求、通知、函件，均应及时提出，并使之成为证据。

第二节　买卖合同法律风险管控

一、交易对象主体的审查

根据《合同法》的规定，自然人、法人和其他组织都可以作为合同主体，具备签约资格的主体相当广泛。仅从合同的合法有效性角度审查，只需验证其是否合法存在，是否具有相应民事权利能力和民事行为能力即可。

但是从交易风险的防范控制角度来看，对交易对象的主体审查除最起码的资格合法性审查外，还要进行必要的尽职调查，其经济性质、股东或者实际控制人的情况、主要固定财产状况、资产负债情况、流动资金周转情况、经营业绩、既往合作经历以及业界商誉等都是必须核查的内容。需要多种途径广泛收集相关材料和信息，客观地分析，评判其履约能力，控制交易风险。

在主体资格审查过程中，需要注意两个问题：一是要掌握交易对象主要财产的权属状况，既要查看其土地使用权、地上建筑物有无完整合法的权属证明，也要对该财产的变现的可能性与变现价值进行评价，该财产应当可以依法转让和抵押，非租赁物，非濒临淘汰的落后设备，具备实际偿债能力；二是要知晓交易对象与其股东或者实际控制人之间的关系，不盲目轻信股东或者实际控制人炫耀的显赫身世和背景，毕竟企业法人各自以法人财产独立承担责任，股东的有限责任不能替子公司的债务额外承担清偿责任，要理性判断交易对象可以承担责任的能力。

二、买卖标的物（货物）的审查

实践中，常见产品名称故意不写全称，混淆产品品种；或卖方不写产品牌号和商标，以期达到以次代好的目的；有的卖方不写产品规格型号，企图交货蒙混过关；还有的卖方不写生产厂家，想用价低的档次差的产品供货；还有的卖方不写随机备品、配件工具、数量及供应办法，以图为日后不免费提供埋下伏笔。因此，对买卖合同的标的物审查一定要慎重，要注意写清产品全称、牌号、商标、规格、型号、生产厂家、随机备品、数量，配件工具、数量、免费与否等。并将上述用品的供应办法、时间也都写清楚。具体说来，包括以下几方面内容：

（一）明确货物

无论采购单，还是送货单、买卖合同当中都应明确货物的名称、品质、型号、规格等等，以使货物特定化，以避免产生争议。实务中，主要有：

1. 在签订合同时，要使用货物的正式名称即标准学名并且要用全称，文字表述必须明确具体；尽可能使用符合国际标准或国际行业习惯的商品名称。
2. 如果货物有商标的，必须要写明商品商标，写明商标更易使商品特定化。
3. 在确定货物时，还必须注意同名异物和同物异名的情况。
4. 要写明标的品种、规格、花色及配套件等。
5. 如有必要，还需依据具体情况写明标的物的详细特征，例如型号、出厂时间等；如是不动产，则要写明其坐落位置，写明四至、套式、单元号等等。

（二）货物是合法的，且不存在权利瑕疵

所谓货物是合法的，系指只有法律允许流转的物才能成为合同的标的，才能为法律所保护；如果标的物，例如枪支弹药是法律所禁止流转的，即使签订了合同也是无效合同，还有可能触犯刑事法律。

另外，处分人处分货物是合法的；这就要求货物的处分人要合法持有并有相应的处分权，例如专利权的转让，必须要求转让人保证其所转让专利的真实性、合法性及排他性。

对于企业而言，在买卖交易中对于合同的货物合法风险应注意以下方式管控包括：（1）应从货物的自然属性和社会属性审查是否合法。所谓货物自然属性问题应是关注其是否属于法律允许流转的物；所谓社会属性应是关注处分权人是否有权处分。（2）可透过出售方对货物的陈述与保证，以弥补风险措施。

（三）货物的质量风险管控

在实务交易纠纷中，有关货物的质量争议占七成以上；为什么质量争议在实务中如此常见呢？我们企业又该如何防范风险，减少争议呢？

质量问题产生的争议主要是在于两个方面，即：质量约定不明和验收争议。质量约定不明系指实务交易中，各方并没有以文件形式将货物的质量标准予以明确说明或说明不清，从而引发履约过程中产生纠纷。验收争议系指交易过程中并没有对如何验收予以明确，或很多企业干脆在收到货物后并没有依约予以验收，等发现问题后就以拒付尾款方式抗争。

针对上述问题，我们应做好以下功课：

1. 明确质量标准，采取具体描述质量标准+符合国际标准及行业标准的方式处理。

2. 明确验收的方式及期间，具体包括：

（1）事前：收货前加强检验和审查对方的货物，对于早期发现的货物质量问题能及时消灭于起源；

（2）事中：当场验货，或安装使用一定期限后验货；

（3）事后：质量保证及维修期的保障措施。

3. 在买卖合同中对货物的质量设定保证条款，予以弥补。

（四）标的物的数量和计量方法

常见的标的物数量和计量方法陷阱有，产品数量或计量方法故意约定为本企业的标准或计量方式、卖方不写合理损耗，或将合理损耗写得较多、卖方不写随机备品或配件工具的数量。

对此，要注意产品的数量应以国家统一的标准计量单位表示，没有统一计量单位的，产品数量的表示方法由双方确定，但必须具体明确，切不可用含混不清的计量概念表述，如一件、一箱、一打等，应对双方使用的计量方法具体解释，如一件、一箱、一打等的表示，具体包括的产品数量是多少。同时将标的物的损耗写清，写合理，对正负尾差、合理磅差、自然减（增）量等要根据情况，写科学。随机备品数量及其供应办法、时间也应写清楚。

对某些产品，必要时应当在合同中写明有关主管部门颁发的（没有主管部门规定的由当事人商定）交货数量的正负尾差、合理磅差和在途自然减（增）量规定及计算方法。注意明确什么是多交、少交和如数交付的法律概念。工矿产品购销合同在履行过程中，由于运输、计量、自然、产品本身的性能等多方面原因，在发货数、实际验收数、合同规定的交货数之间，有时会出现差额，发生不一致现象。此时，只有符合法律规定的磅差和增减范围的，才能以少交、多交或如数交付论处。通常这种法律规定均为有关主管部门规定的范围。

（五）标的物的技术标准（含质量要求）

对标的物的技术标准，实践中常见的问题有：不写质量标准；成套产品的，不写附件的质量标准；看样订货的，不封存样品；卖方故意对质量负责的条件签订苛刻一些，以期达到不负责任的目的；或者故意将质量负责的期限写的过短，使买方根本没时间提出质量异议。

因此，在合同中一定要写清质量标准，对质量保证的条件和期限，不但要写清，而且要写得科学、合理。至于质量标准是国家标准，还是行业标准，抑或企业标准？我们认为，成套产品的，不但要写清主件的质量标准，还要写清附件的质量标准。看样品订货的，一定要将样品封存好，作为检收的标准。

（六）标的物的包装方式和包装要求

标的物的包装方式和要求，实践中常见的问题有，卖方不写或不写清包装标准、包装物的供应和回收，也不写费用负担，以达到简易包装省钱省力的目的。

对此，我们认为，一定要写清包装物、包装标准、包装标签的内容等。包括对物的供应、回收，费用负担以及包装不善引起货物损坏的责任也要约定清楚，以免出现纠纷。

三、对担保条款的审查和选择

在买卖合同中，不论卖方还是买方，只要是先履行义务的一方，往往就需要考虑是否要求交易对方提供担保，这是当事人在签订合同前必须考虑的重要问题。

关于担保问题的法律规定，除了保证担保、定金还适用《担保法》及其司法解释外，抵押、质押和留置这三种担保物权要适用《物权法》的规定。法律对担保主体、担保类型、担保合同条款构成、担保各方的权利义务等都作了较详细的规定。从实务的角度来说，除了要保证担保合法、合同条款内容完备外，还要确保担保有效可靠，确保担保债权实现。

（一）对担保人的审查

担保人必须符合《担保法》和《物权法》的规定，具备担保人的主体资格，自不待言。担保主体更应当具有担保能力，有能力代债务人清偿债务，这就需要进行相关审查。对于担保人的审查应当和对交易对象审查的方式方法一样。但是实际业务中对担保人的审查更多限于表面形式完备。

由于目前国内对企业法人的诚信体系建立、公示远没有达到可以信赖的程度，且当前法律对企业法人的设立、运行、关闭、终止的监管无论在立法层面还是执法上都还很不完备。现实生活中，公司设立容易，资产转移缺乏必要的外部监督管理，公司关闭、停止经营随意且无须承担什么成本和责任。这种现状实际上造成了交易的利益取得者（股东或实际控制人）和责任承担者（公司）分离，于是，在经济交往中利用这些空间以逃避债务的事件屡有发生。虽然法律在逐步弥补这些方面的疏漏，如《刑法》关于公司虚假注册资金、股东抽逃注册资金犯罪、公司人员利用职务便利侵占公司财产犯罪等规定，《公司法》关于公司法人人格否定、公司股东不得滥用权力等规定。这些规定在一定程度上限制了股东权力滥用和股东侵害子公司财产的情况，但是由于证据收集十分困难，且需要经过繁杂漫长的刑事或者民事诉讼程序，要用这些规定来防范实际交易中的风险，实现保护债权人权利的目的还不到位、不完善。

对一些非国有经济企业法人交易对象，要求其自然人股东或实际控制人作为担保人提供担保不失为一种较好对策。目前我国没有实行自然人破产制度，具有公信力的个人诚信系统正在建立和完善过程中，且其作用已经开始在社会上逐渐得到重视。同时股东或实际控制人是交易的最终实际利益取得者，由其进行担保，直接将交易的利益取得者和责任承担者真正捆绑为一体，对于交易风险的有效控制应当能够产生明显作用。

（二）担保方式的选择

目前法律规定的担保方式有定金、保证、抵押、质押和留置五种。

1. 定金：对于定金，法律规定了定金不得超出主合同标的额的 20%，但是从 2008 年开始的金融危机的影响来看，在产品价格大幅下跌的情况下，这样的数额显然不足以对整个合同的风险构成有效防范，因此建议将其与其他担保方式共同使用。

2. 保证：在保证担保中，一般保证的保证人在主合同纠纷未经审判或者仲裁并就债务人财产依法强制执行仍不能履行债务前享有抗辩权，担保权人要实现一般保证的担保债权的程序很繁琐，不利于担保权人风险防范，因此我们应当要求保证人提供连带责任保证。

同时，需要提请注意的是，对于关联企业提供的担保，除遵循前述对担保人审查的基本原则外，应当确保担保人的财产与债务人财产的独立性。

3. 其他方式：对于抵押、质押和留置三种物权担保而言，担保权人就担保财产享有优先受偿权，债权人可以就抵押财产设定登记控制抵押财产并对抗第三人，债权人可以占有质押或者留置的财产、财产权利，因此，一般情况下只要物权担保合法有效，其可靠性要远大于保证担保。

四、标的物所有权保留约定的适用

在买卖合同中，出卖人有时要先交货物，后收价款，处于先履行义务的地位。为保证出卖人的利益，《合同法》设立了买卖合同的所有权保留制度。在合同中约定出卖人保留所有权的交易中，出卖人将标的物先行交付给买受人，使买受人在接受标的物后一段时间内可以对标的物占有、使用、收益，但由于出卖人仍然保留对标的物的所有权，买受人无权处分标的物，在买受人未按照约定支付价款的情况下，出卖人可以行使所有权，将标的物取回。

所有权保留制度的作用是利用物权优先于债权的法律原理，从公平公正、诚实守信的原则出发，使出卖人的利益处于更可靠的地位，从而使交易过程中的风险降低到最小限度。但实践中，并非不加区别地在买卖合同写入所有权保留条款，就可以有效地防范出卖人的风险。即，在适用所有权保留制度时候一定要慎重。

（一）不动产买卖不宜约定所有权保留条款

对于所有权保留的客体范围，各国（或地区）有不同的规定。在德国、瑞士及我国台湾，所有权保留的对象仅为动产。在日本，所有权保留适用对象则包括不动产。我国《合同法》对所有权保留的客体未作限定。

现实生活中，在消费市场上也存在大量的以所有权保留方式买卖汽车、房屋的行为。因此，很多人认为所有权保留条款可以适用于不动产。但是，《物权法》明确规定不动产物权的设立变更是以登记为条件的。因此，无论合同双方是否约定所有权保留，只要不具备登记要件，就不产生所有权转移的效力。虽然借助《物权法》规定的预告登记，确认了买受人的期待权，可以规避出卖人一物数卖的风险，但由于目前对预告登记范围理解的局限，是否可对不动产所有权保留进行预告登记尚未可知。而同样在《物权法》的规范下，出卖人可以通过在不动产上设定抵押权等方式来实现对债权的担保。

因此，从公平和效益的角度，不动产买卖不宜约定所有权保留条款。

（二）对种类物不宜约定所有权保留条款

虽然各国法律都认为动产交易时可以约定所有权保留的，但是动产的物理状态，对确保出卖人能够主张所有权并有效实现取回权起着至关重要的作用。

所有权是针对特定化了的物而言的，可以独立使用的机器设备，在物理状态上不易和买受人自有物品相混淆的动产，在交易中设定所有权保留是没有障碍的。特定化了的种类物，如果边际清晰，能够进行明显的区分，出卖人也能够主张所有权。

但是，在实践中，买受人为进行生产而采购的原料，如果加工成为其他产品，或者与同类的其他原材料混放在一起，出卖人对这些标的物再主张所有权就不大可能实现。根据民法基本原理，在发生混同，原有标的物已经灭失或者失去了其自身的特定性，与其他物混同成为其不可分割的一部分或者附属物，无法进行分割不易分清份额，在法律上，原所有权人已经丧失了对原物的所有权。此时，只能从新物所有人处得到补偿，所有权变成了债权。

（三）动产所有权保留约定不能对抗第三方

此外，在动产交易中，设定了所有权保留的情况下，理论上买受人只能占有、使用标的物，但因为未取得所有权，不能随意处分转卖。然而，所有权保留只是买卖双方间的约定，且由于我国尚未建立所有权保留公示制度，第三人无从了解标的物的所有权状态。因此，如果买受人违反买卖合同中的所有权保留约定，将标的物处分给第三方，在没有证据证明该第三方是恶意取得的情况下，所有权保留的约定不能对抗善意第三方，《物权法》明确了所有权善意取得制度，第三方将据此取得标的物所有权。这就使得出卖人对标的物的所有权保留条款成为一纸空文。

（四）正确适用所有权保留条款

由于《合同法》关于所有权保留的规定仅为一个孤立的条款，而且虽然所有权保留具有担保物权的性质，但根据我国《物权法》"物权法定"的基本原则，我们无法将其作为担保物权进行适用。因此，在《物权法》和相关法律对于所有权保留的配套规定尚不完善的情况下，在买卖合同中采取出卖人所有权保留措施，不能简单地通过一句"……前，标的物的所有权仍属出卖方所有"进行处理。

作为出卖人，在赊销货物的情况下，首先要对交易对象进行审查，还要主动采取所有权保留措施，应当先认真分析标的物的种类、买受人购买标的物的目的，对买受人可能发生违约情形做出评估，再根据具体情况在买卖合同中明确约定具有实际操作性的、便于出卖人采取的监管措施（包括发现违反所有权保留约定的补救措施），从而使所有权保留能够真正得到保障、落实。

第三节　商品房买卖合同及其风险防范

一、商品房的概念

目前调整商品房买卖关系的法律法规，包括《城市房地产管理法》、《城市房地产开发经营管理条例》、《城市商品房预售管理办法》、《商品房销售管理办法》中，都没有对商品房的概念作出明确的定义。

综合以上法律法规的立法本意，我们认为，商品房应当符合两个条件：（1）为进入商品流通领域获取利润而开发建设的房屋；（2）开发建设的主体必须是取得法定资质的房地产开发企业。因此，商品房是专指房地产开发企业开发建设并向社会公众公开出售的房屋。从形态上看，包括期房和现房两种，期房指正在建设中的房屋，现房指已经竣工验收的房屋。所以，公民个人的私房、政府组织建设的经济适用住房以及公房改制出售给个人的房改房等排除在商品房以外。

二、商品房买卖中的合同

（一）商品房认购书的基本内容

1. 商品房认购书的概念。在商品房买卖过程当中，开发商一般先与购房者签订认购书，作为买卖合同签署前双方行使权利承担义务的书面凭证。商品房买卖认购书，是指房屋买卖双方在订立正式的房屋买卖合同前所签订的文书，约定将来订立正式的房屋买卖合同的合同。签售的目的在于对双方交易房屋有关事宜进行初步的确认，买受方往往以一定数额的定金作为协议的担保。商品房买卖认购书在实践中称谓不一，如认购意向书、购房订购单、购房预订单、订购房屋协议等。

2. 商品房认购书的特征。商品房买卖认购书的内容一般包括：双方当事人基本情况；房屋基本情况（含位置、面积等）；价款计算；订立正式购房合同的时限约定。认购书是买卖双方就签订商品房预售合同相关事宜进行的约定，不是对商品房买卖结果进行直接确认。商品房认购书的订立相对比较简单，一般是购房者与开发商采用合同书形式订立合同，该合同自双方当事人签字或盖章时合同成立。当事人签约的目的在于为将来订立正式房屋买卖合同作约定。

3. 商品房认购书的法律规定。《最高人民法院关于审理商品房买卖合同纠纷案件适用法律若干问题的解释》规定："出卖人通过认购、订购、预订等方式向买受人收受定金作为订立商品房买卖合同担保的，如果因当事人一方原因未能订立商品房买卖合同，应当按照法律关于定金的规定处理；因不可归责于当事人双方的事由，导致商品房买卖合同未能订立的，出卖人应当将定金返还买受人。"

该条规定承认了商品房买卖认购书的效力，规定了定金条款的适用，即接受定金一方违约，双倍返还定金；支付定金一方违约无权返还定金。但若是发生不可归责于双方当事人的事由导致合同未能订立，接受定金的一方要返还定金。

（二）商品房预售合同

1. 商品房预售合同含义。商品房预售合同，是商品房买卖合同的一种类型。商品房预售合同是指房地产开发企业将尚未建成的房屋向社会销售并转移房屋所有权于买受人，买受人支付价款的合同。

2. 商品房预售合同特征。商品房预售合同是远期买卖合同，其标的物为非现实存在的物，而是将来的物，商品房预售中出卖的标的物为在建房屋，很多甚至为未建房屋。如果对预售交易行为放任自流，买受人（预购人）承受的风险将大大高于现房买卖的风险，并极易引发房地产交易中过度投机、欺诈等违法行为。

3. 商品房预售合同的法律规定。在我国，商品房预售是被许可的，但对商品房预售行为进行了特别规制进行较强的国家干预。规定了专门的《商品房预售管理办法》，还在《城市房地产管理法》规定：商品房预售，应当符合下列条件："（一）已交付全部土地使用权出让金，取得土地使用权证书；（二）持有建设工程规划许可证；（三）按提供预售的商品房计算，投入开发建设的资金达到工程建设总投资的百分之二十五以上，并已经确定施工进度和竣工交付日期；（四）向县级以上人民政府房产管理部门办理预售登记，取得商品房预售许可证明。商品房预售人应当按照国家有关规定将预售合同报县级以上人民政府房产管理部门和土地管理部门登记备案。商品房预售所得款项，必须用于有关的工程建设。"

（三）商品房买卖合同

1. 商品房买卖合同的概念。根据《最高人民法院关于审理商品房买卖合同纠纷案件适用法律若干问题的解释》，并参照《合同法》第130条关于买卖合同的定义，商品房买卖合同专指房地产开发企业将尚未建成或者已竣工的房屋向社会销售并转移房屋所有权于买受人，买受人支付价款的合同。商品房买卖合同包括商品房现售合同。商品房现售合同是指：房地产开发企业将已竣工的房屋向社会销售并转移房屋所有权于买受人，买受人支付价款的合同。

2. 商品房买卖合同的特征：（1）出卖人的特定性。出卖人应当是具有城市房地产开发经营资质的房地产开发企业。（2）标的物的特殊性。交易的标的物是房屋，而且，房屋可能是现实存在的，也可能是现实并不存在，将来建造的房屋。（3）出售行为的社会化、公开化。开发企业销售的房屋，并不是明确指向某个购买人，而是向社会公开销售，面向的群体是不特定的。

3. 商品房买卖合同的法律规定。买卖合同属于《合同法》中规定的一类，所以商品房买卖合同适用我国的《合同法》；另外，由于对房屋进行交易是买受人一项特别大的家庭开支，该类合同大量存在且很复杂，在我国该类合同仅适用《合同法》还不足以对买受人做到很完善和充分的保障，所以，除《合同法》外，还有其他的法律法规和司法解释进行补充，如《城市房地产管理法》、《关于审理商品房买卖合同纠纷案件适用法律若干问题的解释》等。

三、商品房买卖中的合同之间的关系

（一）商品房买卖中合同的相同之处

商品房买卖中的合同都是民事合同，是买卖合同的一种，以不动产为标的物，都是要式法律行为，双方当事人的权利义务是对等的，各方都以履行一定的给付义务而取得利益，都是双务、有偿合同。买受人支付一定的对价取得一定的权利，卖方获得定金或房款，自己的权利受到限制，合同中买受人处于弱势地位；国家对这些合同都进行干预。出售方在签订这些合同必须具备《企业法人营业执照》和《房地产开发企业资质证书》、《土地使用权证》、《建设用地规划许可证》、《建设工程规划许可证》、《建设工程开工许可证》、《商品房预售许可证》等证书。

（二）商品房买卖中合同的区别

1. 合同签订的阶段不同。商品房认购书是商品房预售人与买受人签订正式商品房买卖合同之前，为了对交易房屋的有关事宜进行确认而签订的，它先于商品房预售合同成立。这之后签订正式的房屋买卖合同，即签订商品房预售合同或者商品房现售合同。

2. 出卖方所具有的条件不同。商品房出售方在买受方签订认购书时必须具备前面所提及的各种证书；商品房买卖合同中的商品房预售合同出卖方还必须提供预售的商品房计算和确定施工进度及竣工交付日期说明；而商品房现售合同出卖方必须具备的条件："五证"、"二书"、"一表"。"五证"是指《国有土地使用证》、《建设用地规划许可证》、《建设工程规划许可证》、《建设工程施工许可证》（建设工程开工证）、《商品房所有权证》；"二书"是指《住宅质量保证书》和《住宅使用说明书》；"一表"是指《竣工验收备案表》。"二书"可以作为商品房买卖合同的补充约定，并且是房地产开发企业在商品房交付使用时，向购房人提供的对商品住宅承担质量责任的法律文件和保证文件。

3. 合同的内容不同。商品房认购书不同于房屋预售、买卖合同，其本身没有详尽的条款，仅仅是确定买卖双方的意向。一般包括以下内容：（1）认购物业的名称；（2）房价，包括户型、面积、单位价格（币种）、总价等；（3）付款方式，包括一次性付款、分期付款、按揭付款；（4）认购条件，包括认购书注意事项、定金、签订正式条约的时间、付款地点、账户、签约地点等。商品房买卖合同分为商品房预售合同和商品房现售合同。而房屋预售和现售买卖合同则必须要具备详尽的条款，国家法律对此有明确的规定。

4. 合同的法定形式不同。法律规定商品房买卖双方签订认购书时不需要到国家有关机关登记，双方只要签字就可生效；但是，如果双方签订的是商品房预售合同，则可以进行预售登记，以保护买受人的优先购买权；如果双方签订的是现房销售合同，买卖双方必须到房屋所在地房管机关办理产权过户登记手续，即使房屋已实际交付也不行。

5. 法律后果不同。认购书是买卖双方就签订商品房预售合同相关事宜进行的约定，不是对商品房买卖结果进行直接确认，所以不属于商品房预售合同。如果双方当事人在签订正式的房地产买卖合同前订立《认购书》，确系双方真实意思表示，权利义务内容不违反现行法律、法规的，该《认购书》对双方均有法律约束力。认购书是独立存在的合同，其成立和生效不依赖于正式的商品房预售合同。认购书双方当事人的义务是尽最大诚信进行谈判磋商以缔结正式合同，因此只要当时人如期来洽谈，并将认购书约定的条款作为正式商品房合同的条款，并且没有恶意不签订购房合同，就认为已经诚信履行了认购书的义务。

当事人签订的商品房预售合同属于商品房买卖合同的一种，但签订了合同并不必然取得房屋所有权，为了保护买受方的权利，我国《物权法》规定了商品房预售合同登记。根据这一规定，购房者签订商品房预售合同后，假如未办理登记备案手续，开发商又将该套房屋预售给第三人，而第三人的预售合同办理了登记备案手续的话，则第三人将依法取得该套房屋的所有权。虽然第一个购房者买卖合同在先，但因未办理登记手续，所以无法取得房屋所有权，要获得救济则只能追究卖方的违约责任。

四、购房人签订合同时的风险防范

（一）签合同时要注意的共同事项

1. 审查卖方的资质证书。房屋认购方或者买受方在签订合同时一定要审查卖方的资质证书，以确定卖方有出售房屋的资格。

2. 将卖方宣传的优惠尽量写入合同。卖方为了促销房屋会使出浑身解数进行宣传，如"优惠价格"、"小区配套完善"、"超大楼间距"、"60%绿化率"等口号，但可能最终难以实现。购房者应当为防止口说无凭或者对方无法兑现要求将这些内容都明确写入所签订的合同中，并明确约定一旦这些约定无法实现的后果。

（二）不同合同的风险防范

1. 防止被商品房认购书套牢的防范。

（1）交钱之前慎重考虑。为最大限度保护自己的利益，建议在交钱款的时候一定要"三思"。而且在定金交付之前，《商品房认购书》中的定金条款并不生效，因此如果虽然已经签订了《商品房认购书》，但尚未交付钱款之前改变主意，且《商品房认购书》又没有约定其他惩罚性条款的情况下，还可以选择及时抽身，此时开发商或销售公司无权要求或起诉购房人要求支付钱款。

（2）签订商品房认购书并非必经程序。虽然很多楼盘都要求购房者签订

《商品房认购书》，但从法律上讲，签订《商品房认购书》并不是房屋买卖的必经程序，购房者可以争取直接与开发商就《商品房买卖合同》及合同全部附件（包括补充协议）等内容进行协商，双方达成一致意见后直接签订《商品房买卖合同》。

（3）约定《商品房认购书》"退出"条款。由于签订《商品房认购书》时，楼盘的一些细节尚未明确，《商品房买卖合同》的很多条款都没有明确，很多不确定性因素都可能导致难以签订《商品房买卖合同》，例如申请贷款不被批准等，因此必须约定"退出"条款，以保证在自己没有过错的时候能够随时"退出"。具体条款可以这样拟定：如果购房者与开发商因商品房买卖合同或者补充协议的具体条款存在分歧，不能达成一致意见的，或者由于购房者其他合理原因致使购房者不能购买认购房屋的，购房者有权放弃认购房屋，开发商应在收到购房者发出的书面通知之后的几日内将购房者所交认购金或定金全部返还。

（4）尽量不交定金，避免"没收"条款。尤其是如果还没有下定最后的决心要买这套房子的话，一定不要交"定金"，可以交订金、预付款、预订款、诚意金、担保金、保证金、订约金、押金等。一定要注意"定金"和"订金"的区别，防止把"定金"写成"订金"。

"定金"是指当事人以定金形式担保债务未履行时，对违约方在定金方面的处罚，若收取定金方毁约，应双倍返还定金。"订金"则属于预付款性质，它不起担保作用。为了更容易"抽身退出"，尽量不要交"定金"。尽管没有约定收取定金，如果《商品房认购书》中约定一旦您不签订"所收预付款将不予返还"，这种"没收"条款依然会导致您无法拿回自己所交的钱款。

通常，在《认购书》中有这样的约定，在签署《认购书》后若干时间内签署正式预（出）售合同，逾期则视为购房者违约，房地产开发商有权没收定金。但由于认购书缺少房屋买卖合同的必要条款，从而造成购房者在这段时间发现问题时，面临签约后的风险和终止签约丧失定金的两难局面。因此双方要在协议中明确什么情况下客户有权要求终止协议，索回定金。

（5）抓住对方违约要求返还款项。一旦开发商或销售公司出现违约，一定要抓住机会，要求开发商或销售公司解除《商品房认购书》，并全额退还已经收取的款项，如果是定金，还可以要求双倍返还。为了能够顺利抓住开发商或销售公司的违约行为，需要您在《商品房认购书》中详细约定开发商或销售公司收取"定金"或"预付款"的目的，并把销售人员的承诺写入，这样一旦出现违反约定的情况，才能够底气十足地要求对方返还款项。

2. 签订商品房预售合同的风险防范。

（1）审查是否具备预售资格，即审查是否具备"五证"。除具备之前论述的"四证"外，还应当具备《商品房预售许可证》。房地产开发商只有具备这"五证"，才可以进行公开销售，签订商品房预售合同。《商品房预售许可证》是在具备了其他四证的基础上予以核发的，是开发商具备预售资格的最后条件。有些开发商就可能会进行违法操作，在未取得《商品房预售许可证》的情况下与购房者签订商品房预售合同，将有可能导致购房合同无效。对该证的审查是预防购房风险的关键环节之一。

（2）对开发商"一房二卖"行为的风险防范。由于在预售商品房合同签订后到房屋交付使用要经过很长一段时间，如果房地产价格暴涨，开发商就可能在利益的驱使下，将已经出售的预售商品房再次售予第三人。为防范此风险，购房者可以在合同中与开发商约定向登记机关申请预告登记。根据《物权法》规定：预告登记后，未经预告登记的权利人同意，处分该不动产的，不发生物权效力。

3. 现房买卖合同履行中的风险防范。现房买卖合同和预售商品房买卖合同的不同之处是一个是现房一个是期房，所以，买卖现房合同时不仅应注意预售商品房的防范注意事项，还应当注意其他的一些事项：

（1）对《建设工程竣工验收备案表》、《住宅质量保证书》、《住宅使用说明书》进行审查，如果不具备，说明房屋不具备交付条件，购房者有权拒绝开发商的交付行为。如果具备上述三个文件，就要与开发商对房屋进行共同验收。如果发现问题存在应暂时不接收。如果问题不严重，可与开发商进行协商由其维修，但是应当让开发商进行书面确认质量问题的存在，并承诺维修期间及补偿办法。如果问题比较严重，则应根据法律规定或合同约定及时维权。

（2）产权办理过程中的风险防范。购房者获得产权证是其订立合同的主要目的，与之相对应，交付房屋后开发商的义务并没有履行完毕，根据《商品房销售管理办法》的规定，开发商应当在房屋交付使用之日起60日内完成房屋初始登记。初始登记完成之后，由购房者自行完成分户登记，此阶段开发商还应尽到协助义务。由于购房者对办理产权事宜并不熟悉，最好在合同中约定由开发商全程办证，这样可以防止因产权证的原因而影响按揭贷款的办理。

五、房地产开发企业房屋买卖合同风险控制

在了解了商品房买卖合同的基本概念后，我们主要从房地产开发企业的角度来分析，在签订商品房买卖合同，以及在履行过程中，如何来防范和控制房地产开发企业可能存在的风险。从目前的实践来看，商品房买卖合同纠纷呈现多样化、普遍化特征。任何一个商品房开发项目，完全没有纠纷是不可能的。如何控

制合同履行过程中的风险,对于提高开发商的收益率、维护良好信誉,保障企业持续稳定发展至关重要。

(一) 售楼广告的风险控制

1. 售楼广告的风险。在目前的商品房销售模式中,都是选择以售"楼花"的方式进行销售,也就是销售期房。期房,也就是正在建设过程中的商品房。期房,由于其价格低于现房,往往是购房者首选的目标。而对于开发商来讲,销售期房,可以提前获得项目的建设资金,有助于减少资金压力。因此,期房买卖,是目前商品房销售市场上的主要模式。

由于期房存在很多不确定性。购房者在选择期房时,往往是依据开发商所作出的广告宣传来选择适合自己的房屋。为了吸引购房者的目光,开发商会在广告宣传上大做文章,往往会将自己销售的房屋形容成"人间少有",是最适合购房者居住或者投资的。过分宣传的结果,往往导致实际交付的房屋和宣传的房屋不一致,也就引发了买卖双方的矛盾。有的购房者就会说开发商是虚假宣传,不诚信。

为规范开发商的广告宣传,最高人民法院在审理商品房买卖合同纠纷案件司法解释的理解与适用中明确规定:"商品房的销售广告和宣传资料要约邀请,但出卖人就商品房开发规划范围内的房屋及相关设施所做的说明和允诺具体确定,并对商品房买卖合同的订立以及房屋价格的确定有重大影响的,应当视为要约。该说明和允诺即使未载入商品房买卖合同,亦应当视为合同内容,当事人违反的,应当承担违约责任。"

最高法院的这个规定,也就是说,对自己开发的项目,是不能任意宣传的。有些宣传或者说明,虽然没有在商品房买卖合同中明确约定,仍然可以作为合同条款,一旦交付的房屋无法实现这些宣传,开发商是要承担责任的。

这里,我们举一个案例来说明。某开发商在销售自己的一个项目时,在报纸广告中说明该房屋是"无敌江景房",坐在该套房屋的阳台上,可以看到美丽的江景,给购房者勾画了一个舒适惬意的生活意境。购房者在看到该广告后,纷纷购买。等到房屋交付以后,才发现根本就没有任何江景,完全被前面已经修建好的楼盘遮挡了。为此,业主起诉开发商,要求开发商承担违约金。法院认为开发商的广告宣传明确具体,并对购房者是否选择购买该房屋以及房屋的价格等构成重要影响,于是判令开发商承担违约责任,向业主支付一定金额的赔偿金。这个案例说明,开发商在做广告宣传时,应讲究一定的策略,既要能充分宣传我们的楼盘,又要避免承担责任。

2. 售楼广告风险控制要点。

（1）广告宣传内容一定不能过于明确和具体，比如楼盘的规划指标，包括容积率、绿化率、配套生活设施等，不要用具体的数字或设施名称来说明。可以用一些表示范围的形容词来说明，比如绿化率极高，容积率很低，生活配套设施比较完善等等。千万要注意不要说"5000平方米的中庭广场、10000平方米的花园绿地等"，也不要说配备了医院、学校、超市等，当然，如果我们的开发商能够做到的，当然就可以大肆宣传了，不存在过度宣传的风险了。

（2）一定要在样板房内的显著位置标明"本样板房仅供参考，以商品房买卖合同约定为准"。根据《商品房销售管理办法》的规定，开发商没有说明实际交付的房屋的质量、设备及装修与样板房是否一致的，实际交付的房屋应该与样板房一致。因此，样板房作为宣传工具，也应当作为交付房屋时的验收标准。

另外，对于一些购房即送大奖、购房办户口，或者说保证升值等的宣传用语，一定要谨慎使用。总之，要把握一点，就是宣传用语切忌明确具体。一旦明确具体，而且对购房者是否选择该房屋以及房屋的价格有重大影响的，这些宣传用语就转化为合同条款了，如果在交房时不能实现，将导致承担违约责任的不利后果。

（二）签订认购书的风险控制

从目前的商品房销售方式来看，开发商往往在没有取得预售许可证的情况下，通过放号等方式，来检验市场对自己开发的楼盘的接受程度，从而为下一步调整方案或者正式开盘销售摸底，积累一定的客户资源。因此，开发商往往会组织进行预订、认购等方式，收取购房者一部分定金，与购房者签订认购协议，在协议中约定一些基本内容，比如房屋的面积、位置、户型等，在取得了预售许可证后，再通过协商订立正式的商品房买卖合同，将认购书中的主要内容固定在商品房买卖合同中。这种方式，也就是我们所说的认购书销售模式。

1. 认购书的法律性质。目前对认购书的法律性质并没有明确的规定。主流观点认为，认购书其实就是一个预约，与商品房买卖合同是预约和本约的关系。是对将来订立正式的商品房买卖合同的一个预先约定。认购书并不是商品房买卖合同。一般是在订立商品房买卖合同存在法律上的障碍时（没有取得预售许可证）而订立的。在签订认购书后，交易双方只能依据诚实信用原则，在签订商品房买卖合同的条件成就后，要求对方就商品房买卖合同中的其他内容进行谈判。

实践中，并不是任何情况下签订的认购书都是有效的。如果一个项目连国有土地使用权都没有取得，只是修了一个售楼部就开始销售，签订认购书并收取定金，那么这种认购书就是无效的。

例如某项目，是外地开发商来开发的。这个项目连国有土地使用权还没有取得的情况下，就大肆开始宣传，修建漂亮的售楼部，制作楼书等宣传资料，并开始接受预订。很多购房者都与此开发商签订了认购书，也交纳了定金。过了两年，这个项目仍没有开工建设。后来部分购房者要求解除认购书，并要求开发商双倍返还收取的定金。法院经审理查明，该项目一直未取得国有土地使用权，更没有办理规划等审批手续，因此判定双方签订的认购书无效，开发商只返还收取的定金，并按银行贷款利率支付利息。

从这个案例说明，虽然法律并不禁止开发商通过认购方式收取定金，但并不是任何情况下签订的认购书都是有效的。根据最高人民法院的观点，一个开发项目，在办妥立项、规划、报建手续，取得了施工许可证后，该项目就应当是一个合法的项目，在正常情况下，是应该可以取得预售许可证并建设完成的。在此条件下，就可以签订认购书并收取定金。

2. 签订认购书应当注意一些问题。

（1）在认购书中只能约定一些核心的内容，比如房屋的位置、面积、价格等。对于不能确定的问题，比如面积，应当明确注明以测绘报告确定的面积为准；对于取得预售许可证的时间，也尽量避免约定明确的期限。交房时间以及违约责任等问题，也尽可能在签订正式的商品房买卖合同时约定。

（2）订立了认购书，并不代表就一定要签订商品房买卖合同。根据最高人民法院的规定："出卖人通过认购、订购、预订等方式向买受人收取定金作为订立商品房买卖合同的担保的，如果因当事人一方的原因未能订立商品房买卖合同的，应当按照法律关于定金的规定处理。因不可归责当事人双方的事由，导致商品房买卖合同未能订立的，出卖人应当将定金返还给买受人"。根据该规定，我们可以发现，在签订了认购书以后，是否签订正式的商品房买卖合同，其实主动权还是掌握在开发商手中的。

实践中，由于开发商的原因导致无法签订商品房买卖合同，从而双倍返还定金的案例是很少的。如果签订认购书后，房价出现大幅度上涨，开发商不想将房屋按照认购书约定的价格出售，则可以在商讨正式的商品房买卖合同条款时，向购房人提出一些苛刻的但同时又符合法律规定的条款，如果购房者不能接受，从而导致无法签订正式的商品房买卖合同，作为开发商来讲，也已经履行了认购书所约定的义务，无法订立正式的合同的责任就不在开发商，开发商只需要承担返还定金的义务就可以了。

当然，这种做法有失诚信，对注重企业形象的开发商而言，建议不要采用。如果由于购房者自己的原因导致无法签订商品房买卖合同，比如购房者不想在购买这套房屋，我们开发商就可以不用返还已收取的定金了。

（三）商品房交付使用时的风险防范

交房，对开发商而言，是一个严峻的考验。能否顺利交房，标志着一个项目是否顺利完成。但由于购房者的期望值过高，所以在看到自己购买的房屋时，总会提出各种合理或者不合理的问题，所以在交房过程中总会存在种种的问题。

开发商应当在合同约定的交房时间，交付通过竣工验收合格的房屋，并能够提供竣工验收合格的证明文件。按照目前的商品房合同文本的约定，就是应当提供竣工验收备案证。同时，应制作内容完善的《使用说明书》和《质量保修书》。

在具备以上证明文件后，开发商应当以书面形式，通知购房者在约定的时间来办理交接房屋手续，并告知购房者应携带的资料及相关款项。

目前在交接房屋过程中，购房者提出的问题主要有几个方面：①房屋本身的质量问题。比如房屋内部出现开裂、空鼓、室内管道锈蚀等现象。②小区的配套设施问题。比如小区内道路没有完善，生活配套设施不健全等问题。③小区物业管理单位以及收费标准有问题等等。

针对第1项问题，可以根据合同的约定来解决。在合同条款中有关于房屋内部设施设备以及装饰装修标准不符合约定时如何处理的约定，开发商可以将该条款设计为"由开发商限期整改，整改期间不影响交房"。那么，根据该约定，购房者就不能以房屋存在一些缺陷为理由拒绝接房，从而要求开发商承担逾期交房的违约责任了。

第2项问题，并不是开发商承担责任的合法事由。作为开发商，只要交付的房屋符合了合同的约定，并提供了竣工验收合格的证明文件，就已经完成了交付房屋的义务。至于小区配套设施的完善与否，并不影响房屋的交付使用。

针对第3项问题，因为开发商在交房前都已经委托了前期物业管理企业，这些问题就由物业去解释。

特别提醒的是，如果开发商书面通知了购房者来交接房屋，由于购房者自身的原因造成没有在约定时间内交付房屋的，按照法律规定，可以视为房屋已经交付使用。购房者就应当在书面通知确定的时间，开始承担物管费用。如果房屋在这段时间出现了毁损，责任由购房者自行承担。

第十一章 供用电、水、气、热力合同

第一节 供用电、水、气、热力合同一般知识

一、供用电、水、气、热力合同的概念和特征

供用电、水、气、热力合同，是当事人约定，一方在一定期限内供给一定种类、品质和数量的电、水、气、热力予他方，而由他方给付价金的合同。

供用电、水、气、热力合同的主要特征有：

（一）公用性

供应人提供的电、水、气、热力的消费对象不是社会中的某些特殊阶层，而是一般的社会公众。因此，供应人有强制缔约义务，不得拒绝利用人通常、合理的供应要求。

（二）公益性

签订供电、水、气、热力合同的目的不是供应方从中得到利益，更主要的是满足人民生活的需要，提高人民生活质量。公用供用企业并非纯粹以营利为目的的企业，而是以促进公共生活水平等公益事业为重要目标的企业。国家对于这类供用合同的收费标准都有一定的限制，供应人不得随意将收费标准提高。

（三）持续性

电、水、气、热力的提供不是一次性的，而是在一定时间内持续、不间断的，而使用人则是按期付款。

（四）格式性

供用电、水、气、热力合同是格式合同，适用法律对格式合同的规定。

供用电、水、气、热力合同在权利义务上有相似性，供用电合同的法律规则，供水、供气、供热等合同也可准用。供用电、水、气、热力合同作为特殊买卖合同，一般买卖合同的规定也适用于该类合同，但于特殊处，须遵循法律的特

别规定。因此，本书将以供电合同为例来阐述这类合同的有关问题。

二、供用电合同管理工作中的法律问题

1. 电力立法严重滞后于电力市场的发展，造成供电企业在与用电客户的法律诉讼中，利于用户的条款能够认可，利于供电企业的条款则被冠以法律地位不足，给供用电合同的正确签订和履行带来巨大障碍。如《电力供应与使用条例》第三十九条规定："逾期未交电费的，自逾期之日起计算超过 30 日，经催交仍未支付电费的，供电企业可以按照国家规定的程序停止供电。"

供电企业对欠费户采取停电措施的最快时间，也要待欠费户用电两个月之后。致使供电企业面临恶意欠费、逃费的风险，经营压力加大。

2. 法律意识淡薄，不签订或不能正确签订书面供用电合同，签约人员法律素质较差，不适应依法签订供用电合同的要求。特别是农网改造后，直接抄表收费到户，管理范围增大，抄表户数大大增加，而农村供电点多、线长、面广，加上农网未能彻底改造，线路质量差的问题仍然存在，容易发生设备、人身损害事故，一旦发生事故，受害人往往不分青红皂白就把矛盾指向供电企业，提出高额索赔要求，供电企业经营的法律风险加大。

3. 一些供电单位利用公用事业的独占地位，对用电方强加一些显失公平或违法条款及从事其他违法违规行为，牟取不正当利益。这为供用电合同纠纷的发生埋下了种种隐患。如一些单位在对公用线路上对专变用户加收线损，仅 10 米的分支线就加收 1%～3% 的线损电量。

4. 在发生合同变更和合同转让的法定情形时，忽视对合同的书面变更及重新签订供用电合同，合同有效期届满时却不续签，致使发生纠纷时捉襟见肘、无所适从。

5. 签订合同时，忽视确保合同主体的合格性，企业营业执照未年检、企业被注销或企业未注册成立时，供电企业仍以该企业为用电方与之签订合同的情况屡屡出现，使电费追讨复杂化，增加了企业的诉讼成本甚至惨遭败诉。忽视对用电方履约能力进行审核，这使供电企业面临着较大的合同风险。

第二节 供电企业合同有关难点问题

一、关于社会服务承诺的法律效力

近年来，用电人这一广泛社会群体对供电服务质量提出了更新更高的要求，

这给电力企业发展带来了新的机遇和挑战。不断提升服务质量水平，最大限度地满足客户需求，成为创造企业经济效益和社会效益及开拓电力市场的必然选择。在这种背景下，供电企业纷纷开展了声势浩大的社会服务承诺活动，并不断拓展和深化承诺的内容。

供电企业作出的关于调度公正、规范经营、供电可靠等一系列的具体承诺，在性质上应当认定为电力企业向广大电力客户发出的要约，用户一旦与电力企业订立供用电合同，社会服务承诺即成为供用电合同中供电方的主义务条款，供电企业负有全面履行承诺的法律义务，否则将要承担相应的违约责任。

二、实际用电人的合同地位问题

电力设施作为一种配套的辅助性设施，通常都要依附于房屋、土地等不动产。因此，供用电合同的成立通常都以一定的房屋或土地所有权或使用权的存在为前提。当房屋或土地以转让或出租等方式发生使用权变更时，实际用电人通常也随之变更。按照合同法理论，供电人、原用电人和实际用电人三方应就债权、债务转移达成协议。因强制缔约义务的限制，供电人无权不同意用电人债权债务的转让行为，体现在具体法律规定上，这种变更以原用电人与实际用电人到供电人处办理过户手续的方式实现。

实践中，由于种种原因，原用电人和实际用电人往往不办理过户手续而产生诸多纠纷。在这种情况下，对于实际用电人的合同地位的认定显然具有重要的意义。此时，不应因未办理过户而一概将实际用电人认定为合同第三人。在实际用电人以自己名义交纳电费，供电人接受且未提出异议的情况下，应当认定供电人认可了原用电人与实际用电人之间合同权利义务的概括转让，实际用电人成为新的合同当事人。

三、"中止供电"背后的法律问题

"中止供电"长期以来一直被视为电力企业维护自身权益的"尚方宝剑"，但是由于相关法律规定不够具体完善和供电企业在执行上的偏离，导致供电企业的中止供电行为饱受非议，甚至被诉诸法院，而供电企业常常败诉。以至于在采取中止供电措施时，供电企业投鼠忌器，不敢轻易决定。出现这种情况的原因，主要是因为对中止供电的法律性质和相关法律规定了解不够。

中止供电是指在供用电合同履行过程中，由于出现法律法规及合同约定的条件，供电人暂时停止对用电人供电，待原因消除后，再恢复供电的一种法律行为。对于中止供电的法律性质，不能一概而论，应该分类型加以分析。法律规定的供电人中止供电的原因归纳起来有以下三种类型：

（一）用电人因违反法律规定或合同约定的交纳电费、安全用电等义务

在这种情况下，供电人的中止供电行为其实是在用电人先行违约的情况下，行使合同法中的履行抗辩权。衡量中止供电行为是否合法，既要看该行为是否符合电力法律法规的规定，同时也要看是否符合合同法关于合同抗辩权的相关规定。

（二）因供电人的原因而中止供电

《合同法》第180条规定："供电人因供电设施计划检修、临时检修、依法限电或者用电人违法用电等原因，需要中断供电时，应当按照国家有关规定事先通知用电人。未事先通知用电人中断供电，造成用电人损失的，应当承担损害赔偿责任。"

值得注意的是，《合同法》虽然承认了供电人在特定情况下中止供电的权利，但同时也明确了供电人的提前通知义务。如果该义务在合同中约定，供电人在承担损害赔偿责任的同时，并不排除还要承担其他违约责任。

（三）供电人因不可抗力中止供电

在此种情况下，供电人可以不提前通知而采取中止供电措施。依照合同法规定，根据不可抗力的影响，供电人可以部分或者全部免除责任。但供电人应当履行及时通知义务，以减轻可能给用电人造成的损失，并应当在合理期限内提供证明。

四、供用电合同履行地点

合同的履行地点，是合同的主要条款之一，是指当事人双方行使其权利、履行其义务的地点。履行地点往往是确定验收地点的依据，是确定运输费用由谁负担、风险由谁承受的依据，也是确定标的物所有权是否转移的依据。根据《合同法》第178条规定，供用电合同的履行地点，按照当事人约定；当事人没有约定或者约定不明确的，供电设施的产权分界处为履行地点。

供电设施的产权分界处是划分供电设施所有权归属的分界点，分界点电源侧的供电设施归供电人所有，分界点负荷侧的供电设施归用电人所有。在用电人为单位时，供电设施的产权分界处通常为该单位变电设备的第一个磁瓶或开关；在用电人为散用户时，供电设施的产权分界处通常为进户墙的第一个接收点。

根据《供电营业规则》第47条规定，供电设施的运行维护管理范围，按产权归属确定。责任分界点按下列各项确定：

1. 公用低压线路供电的，以供电接户线用户端最后支持物为分界点，支持

物属供电企业。

2. 10千伏及以下公用高压线路供电的，以用户的厂界外或配电室前的第一断路器或第一支持物为分界点，第一断路器或第一支持物属供电企业。

3. 35千伏及以上公用高压线路供电的，以用户厂界外或用户变电站外第一基电杆为分界点。第一基电杆属供电企业。

4. 采用电缆供电的，本着便于维护管理的原则，分界点由供电企业与用户协商确定。

5. 产权属于用户且由用户运行维护的线路，以公用线路支杆或专用线接引的公用变电站外第一基电杆为分界点，专用线路第一电杆属用户。在电气上的具体分界点，由供用双方协商确定。

以供电设施的产权分界处作为供用电合同的履行地点，对于履行供用电合同、确定供电设施的维护管理责任，具有重要的作用。供用电双方应当根据供电设施的产权归属，承担供电设施的安装、维护、检修和管理责任。

第三节　供电企业合同风险及防范

一、供电企业集中采购合同管理的风险及其防范

采购活动是供电企业生产经营活动中的重要一环。近年来，供电企业通过物资集中采购，以规模优势提高议价能力，强化企业的整体采购管理，有效地降低了采购成本，压缩了库存，提高了企业的核心竞争力。供电企业的物资集中采购是通过采购合同实现的，采购合同是双方进行交易的依据，是保证供需双方合法权益的法律文本。采购合同的有效签订与正常履行，是供电企业生产经营的基本保障。

（一）目前供电企业集中采购合同管理存在的风险

供电企业在采取物资集中采购模式的同时，就建立了合同管理机构，制定了相关的规章制度。但从当前情况来看，供电企业在物资集中采购的合同管理方面还存在一些问题，给供电企业的生产经营带来了一些潜在的风险，其主要表现有以下几个方面。

1. 对供应商的选择考评机制不健全。供应商的履约能力非常重要，产品质量过硬、价格合理、服务优质的供应商是物资集中采购合同得到全面履行的基本保证。因而，对供应商的选择考评机制是集中采购合同管理的基础环节。但当前，供电企业对供应商的选择考评指标的设立还不够合理，往往单纯以价格为标

准，或者偏重照顾电力行业内部供应商，没有充分权衡供应商的产品质量、供应能力、供货周期、企业信誉、售后服务、技术支持、需求响应等因素。

而且，供电企业在供应商网络的搭建过程中还缺乏一个对供应商的履约水平、售后服务质量等进行系统评估的动态考评与优胜劣汰的退出机制。准入标准不够严格与退出机制缺失导致供电企业物资集中采购供应商的供货与履约能力参差不齐，给采购合同签订后的履行埋下了诸多隐患。

2. 物资采购合同文本欠规范和周全。合同是作为平等主体的自然人、法人及其他组织之间设立、变更、终止民事权利义务关系的协议。也就是说，"合同是一种能发生法律效果的合意，依法成立的合同，对当事人具有法律约束力，当事人应当按照约定履行自己的义务，不得擅自变更或者解除合同"。因而，好的合同文本应当内容全面、条款齐全、用语无歧义，对双方的权利义务界定明确，这样才能避免纠纷，将法律风险降到最低。

但从目前多数供电企业集中采购买卖合同的文本来看，还欠规范和周全。合同文本涉及的主要内容有合同货物及数量、价格与付款方式、交货时间与地点及合同生效日期等，有的合同缺乏对于货物验收标准与验收方法、违约责任、争议解决方式等内容的约定。此外，合同文本也没有针对供应商预留开放式空白条款，如果采购的是特定物资对供应商有特殊要求的话，因合同文本中预留条款的缺失，难以将对供应商的特殊要求在合同中加以体现。

供电企业采购合同文本存在的这些欠缺会使得合同的履行缺乏相应的约束，给合同的后期履行带来巨大的法律风险。

3. 合同履行的监控制度不完善。合同签订以后需要保证及时有效地履行，防止违约行为的发生。为了实现合同目的，供电企业作为物资集中采购合同中的买方，对卖方的履约行为进行监督是十分必要的。其监督应包括供应商交付货物的型号、规格、质量、数量是否符合合同约定，交货的时间、地点是否符合合同要求，约定增加的附加服务是否得到履行，以及合同的调整和变更是否及时办理了相关手续等内容。从合同履行监控的内容不难看出，对于合同履行的监控是一个动态的连续过程，它不仅需要卖方的配合，而且需要买方内部多个部门之间的协同。

从当前情况来看，供电企业的合同履行监控制度还不够完善，监控的力度也不够。主要表现为：作为物资需方的项目建设管理基层单位对供方履约的监控重视程度不够；项目建设管理基层单位与作为买方合同服务执行单位的供电企业物流服务中心的沟通协调有待加强；供电企业物流服务中心内部的配送部门、质量部门、合同部门、财务部门之间的协同有待进一步强化；因合同的采购数量、价格及其他条款发生变更时，双方办理变更手续的及时性、严谨性还有待加强等。

（二）供电企业集中采购合同管理风险的对策

加强供电企业集中采购的合同管理，防范经营风险，是提高供电企业核心竞争力的一项重要举措。针对供电企业在集中采购合同管理方面存在的问题，可以从以下几个方面加以改进。

1. 健全供应商的选择考评机制。供应商良好的履约能力是集中采购合同得到全面、适当履行的基本保证。因而，加强供电企业集中采购合同的管理，首先需要健全对供应商的选择考评机制，做好集中采购的寻源管理，为合同的签订把好源头关。供电企业应当按照"控制总量、优化结构、优胜劣汰、动态管理"的原则，确立统一的物资集中采购合格供应商名单，只有进入清单的供应商才有资格参与集中采购的招投标。对于进入清单的供应商，还应当按照产品类别、行业地位、产品质量性能、注册资本、企业信誉等因素进行分级管理，以保证同等条件下的有效竞争。

此外，还要制定供应商评价细则，建立供应商定期考核机制，加强对供应商的动态评估和业绩评价，引入退出机制，每年从合同的履行、产品质量、售后服务、供货周期、供货能力、技术支持、需求响应、企业信誉等方面对供应商进行系统评估，淘汰达不到要求的供应商，形成新的年度合格供应商清单，坚持选择价格合理、质量过硬、服务优质、业绩突出的供应商作为采购的主渠道，以优化供应商资源。

2. 提高合同文本质量，强化对合同的审查会签。合同文本对双方当事人权利义务的明确约定是减少合同纠纷、防范法律风险的一个重要方面。当前供电企业已就物资集中采购制定了格式文本，但尚不够规范和周全。

为进一步提高合同文本的质量，供电企业应组织企业合同管理部门、法务部门、技术部门、财务部门等对合同文本进行集中修改完善。针对合同条款进行严格梳理审查与推敲。不仅要审查文字表述，更要审查条款的实质内容，坚决杜绝含义含糊的条款在合同文本中出现，增强条款的可操作性，并在合同文本中增加关于货物验收标准与验收方法、违约责任、争议解决方式等内容，预留对于供应商设定特殊要求的开放式空白条款，增强合同的规范性、严谨性和完整性。

此外，为进一步堵塞漏洞，对于集中采购合同还应建立合同签订前的法务部门、技术部门、财务部门等相关职能部门的审查会签制度，通过合同会签单来保留管理痕迹，强化内部控制，以便在合同的审查会签过程中进一步查找漏洞，降低采购风险。

3. 完善合同履行的监控制度。在采购合同签订之前，供电企业应当做好对供应商的资信审查和合同签订人的身份审查，确保合同的有效性。但对于供电企业的物资集中采购而言，签订一个好的合同只是一个良好的开端，而合同的全面履行才是关键。为了保证合同的正常履行，应当建立相应的合同履行监控制度，对供应商的履约情况进行核查和管理，监督审查供应商的履约行为是否符合合同要求，是否全面和适当。对于供电企业而言，完善合同履行监控制度的重点应当是加强内部制度的建设，完善合同履约管理的工作流程。

具体而言，应当进一步明确项目建设管理基层单位与供电企业物流服务中心配送部门、质量部门、合同部门与财务部门之间的职责分工，落实人员责任，制定表单，依表单的签署、记录和传递，保留管理痕迹，强化内部责任和管控，加强内部沟通与协同，以保证管理工作的有效衔接，对合同履行中出现的问题及时采取措施，督促供应商全面、适当地履行合同。通过对合同履行过程的全过程动态监控，降低对方违约的风险，预防纠纷的发生。

此外，当合同履行过程中的数量、价格及约定的其他事项发生变化时，应及时办理变更手续，或签订补充协议，并由双方签字，作为原合同文本的补充，以保证合同文本的严谨性，减少合同履行期间的失误和争议。

二、供电企业实施电费回收的措施及应注意的问题

受国际金融危机的影响，我国自2008年9月以来经济出现滑坡，不少中小企业相继减产、停产和关闭，供电企业电费回收工作难度加大，电费回收面临巨大风险。为此，电力企业以法律为依据，采取了一些电费回收的合法措施，取得了一些实效，但同时也引发了若干争议。

（一）供电企业加强电费回收的有关措施

1. 加强供用电合同管理。供用电合同是依据《合同法》规范供、用电双方行为的法律文书，是解决供、用电双方纠纷的法律依据。规范和完善供用电合同的签订，为解决电费回收纠纷提供了较好的法律保障，同时加强合同管理能控制用户电费回收风险。

（1）用户资格、资信审查。从企业合同管理的角度看，为保证合同的全面履行、减少纠纷，任何企业在签订合同时都需对合同对方的资格、资信进行审查。在签订供用电合同前，对新装用户包括居民、商业、工业和其他类别的用户，最好以房屋、土地等不动产的业主名称进行开户申请，供电企业的经办人需对居民个人用户的身份证、企业法人营业执照及经办人身份证等审核无误，并留复印件备查。

（2）安装供电计量表。一般居民用户，原则上每户只安装一只单相表计，如

用户确需分户的，凭房产证或土地证复印件等其他证明，经供电企业审批同意后，可以新装或增装 2 只以上表计。

（3）加强用电业务宣传。用户在申请新装、增容和变更用电时，营业窗口受理人员应向用户提供相关的电费担保宣传资料，并主动向用户做好解释。

（4）明确电费支付的期限。用户在新签、续签供用电合同时，必须明确电费支付期限。

（5）及时续签供用电合同。必须及时对到期的《供用电合同》进行续签，防止合同失效。

2. 依法采取电费担保措施。《担保法》第二条规定："在借贷、买卖、货物运输、加工承揽等经济活动中，债权人需要以担保方式保障其债权的，可以依照本法规定设定担保。担保方式为保证、抵押、质押、留置和定金。"电力是商品，供用电主体双方属电力商品买卖关系，根据《担保法》第三十三条、第六十三条、第七十五条抵押、质押的规定，"当债务人不履行电费债务时，债权人有权依照法律规定以该财产折价或者拍卖、变卖该财产的价款优先受偿。"可见，在电力商品的买卖合同关系中，作为供电企业电费回收的担保措施，可以采用保证、抵押、质押等方式。

（1）电费担保的实施范围。采取电费担保措施的用户可以包括：①非居民用户欠费停电后要求恢复供电的用户；②被查实有窃电行为或严重违约用电行为的用户；③发生 2 次欠费（指发放 2 次及以上欠费停电通知单）的用户；④用户信用等级较差、电费回收风险较大的用户。

（2）电费担保方式。主要包括：①以用户在银行（信用社）的存款担保，签订"电费担保协议"；②由其他信用良好且具有偿债能力的其他企业、经济组织或电力用户提供担保；③由法人股东提供担保；④用户以资产抵押进行担保。在以上担保方式中，银行存款担保方式最为便捷可靠。

（3）电费担保额的确定、变更与担保的终止。电费担保额度按用户每月平均电费确定，分次收取电费可按用户平均一期的电费额度来确定。客户在办理电费担保时，可以根据其经营状况和实际情况自主选择担保方式，供电企业可以向客户推荐操作简便的电费担保方式。新装和增容用户按 200 元/kW（或 kVA）确定，当电费超过该金额时，以最高月份的用电容量确定。用户月电费额增加后，供电企业要通知用户办理相关电费担保变更手续。用户拆表销户终止电费担保时，需先结清全部电费，再办理终止电费担保手续。供电企业应将所有担保资料原件凭证存档。电费担保期限到期前 1 个月，供电企业应书面通知用户续签电费担保，避免产生电费担保失效。

3. 大用户电费分次结算。根据《合同法》第一百三十一、第一百七十六、第一百七十七、第一百八十二条规定，支付条件是合同的必备条款之一，由双方协商确定。根据协商的结果，双方约定一次或分次支付，约定的支付方式，可以是用户将款项交到供电企业，也可以是供电企业员工上门收取，或将款项打入双方商定的银行账户。由于大用户用电量大，分次支付电费可使供电企业及时回收资金，以支付发电企业购电费，从而保证电力发、输、供生产经营的正常进行。为保证电费及时回收，用户应根据合同支付电费，供电企业可按合同约定的方式收取电费。

供用电双方在协商一致的基础上，对 100kVA 及以上工商业用户，可以实行按月结算 2 次及以上的方式。电费分次结算的用户需补签《分次结算付款用电协议》或重签《供用电合同》。用户当月分期电费结清销账后，供电企业应对一般纳税用户开具增值税专用发票。用户未按协议约定的期限和金额缴纳电费，按合同约定收取违约金。

4. 电费回收内部预警措施。电费预警是指由于用户的原因有可能造成欠缴电费时，电网企业为电费回收实施事前预防和警示所做的工作。为进一步加强电费回收，防止发生新欠电费和形成电费呆、坏账，应按照用户用电行业特点、用户缴费及用户生产经营情况，对可能欠费的用户供电企业内部提前预警。对故意逃避电费的用户，由省电力公司营销部汇总并在公司内部发布信息，降低和化解电费回收风险。

（1）实行电费回收预警的对象。包括：①当年出现 2 次及以上逾期交费的用户，签订欠费还款计划但连续 3 个月不能兑现的用户；②连续 2 个抄表周期门闭的专变用户；③有转制、倒闭、破产可能的用户；④承包、租赁的用户；⑤月用电量环比波动较大且有违约用电或窃电迹象的用户；⑥被金融部门列入"高风险贷款用户名单"的用户，被工商、消费者权益保护委员会等机构揭露有影响信用行为的用户；⑦分期划拨电费且不能按照约定支付电费的用户；⑧收费账户经常变更，结算方式由划拨、代扣改为柜台和支票的用户等。

（2）预警的处理方式。用户经营状况出现严重恶化、转移财产、抽逃资金、逃避债务、丧失商业信誉、有丧失或可能丧失履行缴纳电费能力的情形时，可以先要求用户限期提供担保，若用户拒不提供担保或不能提供有效担保，供电企业可按《合同法》第六十八条的规定，在取得相关证据的前提下行使不安抗辩权，可要求用户提供担保。用户一旦发生拖欠电费，供电企业应及时起诉并对用户的相关财产进行诉讼保全，立案后由人民法院判决处理。

5. 用户信用等级评估措施。为保证电费回收，省级电力企业和供电企业应关注用户信用评价。用户信用等级评价指标主要包括企业用电基本信息、缴费信息、履约信息、企业经营状况、企业发展能力及潜力、宏观经济指标以及银行、税务、工商等部门的信用信息。笔者认为，这项工作宜由省电力公司统一组织，应针对用户不同的信用等级采取不同的电费回收措施。对于被评为信用优秀（A级）的低风险用户，在办理相关用电申请时，可以不采用电费回收风险控制措施，但必须办理电费银行代扣手续，并在合同中承诺在账良好（B级）、一般（C级）的较低风险的用电用户和信用很差（D级）的高风险用户，相应采取"先付费，后用电"措施，在合同支付方式条款中明确采用预付电费方式，并配套同步办理担保手续。对居民用户暂不进行信用评估，但因欠费被中止供电而事前未实行银行代扣或划拨的居民用户，恢复送电前应办理代扣或划拨手续。

6. 电费回收内控措施。

（1）建立电费回收内控制度。电费回收内控制度包括：①制定电费催收管理办法。每月及时对逾期未缴电费用户进行催收；每年年底对欠费用户的欠费进行逐笔核对，核对无误后由供用电双方财务部门签字盖章；根据欠费确认书，制订欠费还款计划，并按还款计划及时向用户寄送催款通知书。②制定电费呆、坏账核销管理办法。明确核销流程以及营销和财务部门对核销的规定与职责。

（2）加强管理和控制。根据各种收费方式，采取相应的内部检查制度：①各供电企业的电费管理中心应每月通报柜收、走收、非特约委托、银行代扣金额，并对现金缴款额进行公布，尽量减少现金缴款方式；②严格银行代扣率考核，每季度对银行代扣率进行考核；③每月通报电费回收情况，严格按考核办法考核；④严格电费核算管理，加强电费差错率的考核。要建立抄表指数核对签字单，抄表人员对抄表区内的用户负全责。电费管理中心要加大下账前的电费复核力度，对复核时发现的错误严格考核，并记录通报。

（二）实施电费回收措施面临的风险

基于上述分析，尽管供电企业与用户签订了合同，强调供电企业必须依法采取电费回收的措施，但由于内部管理存在死角、依法建立新供用电秩序还需要社会各方的全面深入理解等原因，致使实施电费回收措施还存在一定风险。

1. 对法律的理解和适用范围的把握不当导致的风险。在长期计划经济环境中，社会各界对电力商品交易普遍认同"先用电后交钱"的规则，在市场经济条件下，有的用户并不了解供电企业根据《合同法》、《担保法》和《电力法》采取的电费回收的措施。甚至有的执法管理部门也认为供电企业为电费回收设定担保措施是不合理的交易，构成不正当竞争的违法行为，并由此给予供电企业相应的行政处罚。这就要求电网企业加大宣传，使社会公众和政府部门理解采取电费回收保证措施的合法性，减轻和消除不正确的执法行为。

2. 实施电费回收措施或操作中不规范引发的风险。实践中，个别基层供电企业在电费回收措施中有直接收取电费保证金的做法。在供用电合同中，存在采取电费回收担保措施的术语或文字表达可能不严谨、不规范，甚至出现错误的现象，容易为电费回收工作留下不合法的隐患。

3. 协商确定电费回收措施存在风险。供电企业作为经营单位，负有特定的社会责任。我国《电力法》第 26 条规定："供电营业区内的供电营业机构，对本营业区内的用户有按照国家规定供电的义务；不得违反国家规定对其营业区内申请用电的企业和个人拒绝供电。"绝大多数供用电合同使用统一印制的格式，但必须遵守《电力法》和《电力供应与使用条例》的相关规定："供电企业和用户应当根据平等、自愿、协商一致的原则签订供电合同"。供电企业不得以自愿、协商不一致为由，拒绝签订供用电合同。因此，当供电企业与用户未能就保证电费回收的相关措施达成一致时，供电企业不得以此为由拒绝与用户签订供用电合同。

（三）落实电费回收措施应注意的几个问题

1. 加强与政府、司法部门的沟通

应加强与政府部门、司法部门的沟通与交流，对于实际工作中遇到的法律、政策问题，通过采取咨询、汇报、研讨、办培训班等形式取得相关部门的理解和帮助。

2. 全面清理和规范电费回收的各项措施

在签订和履行供用电合同的过程中，尽管强调依法采取电费回收措施，在实践中却很容易招致争议和纠纷，甚至使供电企业受到行政处罚。出现这种情形，在很大程度上是因为基层操作不规范、出现偏差所致。因此，进一步制定和完善规范的电费回收措施是防范电费回收风险、化解诉讼法律风险的重中之重。

供电企业用电营销部门和法律顾问应当配合、协作，将制度起草、措施拟订、文本审定等工作力求在法律的框架中予以规范，减少法律缺陷，预防法律纠纷。

3. 积极争取电费回收措施纳入地方规章

我国电力立法起草修改相对滞后，社会法治化水平尚待提高，供电企业依法保护自己的合法权益、落实电费回收的道路相对漫长而艰难。在这种情形下，我国地方电力立法进程在加快，力度在加大。

2004 年 6 月 1 日施行的《云南省供用电条例》对"预付电费"给予了明确规定："供电企业对用户可以预收电费，但不得超过用户一个月预计用电量的电费；用户应当按照国家和省核准的电价及用电计量装置的记录、规定的方式、期限或者合同约定的办法缴纳电费，用户可以预存电费；用户专用变供电、临时用电、安装预付费计量装置的用户应当按月预交电费；预交电费确有困难的用户可以先用电后交付电费，但应当依法提供担保等。"

建议省级电力企业与政府相关部门进行沟通，将电费回收措施纳入地方行政规章，弥补国家层面电力立法之不足，通过地方立法使电费回收措施更具地区适应性和可操作性。

4. 进一步提高营销人员的法律意识和业务水平

事实证明，争议或纠纷的发生与供电企业人员的综合素质有密切的关系。因此，提高供电企业各级领导和营销、财务人员的法律意识和业务水平十分重要。结合普法教育，加大对营销、财务人员培训，使之熟悉电力法律法规体系和民事法律基础知识、掌握电力营销双方的法定权利与义务、了解供用电合同履行相关的法律知识、熟知电费风险及电费回收的法律手段、掌握电能计量纠纷的处理实务等，从而使供电企业电费回收的各种风险降到最低，使供用电双方的权益保障更加合法有效。

第十二章 赠与合同

第一节 赠与合同概述

一、赠与合同的概念

《合同法》第一百八十五条规定，赠与合同是赠与人将自己的财产无偿给予受赠人，受赠人表示接受赠与的合同。赠与合同（contract of gift），赠与人把自己的财产无偿地送给受赠人，受赠人同意接受的合同。赠与合同可以发生在个人对国家机关、企事业单位和社会团体以及个人相互之间。赠与的财产不限于所有权的移转，如抵押权、地役权的设定，均可作为赠与的标的。

二、赠与合同的性质

（一）双方行为

赠与合同须当事人双方意思表示一致才能成立，如果赠与人有赠与的表示，但受赠人并没有接受的意思，则合同仍不能成立，故与馈赠这种单方行为不同。

（二）诺成行为

多数国家承袭罗马法的传统，规定赠与合同在当事人双方意思表示一致时即告成立，不必等待交付赠与物，即为诺成行为。

（三）无偿行为

原则上受赠人并不因赠与合同而承担义务，故为单务合同。

三、赠与合同签订注意事项

赠与合同是一种双方、无偿的行为，在实践中，签订赠与合同应注意如下几点：

（一）确保赠与标的合法

赠与标的必须是赠与人所有的或者赠与人有权处理的财产或者某种权利，赠与人不能把不属于自己或者自己无权处理的财产和权利赠送他人，否则，构成侵害他人权益的行为。赠与标的可以是物，可以是货币（包括外国货币），也可以是有价证券、某种权利。例如专利权人可以将专利权赠与他人，房屋所有人可以将房屋赠与他人等。

（二）赠与是否附条件的约定

如果赠与人在赠与财产时对受赠人有一定的要求，则可作为一个赠与的条件。如果受赠人无法满足赠与人提出的条件，或者受赠人的行为让赠与人不满意，则赠与人可以名正言顺地拒绝履行赠与义务。

（三）赠与合同是否公证的约定

合同中要写清楚赠与人有权处理赠与财产的证明文件，确保赠与行为的合法有效。必要时也可以约定赠与合同公证。

从赠与人的角度考虑，若赠与行为在交付财产或转移权利之前有可能撤销，建议不对赠与合同进行公证，因为一旦公证将很难撤销；从受赠人的角度考虑，若担心赠与人在赠与财产权利转移之前撤销赠与，则应积极劝说赠与人将赠与合同进行公证。

（四）办理登记手续的约定

赠与的财产依法需要办理登记等手续的，应当在合同中约定办理有关手续的内容，谁负责办理、如何办理以及费用负担等；权利转移涉及有关部门批准的，应当在合同中订立清楚。例如，赠与房屋合同就需要到房管部门办理房屋所有权转移手续，没有办理手续的，其转让无效。

（五）瑕疵说明条款

赠与人应在赠与合同中说明赠与财产存在的瑕疵，否则由此给受赠人造成损失的将承担责任。

四、赠与合同无效的原因

导致赠与合同无效的原因有很多，实践中，主要涉及以下几个方面：

（一）赠与人的主体资格不合格

由于赠与人是将自己的财产无偿地转让给他人，所以，赠与人的意思表示真实就显得尤为重要。如果赠与人是公民，他必须具有完全民事行为能力。如果赠与人为法人或其他组织，也应具备相应的民事行为能力，否则将导致赠与合同的无效。

（二）假借"赠与合同"规避法律

在现实生活中，有些不法之徒在二手房交易过程中，为逃避买卖二手房而必须交纳的交易税，买卖双方一般在私下交付全部或部分买房款，订立一些虚假的赠与合同，而后打着"赠与"的旗号去办理过户手续。

另外，有些债务人在其所负的债务履行期限届满，被讼至法院之时，为了脱逃债务而转移财产，也采取赠与的方式，将其名下的财产转移至其亲属、朋友手中。以上两种情形，因赠与人的行为侵犯了国家或他人的合法权益，而导致赠与合同无效。

（三）侵犯他人财产权

赠与人赠与的财产，必须是赠与人所有的合法财产。赠与人不得将其无权处分的财产赠与他人。如果赠与财产属于共有财产，赠与人仅得就其享有所有权的部分进行赠与，而且不得侵犯其他共有人的合法权益，否则，赠与无效。

此外，一切违反有关法律法规的赠与合同，如因欺诈或胁迫情况下订立的赠与合同，均为无效合同。

第二节 赠与合同的几种特殊情况

一、关于附负担义务的赠与

附负担赠与又称附义务赠与。一般情况下，受赠人不负任何义务，但有时赠与人在赠与时并约定受赠人负一定的义务。《合同法》第一百九十条规定："赠与可以附义务。赠与附义务的，受赠人应当按约定履行义务。"但是附负担的赠与合同仍然是单务合同，大多数情况下，受赠人的"负担"不是向赠与人履行，而是对受赠人使用赠与财产的限制，或要求其向第三人履行负担。

如某人向一贫困学生捐款"赠与"，并要求该笔捐款必须用以完成该学生的学业。有时，受赠人的负担也可能向赠与人履行。如某学校资助学生留学，同时约定该学生学成后应回国为母校工作若干年。

但这种义务与赠与之间并没有相互对价关系，而且赠与人履行负担仅仅以受赠财产价值为限，所以，仍然不能改变赠与合同的片面单务的性质。如果受赠人的义务与赠与是相互对等的，那么该合同就不是赠与合同。

如甲送给乙1000元，同时约定乙要为甲的小孩补习功课，这实际上是劳务合同，属双务有偿合同。附负担的赠与合同的受赠人不履行负担时，赠与人最多只能撤销赠与而不能要求受赠人赔偿损失而双务合同的当事人一方在对方违约时，不仅可以要求返还财产，如有损害还可以要求对方赔偿损失。

（一）附负担赠与中"负担"需满足的条件

附负担赠与合同的负担是受赠人在接受赠与的同时，应该履行的一项义务。

它应符合以下几个条件：

1. 负担不能是受赠人的"既存义务"。所谓"既存义务"就是指当事人本来就应当履行的义务。例如，甲赠与乙 5000 元，同时约定乙必须赡养乙的年迈没有收入的父母。这里乙的负担就是"既存义务"，因为赡养父母本来就是乙应履行的法律义务。

如果把"既存义务"作为赠与合同的负担，应该认为该负担不存在，该赠与合同属一般的无负担赠与。所以甲不能以乙没有赡养父母为由撤销赠与，乙不能以赡养费已超出 5000 元为由而拒绝继续赡养父母。

2. 负担必须是受赠人将来履行的义务，也就是受赠人接受赠与后才履行的义务。受赠人的"先前行为"，即已经完成的行为不能作为负担。例如，由于甲帮乙找到一份满意的工作，为此决定送给甲 2000 元。甲帮乙找到工作属于已经完成的行为，不是赠与合同的负担，仅仅是乙向甲赠与 2000 元的动机，所以该赠与合同属一般的无负担赠与。

3. 负担不能违反法律和公序良俗。在赠与合同中不能附加受赠人实施违法行为的负担。如赠与人不能要求受赠人用受赠的财产赌博、吸毒等。负担也不能违背社会公共秩序和善良风俗。例如，甲送给乙 5 万元，同时要求乙必须与其感情融洽的妻子离婚。如果负担违法或违背公序良俗，不仅该负担无效，而且整个赠与合同也无效。

（二）附负担赠与合同与附条件的赠与合同的区别

附负担赠与合同与附条件的赠与合同虽有某些相似之处，但二者有着本质区别。

1. 附负担赠与合同与附条件的赠与合同中的"条件"与"负担"对合同效力的影响不同。附条件赠与合同是指在赠与合同中约定赠与生效或失效的条件，当条件成就时，赠与合同发生效力或失去效力。而附负担的赠与合同中负担是否已履行不影响赠与合同的效力。

例如，某公司与其雇员约定，如果该雇员在公司工作满十年，公司就送给该雇员一套住宅。这就是一个附条件的赠与合同。只要该雇员在公司工作没有满十年，该住宅赠与合同就没有生效。但如果某公司与其雇员约定，该公司送给雇员一套住宅，但该雇员必须继续为公司工作，直到满十年为止。这就是一个附负担的赠与合同。这时赠与合同已经生效，如果该雇员没有继续为公司工作满十年，只是该雇员违约，并不影响赠与合同的效力。不过，该公司可以雇员不履行负担为由撤销赠与。

2. 附负担赠与合同与附条件的赠与合同中的"条件"与"负担"的性质不

同。附负担赠与中的负担是受赠人的某种义务，具体表现为受赠人的某种行为；附条件赠与中的条件是指将来可能发生的客观状态。

二、关于捐赠合同

（一）捐赠合同性质

《合同法》第一百八十八条规定："赠与具有救灾、扶贫等社会公益、道德义务性质的或者经过公证的赠与合同，赠与人不交付赠与的财产的，受赠人可以要求交付。"且依第一百八十六条第 2 款此类赠与为不可任意撤销合同。

所谓捐赠，是指赠与人为了特定公益事业、公共目的或其他特定目的，将其财产无偿给予他人的行为。不过，"捐助之内容颇为复杂多歧，捐助不过为一总括名词而已，如涉及法律问题时，自应究明其实际情形，而决定其性质，俾适用有关之法规。"

捐赠合同是一种特殊的赠与合同，它涉及的主体有三方，即赠与人、名义受赠人和实际受赠人。一般赠与合同中的受赠人可以是自然人以及任何合法成立的组织，而捐赠合同的受赠人严格限定在公益社团和事业单位，特定时期的县级以上政府及其部门也可以作为受赠人，名义受赠人与实际受赠人之间的关系实际上是捐赠合同所附的义务。

如甲向"希望工程"捐款 10 万元，用于帮助贫困儿童上学。甲是赠与人，"希望工程"基金会是名义受赠人，贫困儿童是实际受赠人。其法律关系也相应有三个，即赠与人与名义受赠人之间的关系、名义受赠人与实际受赠人之间的关系以及赠与人与实际受赠人之间的关系。

（二）赠与合同赠与人的撤销权

在《合同法》颁布以前，我国司法实践中都认为赠与合同为实践合同，以交付标的物作为合同成立的要件，赠与合同也不例外，这就给一些人有可乘之机，认捐后不兑现的现象时有发生。例如，1998 年，我国发生新中国成立以来罕见的大范围持续洪灾。为此，中央电视台举办了一场赈灾义演晚会，现场认捐数额达六亿元之多，但后来到位的捐款数额还不到两亿元。许多单位、个人以赠与合同是实践合同为由，拒绝兑现所认捐的款项，有的甚至以做一次免费广告为目的，一开始就不想兑现捐款。虽然一些媒体不时披露这些现象，但名义受赠人无法请求司法机关对这些单位、个人强制执行。

新《合同法》为了弥补上述法律漏洞，明确规定了赠与合同的赠与人的任意撤销权和法定撤销权，但捐赠合同是一种具有救灾、扶贫等公益性质的赠与合同，根据《合同法》第一百八十六条规定，捐赠合同的赠与人不享有任意撤销权。

(三) 捐赠的法律适用

捐赠分为可直接适用赠与合同规定的捐赠与不能直接适用赠与合同规定的捐赠两类。

1. 可以直接适用赠与合同规定捐赠。这类捐赠既有明确的赠与人，也有明确的受赠人，故就其实质而言，与普通之赠与在法律关系上并无不同，可以直接适用赠与合同的有关规定。此类捐赠如为某校捐赠 50 万元由其自由支配，或向某已成立的基金会（财团法人）捐款若干等。

当然此类捐赠也可以附加一定的条件，如限制捐赠款项目的用途等即为此类。

2. 无法直接适用赠与合同规定的捐赠。这种捐赠或者由于捐赠时受赠人并不明确，因此无法成立赠与之合意，故而无法形成赠与合同；或者由于捐赠人虽有使受赠人受益之目的，受赠人也明确，但赠与之财产并非直接交给受赠人的，也不同于一般的赠与关系。故就此仍需区分两种情况：

（1）在捐赠人承诺捐赠之时，受赠人为谁尚不明确的，由于此时缺少合同的相对方，故而双方之间不能就赠与达成合意。如前述提及 1998 年夏我国很多地方水灾，中央电视台与民政部举办的赈灾晚会中，有些单位当场认捐，但事后并不交付的，由于捐款人当时并不是捐给中央电视台和民政部的，他们不是受赠人。故而此时作为赈灾活动发起人的民政部及中央电视台此时不可能依赠与合同请求对方交付。

有学者认为，此时发起人并不因此而受利益，不应认为受赠人，应认为有为募集目的使用之义务之信托的让与。依日本大正十二年五月十八日刑事判例，某镇为收买道路基地捐助于市，以促进道路修建之目的，募集捐款，而从事募集之道路委员三人，擅支用其保管之金钱，日本大审院以其募集金钱信托的归属于发起人团体，认为构成侵占罪。从而，依此种信托让与的规定，发起人负有依约向受赠人交付财产之义务。

但是，我国《合同法》并未承认信托为一种有名合同，因此无法适用这种"信托让与"的规定。但我国法律上有关于委托合同的规定，因此可认为构成"委托赠与"关系，依委托合同的相关规定处理。

（2）对于由非受赠人募集，但受赠人明确的捐赠，如为某因贫困无钱交学费的学生募集学费的，此时当事人关系构成第三人利益合同，因此可依赠与及《合同法》第六十四条（当事人约定由债务人向第三人履行债务的，债务人未向第三人履行债或者履行债务不符合约定，应当向债权人承担违约责任）共同规范之，使受赠人可直接向其请求履行，当然此时受赠人请求履行也须依诚实信用原则为之。

（四）关于义演、义卖的问题

在此关系中，对于义演人、义卖人取得之收入，购买人及买票参观者都可请求其向受赠人履行交付义务。也有学者认为，应依购买人与义卖人何人将收益交付给对方两种情形来确定谁为捐助人，从而确定是在购买人与对方还是义卖人与对方之间成立捐赠关系。

在义演、义卖之时，如购买人直接将钱款等交付给受赠人的，则直接在购买人与受赠人之间成立赠与合同。如由义演人、义卖人将其义演、义卖收入归为自己以后再交给受赠人的，如其在义演、义卖前未声明其表演或拍卖等有捐赠目的的，则应认定义卖人、义演人为赠与人；如在此之前已声明有为捐赠之目的的，则与前述之第三人利益合同作相同处理更为合适。

第三节 赠 与 公 证

赠与公证是公证业务的重要组成部分，是当事人实现财产转移的主要手段之一。司法部发布的《赠与公证细则》第二条将赠与界定为"是财产所有人在法律允许范围内自愿将其所有的财产无偿赠送他人的法律行为"。单纯的赠与行为并非以受赠人接受赠与为成立要件，赠与人完全可在赠与财产转移之前，无条件地撤回赠与，除法定情形外，并不对受赠人承担过多的责任，赠与关系的建立需要受赠人对赠与行为表示接受。

我国公证领域所指的赠与并非只指普遍存在的赠与合同，也包括赠与人的单方赠与书记受赠人的单方受赠书。赠与公证"是公证处依法证明赠与人与财产，受赠人收受赠与财产或赠与人与受赠人签订赠与合同真实、合法的行为"。赠与公证包括赠与书公证、受赠书公证和赠与合同公证。

一、赠与书公证、受赠书公证与赠与合同公证的区别

赠与书公证是指对赠与人单方以书面形式将财产无偿赠与他人的行为进行公证，受赠书公证是对受赠人单方以书面形式表示接受赠与的行为进行公证；赠与合同公证是对赠与人与受赠人双方协商一致的赠与合同进行公证，其所证明的行为是双方法律行为。

1. 二者所产生的法律效果不同。赠与书公证（受赠书公证）证明的是单方赠与行为（受赠行为）是建立赠与关系的必要因素。因此，赠与关系是单方赠与的必要条件，单方赠与是赠与关系的充分条件，赠与关系的建立是在赠与书成立之后才能得以实现；赠与合同公证则包含了单方赠与和单方受赠两个法律行为，合同的成立即意味着赠与关系的建立，故成立赠与合同与建立赠与关系二者的内涵与外延应属重合，赠与关系的建立是在赠与合同成立之时同时实现。

2. 二者针对不动产进行赠与的生效时间存在差异。《合同法》规定："第

186条赠与人在赠与财产的权利转移之前可以撤销赠与。具有救灾、扶贫等社会公益、道德义务性质的赠与合同或者经过公证的赠与合同，不适用前款规定。"即不得在财产权利转移之前随意撤销赠与，据此，经过公证的赠与合同的特征则由实践性转变为承诺性。双方一旦达成合意，签订赠与合同，合同就成立生效。而《赠与公证细则》规定"办理不动产赠与公证的，经公证后，应及时到有关部门办理所有权转移登记手续，否则赠与行为无效。"按照此规定的理解，不动产赠与合同经公证后并非当然有效，需以"及时到有关部门办理所有权转移登记手续"为赠与行为的生效要件。

3. 二者的办理程序存在差异。赠与合同公证要求双方当事人需同时到公证机构办理公证手续。赠与书公证主要应用于申请人为身处异地的赠与人或受赠人，赠与方无法同时到同一公证机构办理赠与合同公证，为积极保护实现赠与人的意愿，将其意愿以赠与书的形式及时固定下来。此外，最高人民法院《关于贯彻执行〈中华人民共和国民法通则〉若干问题的意见（试行）》中第129条规定："赠与人明确表示将赠与物赠与未成年人个人的应当认定该赠与物为未成年人的个人财产。"按此规定，当赠与人将个人财产无偿赠与未成年人时，无须受赠人作出接受赠与的意思表示，该赠与财产将直接归受赠人所有，若受赠人表示拒绝接受赠与，则应当理解为受赠财产的抛弃行为。根据此条款还可扩大解释为，无民事行为能力的受赠人也可在未进行意思表示的情况下，当然成为财产所有人。因此，当受赠人为未成年及无民事行为能力人时，赠与人通过赠与书公证的形式即可实现赠与。

二、办理赠与公证的审查要点

1. 审查赠与行为双方的主体资格。

（1）赠与人主体资格的审查。根据《赠与公证细则》的规定，"赠与人赠与的财产必须是赠与人所有的合法财产，赠与人是公民的，必须具有完全民事行为能力。"也就是说，当赠与人是自然人时，应明确赠与人具有完全民事行为能力，当赠与人是法人的，应着重审查其提供的法人资格证明材料。

2. 受赠人主体资格的审查。对受赠人主体资格的审查重点是受赠人是否具备接受赠与的资格，即受赠人接受赠与后，其财产状况是否符合当地政策法规的规定。例如，农村农业户口居民对宅基地上房屋的赠与行为就要求受赠人必须为农村农业户口，如果受赠与人为城镇居民非农业户口就无权接受农村集体土地上的房产。

三、审查赠与标的物的真实性、合法性

赠与行为标的物的审查重点应关注赠与财产的权属情况，标的物的权属有无

争议。标的物的所有权存在共有人的,应当由共有人共同赠与。同时还应通过对相关证件、证书、证明材料的审查实现对赠与标的物真实性、合法性的确认,例如当赠与物是不动产的,赠与公证应在不动产所在地的公证机构办理赠与公证,赠与人应提供房屋所有权证、土地使用权证。经公证后,应及时到有关部门办理所有权转移登记手续,否则赠与行为无效。

四、审查赠与行为的原因,保证赠与行为的真实合法性

国家立法考虑到公民在时间生活中会基于亲属关系,感情因素或道德因素等原因,将个人财产无偿转让给特定人,为尊重行为人的意愿,从而建立起赠与的财产转移方式。

在办理赠与公证时,赠与人与受赠人是亲属关系的,需要提供资料能够证明存在亲属关系。同时还应通过谈话、对相关知情人进行调查等方式确定赠与行为是赠与人意思的真实表示,有无胁迫或故意欺骗行为。

在受赠人与赠与人不存在亲属关系的情况下,公证员应重点审查赠与人申请办理赠与公证的真实原因,防止当事人为逃避交纳税费恶意将实际的买卖行为变通为假赠与行为。为防止申请人故意欺骗,公证员在严格审查相关证件及证明材料的基础上,还应着重告知故意欺骗公证机构的法律后果。

五、审查赠与所附带义务

按照《合同法》的规定:"赠与可以附义务。赠与附义务的,受赠人应当按照约定履行义务。"当受赠人有不履行赠与合同约定的义务的情形时,赠与人有权撤销赠与。对赠与附加义务并非是对赠与无偿性、单务性的违背,该义务应当远小于赠与物的价值,即受赠人所履行的合同约定的义务,并不构成合同的对价。由于赠与是将财产无偿转移给他人的特殊形式,法律赋予赠与人附加义务的权利,公证人员应当尊重赠与人对赠与附加义务的意愿,这种附加义务的赠与多见于公益事业中,赠与人附加的义务主要在于约束对赠与物的具体使用。

针对社会上日益增多的类似带有附加义务公益赠与合同,在办理此类赠与合同公证时,应适当地引导赠与人建立监督机制,确保赠与所附加义务的实现。

随着社会经济的不断发展,赠与公证业务的日益增多并逐渐成为公证机关最主要的业务之一,公证机关也将面临更多机遇和挑战,我们要利用好法律赋予公证人员的职能,正确解决办理赠与公证业务,保障广大当事人的合法权益,维护人民群众切身利益,促进社会的和谐稳定发展。

第十三章 借款合同

第一节 借款合同的立法概况及法律特征

一、借款合同概述

(一) 借款合同的法律定义

在《合同法》颁布之前，对于以金钱为标的物的借贷合同，立法及实践层面均是将之区分为以银行、信用社等金融机构为贷款人的借款合同和以非金融机构为贷款人的民间借贷合同，前者为有名合同，后者为无名合同，并适用不同的法律与政策予以调整。

在市场经济条件下，市场主体的平等性需求使得这种严格差别主义的立法到了非改不可的地步，于是《合同法》第一百九十六条规定："借款合同是借款人向贷款人借款，到期返还借款并支付利息的合同。"

这一立法定义揭示：(1) 借款合同是双边法律关系的合同，主体为借款人和贷款人（出借人）双方。换言之，借款合同关系不可能是多边法律关系。(2) 借款和贷款人的资格没有限制。(3) 借款合同为有偿合同，借款人于借款到期除返还本金外还须支付利息。

综上所述我们认为，借款合同是指借款人向贷款人借款，到期返还借款并支付利息的合同。借款合同的内容包括借款种类、币种、用途、数额、利率、期限和还款方式等条款。

(二) 借款合同的法律特性

借款合同都是转移货币的占有、使用、收益、处分权即所有权的合同。这是借款合同区别于实物借贷（借用）合同的本质所在。借款合同的标的物是货币。借款合同这一特性的第二个层面是当事人转移了货币的所有权。关于此点，一些学者认为借款合同中转移的仅是货币的处分权。更多的人主张借款合同中转移的是货币的所有权。本书认为，转移货币所有权的观点是科学的。货币不是一般的物，它是其他物的价值的度量物，具有高度替代性和强制的市场通用性，其所有权与其占有融为一体，谁适法地占有货币即对其享有所有权。在借款合同生效后，贷款人转移货币的所有权而享有到期请求返还本金或者本金和利息的权利，该权利属于债权而不是物权。

（三）借款合同的分类

借款合同在实践中一般分两种：一种是与金融机构之间的借贷，即贷款；另一种是向非金融机构，包括企业、团体和个人。第一种借贷是商业行为，往往按照商业化模式操作，出了问题商业化处理，可能经济上受损失，但一般不损个人情感；第二种往往是熟人之间的互相帮助，为的是帮助他人，增进互相的友谊，相互的合作，但是，如果没有约定好相关条款，没有签订好借款合同，最后很有可能帮倒忙，帮忙帮出一个仇人来。

不管是第一种情况，还是第二种情况，如果在借款时能够理性、认真对待，朋友归朋友，情归情，注意一些常见法律问题，签好借款合同，也能够避免出现一些不必要的麻烦。

二、借款合同中的主要法律问题

（一）借贷主体

借款主体是借款合同的双方当事人，即借款人和贷款人，借款人和贷款人必须符合法律的规定，如果不符合，将可能是无效合同或部分无效。一般来说可以分以下几种情况：企业、个人与金融机构之间的借贷、企业与企业之间的借贷，企业与个人之间的借贷、个人与个人之间的借贷。

1. 企业、个人与金融机构之间的借贷合同。这种借贷合同是最为常见的借贷合同。企业为了发展或者为了解决一时的资金困难，尽管有其他融资方式，但向金融机构贷款是最为常用的一种方式。

尽管中国人从古至今都提倡节俭生活，尽量不要借钱过日子，但是随着改革开放的发展，人们的观念也发生了翻天覆地的变化，特别是购房、购车成为寻常百姓的追求之后，向银行贷款也成为了一件普遍的事情。

在这种借贷合同中，对借款人并没有什么特殊的要求，只要不是非法组织，不是没有合法证明的个人一般都可以作为借款人主体。

但是，对于贷款人却有严格要求，只能是经中国人民银行批准设立的银行或非银行金融机构包括各专业银行和信托高效公司、农村信用合作社城市信用合作社以及经中国人民银行批准设立的其他金融组织。不管哪一种金融组织都须经中国人民银行批准、授权，具有中国人民银行颁发的从事金融业务的许可证。

借款人在与这些单位签订借贷合同时，最好能事先调查该单位是否具有中国人民银行颁发的从事贷款业务的许可证。

2. 企业与企业之间的借贷合同。在实践中，由于我国金融改革不到位，金融服务比较滞后，企业融资难成为许多企业的难题。这为一些企业从事借贷业务提供了广阔的空间。很多企业，特别是中小型私营企业难于从银行等金融机构贷到款，就找民间从事借贷业务的企业贷款或找一时有闲散资金的企业贷款。一方面缺少资金的企业有资金的迫切需求，另一方面有些企业专门从事放贷收利息盈利或利用闲散资金赚点利息需要资金的企业也愿意支付一定的利息。

有些企业有时尽管能够从银行等金融机构贷到款，但由于各种原因急需用钱而向银行贷款又需通过复杂的程序，无法立即拿到钱也转向这些企业借贷。

表面上看这是双方的自愿行为。一方企业得到了资金应付出一定的代价即利息另一方付出了资金，得一些利息也公平合理。但是，其行为扰乱了正常的金融秩序。因为如果非金融企业能够允许放贷收取利息的话，银行等金融机构就没有存在的必要了，金融业务也就不用审批了，这存在着巨大的金融风险。

因此最高人民法院作出司法解释规定，企业借贷合同违反有关金融法规属无效合同。贷款企业无法依据借贷合同收回本金和利息，只能依据不当得利的理由要求归还本金，利息给予没收。借款人也无法依据借贷合同保护自己的合法权益。例如要求到期后才归还，贷款人有权随时要求归还。

3. 企业与个人之间的借贷合同。企业向个人借贷或者个人向企业借贷，这是经常发生的情况。尽管企业与企业之间的借贷是被禁止的，所签的合同是无效的。但企业与个人之间的借贷是被允许的、是有效的，只要双方当事人意思表示真实即可认定为有效，受法律保护。

但是应注意以下两方面的问题：第一是借贷利率不能太高，不能高于银行同期同类贷款利率的四倍，超过四倍的，超过部分无效。第二是以下几种情况无效：(1) 企业以借贷名义向职工非法集资；(2) 企业以借贷名义非法向社会集资；(3) 企业以借贷名义向社会公众发放贷款；(4) 其他违反法律、行政法规的行为。

因此，只能是偶尔为之的行为，只能是极少数个人与企业之间的借贷。如果是经常的、普遍的，很有可能被认定为非法集资或向社会公众非法贷款，这将是无效行为。同时，还有可能被追究法律责任，包括刑事责任。

4. 个人与个人之间的借贷合同。个人与个人之间的借贷，俗称为私人借贷，是我们老百姓之间私人之间的事情。往往是基于亲情、友情，出于帮助一方当事人而作出的借贷行为。虽然现在也有不少以放"高利贷"为业的个人，但对于大量的个人借贷来说这只是其中的一小部分而且是违法行为,不在本书的讨论之列。

由于出于亲情、友情,出于帮助一方的目的,所以往往比较随便,双方碍于面子。往往也不进行认真的讨论包括是否有利息、利息多少、归还时间、不按期归还的责任等等。而且很多连文字合同也没有签订,只是基于信任。

对于个人与个人之间的借贷需要特别注意的两点是:一是借款合同应采用书面形式但自然人之间借款另有约定的除外,也就是说,个人之间的借款合同可以不用书面形式。非书面形式的借款合同依然有效。二是自然人之间的借款合同是实践性合同,自贷款人提供借款时生效。只要贷款人未支付借款,合同就未生效,贷款人就可以不用支付借款,借款人无权依据借款合同要求贷款人支付贷款。

(二) 借贷利息

借贷有没利息,利息怎么计算,怎么支付,是借贷合同的重要组成部分;怎样的利息约定才有效才能得到法律的保障是签订借贷合同双方关注的焦点之一。如果约定不合法,也确实可能导致约定的利息无效,或部分无效,无法达到预期的目的。

1. 借贷利率。利率究竟应该约定多少才合法,才符合法律的规定,这要根据不同的借贷合同性质来确定。

(1) 金融机构的贷款利率。这在我国是必须严格按照中国人民银行规定的贷款利率的上下限来确定,不得超出中国人民银行的规定限度。如果超出,应认定为违法,超出部分无效。不管是高于还是低于限度,高于限度的,高出部分无效,低于限度的,按限度的最低额计算。

(2) 企业与个人之间借贷的利率。企业与个人之间的借贷属于民间借贷,利率没有国家强制性规定,依据当事人的协商确定。只要双方当事人真实意思表示达成一致就可以。但是,为了维护公平、公正,特别是防止利用这种方式"放高利贷"扰乱金融秩序,扰乱经济秩序,虽然可以高于银行同期同类利率,但不得高于四倍。高于四倍部分人民法院将不予支持。

(3) 个人与个人之间借贷的利率。与前两种有重大区别的是,前两种如果对利率没有约定,或约定不明确,可以参照中国人民银行公布的同期利率计算利息,而个人与个人之间的借款,如果对利率没有约定或约定不明的,按照没有利息处理。不过,超过还款期或没有还款期经催告还款后,可以参照中国人民银行公布的同期同类利率要求支付逾期利息。至于利率可以高到多少,由于个人与个人之间的借贷也属于民间借贷,按照最高人民法院《关于审理借贷案件的若干意见》的规定也不得高于同期同类银行利率的四倍,高于四倍的部分法院不予支持。

2. 利息支付。利率确定后，就涉及利息如何支付的问题。只要借贷合同的约定不违背法律、行政法规的强制性规定，基本上只要按照合同约定支付就可以了，所以应在借贷合同中明确约定利息支付的时间、方式。对于利息的期限及支付方式没有明确约定的，或者约定不明确的双方当事人可以依据《合同法》第六十一条的规定签订补充协议。如果无法达成一致签订补充协议，借款期间不满一年的应当在返还借款时一并支付；借款期间一年以上的，应当在每届满一年时支付，即年付方式，剩余期间不满一年的应当在返还贷款时一并支付。

借款的利息不得预先在本金中先行扣除。利息预先在本金中扣除的，应当按照实际贷款数额返还借款并计算利息。因此，对于在实践中先收回利息或扣除利息的做法是完全错误的，借款人完全可以事后按照实际借款数额还款并支付利息可以要求贷款人归还多支付的借款及利息。

由于企业或个人的经济状况发生比较可喜的变化，需要提前还款如何支付利息是大家关心的一个重要问题。对此，《合同法》第二百零八条明确规定："借款人提前偿还借款的，除当事人另有约定的以外，应当按照实际借款的期间计算利息。"因此，只要合同中没有约定，即使提前还款也还得支付全部利息，利息就可以按照实际借款时间计算。

借款人未按照约定的期间返还借款并支付利息的，应当按照约定或国家有关规定支付逾期利息。逾期利息一般是正常利息的双倍，因此借款人应及时归还款并支付利息，如果确实由于各种原因无法按期归还及支付利息，也应及时与借款人协商，要求借款人延期。只要借款人同意延期，就不用再支付高额的逾期利息以减少经济损失。

（三）借款担保

除了小额借款，以及特别信任的亲属、朋友之间的个人借款不用要求提供担保外，一般都要求借款人提供担保。担保是否有效，往往影响到贷款人能否收回借款及利息。

在借贷合同中，一般采用的是保证人担保、抵押担保、质押担保方式。

1. 保证人担保。保证人担保，是指保证人和债权人约定，当债务人不履行债务时，保证人按照约定履行债务或者承担责任的行为。

保证分为两种：一种是连带责任保证，这种保证是只要贷款人不按期还钱，保证人就有义务替贷款人还钱；另一种是一般保证，这种保证是贷款人经过法律程序确定没有能力还钱后，保证人才有替借款人还钱的义务，即贷款人必须先通过法院起诉借款人，法院执行确定借款人无财产可以归还，保证人才有义务还款。

因此，这两种保证方式保证人的责任是有重大区别的。对于保证贷款人如期收回借款以及利息的力度是完全不同的，贷款人要特别注意千万不要以为一般保证就是通常所说的保证。另外，需要说明的是，为了更大地保护债权人的合法权益，只要没有明确约定是一般保证，都视为连带责任保证。

2. 抵押担保。抵押担保是指借款人或者第三人不转移对抵押物的占有，将抵押物作为借款的担保。借款人不按约定归还借款及利息时，贷款人有权依法以抵押物折价或者以拍卖、变卖抵押物的价款优先受偿。

对于抵押担保要特别注意两点：

（1）抵押担保应该登记而没有登记。例如最为常用的担保物房屋、土地使用权、汽车企业机器设备；许多人以为在合同中明确约定了以那里的房屋和土地使用权作担保，甚至房产证和土地使用权也拿到了，以为可以高枕无忧了。实质并非如此。

由于《担保法》规定，这些抵押都必须到国家有关部门登记，担保的效力从登记时生效。也就是说，即使你与他人签了白纸黑字的合同，也拿到相关证件了，但由于没有登记，抵押不发生法律效力，不受法律保护。从法律上来说，与没有抵押担保一样，可见登记的重要性。

（2）合同中直接约定，如不按期归还借款及利息时抵押物就直接归借款人，即俗称的"以物抵债"、"以房抵债"。借款人往往也以为这是一个很好的办法，对自己的借款很有保障，即使贷款人不还也不怕，反正房屋或其他抵押物可以归自己。其实，这是无效的，是不受法律保护的。因此，不能在合同中直接约定借款人不还款时，抵押物直接归贷款人，只能约定经拍卖或变卖归自己优先受偿。

但是，在借款人不按期还款后如果借款人同意用抵押物折价抵债是被允许的，也就是说，只能在借款人违约后协商以物抵债，不能在一开始就约定以物抵债。

3. 质押担保。质押只适用于动产即担保财产只有动产时才能适用质押。所谓质押是指借款人或者第三人将其动产移交给贷款人占有将该动产作为贷款人的担保。

借款人不按约定还款及支付利息时，贷款人有权依法以该动产折价或者以拍卖、变卖价款优先受偿。

对于质押担保也要特别注意两点：

（1）所有质押担保是在担保的质物移交到质权人占有时生效。即移交到贷款人占有时生效。如果未移交占有，质押担保未生效。因此，如果以此方式担保，贷款人应及时要求借款人移交质押物，最好是先移交质物后放款。

（2）与需要登记的抵押一样，有些质押也必须经过登记也才能生效。这主要有以股票、商标专用权、专利权、著作权出质的，都是以向有关部门办理出质登记后才生效。也就是说必须完成三步，第一步是书面明确约定；第二步是完成权利证书的移交；第三步是按照部门管理职权到相关部门办理出质登记。

签订借款合同还应明确约定借款用途、贷款使用监督等内容，这些也必须认真对待，特别是大额贷款。因为贷款的正常使用往往意味着贷款是否能如期归还。不过，这往往是专业的贷款银行才会碰到的问题，而专业银行是专业机构，往往具备强大的实力，一般也有法律专业人士参与，签订合同一般不容易出现问题。而作为普通企业、普通百姓在签订借款合同时应该注意避免不必要的风险。

三、银行借款合同签订环节中的法律风险

在银行的信贷业务中，借贷双方所采用的借款合同，基本上都是由银行预先拟订、统一印制的格式文本。这种格式文本，在司法实践中通常被认定为格式条款。格式条款能够事先分配风险，降低交易成本，促进企业经营和程序简化，因此，格式条款在银行业务中被广泛运用。然而，银行在使用借款合同文本时应当注意以下几方面的风险。

（一）格式条款无效

为了限制格式条款提供方制定有利于自己而不利于交易对方的条款，法律上对于格式条款的效力，采取了从严认定原则。因此，商业银行在向客户提供格式条款时应当注意控制以下风险：

1. 格式条款无效的风险。《合同法》第四十条规定："提供格式条款一方免除其责任、加重对方责任、排除对方主要权利的，该条款无效。"因此，商业银行在拟订格式条款时，应当公平地确定当事人间的权利义务，既要维护银行自身的合法权益，又要保障客户的利益，避免合同条款无效的法律风险。

2. 履行法定提示义务的风险。依据《合同法》第三十九条第一款的规定，商业银行作为格式条款的提供方，应当采取合理的方式提示借款人注意免除或限制贷款人责任的条款，并按照对方提出的要求，对该条款予以说明。若银行没有履行这一法定义务，这些条款对当事人不产生约束力。

3. 格式条款解释的风险。当事人"对格式条款的理解发生争议的，应当按照通常理解予以解释。对格式条款有两种以上解释的，应当作出不利于提供格式条款一方的解释"（《合同法》第四十一条）。银行在拟订合同书及相关文书资料时，应尽可能做到内容具体明确、文字用语规范，避免出现矛盾或产生歧义。

4. 格式条款与非格式条款不一致的风险。非格式条款是在格式条款之外另行商定的条款，或者对原来格式条款重新协商的条款，是借款合同当事人的特别

约定。"格式条款和非格式条款不一致的，应当采用非格式条款"（《合同法》第四十一条）。因非格式条款具有优于格式条款的效力，银行在对格式条款进行修改或补充条款时，应深思熟虑。

（二）格式合同填写不当

格式合同文本的正确填写，对于合同的法律意义至关重要，应对此引起足够的重视。在实践中，填写合同文本应注意以下问题：

1. 关于合同当事人的填写。合同文本涉及当事人内容的事项主要有名称、营业场所、法定代表人等。合同当事人的名称应当填写全称，并与合同所盖公章的名称相一致；合同当事人的营业场所应当填写详细，当事人是法人或非法人组织的，合同的营业场所应当与企业营业执照等证件上的地址一致；当事人是自然人的，住所地址应当详细到街道、门牌号和楼层房号。当事人是法人的，应填写法定代表人的姓名；当事人是非法人组织的，应填写主要负责人姓名。

2. 关于合同期限、日期、金额的填写。合同文本涉及期限、日期内容的主要有以下情形：借款期限、用款计划、还本计划中的日期，应当使用阿拉伯数字填写；借款期限为整年的，借款期限的最后一日，为借款期限起始日在对年对月对日的前一日。除了国际惯例要求，借款合同中的金额数量，一律使用中文大写填写。

3. 关于合同文本骑缝章。文本超过一页的合同书，以及所有打印后粘贴于格式合同上的条款，都应当加盖骑缝章。当事人为自然人的，应当在骑缝处签字。

4. 借款合同签章不当。借款合同签章，是借款合同成立前最后一个环节，也是借款合同订立的关键环节，应当注意以下两点：

（1）合同的签约手续应当齐全完备。合同当事人应当提交相应的主体资格证明文件。商业银行应当认真审查借款人提交的证件，核实签约人的身份，发现问题应要求借款人作出说明并补充更正材料。若借款合同及其从合同的法定代表人因故不能签订合同，商业银行应当要求代理人出示法定代表人授权委托书和代理人本人的合法身份证件。银行经办人员应仔细核实授权委托书和代理人的身份，审查代理人的代理行为是否超越了其代理权限，避免发生无权代理的法律后果。

（2）合同的签字与印章应当真实。合同条款协商一致并经合同双方当事人审核合格后，若合同当事人是企业法人或非企业法人组织的，应当使用单位公章，同时其法定代表人、负责人应当当面签字，以确保签字盖章的真实。不管是公司类贷款还是个人类贷款，凡需要自然人签名的，银行应核实签字人的身份。同时，签名应是本人签字，不允许使用个人名章。根据最高人民法院《关于适用〈中华人民共和国合同法〉若干问题的解释（二）》第五条的规定，当事人在合同书上按手印的，人民法院应当认定其具有与签字或者盖章同等的法律效力。

(三) 合同签订后须办理的手续

一般情况下，合同自双方当事人签字或盖章时生效。但是，若法律法规有特别规定或当事人另有约定的，应依法律规定或者合同的约定，办理合同签订后相关手续。

1. 依法办理合同审批、登记、备案以及合同标的物交付等手续。法律法规规定须经审批、登记生效的合同，当事人在签订合同之后，必须到有权机关办理审批、登记手续，否则，合同不生效。

有些合同，法律法规规定须交付合同标的物方才生效的，合同当事人亦应依规定办理。有些合同，虽然法律法规并没有把审批、登记、交付作为合同生效的要件，但要求合同当事人在合同签订后应到有权机关办理备案登记的，当事人也应当按规定办理。

2. 依合同的约定办理债权强制执行公证。根据《民事诉讼法》第二百一十四条和《公证法》第三十七条的规定，经公证的以给付为内容并载明债务人愿意接受强制执行承诺的债权文书依法具有强制执行效力。在人民法院认可强制执行公证效力的地区，合同签订后，当事人还可以依合同约定，到公证机构办理债权强制执行公证，赋予合同债权强制执行的效力。具有强制执行效力的公证的债权，当债务人不按合同约定履行还款义务时，贷款银行可以依公证机构出具的执行公证书，直接向被执行人住所地或者被执行财产所在地人民法院申请强制执行，而不必经过诉讼审理程序。

第二节 借款合同法律风险防范

一、民间借贷法律风险防范

(一) 民间借贷的立法现状

1999年10月1日起施行的《中华人民共和国合同法》吸收了之前我国10多年来行之有效的有关合同的行政法规和司法解释以及国际上一些广泛适用的民商法原则，相比之前的《经济合同法》更为全面和规范。步入21世纪以来，金融借贷市场日趋繁荣，资金需求量日益增大，发生在金融机构与企业、金融机构与个人、企业与企业、企业与个人以及个人与个人之间的各种资金借贷关系日趋复杂，而借款合同纠纷案件也日益增多，法律制度的改进与完善已成为首要的问题。

民间借款作为一种普遍的社会经济现象，在我国已经有三千多年的历史。新中国成立之初，受政治、经济情况的影响民间借贷基本绝迹。改革开放后，随着商品经济的发展，我国民间借贷重新萌芽并取得初步的发展，特别是在 2003 年加入 WTO 后，民间资金需求量逐步加大，民间借贷也逐步进入了"春天"，而此时由于社会经济现象的特殊性，我们又不得不面临一系列新的问题，这些问题中最值得注意的就是民间借贷方面国家法律的缺失问题。

从我国现行立法来看，目前涉及民间借贷的法律规范主要有《中华人民共和国民法通则》、《中华人民共和国合同法》。此外，《关于人民法院审理借贷案件的若干意见》、《关于如何确认公民与企业之间借贷行为效力问题的批复》两个司法解释亦分别对此类案件的程序问题、效力认定问题作了具体规定。《关于人民法院审理借贷案件的若干意见》中首次认可了公民与法人之间、公民与其他组织之间的借贷，并称之为民间借贷。

（二）民间借款合同存在的问题

近年来，人民法院审理的各类民商事案件中，借款合同纠纷案件始终居于首位，而且 95% 以上都是由中、基层人民法院审理的，这足以说明借款合同在人民日常经济交往之中的重要性。但是我们也必须注意到，在其重要性的背后，也必然会产生一系列的问题，如何趋利避害是我们必须注意的一个问题。

1. 口头问题。首先，在现实生活中，民间借款一般数额较小，期限较短，并以相互信任为基础，因此，民间借款中口头形式居多。但是，一旦发生诉讼没有书面借款合同的存在，将很难证明借款事实的存在，同时，也给日后举证带来很大困难。

其次，在签订民间借款合同时经常会出现书面遗漏的情况，例如在签订民间借款合同中，当事人未约定利息或约定不明确，致使日后产生纠纷，而我国《合同法》对利率也有规定：自然人之间的借款合同对支付利息没有约定或约定不明确的，视为不支付利息。自然人之间的借款合同约定支付利息的，借款的利率不得违反国家有关限制借款利率的规定。

最后，民间借款合同中会出现文字歧义或概念不清的情况，例如"借"这个字，在理解上也容易使人误解，其关键就在于我国民间对"借"的理解上，"借"既可以理解为"借出"也可以理解为"借入"，因此出具"借条"在借款人赖账的时候，也容易产生纠纷。而当事人在书写姓名时，写错借款人姓名，也会产生纠纷，一些不经意的错误都很有可能在日后造成纠纷。

2. 担保问题。借款担保是确保债权得以实现并促使借款人履行债务的法律措施，因此对借款合同进行相应的担保是非常重要的。有了担保，就可以使自身利益将来受到最低程度的损害，但是我国现行的《合同法》一直没有对民间借贷中的担保问题做出明确的法律规定，因此，由于没有担保或担保无效而产生的法律纠纷日益增多。

3. 诉讼时效问题。诉讼时效的正确行使可以使民间借款合同当事人双方有力地保障自身权利，同时也有利于提高司法效率、减轻当事人讼累、节约诉讼成本、减少国家司法资源浪费，对发展社会主义市场经济，保障社会稳定有着非常重要的意义。

在有些民间借款合同纠纷案件中，人民法院发现出借人主张债权时已超过诉讼时效，但借款人在诉讼中并未以此作为抗辩理由的情况下，对于法院是否可以主动适用时效制度，存在两种截然相反的观点。有的学者认为法院应主动适用时效制度，驳回原告的诉讼请求；有的学者则认为，被告未作抗辩，视为放弃时效抗辩权，法院保持中立，不应主动适用。对此问题，上海市高级人民法院于2003年1月29日颁发的《关于民商事审判中适用（中华人民共和国合同法）若干问题的处理意见》第五条明确规定，对于当事人主张权利是否超过诉讼时效，人民法院不依职权主动审查，在审理中也无义务就诉讼时效是否届满对被告予以特别说明。

（三）民间借款合同纠纷的法律对策

1. 合同签订形式要严谨、书写要规范。在借款行为发生时，我们一定要签订书面借款合同，这样既可以防止当事人遗忘合同中诸如日期、金额等条款，也可以防止诉讼发生时因为没有必要的证据，有口难辩，如必要还可请第三方作证，这样证明力将会得到提高。俗话说：借有借条，还有收据，这也是出借人和还款人应当履行的必要手续之一。借款人还清借款时要及时向出借人索回借条；借款人分期偿还借款时，要由出借人出具书面收据，并写明收到的是本金还是利息。因此，民间借款时，双方一定要签订合同或让借款人写借据，尤其是借款人、借款金额、用途、利率、还款时间等内容一定要写清楚，并签字画押，双方各执一份，妥善保管，必要时可到公证处公证，以免日后产生纠纷缺乏有效的证据。

在民间借款合同中双方当事人的署名应该以户口本或者居民身份证为准，尽量不用别名、绰号，并且书写时要清楚，不要用草书书写，以防诉讼时产生不必要的麻烦。合同上还款的具体时间一定要书写清楚、具体。

2. 合同中的核心条款要明确、清晰。民间借款合同中另外一个核心的条款就是利息问题，我国民间借款的利率是随着银行利率的变化而变化的，银行利率是国家经过宏观调控后形成的一种指导性意见，由于调控一般具有滞后性，所以这种指导并不能适应瞬息万变的市场经济要求。民间借款的利率应是市场化的，应该由市场来指导，随着市场的变化而变化，这种变化更及时、更准确、更能反映市场的实际需求。市场化利率是目前世界各国银行追求的一个目标，我国目前正在朝着这个方向发展。

复利是指将利息记入本金再生利息。关于复利的计算，各国立法各有不同，有的对复利的计算采取自由放任主义，允许当事人自由的约定；有的对复利采取严格控制主义，严格禁止约定复利；有的对复利采取有条件的限制主义，即在一定条件下允许计算复利，我国在立法层面上并未对复利的计算进行规定。

3. 举证责任要分清。举证责任是指当事人未向法院主张的事实或利益，法院视其不存在，由此产生的不利后果由该方当事人承担。我们一般认为，举证责任是当事人的一种义务，因为，在诉讼中，当事人享有主张的权利，既然享有主张的权利，根据权利与义务之间的关系，就要承担举证责任的义务。

首先，借款人的举证责任。在民间借款合同纠纷案件中，原告作为出借人行使债权请求权，首先应该主张其请求权成立并已经届期，为此其应该向法院提供其权利发生并已届满法律要件事实成立的证据。由于借款合同双方当事人的义务履行有先后顺序，出借人主张合同权利的发生，其应该为两个要件事实的成立负举证责任，一个是合同的成立和生效，另一个是其已经履行了合同的义务。这两个要件中的事实证据，一般就是借款合同、借据、收条等书面证明材料。因此，在此类合同纠纷案件中，只要出借人提供了这两份证据，其举证责任即基本完成，其余的应该是借款人的抗辩问题。

其次，出借人的举证责任。在民间借款合同纠纷案件中，借款人的抗辩及主张主要包括：针对出借人所提供的证据主张证据本身有问题，这时借款人应当针对出借人提交的证据提出反驳证据；针对出借人的证据提出出借人权利受到妨害、受到制约或者已经消灭的证据，主要包括两年诉讼的经过、已经偿还、别人已经代为偿还、抵消等事实证据；借款人还可以提出出借人主张的事实不存在的证据，以证明不存在该借款事实。

4. 设立担保，保证合同的履行，减少纠纷。设立民间借款担保机制。在签订借款合同时，借款个人必须要提供具有合法经营，还款能力的保证人或保证单位，在借款人不能够履行合同时，有担保人代替其履行，这样不仅能提高借款人的信用额度，还能保证出借人的权益不受损失，有效地减少借款合同纠纷。

5. 注意诉讼时效期限，防止权利受损。我国《民法通则》规定的普通诉讼时效期间为2年。在诉讼时效开始起算后，一定要采取及时有效的措施，防止自己的权利因超过诉讼时效而得不到法院的保护。对于起诉人来讲，一是应该在诉讼时效内及时提起诉讼；二是采取手段进行诉讼时效中断，依据规定："诉讼时效因提起诉讼、当事人一方提出要求或同意履行义务而中断"。诉讼时效中断的效力，也就是诉讼时效中断的法律后果，在于使已经过的时效期间归于无效，时效期间因中断事由消除或终止后重新起算，有利于保护起诉人权利不受损失。

二、格式借款合同与贷款法律风险防范

20世纪以来，随着金融垄断地位的形成和信贷业务发展的需要，格式借款合同得到了广泛的使用。这一方面极大地方便了借贷双方的融资业务，产生了积极的经济效益和社会效益；另一方面，却又使现代融资活动暗含了不少的弊端和风险。为了确保信贷安全，金融机构必须从法律的角度对格式借款合同的弊端与风险加以控制和防范。

（一）使用格式借款合同的利弊分析

在我国，改革开放后，金融业的国家垄断虽已大大减弱，但相当规模的行业性和地区性垄断依然存在。这就具备了采用格式借款合同的必要性和可能性。再加上借款合同自身所拥有的一些法律特征（如借款合同中的贷款人是特定的，它只能是经中国人民银行批准经营信贷业务的金融机构，不能是其他任何单位与个人；借款合同的标的只能是人民币，利率是法定的；贷款人对借款人有关贷款管理的要求基本相同，等等），所以使得金融界广泛、普遍地使用格式借款合同也就变成了一件十分自然的事情。

1. 使用格式文本的优势。金融界在贷款业务实践中大量使用格式借款合同所带来的积极作用是十分明显的：

（1）节省缔约时间，提升交易速度。格式借款合同的使用，极大地改变了传统的缔约模式，克服了以往一个借款合同的订立必须经过反复要约和承诺方能成立的非经济行为，消除了复杂的讨价还价，只需贷款人提出全部条款，借款人概况地接受或拒绝即可，从而使借贷双方的缔约时间大大缩短，交易速度获得了很大的提升。

（2）强化成本管理，降低交易成本。格式借款合同的采用，一方面能使金融机构简化缔约手续，不必为每位客户的每笔贷款的缔约作更多的投入，从而有利于降低银行的经营成本。另一方面，格式借款合同的采用，还能使广大借款人预先计算成本、利息、风险负担、付款期限，对耗损、不可抗力所致损失亦能预先将其减少到最低限度。

（3）防范合同欺诈，控制缔约风险。格式借款合同作为要式合同，已将合同条款全面而详尽地印制在合同文本上，借款人只要认真阅读和审查合同内容，一般就不会有丢三落四，掉入合同陷阱之虞。这对于借款人防范合同欺诈，控制缔约风险来说，无疑具有十分积极的意义。

2. 使用格式文本的弊端。格式借款合同的采用虽然具有不可否认的积极的作用，但其流弊也是十分显见的。这种流弊主要表现在：

提供信贷服务的贷款人在拟订格式借款合同条款时，经常利用其经济上的强势地位，制定有利于己、不利于借款人的条款，例如免责条款、失权条款、法院条款、法院管辖地条款等，对借款合同上的风险及负担作不合理的分配，一般借款人对此类条款要么不予注意，不知其存在；要么虽知其存在，但字体细小，不易阅读；要么由于金融企业的独占地位，借款人只能无可奈何。格式借款合同以及其他格式合同的上述种种流弊的存在，使得本应建立在合同双方当事人地位完全平等基础上的契约自由原则遭到了严重破坏，以致在法学界引发了格式合同究竟是否为合同的争论，有学者甚至发出了契约的死亡这一感叹。

因此，如何在意思自治的体制下伸张合同正义，使经济上的强者不能凭借合同之名压榨弱者，是现代法律面临的艰巨任务。与世界各个国家一样，我国的经济立法、民商法律也都对格式合同（包括格式借款合同）的流弊给予了极大的关注，并着手从立法上加以规制。这主要表现在我国1999年3月15日制定的《中华人民共和国合同法》中。该法第三十九、第四十一条明确规定："提供格式条款的一方应遵循公平原则确定权利义务；对于违反第五十二、第五十三条规定或提供格式条款一方免除其责任、加重对方责任、排除对方主要权利的，该条款无效。对格式条款有两种以上解释的，应当做出不利于提供格式条款一方的解释。格式条款和非格式条款不一致的，应当采用非格式条款。"因此，金融界在使用格式借款合同的过程中，必须高度重视我国法律对使用格式合同所作的上述有关规定。

（二）使用格式借款合同的法律风险

根据我国《合同法》的有关规定，目前我国格式借款合同对于贷款人来说，主要存在着以下几个方面的法律风险：

1. 合同文本滞后的风险。金融机构所使用的格式借款合同文本常常是由各家金融机构事先印制好的，金融机构一旦采用就是一个持续、恒定的过程，一般不会轻易改变。这期间如果国家对法律做出新的调整和修改，旧有的格式借款合同文本就会产生一种严重的滞后现象，使合同文本中的许多条款内容不适应新的法律规定，金融机构如果不能及时加以更换，就会使采用格式借款合同的过程布满了"雷区"。如我国新的《合同法》于1999年10月1日正式实施以后，许多金融机构至今仍在使用旧的格式借款合同文本，这里面就存在着由于内容严重滞后所带来的巨大风险。

2. 内容设置违法的风险。依据《合同法》的规定，借贷双方当事人在签订借款合同时，应当自觉遵循自愿、公平、诚实信用、守法和尊重社会公德的原则，合理地确定借贷双方的权利义务。但金融机构在借贷实践中，往往容易出现过于强调保护自身利益而忽略借款人或其他相对人的利益保护，违反自愿、公平等合同基本原则，利用自身有利地位，将意志强加于借款人或其他相对人，损害借款人或其他相对人的利益的现象，从而产生影响借款合同效力的风险。

根据《合同法》第三十九、第四十条之规定："采用格式条款订立合同的，提供格式条款的一方应当遵循公平原则确定当事人之间的权利义务"，"格式条款具有本法第五十二条和第五十三条规定情形的，或者提供格式条款的一方免除其责任、加重对方责任、排除对方主要权利的，该条款无效。"由此可见，格式条款合同如果违反借款人的真实意思表示，以致双方权利义务严重失衡时，借款人可以依法要求确认其无效。这情况一经发生，必然要对贷款人债权的实现构成一种严重的威胁。

3. 不履行告知义务的风险。我国《合同法》第三十九条明确规定：借贷双方在缔约过程中，贷款人对格式借款合同中免除或限制自己责任的条款应当"采取合理的方式提请对方注意"并"按照对方的要求，对该条款予以说明。"这一规定明确告诉人们，贷款人在使用格式借款合同时，必须遵守一项法定的告知义务，即对那些宽己严人的免责条款必须以合理的方式向借款人进行提示和说明。

这里的所谓合理方式主要指贷款人以能引起借款人注意，提醒强调和吸引对方注意力的方式。通常可采取要求借款人签字、个别告知或对这些条款以更醒目字体、字号标明注意事项、填写说明书等。提醒借款人注意必须在合同签订之前作出，否则，该类条款对借款人不产生约束力。由此可见，贷款人在签订格式借款合同前，如果违反同法规定，不向借款人履行告知义务，必将给自己带来非常严重的后果。

4. 选择不利条款的风险。在格式借款合同中，同一内容如果出现了特别条款（亦即非格式条款）与格式条款并存的状况，且两者的约定又不完全相同甚至截然相反时，贷款人主要承担法院选择对己不利的特别条款的风险。我国《合同法》第四十一条明确规定："格式条款与非格式条款不一致的，应当采用非格式条款。"这是因为，特别条款是经借贷双方协商一致后约定的，它更符合意思自治原则，其效力理所当然要优于格式合同条款。

5. 条款含义不清的风险。在处理借款合同纠纷时，如果借贷双方格式借款合同的条款含义发生分歧，出现歧义，存在两种以上的解释，人民法院或者仲裁机构将依据《合同法》第四十一条的规定做出不利于提供格式条款一方即贷款人一方的解释。法律之所以这样规定，是由格式借款合同的性质所决定的，因为格式借款合同是由贷款人一方预先拟订，又未与借款人预先协商，因此，法律要保护处于相对弱势地位一方即借款人一方的利益。

（三）格式借款合同风险的防范对策

金融机构若想有效地防范和控制使用格式借款合同所可能带来的法律风险，

必须采取行之有效的措施，认真做好以下几个方面的工作：

1. 建立健全中央银行行政监控机制。中央银行作为国家金融行政监管机关，应当充分履行金融监管的法定职能，对金融机构的经营管理行为进行严格的监管，其中自然也包括对金融机构使用格式借款合同的行为实行严格的监控，以有效地防范金融机构违法操作所可能遭遇的法律风险。

为此，中央银行应当尽快建立金融业格式借款合同登记备案制度，并依法对各家金融机构自行拟订的格式借款合同文本进行监督检查，坚决纠正金融机构利用格式借款合同对借款人造成的不公平状况，严格维护合同公平与契约自由。

2. 重新拟订和启用科学规范的格式借款合同文本。首先，金融机构要强化自我约束意识，树立法治观念，切实转变市场定位，公平拟订格式借款合同。市场经济本身就是法治经济、契约经济，它要求金融机构摒弃官商作风，革新经营观念，改变过去习惯计划或命令的管理手段，充分认识合同法所确立的合同自由、意思自治原则，摆正自己与借款人、担保人之间的平等民事主体地位。

其次，金融机构为了真正体现公平、自愿的契约精神，在拟订借款合同文本时，还应广泛公开征求社会公众，主要包括广大客户、借款人、社会中介组织以及司法、仲裁单位的意见，以达到平等协商、完善合同样本之效果，从源头上严格控制格式借款合同条款无效及不利于金融单位解释的法律风险。与此同时，每当国家权力机关对合同法律制度作出修订时，金融机构都应根据新的法律制度及时拟订和启用新的合同文本，以尽量防范和规避老格式借款合同文本过时所造成的法律风险。

3. 逐步推广使用框架借款合同文本。从长远发展和维护公平交易的角度来看，金融机构则应逐步推广使用框架借款合同文本。所谓框架借款合同文本，是指由贷款人设计借款合同的基本体例，内容上区分必备条款和选择条款的一种借款合同参考样例。使用时，贷款人必须再根据缔约谈判的具体情况，对框架合同文本进行初步筛选补充，然后交由借款人进一步协商（可以是多次协商），最后确定借款合同文本内容。框架借款合同文本的推广使用，一方面可以改进借贷融资活动的缔约形式，即由过去的"填合同"转变成为"写合同"和"谈合同"；另一方面则能更好地反映和体现契约精神的本质，即更有利于确保借款缔约行为更符合合同法所确立的意思自治原则。因此，完全可以这样认为，推广使用框架借款合同文本，是金融机构避免格式借款合同流弊与法律风险，有的放矢防范信贷风险，不断提升信贷资产质量的最有效的办法。

三、借款合同担保及风险防范

（一）借款合同担保的界定

借款合同担保，是指订立借款合同的双方当事人为促使借款方按期如数履行还本付息的义务，保障贷款方的合同权利得以顺利实现，按照国家法律规定或当事人之间的协议所采取的一种担保形式。

担保是贷款业务中的一项重要内容，它对于促进借款方切实履行合同，保障贷款方信贷资金的安全与完整有着重要的作用。借款合同担保与其他担保一样，具有从属性、预防性与自愿性等法律特征。

按照《贷款通则》的规定，借款合同担保系指保证担保、抵押担保和质押担保。

（二）目前借款合同、担保合同中存在的问题

1. 外部环境不宽松，造成贷款程序不规范。长期计划经济形成的"行政定盘子、企业铺摊子、银行出票子"的状况，致使银行信贷资金的发放带有很大的随意性和主观性。抵押贷款在办理借款合同时，部分借款人采用重复、虚假、空头抵押等非法手段骗取银行贷款，致使银行资产发生风险。

2. 银行内部管理松懈，造成抵押财产设置不当且不宜变现。其重要原因是抵押、质押物设置不当和缺乏合法性，有的用处理困难的专业设备抵押，有的借款人用过期、失效或销售不出去的物资作抵押，有的用专利权、商标权等无形资产作抵押。

3. 借款合同的签订缺乏科学性和严谨性。这是由于银行信贷人员贷前调查不力所致。主要表现在：（1）抵押、质押物品没有详细的证明材料。如缺少物品的权属证明、抵押品清单等。（2）银行因无专业评估人员，不能正确认定物品价值，存在任意估价和凭抵押人报价情况。（3）抵押物品没能及时依据担保法办理登记手续，形成无效抵押，使抵押贷款变成信用贷款。例如，存单抵押未到开户行进行对保，企业设备和其他动产抵押未到工商行政管理部门和有关部门进行登记。（4）抵押财产既非借款人所有，也未经所有人签字同意，而借款人却用来进行抵押担保的财产。（5）有的担保方执照已吊销，但对银行隐瞒事实真相，仍为借款人提供担保。

4. 贷款制度执行不严，透明度不高，使银行信贷资金发生风险。借款人提供虚假财务报表，多头开户，多头贷款；关系贷款和人情贷款时有发生。这主要是因为贷款在审批时不按操作程序办，不管信贷人员对企业的放款可行性分析如何，款照贷不误；有的银行信贷人员吃、拿、卡、要使贷款"三查"制度流于形式。

5. 抵押、担保财产管理不规范使银行造成不必要损失。部分银行在与贷款人签订合同后，忽略了对抵押担保物品的监督管理，给银行信贷资产到期完整收回带来了风险。贷款合同到期后，银行按合同规定收回抵押、担保物品时，有的银行不与司法、工商部门协商及时处理抵押物品，使部分抵押物品发生腐烂、变质。

（三）借款合同保证担保的主要风险与防范对策

1. 保证人资格的风险及其防范对策。

（1）风险。以往的法律法规对保证人应具备的资格和条件规定得不很明确，在实践中，某些完全不具备偿债能力的单位（某单位的处室或职能部门），甚至是法律禁止的国家机关或医院、学校等也作为向银行申请借款的保证人。这些人要么根本没有自己的财产，要么是自己无权处置占有的财产，无法对负债承担法律责任。以往的借款合同主要是依据《借款合同条例》部分条款中对保证人的资格和条件的规定，但这些规定相对于今天的实践，带有明显的滞后性。而新出台的《担保法》、《贷款通则》对保证人的资格和条件的规定就较为完备。

（2）防范对策。办理保证担保贷款，应当对保证人担保资格及其偿还能力进行审查，并签订保证担保合同。

①保证人具有合法主体资格。包括两个方面的内容：一是保证人必须是借款合同当事人以外依法成立的企业法人、其他经济组织或自然人，而且特别要注意：借款合同的当事人不能是担保合同中的保证人。国家机关和学校、幼儿园、医院等以公益为目的的事业单位也不能作保证人。二是保证人应当具备完全民事行为能力，即充当保证人的法人和自然人都必须具备完全民事行为能力。

②保证人具有代偿能力。这种代偿能力包含三个方面的内容：一是保证人的财产必须大于或等于被保证债务数额的范围；二是能够用于担保的财产必须是保证人独立的、确定的、合法的财产；三是能够用于担保的财产必须是保证人依法有权独立处分的财产。

③保证人意思表示真实。保证人为被保证人提供担保，必须是自己的真实意思表示。一是保证人的意思表示与其内心意思相一致；二是保证人的意思表示是保证人自愿作出的，不是在受他人欺诈、胁迫违背其真实意思或者在自己有重大误解的情况下提供的担保。

2. 保证担保手续不完备或重要文件内容疏漏，导致保证合同产生的风险及其防范对策。

（1）风险。

①办理保证担保贷款通常需要保证人出具保证函，与贷款银行签订保证合同。这些法律文书都必须有法定代表人签字并加盖公章才能生效，银行信贷员并

且要核对签章。但在操作中可能出现有公章但未有法定代表人签字，或是有法定代表人签字但未加盖公章，或是未对上述签章的真实性进行验证等重大遗漏。此外还存在保证合同的重要条款约定不明确，不符合法律规定的要求等一系列问题。这些都将使保证合同效力产生重大隐患，甚至导致合同无效。

②债权人与被保证人协商变更借款合同内容未经保证人同意，导致保证担保无效，其表现为：a. 办理贷款延期手续时，未经保证人同意，延期后的贷款，保证人将免除担保责任。b. 办理贷新收旧手续时，可能出现的法律问题。借款人到期不能按时还款，银行为了改良贷款形态，往往同意对借款人发放一笔新贷款用于归还拖欠的贷款，但在签订新的借款合同时，在借款用途栏总是写上"贷款用于购买原材料"。这就出现与实际用途（还旧贷款）不符的情况，有些没有诚意的保证人以此为由，提出不承担保证责任，甚至声称自己被借贷双方蒙骗。

（2）防范对策。

①保证合同应合法。第一，保证合同的形式应合法。根据《担保法》第十三条规定，订立保证合同应当采用书面形式，以使债权人主张权利时有据可依。保证合同的具体形式：一是保证人与债权人就某借款合同单独签订一份保证合同。二是在借款合同中列入保证条款，写明保证人的保证范围和保证期间，并由保证人签字盖章。三是在格式化借款合同的保证栏内，保证人按要求写明保证担保意思并签字盖章。四是保证人单独向债权人递交最高额或定额保证担保书。若保证合同没有采取上述合法形式，便不具有形式上的法律效力。第二，保证合同的内容应合法。保证合同的内容合法包括两方面的意思：一是保证合同本身的内容合法；二是保证的债权合法。

②保证人应有真实的书面意思表示。根据《担保法》的规定，有下列情形之一的，必须依法取得保证人真实的书面意思表示或书面同意材料。i. 保证期间，债权人许可债务人转让债务的，应当取得保证人书面同意，保证人对未经同意转让的债务，不再承担担保责任。ii. 债权人与债务人协商变更借款合同，包括商定延期还款计划、变更借款期限、数额或保证期限、范围等内容，都应当取得保证人书面同意。否则保证人可不再承担保证担保责任。另有约定的，按照约定。

3. 保证期间未主张其权利，将导致保证合同利益不能获得司法保护的风险及其防范。

（1）风险。有关诉讼时效问题，《民法通则》第一百三十五条明确规定："向人民法院请求保护民事权利的诉讼时效期间为两年，法律另有规定的除外。"但就保证担保而言，《担保法》明文规定，如果保证合同对保证期间有约定的，应依合同约定；如果保证合同未约定或约定不明的，则保证责任自主债务履行期届满之日起6个月。在上述规定的期限内债权人未向保证人主张其合法权利，即要求保证人承担保证担保责任，保证人将免除保证责任。这将会加大贷款清收的风险或造成贷款无法收回等局面。

（2）防范对策。债权人应认真对待保证担保中未约定期间的诉讼时效问题。根据担保法规定：一是一般保证的保证期间为主债务履行期届满之日起六个月，在此期间内，债权人应对债务人提起诉讼或者申请仲裁；二是连带责任保证期间为主债务履行期届满之日起六个月，在此期间内，债权人应要求保证人承担保证责任或向保证人主张其权利。这些措施，都适用诉讼时效中断的规定。可有效避免失去诉讼时效，从而丧失胜诉权。

（四）借款合同抵押担保的主要风险与防范对策

1. 抵押物本身的风险及其防范。

（1）风险。

①属法律规定禁止设定抵押的财产。抵押物必须是法律允许抵押的财产，法律禁止抵押的财产不得设定抵押担保。根据《担保法》第三十七条规定有六类财产不得抵押，包括土地所有权、学校和医院的教育设施和医疗卫生设施或有争议的财产等。否则，即使设立了担保，抵押权也不能成立。

②国有资产抵押未经报批。对于法律、法规要求经过批准才能抵押的财产，必须经过批准。如国务院制定的《全民所有制工业企业转换经营机构条例》第十五条规定："企业根据生产经营的需要，对企业的关键设备、成套设备或重要建筑物可以抵押、有偿转让，但须经政府主管部门批准。"据此，企业如将关键设备等用作抵押担保，必须先经国资局和政府主管部门批准，完善其审批手续后，方可设定抵押担保。

③未经同意以共有人财产设定抵押。共有财产是指两个以上的人对同一财产享有所有权。对以共有财产抵押担保的，按照共有财产共同处分的原则，应该经各共有人的同意才能设立担保。否则，共有财产部分抵押无效。抵押担保中共有财产抵押的多见于夫妻共有财产和家庭共有财产。

④未经同意以他人财产设定抵押。未经所有权人同意就擅自抵押的，不但抵押担保行为无效，且构成侵权。所以，以他人财产抵押，必须经他人同意，并办理有关法律手续，方能有效。实践中有的以欺骗手段骗得他人财产，并假冒他人之名进行抵押担保。有的虽经所有权人同意并提供其财产让他人作抵押，但未办理有关手续，一旦要处理抵押物时，便假托自己不明真相，否定自己曾同意抵押担保的事实。

⑤以单位房改房设定抵押。有的单位以已进行房改，职工交了集资款，或已

售给职工，还未办理产权转移的房子作抵押，这种房子产权证明反映是单位所有，但实际所有权已发生变化。有的以个人购买的房改公房抵押。根据我国房改的有关政策，个人购买房改公房要5年以后才允许进入市场交易，所售房价款、担保税费和原购房款，增值部分单位和个人按一定比例共享。因此，这种房屋产权设定担保亦存在一定瑕疵。有的单位对房改的房产还作了内部规定：该房只能由本人和直系亲属居住，不得擅自出租、转让和出售给他人，如本人调离单位，该房产由单位收回，退回原购房款。这种特殊的房产，个人虽有产权证，但不具有全部的所有权，没有处分权。

（2）防范对策。办理抵押担保贷款，应当对抵押物的权属、有效性和变现能力以及实现抵押权的合法性进行严格审查，签订抵押合同并办理抵押物的有关登记手续。

①在签订抵押担保合同时，必须严格审查抵押人的抵押担保资格。其要点包括：第一，抵押人是否具有法人资格或者是否是具有完全民事行为能力的自然人。国家机关不能作为借款合同的抵押人。第二，抵押人对抵押物是否拥有所有权或经营管理权。

②把好抵押物关。首先，确保抵押物的真实性，这就要求银行信贷人员认真审查抵押物的有关权利凭证，对于房地产抵押担保，要对房地产进行实地核查；其次，确保抵押物的合法性，这就要求信贷人员严格依照《担保法》审查抵押物，防止法律禁止抵押的财产进行抵押担保；最后认真查验抵押物的权属，确保抵押物的有效性。这就要求信贷人员在核查抵押物的权属时一定要认真仔细，特别要注意以下几种情况：

一是夫妻共有财产设定抵押担保时，必须由夫妻双方出具抵押承诺书；二是家庭财产用于抵押担保时，必须由家庭各成员共同出具抵押承诺书；三是用合伙企业财产设定抵押担保时，必须经全体合伙人同意，要求全体合伙人共同出具抵押承诺书；四是用有限责任公司、股份有限公司的财产设定抵押担保的，必须经董事会或股东大会决议通过；五是以他人的财产设定抵押担保的，抵押人必须出具其同意抵押承诺书。

2. 资产评估偏高，抵押物不足值产生的风险及其对策。抵押物的价值是随着市场行情变化，相对不确定的。但借款人或抵押人往往为了自己的利益，利用各种手段尽量争取将抵押物价值抬高，而一些中介评估机构不规范的竞争，造成目前资产评估水分大的情况大量存在，使抵押物不足值成为抵押担保的重要风险点。

防范对策：把好抵押物评估关。这是确保抵押物足值的关键环节。在实际操作中，银行一般要求抵押人提供商业评估机构出具评估报告，并根据评估价值按

70%打折确定其借款合同贷款额。这就要求银行信贷人员认真审查评估报告的真实性和准确性，防止评估价值中掺有水分。

3. 未依法办理有关抵押登记及投保手续的风险及其防范。《担保法》第42条规定了抵押担保必须办理登记的范围，抵押合同自登记之日起生效。实践中，未办理抵押登记的原因很多，有的是在办理时遇到障碍，有的是因评估、登记费用太高，手续麻烦，以后又未再补登记等；有的是登记部门不规范，登记部门不明确，或做假登记。

防范对策：

（1）把好抵押物登记关。这是确保抵押担保关系效力必须履行的法定手续。根据《担保法》第41条的规定，依法须登记的抵押物，抵押合同自登记之日起生效。这些财产包括房地产、林木、船舶、航空器、车辆以及企业的设备和其他动产。法律规定自登记之日起生效的合同，必须办理抵押登记，否则抵押担保行为无效。因此，银行信贷人员在办理抵押担保贷款时，对法律规定必须登记的抵押物，必须切实做好抵押登记工作，以确保抵押担保关系的合法有效性。

（2）把好抵押物的投保关。抵押人以动产或不动产设定抵押担保的，银行应督促其将抵押物在保险机构投保，保险费用由借款人或抵押人负担，归还贷款时，银行有权从保险赔偿金中收回贷款木息，以确保银行贷款的风险降到最小。

4. 根据《破产法》规定：人民法院受理破产案件前6个月到破产宣告之日的期间内，破产企业对原来没有财产担保的债务提供财产担保其行为无效的风险。根据有关司法解释，对侵犯其他债权人合法权益的，如在债务人有多个债权人的情况下，债务人将其全部财产抵押给其中一个债权人，从而丧失了履行其他债务的能力，损害了其他债权人的合法权益，其抵押担保行为同样无效。

为此，银行对以上行为应尽量避免，以利于银行债权的顺利实现。

第十四章 租赁合同

第一节 租赁合同基础知识

一、租赁合同的概念

根据《合同法》第二百一十二条的规定，租赁合同（lease contract）是指出租人将租赁物交付给承租人使用、收益，承租人支付租金的合同。其中，提供物的使用或收益权的一方为出租人；对租赁物有使用或收益权的一方为承租人。租赁物须为法律允许流通的动产和不动产。

二、租赁合同的主要特征

1. 租赁合同是转移租赁物使用收益权的合同。在租赁合同中，承租人的目的是取得租赁物的使用收益权，出租人也只转让租赁物的使用收益权，而不转让其所有权；租赁合同终止时，承租人须返还租赁物。这是租赁合同区别于买卖合同的根本特征。

2. 租赁合同是双务、有偿合同。在租赁合同中，交付租金和转移租赁物的使用收益权之间存在着对价关系，交付租金是获取租赁物使用收益权的对价，而获取租金是出租人出租财产的目的。在这点上，租赁合同与借用合同有所不同。

3. 租赁合同是诺成合同。租赁合同的成立不以租赁物的交付为要件，当事人只要依法达成协议合同即告成立。

4. 租赁合同具有临时性。租赁合同具有临时性的特征，不适用于财产的永久性使用。在许多国家和地区的立法上都规定了租赁合同提取长存期限。我国《合同法》规定："租赁期限不得超过20年，20年的，超过部分无效。租赁期间届满，承租人可以续订租赁合同，但约定的租赁期限自续订之日起不得超过20年"。

5. 租赁合同为继续性合同。继续性合同是与非继续性合同（又称一时性合同）相对应的一种合同分类。它是指"债的内容，非一次给付可转完结，而是继续地实现，其基本特色是时间因素，在债的履行上居于重要地位，总给付的内容系于应为给付时间的长度"。

6. 租赁期限在6个月以上的租赁合同为要式合同。《中华人民共和国合同法》第二百一十五条规定："租赁期限六个月以上的，应当采用书面形式。当事人未采用书面形式的，视为不定期租赁。"

三、租赁合同的种类

根据租赁物的不同，租赁可以划分为动产租赁和不动产租赁。不动产租赁包括房屋租赁和土地使用权租赁等。

根据法律对租赁是否具有特殊的规定，可以将租赁划分为一般租赁和特殊租赁。特殊租赁是相对于一般租赁而言的，指法律有特别要求的租赁，例如，房地产管理法律对房地产的租赁、海商法对船舶的租赁以及航空法对航空器的租赁等都有特殊的规定。

根据租赁合同是否确定期限，可以划分为定期租赁和不定期租赁。当事人可以在租赁合同中约定租赁期间，没有约定租赁期间的则为不定期租赁。对于不定期租赁，任何一方当事人都有权依自己的意愿随时解除合同，但在解除合同之前，应预先通知对方。但是，无论是否约定租赁期间，租赁期间都受20年法定期间的限制。

四、租赁合同的形式

合同的形式，是合同双方当事人合意的表现形式，是合同内容的载体。合同区分为要式合同和不要式合同。就租赁合同而言不定期租赁合同为不要式合同，无须采取书面形式；租赁期限为6个月以下的，可以由当事人自由选择合同的形式。无论采用书面形式还是口头形式，都不影响合同的效力。租赁期限在6个月以上的，应当采用书面形式。未采用书面形式的，双方当事人对租赁期限存在争议的，推定合同为不定期租赁合同。

五、租赁合同的主要内容

租赁合同的内容包括租赁物的名称、数量、用途、租赁期限、租金及其支付期限和方式、租赁物维修等条款。

（一）租赁物名称

租赁物应以明确的语言加以确定，对租赁物本身的要求，租赁物应是有体物、非消耗物；应是流通物而不是禁止流通物，禁止流通物不能作为租赁物。租赁物可以是种类物，也可以是特定物，对于种类物，一旦承租人对其选择完毕就已特定化。租赁物约定明确关系到租赁物的交付、合同期限届满承租人返还租赁物、第三人对租赁物主张权利等问题。

（二）租赁物数量

明确数量，出租人才能准确履行交付租赁物的义务，它也是租赁期限届满时，承租人返还租赁物时的依据。

（三）租赁物用途

租赁物的用途关系到承租人如何使用该租赁物，因为承租人负有按照约定使用租赁物的义务，租赁物的用途就必须约定清楚，否则当租赁物损坏时，出租人就难以行使其请求权。租赁物的用途应当根据租赁物本身的性质特征来确定。约定租赁物的用途也可以明确承租人对租赁物使用过程中的消耗的责任归属问题。

（四）有关租赁期限的条款

租赁期限关系承租人使用租赁物的时间的长短、支付租金的时间、交还租赁物的时间等等。如合同当事人对支付租金的期限没有约定时，可根据租赁期限来确定支付租金的期限。租赁期限的长短由当事人自行约定，但不能超过本章规定的最高期限。租赁期限可以年、月、日、小时计算，要根据承租人的需要来确定。如果当事人对租赁期限没有约定或者约定不明确的，可按照合同法的有关规定来确定。

（五）有关租金的条款

出租人出租租赁物的目的就是收取租金，租金同租赁物一样是租赁合同中必不可少的条款，支付租金是承租人的主要义务，收取租金是出租人的主要权利。租金的多少，租金支付的方式：是人民币支付，是以外汇支付；是现金支付，还是支票支付；是直接支付，还是邮寄支付；是按月支付，还是按年支付；是二次支付，还是分次支付；是预先支付，还是事后支付，这些问题都应当在订立合同时约定明确，以避免事后发生争议。同时，这些约定也是合同当事人履行义务和行使权利的依据。

（六）有关租赁物维修的条款

对租赁物的维修义务应当由出租人承担，这是出租人在租赁合同中的主要义务。但并不排除在有些租赁合同中承租人负有维修义务。一般有以下几种情况：(1) 有些租赁合同，法律就规定承租人负有维修义务。有时为了能够对租赁物及时、更好地进行维护，保持其正常的使用功能，合同双方可以约定，维修义务由承租人负责。(2) 根据商业习惯，租赁物的维修义务由承租人负责。(3) 根据民间习俗，如在我国西南地区的房屋租赁中就有"大修为主，小修为客"的说法和习惯。

除了上述条款外，当事人还可以根据需要订立某些条款，如违约责任、解决争议的方式以及解除合同的条件等都是合同中的重要条款。

第二节 租赁合同签订常见的问题及对策

租赁合同是近年来在实践中应用比较广泛的一种民事合同，涉及生产、生活的许多领域。由于租赁合同数量的增多，随之而来的问题也不断出现，特别是在租赁合同的签订过程中存在很多问题，导致出现了大量的合同纠纷，干扰了正常的生产经营。

一、租赁合同签订前的常见问题

签订租赁合同和签订其他合同一样，签订前的一系列准备工作也是非常重要的，特别是对合同对象的选择。租赁合同的对象选择不好，在合同履行中也会出现问题。比如在签约前没有很好地审查承租方的履约能力及资金、信誉情况，以为只要能把租赁物租出去，就会有收益，于是草率地签约，致使一无所获。

具体说来，为了避免或减少合同纠纷的出现，合同当事人在签约前应认真审查以下内容：租赁物的相关证件是否齐全，如房屋的产权证件等。租赁物基本情况，主要包括租赁物的位置、实际有效使用面积、用途等。了解租赁物的法律性质，房屋的类型是否为商业用房性质，土地用途是否为非住宅性质的。

（一）认真核实对方的主体资格

租赁合同的当事人可以是自然人、法人和其他经济组织，一方当事人在签约前一定要认真审查对方当事人的主体资格。看其是否具有相应的财产，是法人还是法人的下属一个分支机构，自然人是否是完全民事行为人，等等。

如果是所有人本人，在没有其他特殊限制情况下，其有资格、有权利进行出租；如果不是所有权人本人，应查清出租人是否得到所有权人的书面授权、是否有书面授权书。如果没有，出租人无权出租。租赁合同将可能是无效合同。

非所有人出租还有一种常见的情况是，出租人本身是租赁他人物品属于转租。对于转租，特别要注意的是转租是否得到原出租人的书面同意，可以查看出租人与所有人的原租赁合同，查清是否有同意转租的约定；如果没有，是否有事后的书面同意书，否则按照法律规定，转租将是违法的，转租行为无效，转租合同无效承租人将无法真正达到租赁的目的。

(二) 审查对方的经营范围

并不是所有的企业都有租赁经营权,只有那些经工商行政管理机关核准登记、确定了租赁经营范围的企业才有权从事租赁业务,否则,是无权从事这项业务的。所以,租赁合同的承租方要审查出租方的经营范围,看其从事租赁业务是否超越了经营范围,只有确信出租方没有超越经营范围,有租赁经营权的,才能考虑与之签约。

(三) 审查对方当事人的履约能力及资信情况

对方当事人的履约能力及资信情况对合同的履行至关重要。如果出租方提供不出可供出租的财产,承租方交不起租金,那么签订的合同就毫无意义。对另一方当事人来说,不但不会给其带来任何经济利益,相反,还会造成不应有的经济损失。此外,还要看对方的商业信誉如何。有的当事人不讲商业信誉,在和对方签订了租赁合同后,又将出租的财产租给了其他人或擅自提高租金,迟延提供租赁物;有的承租方故意拖欠租金,擅自将租赁物转租,等等,和这样不讲信誉的当事人签约,将来肯定是会后患无穷的。所以,在签约前一定要认真审查对方的履约能力及资信情况,只有确信对方有履约能力,讲信誉,合同履行有保障,才能与之签约,否则,应拒绝与之签约。

二、租赁合同签订中的常见问题

(一) 租赁财产的名称

这是租赁合同的首要条款。由于租赁物的名称写得不够详细,致使双方发生误解,有时也会出现纠纷。为此,当事人在签订租赁合同时,对租赁财产的名称一定要写得详细、具体,必要时要注明品种、型号、规格、等级、牌号、商标等。如果财产是易消耗物、易腐蚀物、非特定物和法律禁止自由流通或限制流通物,那么均不得作为租赁合同的标的物。

(二) 租赁财产的质量和数量

这是租赁合同中必须写明的一项重要条款。租赁物的质量直接涉及租赁物的价值和使用价值,当事人对租赁物的维修义务,承租人返还租赁物的责任范围等。明确租赁物的质量有助于防止相关纠纷,并在发生纠纷时为解决争议提供依据。

对于租赁合同中这一条款的问题,企业应采取以下对策:

1. 对于租赁财产的质量标准必须规定清楚,这是确保承租方得以正常使用租赁物的关键。如果标的物是机械设备,那么在以下几种情况下不能出租:(1) 报废的起重机械不能出租;(2) 有缺陷的机械设备不能出租;(3) 未经国家允许而制作的设备不得出租;(4) 国家或有关单位规定的淘汰设备不得出租;

(5) 专用设备无操作人员的，不得出租。

另外，对于租赁期较长的合同，还要考虑到租赁财产因自然原因或正常使用造成的磨损或消耗，规定合理的磨损或消耗标准，作为出租方交付和接受租赁物以及承租方接受和返还租赁物的标准和依据，同时也要作为划分责任的依据。

2. 对于租赁财产的数量也要精确规定，不能含糊不清。计量单位要按有关规定执行，可以个数、重量、面积、长度、容积或体积来计量。

（三）租赁财产的用途

当事人应当在租赁合同中对承租人将租赁财产如何使用、用于何处等加以规定，以便承租方能够按照承租财产的性能正确、合理地加以使用，避免由于使用不当而使财产受到损失。如果不规定用途，就意味着承租方可以在法律允许的范围内任意使用。出租方若以使用不当为由，要求承租方承担违约责任就没有法律根据，得不到法律的支持。所以，租赁合同双方在签订合同时，一定要把租赁财产的用途在合同中写清楚，这样既可以保证出租的财产得到合理、合法地使用，也便于在出现问题时分清责任。

（四）租赁期限

租赁期限是租赁合同的一项重要条款，它表明出租人和承租人的权利义务产生与消灭的时限。如果当事人在订立合同时没有约定租赁期限或对期限约定不明确，那么可能由此发生纠纷。如果双方在合同中约定了租赁期限，双方必须按照这一期限履行义务，任何一方都不得提前或迟延履行，否则就要承担违约责任。

（五）租金

租金是租赁合同的一项重要条款。如果出租方在合同签订前，提出租金标准，承租方不同意，双方可以协商，直到最终达成一致意见。如果租金事先不在合同中确定，事后再提出，对对方没有法律约束力，对方可以接受，也可以不接受，这样就出现了争议。出租的目的是为了取得租金。将来一旦出现争议，对出租人最为不利。

所以，出租方更应在合同签订时与承租方约定好租金问题，应注意以下几点：

1. 租金的标准。国家有统一规定的，按统一规定执行，没有统一规定的，当事人可以自行协商规定。一般来说应包括租赁财产的维修费、折旧费、出租人的合理赢利、市场需求状况等。

2. 租金的支付及结算方式。租金通常以货币支付，但当事人双方也可以在合同中约定以其他物代替货币支付。如果以货币支付，还应对租金的结算方式及结算银行、银行账号等做出规定。

3. 租金的支付时间。租金的支付时间也应在合同中明确规定。例如定期支付还是不定期支付；是一次性支付还是分期分批支付。如果是分期分批支付，可按年、月、日、小时计算，并将总金额及每次分别支付的金额及期限都规定清楚。如每月的某日支付或月底支付，或使用完毕时支付等。如果承租方在一定宽限期内没有按期支付，应支付迟延租金或违约金或出租方可解除合同。如果需要预付租金，也应在合同中注明。

4. 明确约定租金的调整，如出租方在租赁期间不得擅自涨租金或者在约定条件满足的情况之下可以协商调整租金等内容。

（六）财产维修保养责任

租赁财产在使用过程中，难免要受到磨损或出现故障，那么维修的责任由哪方承担？对租赁财产进行的日常检修和保养由哪方来负责？这些也都是租赁合同中应做出规定的内容，但在许多租赁合同中，这一内容往往被忽视了。如果事先规定清楚了，双方的权利、义务明确，出现问题责任就好区分了。所以说，租赁期间财产维修保养的责任也是租赁合同中不能忽视的一项内容。

至于维修保养的责任具体由哪方承担，双方可以根据实际情况协商确定。一般情况下，出租方有保证租赁物能够正常使用的义务，凡属大修应由出租方承担。在承租期间，承租方负有对租赁物保证完好状态和能够正常使用的义务，因此属于平时正常的维修和保养，应由承租方承担。但是，在某些特殊情况下，出租方进行维修和保养有困难，也可以约定正常使用租赁物而发生磨损或出现故障，需要大修，由出租方负责。这些都要由双方共同商议，在合同中明确规定出来，免得发生争议后，无法划分责任。

（七）相关常规费用负担

租赁期间，使用租赁物产生的一些常规费用的承担也要明确约定。一般而言，民用房屋租赁，承租人使用水、电、设备、有线电视、网络、燃气等产生的费用由承租方承担。租赁物的物业管理费、供暖费用等由出租方承担。具体到每一份合同，每一笔具体费用的承担，都应当是由双方认真协商、谈判确定。

（八）租赁物交接验收

租赁物的交接标志着租金起算，因此，一定要在合同中明确以下内容：

1. 租赁物的交接时间，确定具体日期，若因一方的原因导致租赁物无法如期交接，应给予另一方一定的补偿。

2. 租期开始时对租赁物的验收。明确约定办理租赁物交接手续时，应由双方进行现场验收，点验、接收有关财物。

3. 租赁期满或合同解除后的验收。注意约定承租方应返还该房屋及其附属设施，但是承租方添置的新可移动物可由其自行收回。

（九）租赁物装修的约定

租赁物租赁期间，承租人出于经营、生产或者生活的需要，可能会对租赁物进行一定的修饰，为避免租赁期满验收阶段的纠纷，租赁合同中要约定好以下内容：

1. 明确约定装修条款，即承租人是否有权对租赁物进行装修。一般来说，经过出租方同意，承租方可以根据自身经营的需要改变房屋的内部结构或设置影响房屋结构的设备，但是装修和改造方案必须符合消防及工程安全要求。

2. 明确约定租赁期满时装修附加部分的归属，出租方有权要求承租方恢复原状或保留返还时的现状，或向出租方交纳恢复工程所需的费用，但给房屋造成损失的，承租方应给予出租方一定补偿。

（十）其他事项

在合同签订时，建议根据实际情况对租赁物转租、租赁合同登记备案、违约责任、诉讼管辖地等约定清楚，以降低合同履行风险和保证合同顺利履行，并尽可能保障作为承租方的合法、合理利益。

三、租赁合同效力的审查

出租人和承租人就租金、期限、违约责任等关键条款达成一致意见后，租赁合同基本就成立了。成立后的租赁合同有无法律效力，主要从以下几个方面进行审查。

（一）应注意审查租赁合同是否存在合同法规定的合同无效或可撤销的情形

1. 合同无效的情形。《合同法》第五十二条规定："有下列情形之一的，合同无效：（1）一方以欺诈，胁迫的手段订立合同，损害国家利益；（2）恶意串通，损害国家、集体或者第三人利益；（3）以合法形式掩盖非法目的；（4）损害社会公共利益；（5）违反法律、行政法规的强制性规定。"

2. 合同可撤销的情形。《合同法》第五十四条规定："下列合同，当事人一方有权请求人民法院或者仲裁机构变更或者撤销：（1）因重大误解订立的；（2）在订立合同时显失公平的；（3）一方以欺诈、胁迫的手段或者乘人之危，使对方在违背真实意思的情况下订立的合同，受损害方有权请求人民法院或者仲裁机构变更或者撤销。"

（二）应注意审查出租人是否享有出租房屋的实体权利，否则将导致合同无效

1. 房屋的所有权人出租的：应注意审查出租人是否与出租房屋产权证上的名称一致，必要时到房屋管理部门查询。

2. 委托或代理出租的：应注意审查房屋所有权人是否与出租房屋产权证上的名称一致，是否经所有权人同意或授权，是否有所有权人同意或授权出租的书

面证明材料。

3. 共有房屋出租的：应注意审查是否经其他共有人同意，是否有其他共有人同意出租的书面证明材料。

4. **房屋转租的**：应注意审查是否经出租人同意，是否有出租人同意转租的书面证明材料。

（三）应注意审查租赁标的是否允许出租，虽不必然导致合同无效，但应尽量避免

按照《城市房地产管理法》以及《城市房屋租赁管理办法》的相关规定，以下房屋是不得出租的：（1）未依法取得房屋所有权证的；（2）司法机关和行政机关依法裁定、决定查封或者以其他形式限制房地权利的；（3）共有房屋未取得共有人同意的；（4）权属有争议的；（5）属于违法建筑的；（6）不符合安全标准的；（7）已抵押，未经抵押权人同意的；（8）不符合公安、环保、卫生等主管部门有关规定的；（9）有关法律法规规定禁止出租的其他情形。

对以上规定要特别说明的是，虽然这些规定到目前为止依然有效，但由于主要是建设部出台的《城市房屋租赁管理办法》所规定的内容，属于部门规章，法律位阶较低。因此如果在实际租赁中能够避免以上情况，应尽量避免。

如果出现了以上一些情况，也不必然导致租赁合同无效。以上（2）、（3）、（4）、（5）、（6）、（7）、（9）所述情况，由于有其他相应法律的规定，因此，基本上会导致租赁合同无效，承租人应尽量不要租赁。对于（9）所述需要说明的是，要看是否是全国人大、全国人大常委会颁布的法律，是否是国务院颁布的行政法规，如果是其他部门颁布的法规，不能作为合同无效的依据。

至于（1）、（8）所述情况，如果没有其他法律的禁止性规定租赁合同并不会因此无效，合同是合法有效的，只是违反了部门管理规定，当事人可能要受到建设部门的处罚。

（四）应注意审查租赁房屋的状态，否则将导致合同无效

1. 出租人就未取得建设工程规划许可证或者未按照建设工程规划许可证的规定建设的城镇房屋，与承租人订立的租赁合同无效。但在一审法庭辩论终结前取得建设工程规划许可证或者经主管部门批准建设的，人民法院应当认定有效。

2. 出租人就未经批准或者未按照批准内容建设的临时城镇建筑，与承租人订立的租赁合同无效。但在一审法庭辩论终结前经主管部门批准建设的，人民法院应当认定有效。

（五）应注意审查租赁合同的租赁期限、否则将导致合同无效

1. 租赁期限不得超过 20 年。超过 20 年的，超过部分无效。

2. 租赁期限超过临时城镇建筑的使用期限，超过部分无效。但在一审法庭辩论终结前经主管部门批准延长使用期限的，人民法院应当认定延长使用期限内的租赁期间有效。

3. 承租人经出租人同意将租赁房屋转租给第三人时，转租期限超过承租人剩余租赁期限的，人民法院应当认定超过部分的约定无效。

（六）应注意及时办理租赁备案手续，降低风险

尽管在实践中，为了逃税或减少麻烦很少有人对房屋租赁到房管部门进行备案。由于未备案的情况大量存在，房管部门的处罚力度也很弱，所以也很少有人因为租赁房屋没有备案受到处罚。

但是，按照《城市房地产管理法》以及《城市房屋租赁管理办法》的相关规定，租赁房屋是应该到房屋所在地市县人民政府房地产管理部门办理登记备案手续的。经房地产管理部门审查合格的，颁发《房屋租赁证》。

因此，承租人还是尽量去房地产管理部门办理备案登记，办理登记，房地产管理部门可以帮助审查租赁是否合法有效，可以及早发现问题。如果合法有效还能领取《房屋租赁证》，更具有法律保障，对外开展业务也更加方便。

（七）土地租赁中要注意审查土地的所有权性质和土地性质

土地租赁也是租赁的重要组成部分。由于我国实行土地公有制度，所有土地都是公有，要么全民所有（国家所有），要么劳动集体所有（集体所有）。因此，任何单位和个人使用土地，实质上都只有使用权没有所有权。土地的来源就是租赁，向国家租或者向集体租。

另外，土地性质分为农用地、建设用地、未利用地，由于所有权性质不同、土地性质不同，租赁的程序和条件也不同，如果未符合其条件或未履行相关审批手续，租赁合同将是无效合同。

在实践中，最常见的一类无效合同是租赁集体用地进行建设，由于办理征用土地以及办理农业转为建设用地的难度很大、审批的程序也较为复杂，很多地方出现"以租代征"。这是违反法律规定的，是无效合同，得不到法律保障。因此，承租投资者应三思而后行。

第三节 设备租赁合同应注意的问题

一、关于租赁设备

（一）当事人一定要认真填写设备情况

设备情况主要是约定租赁的标的物及其范围。如果租赁的标的物及其范围不

清楚，在标的物转移、发生事故、产生质量纠纷的时候，就会涉及这样的问题：到底是不是出租人的设备？进而甚至有可能引发纠纷，因此，在设备租赁过程中和设备交还的时候，明晰的设备情况清单能够避免许多争议，即便有了争议，也往往更容易顺利解决。

（二）在租赁合同中，出租方应向承租方提供出租方的营业执照、租赁资质、机组人员操作资格，以及当地建委和特种设备检测中心审发的各种有效证件和拆装单位的拆装资质证书复印件

做这样的规定有几点意义：一是有利于行政主管部门进行管理；二是对于承租人来讲，也能保证其获得符合要求的设备和服务。将这些内容明确约定在合同中，将会在很大程度上削弱部门规章及地方政府规章对于合同的影响。对于当事人来说，应当将自己合理要求的内容明确规定在合同中。

（三）要在合同中明确规定，出租方应保证所提供的租赁设备经特种设备检测中心和当地建委检验合格，技术性能良好

建筑设备的从业人员都清楚设备检验的重要作用，实践中，有的工程事故之所以发生，就是因为当事人在设备投入使用前没有认真按要求进行检验，没有进行载荷试验，也没有调整安全装置，导致设备在超载的时候不能预警和停机，结果发生事故。

二、关于设备的交付

（一）明确约定交付时间和地点，严格履行交付手续对当事人有非常重要的意义

当事人是否履行了合同？是否及时履行了合同？设备风险从什么时候转移？租金从什么时候起算？这些都必须与设备交付紧密联系起来。但对如此重要的环节，实践中，在很多有争议的案件中，当事人都没有给予充分的重视。

因此，当事人一定要明确约定设备交付的时间、地点以及程序。租赁合同中应规定：设备交付时，甲乙双方应派代表清点设备及附属配件，并制作交接清单，由甲乙双方代表签字。当事人一定要履行交接手续，否则在法庭上举证时就会面临不利的局面。相关当事人何时何地交付了设备，如果有一个交接手续，就很容易解决问题。

通常情况下，双方代表的签字时间即为实际交付时间，这个交付时间在确定双方当事人的义务权利上非常有用。

（二）合同签订后，双方协商一致对设备交付时间和地点进行的变更，应在合同中予以明确约定，以免造成不必要的损失

对此，租赁合同应规定，承租方变更上述约定交付时间和交付地点应提前一

定期限，如 14 天书面通知出租方；出租方无法交付租赁设备也需提前一定期限，如 14 天书面通知承租方。因未能及时通知给对方造成损失的，应当给予相应的赔偿。

三、关于设备的安装与验收

很多工程设备与一般民用常见的设备如汽车、电视不一样。汽车买回来加上油就能开，而很多工程设备必须将部件运到现场，在现场安装验收后才能使用，这样一来就容易产生一系列的法律问题。

安装现场必须有相应的配套条件才能进行安装，这首先就涉及现场需要什么样的技术条件和配套条件，而这些条件应当由出租方来提供。因此，租赁合同应规定：出租方应在约定的交付时间前一定期限比如 14 天向承租方提供准确的基础制作图纸和技术要求，并指派专业人员协助承租方做好预埋件的预埋工作。

安装现场是由承租方控制的，所以，租赁合同应要求承租方负责确定施工方案并负责基础制作。基础验收后将相关技术资料的复印件由承租方盖章或签名后再交付出租方签收。承租方还应向出租方出具一份现场平面图，提供轴线位置、标高尺寸及详细的地质资料，并标明设备所处的位置。若因基础下沉或混凝土强度不够造成的事故，一切损失由承租方负责。

当然，如果是因为出租方提出的技术条件有错误造成的损失，应当由出租方承担。承租方也应准备其他配套条件，如承租方负责准备专用的配电箱，负责接通电源，提供充足的组装场地，保证设备进出场道路畅通和作业方便。若因现场不具备安装、拆卸和设备运行条件而造成的损失，应由承租方承担。由于出租方更了解自己的设备，因此，设备安装由出租方来负责更为合理，但发生的费用要由承租方承担。但安装费用是否包括在合同的其他部分之中，还是单独收费，要在合同中写明确。若出租方不方便或没时间，设备安装则应交由持有拆装资质的单位进行。

另外，出租方也可以委托第三方进行安装。安装设备必须另外签订安装合同。设备安装完毕后，承租方应负责验收的准备工作、组织验收并办理有效的验收手续及验收资料。这是因为，设备验收是在承租方的现场，由承租方组织更加方便。同时，出租方也应积极配合承租方进行验收，因为出租方更了解验收程序。法律上最为要紧之处是，应当有双方代表参加验收并在验收报告上签字，双方各执一份，法庭上最认可的就是这样的书面证据。

四、关于合同价格及支付方式

关于合同价格，当事人一定要约定清楚都包括哪些费用，如果有其他单独收费的项目，一定要单独列出来，否则，则不能要求出租人额外支付费用。

租赁合同最好将总费用分解为两个部分，其中之一便是承租方应支付出租方设备进场费、拆卸、安装、运输费等费用。承租方应在设备交付前一定期限比如7天内支付该笔费用。另外，合同中还应确定按月计算的设备租赁费用。设备安装完毕经验收合格后，便可开始计算租赁费用。租赁费用计算的截止时间为出租方收到承租方要求归还设备的书面通知的时间，不足一个月的租赁费用按照每月30天折算。租赁费按月支付，每月一定期限比如10日前支付上个月的租赁费。租金起算时间和支付时间一定要在合同上写明白。

租赁合同最后还应规定，本合同价格是甲乙双方根据招标文件和出租方投标报价，经充分协商确定。本合同价格已经充分考虑了施工中可能遇到的诸种复杂因素和一切必需的费用。除本合同中另有规定或经双方协商变更，在合同履行期间，除非根据本合同，不论发生其他任何情况，双方均不得变更合同价格。这就是说，出租方要在合同里把所要收取的费用列清楚，不能额外再要求其他费用。

五、关于租赁设备的维修、保养和运行

（一）本文所指工程设备是比较大型的设备，要在现场安装，在运行过程中肯定会涉及维修问题，这就牵涉到几个方面的问题

一个是维修责任，租赁合同应规定：出租方负责租赁设备的维修、保养服务，租赁期间的一切维修保养费用均由出租方承担。这样规定也符合《合同法》的规定。

其次维修要及时，否则将影响工程施工，损失会很大。租赁合同应规定：设备发生故障，出租方维修人员应在接到通知以后一定时间比如2个小时之内赶到现场，最大限度地减少施工损失。

另一方面，既然维修不可避免，因维修而造成的停机也是正常的。这种情况下，承租方不能要求出租方承担损失。基于此，租赁合同应规定：出租方塔机故障维修保养而停机每月少于一定时间比如48小时，属于正常维修，承租方不扣减租赁费用。因维修或保养停机每月超过一定时间比如48小时，超过部分按实际停机天数扣减租赁费用。承租方不得要求出租方承担因停机造成的其他损失。如果停机时间特别长（大于14天），承租人可以考虑解除合同，另外承租。这在目前的市场条件下很容易办到。

（二）租赁合同应规定出租方负责为租赁设备配备机组人员，其中包括机长。这样规定，比较符合出租的一般情况

如果承租人自己配备机组人员，也应当在合同中明确约定。机组人员要接受

承租方的指挥，配合施工，保证租赁期间 24 小时有人。对不遵守工地管理制度，无故刁难承租施工人员的机组人员，承租方有权向出租方提出要求更换。出租方在收到承租方的通知后，应在一定时间内比如 48 小时内予以更换。出租方配备的机组人员必须持证上岗，出租方应当将机组人员的资格证书复印件交付承租方一份。

在出租方提供机长的情况下，应严禁承租方人员擅自操作、修理设备。因承租方擅自操作、修理设备造成的一切后果，应由承租方全部承担。因承租方机长自己操作而发生的事故，则由承租方承担全部负责。

（三）设备运行的过程中还需要其他的配套人员

租赁合同应规定：承租方应配备足够的专职指挥人员、工作人员等，且必须持证上岗。指挥人员不得违章指挥，工作人员不能违章操作，如因违章指挥或违章操作造成的事故，一切后果由承租方负责。

（四）出租方应保证机械维护保养制度的落实，使设备处于良好的运行状态

操作人员应按照有关操作规定和规程做好设备的日常检查和月检，认真执行交接班制度，并做好检查记录存档。承租方有权检查设备的运行档案和日检、月检记录。

六、关于租赁设备所有权人的变更

（1）在租赁期间，出租方如将设备所有权转移给第三方，应正式通知承租方，租赁设备新的所有权方即成为本合同的当然出租方，继续履行甲、乙双方合同约定的权利义务。

在法学上有一个重要的理论，叫"买卖不破租赁"，就是说，出租人将租赁物所有权转移给其他人，承租人的承租权、使用权应当不受影响，可以继续承租。新的所有人不能将租赁物拿走自己使用或出租给其他人。

（2）承租方未经出租方同意，不得转移租赁设备；否则，因承租方擅自转移设备造成的损失由承租方承担。

七、关于设备的保管和风险责任

关于设备保管和风险，很多合同都没有明确的规定，实际上，这部分内容也非常重要。

由于租赁设备是在承租人的施工现场，因此，规定由承租人保管设备是比较合理的。租赁合同应规定：从租赁设备实际交付给承租方，到设备交还出租方为止，这期间设备保管的责任由承租方承担。由于保管不当造成的设备损坏和配件

丢失，应由承租方承担赔偿责任。

与保管密切相关的是设备的风险责任。当前，在我国工程施工领域，包括设备租赁在内，都普遍没有风险的观念，很少投保，在合同中也约定得不明确，但风险却是实实在在存在的。需要指出的是，风险对出租人和承租人都是存在的。

在租赁合同中，最好将风险分成两个部分：一方面是租赁设备和机组人员的全部保险由出租方承担。相应地，因不可抗力导致的设备损失和人员伤亡的赔偿责任也由出租方承担。另一方面，公共和第三方的全部保险由承租方承担。相应地，因不可抗力导致的租赁设备以外的其他财物损失和人员伤亡的赔偿责任也由承租方承担。

租赁设备发生意外事故后，由出租方负责租赁设备和工作人员的善后处理和先行赔付工作，承租方负责其他善后处理和先行赔付工作。

八、合同解除与违约责任

租赁合同应对合同解除采取比较自由的方式，这样做是考虑到租赁设备是同施工相联系的，不能为解除合同设置太过苛刻的条件，否则可能会造成不必要的损失。

在交付日期之前，合同中最好约定：甲乙双方在合同约定的交付日期前一定期限比如28天通知对方可以解除合同。要求解除合同的一方只要赔偿对方缔约损失一万元，就可以解除合同。在合同的履行过程中，出租方未按约定时间交付租赁设备，或者交付的租赁设备在一定期限比如14日内不能验收合格，或者因设备故障一定期限比如在14天内不能修复并投入使用，承租方有权要求解除合同并要求出租方退还已经支付合同约定规定的费用，另外出租方要支付承租方该规定的数额相同的违约金，这是对出租方违约的处理方式。

对于承租方违约，租赁合同应规定：承租方逾期缴纳租金，应当按每日按一定比例如万分之三支付违约金。承租方逾期不支付租赁费用超过一定期限比如28天，出租方有权停止设备运转。承租方逾期支付租金超过一定期限比如56天，出租方有权解除合同，自行收回设备，并要求承租方另外支付本合同约定的违约金。

九、设备交还

承租方使用设备完毕，要求归还设备，应书面通知出租方，这个通知通常就是承租人计算租金期限的截止日期。如果承租方不进行这样的通知，表明承租方继续使用租赁设备，租金就继续计算。

因此，租赁合同应规定：出租方收到通知或承租方交付邮局的时间为租赁费计算的截止时间。出租方收到归还设备的通知以后一定时间比如 24 小时内到达设备现场，与承租方办理设备交还手续。甲乙双方在清点设备以后要在交接清单上签字，各执一份。

十、纠纷解决方式

合同履行过程中，因对方违约造成已方损失或不能正常履约，守约方应当及时向对方提出书面材料，说明有关情况和索赔要求。收到此类资料的一方应当在一定期限比如 7 天内给予书面答复，超过该期限不答复视为同意提出书面资料一方的要求。

在守约方知道或应当知道对方违约的情况后一定期限比如 28 天后不向对方提出书面资料，视为放弃向违约方提出索赔请求。

另外，租赁合同的纠纷解决最好约定设备施工现场所在地经仲裁或法院审判解决。

十一、甲乙双方代表及联络方式

租赁合同中应当明确双方履行合同的正式代表人及其地址。如果履约过程中变更履约代表，应书面通知对方。因未通知对方而造成的损失或其他法律责任，由未通知一方承担。

履约过程中的文件传递应当采用书面形式，可以交由对方履约代表签收，或以挂号信或特快专递的方式通过邮局递交。

这些看似是琐事，但在实践中往往都是影响合同纠纷法院最终判决结果的关键问题。

第四节 周转材料租赁合同的常见风险及防范

近年来，在建筑工程施工领域中，施工企业与租赁公司发生周转材料租赁合同纠纷的现象十分普遍，由此引发的法律诉讼数量呈现出快速增长势头。而相当数量的施工企业由于自身风险防范意识不强，对租赁公司提供的租赁合同（多为格式合同），未能充分了解或重视其中存在的诸多法律风险，导致企业在此类纠纷处理过程中往往处于十分被动的地位，容易遭受重大经济损失。

一、周转材料租赁合同风险提示

（一）"合同范本"之惑

从当前实际来看，周转材料租赁公司提供的租赁合同多为内容固定、条款详尽的格式合同，有的合同还标明为地方协会统一制定等，给人一种标准示范合同的假象，施工企业的项目部工作人员，如果不仔细逐条逐项审查，就会以为是合同主管部门制定的公正严谨的示范合同，而对这些实则包含大量不公平条款的格式合同不加任何修改就草草签约，从而埋下合同风险隐患。

（二）租赁合同约定的逾期支付租金的违约金过高

多数租赁合同约定，每逾期一日承租方须向出租方承担逾期金额千分之三或千分之五的违约金，相比中国人民银行规定的逾期贷款利率标准高 20 倍左右。债权实现费用包括律师代理费用、调查取证费用等均约定由被告承担，也易使施工企业经济损失加重。

（三）租赁期满后租金递增

很多租赁合同约定，租赁期满后，如果继续使用租赁物的，原租赁合同继续有效，但租金递增 20%。租赁合同变更为不定期租赁合同。这样一来，当施工企业未能按期返还租赁物造成实际租赁期超过合同约定的租赁期时，租赁公司会自合同约定租赁期满之日以原租金的 120% 为基数，来主张租金及高额违约金等。

（四）租赁合同约定承租方可将周转材料暂存于租赁公司，期间租赁公司仍可享有租金收益

有的租赁合同约定，承租方交付出租方租赁物包括归还租赁物和暂存租赁物两种情形，暂存的租赁物，租赁公司有保管义务，承租方可以随时调取，租赁公司可以计取租金。若租赁公司对施工企业交付的周转材料出具暂存单而并未出具归还单，则暂存期间施工企业仍须支付租金。这对于施工企业而言无疑是一个巨大的陷阱。

（五）租赁合同约定承租方必须在付清全部租金后，方可对丢失或损毁的租赁物办理折价赔偿手续

例如，在 2009 年河北省献县法院审理的某案中，承租方某建筑公司在使用租赁物过程中，丢失或损坏了不少钢管、扣件、山型卡等物件，由于建筑公司未能按时支付租金被诉至法院，租赁公司在诉讼中，一方面主张这部分物件逾期未还应计取租金和高额违约金，另一方面要求归还上述物件，如无法归还须按合同约定价格（多为未提折旧的原物购置价格）赔偿。因这部分物件已无法归还，按价赔偿自然在所难免，但因双方未就赔偿达成一致，所以在诉讼期间相应的租金和高额违约金也继续计取，直到法院作出判决确定按价赔偿时间。

（六）合同约定管辖的法律风险

租赁合同无一例外地规定，因租赁合同产生的争议协商不成的，由出租方所在地法院管辖。在此情形下，租赁公司可以凭借司法环境优势对施工企业恶意诉

讼并追索巨额违约金,施工企业若在诉讼中提出违约金过高、条款显失公平等抗辩或诉求,大多难以获得法院支持。

(七)真假承租人

实践中,还有一个普遍现象值得我们高度关注:周转材料的实际承租方往往并非施工企业,而是施工企业的分包商或民工队,但租赁合同上却是施工企业作为承租方或担保方盖章。其中的原因就是租赁方为降低自身的经营风险,强行要求这些分包商或民工队等实际承租人必须以施工企业名义签约或提供担保,否则不予出租。而不少施工企业对这类租赁形式的潜在风险毫无戒备,管理严重缺失,有的甚至直到诉讼才感到不妙。

二、周转材料租赁合同风险的防范措施

(一)加强租赁合同的内容审查

在目前的市场环境下,施工企业完全可以利用在租赁合同关系中的优势市场地位,对合同条款作有利于己方的调整。

1. 删除或修改有关高额违约金的约定,或者增加限额条款,可写明违约金累计金额不超过欠付租金的2%~5%,同时,可以考虑对租赁公司违约责任明确化、违约金额的具体化,以方便承租方索赔。

2. 删除有关租期届满后租金递增的条款,或者可以在租赁合同约定:本合同租赁期限仅为暂定期限,最终以项目的实际工期为准。

3. 删除有关租赁公司暂存租赁物的不合理条款。

4. 修改合同争议由出租方所在地法院管辖的约定。建议改为:由承租方法人住所地法院管辖。同时,为防止当前实践中时常发生的出租方利用补充合同、结算单、函件、收发料单等形式,更改协议管辖条款蒙蔽承租方业务人员的情形出现,可在租赁合同协议管辖条款中增加以下内容:"本条款更改必须由双方法定代表人共同签字并加盖法人单位公章方能生效,其他任何人签字、任何单位盖章均属无效。"

(二)加强租赁合同的履约管理

施工过程中的周转材料具有物件零散、种类多样、使用量大的特点,目前,不少租赁公司已经开始使用专门软件进行租赁合同履约管理,而作为承租方的施工企业则大多连基本的材料出入库和账务管理都较为疏散、混乱,施工现场发生周转材料丢失、损毁的现象相当普遍和严重,管理方式的巨大差异极易造成承租方的利益无端受损。

因此,作为承租方的施工企业应当高度重视此类租赁合同的履约管理,特别是项目部管理人员应当改变以往认为租赁合同金额较小且自身市场地位优势而忽视管理的错误观念和做法，在关注工程施工、技术、资金等大事的同时，从以下方面着重加强周转材料租赁物的使用和归还管理：

1. 建立周转材料使用台账和丢失、损毁责任追究制度。做到材料领取、使用、归还都有经办人员签字、记录，以随时备查；严格执行责任追究，以增强业务人员责任心和控制浪费。

2. 发生丢失、损毁租赁物，项目部应当及时书面通知租赁公司具体名称、数量，并尽快与其签订赔偿或对账协议，确定租期截止日、赔偿金额。如果出现租赁公司极端不配合情形，项目部可以通过向当地派出所报案、证据保全公证、公证送达书面材料等形式固定有效证据。

3. 归还租赁物时，业务人员应要求租赁公司出具合法、有效的归还证明，归还日期、数量、出租方签章等重要内容不可或缺，严禁其出具暂存单。还要注意所有归还证明都应当由项目部专职人员统一保管，以防施工过程中人员流动造成证据缺损。

4. 需要特别指出的是，对于实际承租人为分包商或民工队，而由施工企业项目部为其盖章承租或提供担保的租赁合同，施工企业尤其是项目部管理人员必须采取更加严格的措施来降低此类合同的超高履约风险。

（1）强化公章管理，尽量控制并严格掌握签订此类高风险合同的数量，必要时可以使用技术专用章。

（2）在为实际承租人盖章承租或担保的同时，要求其出具书面承诺，承诺由租赁合同引发的所有法律后果，施工企业均可以从其工程款中扣除或向其追索。当然，这类内容也可在双方分包合同中作出明确约定。

（3）可以要求实际承租方按照租赁合同金额交纳履约保证金，或扣留其相应工程款作为履约担保，并根据租赁合同履行情况逐步降低保证金数额，这样，不仅可以最大限度降低项目部风险，还可以促使实际承租方加强租赁物管理，缩短租赁周期，减少租赁物浪费。

（三）面对诉讼应积极应诉，降低损失

目前，周转材料租赁合同发生纠纷后，租赁公司往往利用其在合同条款上的优势，采取立即诉讼的方式，并且迅速申请法院诉讼保全，使施工企业款项冻结，陷入十分被动的局面。而此类租赁合同纠纷诉讼又具有诉讼本金和违约金持续增加的特征，诉讼周期越长，施工企业的损失越大，因此，施工企业应在立即核对清楚租赁物数量、租金的前提下，及时应对诉讼，依法主张调整违约金等合理合法诉求，充分与法院沟通，争取法院调解或择机和解，最大限度降低损失。

第十五章　融资租赁合同

融资租赁使承租人不必像买卖那样一次交付大量的资金，可以通过融物的形式达到融资的目的，使企业的流动资金更多，同时也促进了企业的技术装备更新。而对出租人来说，其是用闲置的资金去赚取利润，增加企业的收入。出卖人则从中扩大了市场占有率，对企业以后的发展非常有利。

第一节　融资租赁合同的基本知识

一、我国融资租赁的现状

融资租赁是在充分的市场经济环境下才可以充分发挥作用，目前我国融资租赁业理论已被学术界广泛接受。但是在实践当中，中小企业投融资极其困难，从我国1998年亚洲金融危机爆发之后，无论信贷规模紧缩，还是信贷宽松，中小企业贷款的推动力都没有增强，据数据显示，90%以上的银行信贷规模仍然是放给了2%大型国企、央企。这就形成了某些大型设备、机器等购买者的地位相对于销售者偏低，买卖双方的地位出现了倾斜。如此一来，购买方在购买过程中，信息必然会不充分，购买者在对所需机器、设备进行购买选定时，为了简单方便，会将其购买事宜交由销售方进行代理。

二、融资租赁合同的概念和法律特征

（一）融资租赁合同的概念及表现形式

融资租赁合同，是指出租人根据承租人对出卖人、租赁物的选择，向出卖人购买租赁物，提供给承租人使用，承租人支付租金的合同。融资租赁集借贷、租赁、买卖于一体，是将融资与融物结合在一起的交易方式。融资租赁合同是由出卖人与买受人（租赁合同的出租人）之间的买卖合同和出租人与承租人之间的租赁合同构成的，但是其法律效力又不是买卖和租赁两个合同效力的相加。

在实务当中，销售方作为购买方的代理人，与融资租赁公司，一般以银行为

主要的买受人，在形式上，会出现承租方、销售方、出租方（也即买受人），我们将其称作"形式三方融资租赁合同"。另外一种情况是承租方和销售方签订了代理协议后，然后由承租方和出租方签订以融资租赁合同命名的但只存在承租方与出租方两方的合同，在这一合同之后附带了一个出租方与销售方的买卖合同。这样的合同我们将其称作"形式两方融资租赁合同"。

（二）融资租赁合同的法律特征

融资租赁合同是一种以租赁形式融通资金为主要职能的新型合同，它和一般经济合同具有明显区别，其法律特征说法不一，综合起来主要有三点：

1. 租赁合同和购货合同相联系。融资租赁合同必须是彼此相关的三方当事人即出租人、承租人、供货人分别签订购货、租赁两个合同。出租人一方面与供货人签订供货合同，一方面与承租人签订租赁合同，但两个合同又是同一标的物，即供货人从出租人那里得到货款，并把设备交给承租人使用，因而购货合同履行与否，将直接引起租赁合同的法律后果。

尽管租赁和购货合同相互关联密不可分，但由于两合同毕竟各自独立，签订的目的也有不同，规定的权利义务不同，两者又有一定的区别：（1）租赁合同是主合同，购货合同是辅合同。购货合同是出租人应承租人要求为购买指定的生产设备而与供货人签订的，所以租赁合同是购货合同成立的前提；（2）购货合同中需方（出租人）只负担交货款，而交货验收则由承租人负责，发生质量技术问题均由承租人直接与供货人交涉，承租人享有出租人授予的索赔及诉讼权；（3）出租人将所购的设备交承租人使用，收取租金。无论供货人是否已实际交货，质量如何，承租人必须按租赁合同中约定的期限交付租金。（4）在租赁期内，承租人租赁设备丧失创造价值的作用，或未能得预定的经济效益，承租人仍应偿付租金。

所以在谈到融资租赁合同时，我们应当首先建立"两个合同三方当事人，租赁和贸易密不可分"的基本概念。

2. 租赁物件所有权和使用权相分离。融资租赁是一种新的信用方式，体现了租赁物件的所有权和使用权的相分离。

首先，是在整个租赁期间，其设备的所有权属于出租人，承租人在租期内以支付租金为代价，获得的只是使用权。其次，在租赁期间承租人不得擅自处分变卖租赁物件，对发生租赁物件正常损耗以外的毁损、灭失、承租人要给予赔偿。再次，即使租赁合同终止，租赁物件还存在所有权转移与否的问题，虽然出租人一般不收回设备，承租人也得按约交付一定设备残值转让费（名义货价），甚至常常只需1美元，才能最终取得设备所有权。

由此可见，如果承租人借款购设备，所购的设备所有权属于自己，所欠的只是钱，这是"借钱还钱"。而融资租赁合同的融资作用体现在租赁物件上，不是货币形式，出租人给予承租人只有租赁物件的使用权，未发生所有权转移，对承租人来讲是"借物还钱"。

3. 融资与融物相结合融资租赁是以融物代替融资并把借钱借物两者有机结合起来，并以借物（提供租赁设备）还钱（分期偿还租金的形式偿付本息）实现租赁的全过程。

承租人签订融资租赁合同后，可先付一部分资金就可以得到所需设备，在新设备投产后以创造的价值分期偿付租金，借以获得较好的效益。融资租赁具有融资融物双重职能，使出租人成为承租人与供货人的中连方，是购货合同和租赁合同的直接当事人，基于这种关系融资租赁合同能否完全履行，出租人地位尤显重要。出租人为保证所签订的合同能够顺利履行，并保证自己租赁资金安全。所以，在申请租赁时，均要求承租人提供必要的经济担保，一般采取租金担保的形式。担保人应当是法律上认可的有债务担保资格的经济实体，承租人也可以采取用有价证券、动产或不动产作抵押品进行担保。

融资租赁合同的融资与融物相结合的关系，使我们清楚地认识到，该合同是一种不可随意撤销的"刚性"合同，它不同于一般服务性的租赁合同。如出租柜台、汽车房屋等中途解约，柜台收回仍可使用对出租人影响不大。融资租赁则不同，所租赁设备是为承租人选定的专用设备，中途解约，对供货人、出租人、承租人均会带来严重的经济损失。

三、融资租赁交易中的合同种类及形式

（一）融资租赁交易中的合同种类

融资租赁交易中的合同可分两大类：一类适用于任何融资租赁交易；另一类专用于各不同形式的融资租赁交易。前一类中可以包括各种标准合同，即适用于任何交易的合同，其中主要是：

1. 购买合同（国内的或跨国的）。该合同以融资方为买方和以供货方为卖方，以租赁物件所有权的转让为标的，以货价为对价。略有别于一般购买合同之处是卖方确认知悉买方为了向承租方出租而购买，因而承认承租方在购买合同中作为最终用户的权利和责任。

2. 海上货物运输合同。以融资方为托运方和以第三方为承运方或承运方代理，以购买合同货物的运输为标的，以运费为对价，以提单为证据。

3. 海上保险合同。以融资方为投保方和以第三方为承保方或其代理，以海上运输危险赔偿为标的，以保费为对价。

4. 财产保险合同。以融资方或承租方为投保方，以第三方为承保方，以租赁物件的事故损失赔偿为标的，以保费为对价。

5. 保证（或称担保函）。保证是单务和无偿合同，在融资租赁交易中有两种：(1) 由非承租方的第三方以保证人身份出立，以融资方为债权方，以承租方在融资租赁合同中的支付责任的履行或由保证人代为履行为标的。这种保证以融资租赁合同的成立为前提，是以融资租赁合同为主合同的从合同。(2) 由非卖方的第三方以保证人身份出立，以融资方（买方）为债权方，以卖方在购买合同中的交付责任的履行或不履行时的赔偿为标的。这种保证以购买合同的成立为前提，是以购买合同为主合同的从合同。

6. 产权转让证书。以融资方为转让方和以承租方为受让方，以租赁物件所有权的转移为标的，以货价（包括象征性货价）为对价和以融资租赁合同的终止为前提。

前一类中还有两个非标准合同，即：(1) 融资租赁合同。之后融资租赁合同文本部分将详细讨论。(2) 融资租赁申请书。以拟承租方为申请方和以拟融资方为受理方，以受理方为了申请方的需要和按申请方的条件去同申请方指定的卖方订立购买合同为标的，以申请方在该购买合同订立后便同受理方订立融资租赁合同并承担该购买合同中的部分买方责任为对价。

同其他合同不同，租赁申请书的标的和对价既不是物也不是货币，而是行为。租赁申请书中或许还规定申请方应提供批件或应支付某种申请费等，但均非其要件。

在整个融资租赁交易中，租赁申请书是总揽整个交易的合同。因为融资方同承租方之间的融资租赁关系据以发生，购买合同和融资租赁合同因而互为条件和不可分割。否则融资方、承租方和供货方三方在购买合同和融资租赁合同中的权利义务的交叉，就没有根据。

受理方按申请方的条件同申请方指定的卖方订立购买合同，就是受理方履行了它在租赁申请书中的义务。如果购买合同中的卖方并非申请方所指定的一方，或者购买合同未按申请方的条件订立，或者购买合同由于受理方原因而并未订立，则是受理方违约。如果购买合同按融资租赁申请书的规定订立，而申请方不同融资方订立融资租赁合同，或者申请方拒绝在购买合同上以承租方身份副署，则是申请方违约。各方在融资租赁申请书中的违约，都必定使购买合同和融资租赁合同未能订立，因此都不是在购买合同或融资租赁合同中的违约。

不言而喻，由于购买合同中的卖方并非融资租赁申请书的当事方并非在融资租赁申请书中的当事方，它在融资租赁申请书中无违约责任可言。由于购买合同订立在前，融资租赁合同订立在后，因此，只要申请方认为受理方违约，则不论受理方是否的确违约，申请方都可能拒绝订立融资租赁合同。这时，双方将依据租赁申请书的规定相互追究违约责任，却谈不上在并不成立的购买合同或融资租赁合同中的违约责任。相反，一旦购买合同和融资租赁合同订立，则应视为租赁申请书已经履行，各方就不得再追究对方在该申请书中的违约责任了。例如，承租方将不得以卖方并非由它指定或购买合同的条件不合它的意而拒不履行融资租赁合同。

（二）关于"租赁委托书"

委托之说，难以成立。在委托代理关系中，代理人订立的合同，其权利义务属于委托方。在购买合同中，则货物所有权转移给委托方，货价由委托方支付。然而，在融资租赁交易中，融资方作为购买合同中的买方，它取得货物的所有权和它支付货价这一点，是交易性质所决定的，不存在融资方充当任何他方的代理的问题。融资方在这里的地位同充当进口代理的外贸公司迥异，既不是承租方出钱委托融资方去替它购买，也谈不上承租方委托融资方把某租赁物件出租给自己。总之，这里不存在委托代理关系，因此，租赁委托书这一名称不宜继续沿用。

（三）不同形式的融资租赁交易

所谓不同形式的融资租赁交易，是指转租、回租及杠杆租赁等引申形式。其合同均为非标准合同。

1. 转租。转租是层次不止一个的融资租赁交易。针对每一层转租赁，必须有一组两个标的同一、互为条件的融资租赁合同。转租中的融资租赁交易区别于直接租赁中的融资租赁交易之处，在于上一层次中的承租方的全部合同责任都通过下一层次的合同而转移给了下一层次的次承租方，直至转移到末一层次的最终承租方身上。因此，对中间层次的承租方（即转租方）的某些责任能力的要求就可以不同于对末一层次的最终承租方的要求。同样，除了第一出租方外，各层次的次出租方并非由于拥有租赁物件的所有权，而是由于受让了租赁物件的占有、使用和收益权，因而有权向本层次的承租方（次承租方）转让这些权利。各层次的次出租方之所以并不拥有租赁物件的所有权，是由于它们并非整个交易中的融资方。

转租中的诸层次的融资租赁合同与直接租赁中的融资租赁合同的区别，在于前者必须顾及上述特点。

2. 回租。回租是承租方与供货方同是一个主体的融资租赁交易。在回租中，拟租赁的物件并不在两个主体间交接，而是其所有权在两个主体间转移。因此，所订立的不是购买合同，而是所有权转让协议。该协议以拟承租方为出让方和以拟融资方为受让方，标的是受让物的所有权，对价是货价。货价的支付就是该合同的完全履行，所有权的随之转移是其题中之意。

回租中的融资租赁合同除无需规定各方在购买合同中的责任之外，同直接租赁中的融资租赁合同无异。

3. 杠杆租赁。杠杆租赁是融资租赁交易中最发达和复杂的引申形式。由于在我国国内出租方和承租方之间尚无条件开展，而在我国承租方同外国出租方之间进行这类交易时无不受《国际融资租赁公约》管辖和采用国际通行的合同种类及文本，故本书从略。

在各种引申的或较为复杂的交易方式中，诸合同的组合方式及文章内容还需有相应的变动。例如，在同一宗交易中，与一个融资租赁合同相对应的，可以有若干个购买合同，这时，融资租赁合同的标的是诸购买合同标的的总和。又如，在转租赁中，也可能采用回租方式，则所有权转让协议将在融资方同最终承租方之间订立，但是双方之间并不直接订立融资租赁合同，而是各以出租方及承租方身份而同转租方分别订立第一及第二层次的融资租赁合同。再如，融资方也可以不直接地同供货方订立购买合同，而是承认第三方（往往是拟承租方已经委托的进口代理）已经或即将订立的购买合同。针对已经订立的购买合同，在融资方，供货方、第三方（购买合同的买方）之间，应该订立一个合同权利转让协议，标的是购买合同货物的所有权，对价是融资方直接向供货方支付的货价。在后一情况下，融资方应同该第三方订立委托代理协议，标的是该第三方按拟承租方规定的条件同拟承租方指定的供货方以融资方的代理的身份订立购买合同，对价是代理费。

四、融资租赁合同文本条款

（一）合同性质

融资租赁合同的性质是融资租赁。租赁是其形式，区别于借贷或买卖，融资是其实质，区别于经营。称融资性财产租赁未尝不可，但无实际意义，因为任何租赁的客体必定是财产，财产租赁同租赁是同义反复。

目前通行的财产租赁，是经营租赁，因此不同于融资租赁。

（二）合同标的

融资租赁合同的标的是租赁物件的物权，即租赁物件的占有权、使用权和通过使用收益的权利。融资方应拟承租方的要求同供货方订立购买合同这一行为，是租赁申请书的标的，不是本合同的标的。出租方的作用在于融资这一点，是交易的实质，而不是交易的形式，也不是本合同的标的。因此，本合同的标的不是行为，不是货币，而是物，是上述物权。

（三）合同当事方

融资租赁合同的当事方只有两方，即出租方和承租方。供货方同出租方及承租方之间的任何权利义务关系，均只能由购买合同规定，供货方不是本合同的当事方。任何向融资方提供资金的贷方，其权利义务只能由同作为借方的融资方订立的贷款合同去规定，该贷方不是本合同的当事方。

对本合同的承租方支付责任提供保证的担保方，其权利在它同承租方之间的担保申请书中规定，其义务在它向本合同出租方出立的担保函中规定，担保方不是本合同的当事方，它在本合同中没有权利，它也不承担本合同中承租方的全部义务。除非是本合同见证方，任何他方均不应在本合同上副署。

（四）合同履行

融资租赁合同的履行，是各方合同义务的履行。但是，各方的合同义务并不是同时可以履行的。只有实现合同的标的，才能兑现合同的对价，因此，必须是出租方的履约在前，才有承租方的履约。所以，我们可以把合同履行首先归结为合同标的实现。合同标的是租赁物件的占有权、使用权和收益权的转移，而进一步分析，则只有实现占有，才可能使用及收益。因此，焦点在于租赁物件占有权的转移。出租方让予租赁物件占有权的前提是它拥有租赁物件的占用权（在它购买而不是承租租赁物件的情况下，是它拥有租赁物件的所有权）。

在融资租赁交易中的购买合同和融资租赁合同订立之时，出租方不可能拥有租赁物件的所有权或占有权，这时甚至租赁物件尚未制造出来因而并不存在，出租方只有作为购买合同的买方取得了购买合同的提单（在国际贸易中）或发货票（在国内贸易中），才有了上述转让的资格。因此，本合同的履行，是出租方向承租方出示或提交购买合同发货票或提单。当购买合同是国内合同时，实行实物交付，卖方把货物直接发往承租方，同时（或先或后）向出租方（买方）出立发货票。出租方得到发票，就得到了货物所有权凭证，他就有了转让货物占有权的资格。

由于货物将实际地由卖方向承租方交付，所以，它向承租方出示发货票这一行为，就履行了合同标的。当购买合同是国际合同时，实行象征性交付，卖方把货物交给承运方，同时，把承运方出立的提单交给出租方。出租方接到提单，便取得了货物的所有权凭证。之所以不仅向承租方出示提单，而且还要向它提交提单，是为了承租方可以据以提货，实现占有。上述出示发货票或提交提单的地点及日期，就是本合同履行的地点和日期。显然，上述出示及提交并不意味着承租方已经实际占有，而只表明承租方取得了占有的权利。

假设，在国内合同中，卖方并未发货，或在国际合同中，发生了任何性质的交付事故，则均属于损害承租方占有权的事件，同承租方是否已取得占有权是两件不同的事。

（五）各方权利的保护

出租方的权利是保有租赁物件的所有权亦即最终处置权及收取租金。这包括出租方在不减损承租方在本合同中的权利的前提下，可以处置该租赁物件（出售或抵押），还包括承租方不得处置（销售、抵押、用作投资）租赁物件，承租方必须确保租赁物件除自然损耗外的、正常状态，更包括该租赁物件并非承租方的资产，因而在任何情况下第三方（尤其是承租方的债权方）不得对该租赁物件主张权利。所谓任何情况，包括承租方破产，股权结构改变或转属关系改变等。

承租方的权利是保有租赁物件的占有、使用及收益权。任何因出租方原因而使这些权利受到损害时，均应由出租方承担责任。

各方权利的保护还包括本合同不可单方解除。除非对方违约，出租方不可收回租赁物件，承租方不可拒付租金及费用。

（六）各方在购买合同中的责任

购买合同中的买方责任，由本合同双方分担，其界限由本合同规定。出租方的责任是支付货价，承租方的责任是接收货物，包括报关、提货、内陆运输、检验及验收。

（七）购买合同货物未交付或交付不符时的处理

租赁物件由供货方直接或象征性交付，由承租方受领。出租方无交付或受领责任。所以，本合同内不应有关于租赁物件的支付（包括地点和日期）的条款。然而，在购买合同项下出现货物未支付或交付不符（数量不符、规格不符和质量不符）的情况时，本合同各方的权利势必受到损害，因此，本合同中应规定其处理办法。

租赁物件若未交付（指全部未交付），则无论出租方是否已取得发票或提单以及无论出租方是否已向承租方出示发票或提交提单，承租方均应有权不履行支付租金及用费的义务和索回已支付的费用，直至解除本合同。出租方由此蒙受的损失应向责任方（供货方或承运方或承保方）索赔补偿。

租赁物件的交付不符不影响本合同的效力，承租方不得因此或以发生索赔事件或因索赔结果不合要求为由而拒付租金和费用。交付不符若系出租方未履行购买合同中的责任，由出租方向承租方赔偿损失，若系承租方未履行购买合同中的责任，由承租方自己承担后果，否则，均由出租方在承租方参与下按承租方提供的索赔依据和提出的索赔标的向责任方索赔。索赔费用由承租方承担，理赔金额归承租方所有。

（八）损失赔偿

损失赔偿指的是租赁物件在承租方实际占有下毁损至无法修复，或灭失时承租方应对出租方的损失所作的赔偿。

首先，赔偿的金额应该大体上是待付租金至赔偿日的折现值，也就是租金成本至赔偿日的余额。目前通行的以待付租金之和作为赔偿余额，是显失公平的。其次，租赁物件如果是由出租方投保，则在发生保险事故时，理赔金应该归承租方所得。

（九）合同期限和租赁期限

合同期限和租赁期限不是同一回事。合同期限始于合同生效之日，止于租赁期限结束之日。租赁期限是双方约定的某个确定的期限，如若干年或若干月。租赁期限简称租期，其起始日由双方约定，如提单日、承租方实际占有租赁物件日甚至租赁物件验收日等，称起租日。

（十）租金及费用

在融资租赁交易中，租金是考虑了摊提租赁物件的全部购置成本的。租金的计算以购买合同的货价为基础这一点不是问题。分期支付的租金中含有租金成本的利息这一点也是不言而喻的。问题在于，在多数情况下，在订立融资租赁合同之时，租金金额往往无法确定。通行的做法是称合同中的租金成本为概算成本，在购买合同的支付结束后，出租方根据实际成本计算租金及费用并通知承租方。由于对概算成本和实际成本往往没有确切的规定，以及由于对租金计算的方法没有确切的规定，在承租方同出租方之间往往会对所通知的租金发生分歧。

实际上，在订立融资租赁合同时规定租金金额及其支付日期，是会有困难的。但是，对租金的计算依据、计算方法、支付日期等，在合同中必须作出明确具体的规定。

涉及租金的规定包括：

1. 租金每隔多长时间支付一次，共支付几次，是否有只付息不付本的情况，共几次。

2. 租金是在各期期初付还是在各期期末付，各期均付还是不均付。

3. 租期怎样确定，什么日期是期初日。

4. 租金按什么公式计算。其中，起租日租金成本怎样构成和确定，合同年利率怎样确定，宽限期是多长时间。在利率浮动时尤其要确定各期利率的取值规则。

5. 租金以什么币种计算。

6. 以什么日期为租金支付日（承租方汇付日或出租方银行入账日等）。

7. 租金迟付时有何特别规定（即是否及按什么费率记罚息）以及租金早付时的处理。

8. 租金成本同租金币种不同时的汇率取值规则。

除租金外，合同还可能规定某些费用，如租赁手续费、银行手续费等，则这些费用也应如租金一样有明确的规定。

（十一）租赁期满后租赁物件的处理

国际上有留购、收回、续租三种方式。我国通行留购方式。首先，留购是本合同终止后才可以进行的交易。其次，留购的对价只能是象征性价格，而不是残值。因为，首先，从出租方已收回全部购置成本及利息的角度看，租赁物件已经没有残值；其次，从固定资产折旧的角度看，该资产尚有很大的残值。所以，残值的概念在留购中不适用。

租金始终是占有权的对价，在本合同存续期内，谈不上所有权的转移。所有权的转移不能成为本合同的标的。本合同可以和应该规定的，是在各方完全履约的前提下，在本合同终止后所有权转让的条件。

（十二）合同生效条件

除其他条件外，购买合同的生效应是本合同的生效条件之。

五、合同附表

合同附表问题。目前的一种做法，是把许多合同要件都放在了附表中，而该表中的金额又往往是概算值。因此，又在购买合同项下的支付完毕后由出租方再制一张附表，提交给承租方。前者称附表一，后者称附表二。附表一往往是最后无效的，附表二由于系单方填制，又往往会引起歧义。

实际上，把合同要件归入附表的做法不可取。全部计算依据、取值标准、计算公式或方法均应在合同文本内规定。出租方依据这些规定而在规定时候填制并向承租方提交的《租金及费用通知单》，应是工作单证，而不是合同本身。通知单的填制若符合合同规定，承租方必须承认并据以支付，若不符合合同规定，则是出租方违约。这样，合同的效力不会因附表一的变动或对附表二的歧义而减损。

第二节 融资租赁合同风险管理

融资租赁经营为企业注入长期资本，接受长期资产服务，增强企业竞争能力提供了一个可以选择的机会，也为企业调整资本结构，增加财务杠杆效应，利用资产负债表另辟了蹊径。正是由于有着不同于其他融资方式的融资特性，使得融资租赁既影响到企业财务风险，也关乎到企业经营风险，需要从系统和整体风险管理的角度探讨如何控制企业融资租赁经营风险。

一、融资租赁风险管理目标

通过融资租赁方式，企业可以将融资与投资混为一体，进行一步到位和有针对性地改善资产结构和资本结构的决策，获得经营所需的长期资产，为企业战略经营目标的实现提供动力。从企业战略层面来看，融资租赁战略目标可能是获得独特的产品和服务能力，或者是进入新市场，或者是降低产品和服务成本的能力等。从企业经营层面来看，融资租赁经营目标是通过有效配置和整合租赁资产，接受租赁资产服务，改善和提高企业竞争能力，获得长期稳定的经营现金流。按照企业风险管理整体框架的思想，企业战略和经营目标并不等同于企业风险管理目标，企业风险管理目标就是要为企业战略和经营目标实现提供合理保证。风险管理要达到提供合理保证的目的，就要有风险管理自己的目标设定，以融资租赁经营战略和经营目标为导向进行的风险管理目标设定，是承租人融资租赁风险管理的第一步。

在融资租赁下，承租人风险管理目标是为租赁合同履行提供合理保证。合理保证不是要求在任何情况下无条件地履约，需要的是在成本和风险之间进行权衡，在一定风险水平下履行合约。如果用定量的方式来表述的话，那就是在一定置信水平下（如95%）发生违约支付租金的损失金额。虽然承租人不能按期履约支付租金的根本原因在于企业经营风险的存在，但企业经营产生的现金流，即便可以满足支付租金的需要，也有可能发生企业因资金运作不当，造成延迟支付和无法兑现的可能性。与此相对应，即使企业经营产生的现金流可能在短期内不能满足支付租金的需要，企业仍有可能通过银行贷款的融资方式筹集所需要的资金，避免合同违约情形的出现，尽管这样做可能增加了企业经营成本。融资租赁面临的风险主要还是财务风险，将风险设定为5%或更低概率下违约损失金额，反映了财务风险的特性。

二、融资租赁风险事项识别

（一）租赁合同

不同于一般资产购买合同，交易完成时间短，标的资产转移意味着其所有权的转移。融资租赁几乎涵盖标的资产使用寿命，出租人仍然拥有标的资产名义上的所有权，承租人拥有的是标的资产的占有、使用和收益权，租赁期满资产所有权可能发生转移，也可能没有转移，处于不确定状态。尽管会计依据实质重于形式原则，将融资性租赁资产作为自有资产来处理，但并没有排除资产使用过程中发生意外成本，租赁双方如何安排处理的问题。

事实上，在融资租赁期满前，标的资产处于双方共同监管之下，资产使用过程中所发生的维修保养、财产保险、资产改良、使用环境、使用条件、使用安全防范以及操作培训等影响成本与风险的要素，需要在合同中做出明确规定。

由于信息不对称性，也由于资产性能维持因环境造成的不确定性的存在，增加了租赁合同的不完整性，为未来资产使用发生的额外费用负担的不确定性埋下了伏笔，不可预计的成本费用是融资租赁经营中面临的不可回避的风险。租赁资产对环境要求越高，使用受到的限制越大，发生高的维护和技术使用成本费用的可能性就越大。出租人出于对资产使用安全，延长使用技术性能的考虑，往往在合同中对资产的使用做出一些限制性条款，可能要求对资产使用进行及时性维修保养，对资产进行改良和对操作人员素质和培训提出要求，这既增加了企业经营成本，也为将来责任分担产生了变数。

（二）技术与服务

融资租赁资产能否产生经济效益除了受制于企业经营环境以及竞争力的有效发挥外，还取决于租赁资产能否与企业其他资产有效整合起来，借力发力，配合企业经营和竞争的需要。避免违约支付租金的最好方式是企业租赁资产能够产生足够的现金流。

企业经营能否产生足够的经营活动现金流有赖于租赁资产是否像其设想的那样发挥效用。如果租赁资产达不到技术性能要求，将直接影响到产品服务性能和质量，最终波及企业经营现金流。随着技术发展和租赁资产使用消耗，技术更新和后续服务不到位也将对企业经营产生负面影响，最终影响租金支付的能力。

（三）租赁资产余值

在融资租赁合同中，与租金支付方式相配合，为便于确定承租人每期支付的租金，需要对租赁资产在租赁期满时的价值进行预先估计和确认，反映资产租赁期满还可以继续使用的价值。资产余值是预先估计的，受租赁时间长短、租金支付方式、未来技术发展和市场竞争等诸多因素的影响，与租赁期满时的实际市场价值不可能完全吻合。在租金支付方式一定的条件下，资产余值估值太高，可以减轻承租人长期地、预期的和持续的租金支付压力，缓解承租人租金支付风险。资产余值估计太低，这是在长期地、持续性地保持高水平租金支付，加大了承租人财务风险。

（四）租金与支付方式

融资租赁经营可以小到简单的融资决策，大到包含融资决策在内的一揽子技术服务项目，有众多的、可供选择的方案。租金及其支付方式也存在多样性。租赁资产技术含量越高，越需要提供全方位的技术服务，租赁汽车与租赁飞机的技术服务要求不能相同。在租赁双方的租金谈判中，每期租金的大小往往受到资产购置成本，手续费用，出租人贷款利息、租赁资产余值、租赁期限、支付方式及其不同组合的影响。而将后续技术服务费用、提前终止租赁补偿等作为独立项目排除在租金计算之外，可以简化租金的估算。由于资金时间价值和风险价值存在，租金和支付方式的设计如果能够与租赁资产产生的效益配合，就可以有效地降低租赁经营风险。

三、融资租赁合同签订的注意事项

（一）融资租赁合同出租人的资格

根据法律法规规定，融资租赁公司是指经中国人民银行批准以经营融资租赁业务为主的非银行金融机构，融资租赁业务必须由非银行金融机构经营。即融资租赁合同出租人需具备金融主体资格，否则为非法主体。即并不是任何单位都可以进行融资租赁，根据最高人民法院于 1996 年 5 月发布的《关于审理融资租赁合同纠纷案件若干问题的规定》第六条规定：出租人不具有从事融资租赁经营范围却签订融资租赁合同，该合同无效。因此承租人在签订合同时一定要首先认真审查出租人的融资租赁行为是否超越其经营范围。

（二）标的物的型号、质量或质量标准

由于融资租赁合同中有两个合同关系，所以在签订融资租赁合同时必须注明合同标的的型号及质量或质量标准，以免发生错误。同时，由于融资租赁合同的标的物通常使用的时间较长，所以在签订融资租赁合同时，合同当事人应预先考虑因正常使用等原因造成的磨损或消耗，并在合同中确定一个科学标准，作为区分双方当事人责任的依据。

（三）租赁物的交付

融资租赁合同中，租赁物不是由出租人交付给承租人，而是由出卖人直接交付给承租人并由出卖人对承租人承担瑕疵担保责任。

（四）租赁物的维修

融资租赁合同中租赁物的维修不是由出租人维修，而是由承租人来维修的。

（五）租赁物的最终归属

1. 承租人可以与出租人在合同中约定承租人分期支付租赁物的价款，当价款全部支付完时，租赁物的所有权归承租人享有。

2. 承租人也可以与出租人在合同中约定承租人每月支付租金，到合同期限

届满时，承租人返还租赁物给出租人。

（六）担保

由于融资租赁合同中的标的物通常都是价格比较昂贵的，所以出租人为了降低风险可以要求承租人提供保证，若出租人要求承租人提供保证金，则保证金的数额一般不能超过购买租赁物成本的20%。若出租人要求承租人提供担保人，则当承租人不能向出租人交纳租金或履行其他义务时，由担保人代为履行。

（七）保险

融资租赁期间，租赁物应当缴纳保险，这是融资租赁合同的特殊之处。保险费是由承租人承担的，该费用可列入租金总额，也可单独列出。有关保险事宜的具体问题可由双方当事人在合同中约定，保险赔偿金由承租人享有。

四、融资租赁风险应对策略

（一）租赁合同风险

应对合同陷阱或风险的办法是选择有经验的技术和法律专家参与融资租赁合同的谈判，而不仅仅是财务人员，以便将租赁合同订立得更加完备。

在合同中要明确资产的使用环境和条件，人员培训要求，回避资产性能意外损坏带来的风险。在合同中确定资产预防性维修保养或性能改造方式方法，技术性服务要求，明确资产性能达不到合同使用寿命所做的资产更换和损失补偿，维持尽可能长的资产最佳使用期，可以有效降低资产运营风险。

（二）技术与服务风险

随着企业竞争加剧和技术水平不断提高，租赁资产性能可能不适应市场竞争需要，企业要求出租人不断地提供技术服务和对资产进行更新改造，选择有技术服务实力的出租人或制造商的产品，可以减轻技术老化对企业经营产生的冲击。尽管企业经营现金流取决于租赁资产与其他资产磨合程度和企业营运水平，但租赁资产毕竟是企业提高经营现金流的关节点，在租赁资产性能保证方面，技术与服务水平高，可以减轻产品服务性能不稳带来的风险，增强企业产品和服务能力，保持经营现金流的稳定。

（三）租赁资产余值风险

在融资租赁合同中，出租人为了减少租赁资产余值风险，往往要求承租人为租赁到期时资产余值超过市场价值部分提供额外补偿担保。这是因为如果资产余值过高，承租人每期支付的租金相对较低，未来租赁资产价值的不确定性降低了承租人的财务风险，提高了出租人的财务风险，需要在承租人与出租人之间建立风险均衡机制。

如果租赁到期时资产余值低于市场价值,出租人不需要得到额外补偿,这是因为承租人每期支付的租金中包含了市场价值与资产余值的差价,为补偿承租人每期多付的租金,承租人可以以低于市场价值购得租赁资产。

在有关资产余值的谈判中,出租人由于掌握着更多的信息资源而处于主导地位,承租人要想控制资产余值风险需要获得更多的信息,特别是租赁资产的未来技术发展和市场需求信息,接受可以承担的风险。

(四) 租金与支付方式风险

应用情景分析将租金与经营产生的现金流配合起来,是控制融资租赁风险的最佳选择,以保持租金来源的长期稳定和租金支付的一贯性。尽管租金与企业经营所产生的现金流不可能完全相吻合,但只要不是长期的,将租金紧缺保持或者控制在一定置信水平上,就可以达到控制风险的目的。

短期租金紧缺可以通过银行贷款等融资方式进行缓解。租金支付方式选择也会影响到融资租赁风险。按年支付租金比按季或者月支付租金会有更大的回旋余地,尽管按年一次支付的金额比较大,但企业可以通过建立偿债基金的方式积累资金,满足一次性大笔支付的需要。与每月或每季支付租金相比,企业没有了持续的、期限很短的支付压力,调度和运作资金更加宽容,只是出租人对租金要求相对较高,弥补他所面临的信用风险和时间价值。

租金支付方式一般采用等额式,也可以采用前期少量支付,后期大量支付的棒槌式,或前期和后期少付,中间大量支付的橄榄球式。各种租金支付方式选择,需要考虑的是如何配合企业经营产生的现金流,减少租金支付紧缺的波动性。

五、融资租赁合同诉讼中若干问题

(一) 融资租赁合同的法律适用问题

融资租赁合同十分复杂,它涉及金融、贸易、工业产权、保险、交通、海关、财会、投资税务和法律等诸多方面问题,我国的融资租赁业务尚处于起步发展时期,缺少相应配套的专门租赁业法和调处融资租赁合同管理条例。

既然融资租赁合同是属民法和经济合同法的范畴,那么我国现行的《民法通则》、《经济合同法》、《银行管理暂行条例》的有关条款可以依据或参照适用。如关于合同的一般原则性规定,完全可以作为签订融资租赁合同有关条款,规定双方权利和义务的依据,且我国现行格式文本"融资租赁合同"上写道"经双方商定按下列条款签订本融资租赁合同共同遵守",这种建立在民事法律原则基础上的经当事人协商一致的有关条款,应当作为法院审理此类案件,判明是非确定法律责任之根据。又如,融资租赁还属于金融业务范畴,有关经营业务中必须遵守有关金融法规，那么有关银行监管等单行法规也是执法办案的基础。再如，从事融资租赁，经济担保必不可少，有关担保法律法规也可以适用。

此外，我国已参加"国际融资租赁公约"，一旦公约生效，可以借鉴调处含有涉外因素的融资租赁合同纠纷。实事求是地讲，现行法规很不健全远不能适应融资租赁发展和审判实践需要，正因为这样，反映在审理融资租赁合同纠纷中的法律程序、实体处理的问题十分突出，这有待于我们在经济审判实践中加以探索，总结经验，为今后完善融资租赁合同立法提供参考依据。

（二）假"融资"真"借贷"纠纷案件的实体处理问题

融资租赁合同与借贷合同的区别在于当事人双方不存在单纯的资金借贷关系，出租人对承租人的资金融通表现形式为出租设备，承租人直接获得只是设备使用权而不是贷款。由于当事人对融资租赁合同的法律特征不理解或履行中的误解，又由于有的企业急需资金而借贷无门，有的金融机构则为牟取较高利息而以租赁形式发放贷款，导致一些名为"融资"实为"借贷"的合同纠纷诉至法院。在审判中遇到的情况大致有两种：一种是出租方和承租方仅订有"租赁设备"协议，出租方未订有购货合同而直接将"设备款"借给承租方以偿还租金形式还本付息。这种情况一旦诉至法院，经查明双方是规避法律而签订的借贷合同，法院在确认合同无效的情况下，出租方只能收回本金，约定以租金形式取得利息部分不予保护。另一种是出租方、承租方和供货方分别签订了符合形式要件的融资租赁合同和购货合同，但三方当事人实际履行的仍是借贷合同。此种形式比较隐蔽，从形式要件上看，"三方当事人签订两个合同"完全符合法律规定。

目前法院对上述两种情况的案件实体处理意见是：确认案件性质是名为融资租赁合同实为企业之间相互借贷的无效借贷合同。根据有关法律的规定，除依法判令"承租方"借款如数返还贷款本金外，对约定取得和已经取得的利息租金不保护予以追缴国库，视情节对借款双方给予一定的罚款。因被担保的合同确认无效，担保方则对借款方应偿还贷款承担连带责任。

（三）融资租赁设备质量争议和对外索赔责任问题

一般地讲，融资租赁的先进设备大都是向外商求购，随之而来如果外商所供设备质量有问题，如何解决，需要向外索赔的是出租人，还是由承租人？索赔无着造成的经济损失又由谁来承担？这也是融资租赁合同诉讼中争论较大问题之一。

1. 融资租赁设备质量问题应由承租人负责。因为租赁设备的制造商和设备规格等的选择权、决定权在承租人，出租人仅仅作为一个代理人出面签订合同而已，并且设备的验收、安装调试等也直接由承租人与外商及工程技术人员签收交接。所以承租人对设备选定失误，验收不严等致设备质量问题存在，又未在索赔有效期间提出，其责任由承租人负责。如果因出租人资金不足，未能如期开出信用证造成外商拒绝或迟延交货的，或因出租人原因耽误索赔的，出租人应对此承担责任。

2. 应当由出租人对外索赔。首先，对外购货合同是由出租人以自己名义与外商订立合同，若外商供应的设备不符合同规定，理应由出租人出面交涉。其次，即使有的合同中订有转移索赔权条款，即把设备的索赔权转移给承租人，由承租人直接向外商索赔，但在实际中无法履行，因为这种出租人与承租人双方约定的转移索赔条款，对不是租赁合同一方无法律约束力。还因为我国现行的外贸代理对外经济贸易体制，决定了无外贸经营权的企业既无权对外订立合同，也无权直接对外索赔，所以租赁设备质量的对外索赔应由出租人承担。

3. 从目前来看对外索赔由有对外经营权的出租人和了解设备具体质量问题的承担人共同协调对外，可以取得较好的效果。如某机械厂通过租赁公司向日本国某株式会社进口机械设备一套，外方技术人员直接到厂家调试安装，因设备运转异常，影响正常投产，经出租人（租赁公司）出面，承租人（企业）配合提出具体质量不符证据，致外商很快派员检修、更换部件，保证了租赁设备质量，还按约支付了违约金，取得了预期效果。但是如果双方一致对外索赔无果或质量问题未能解决，由此而引起的风险责任和经济损失，仍应由承租人承担。承租人不能以质量异议为由拒付租金（包括设备本金、总利息、服务费）。

（四）承租人擅自处分租赁物件、损害出租人的权益法律对此如何保护问题

融资租赁合同的特征告诉我们，租赁物件产权归出租方所有，承租方只有使用权，未经出租方同意，不得对租赁物件擅自行使处分权。如转租、转让、变卖和抵押，也不允许对租赁物的外形、结构进行改动，更不能将其作为自己的资产向外投资。对于承租人擅自处分租赁物损害出租人合法权益的情况应如何依法保护，对于无处分权的承租人将租赁物流转到无过错的第三人手中，所有权人与占有人之间的纠纷又如何解决，这也是目前经济审判值得研讨的课题。

（五）双方联营，一方出面租赁设备，拖欠租金经济责任如何承担问题

在改革开放和商品经济大潮中，企业间的联营是加强经济协作的主要形式，联营企业融资租赁设备情况时有发生，如果是法人型联营企业租赁设备所产生的经济法律责任比较清楚，当然由具有法人资格的联营企业承担。问题是合伙型、协作型的联营一方出面租赁设备，拖欠租金产生的债务，联营的另一方应不应承担责任，如应承担，又该如何分担。

如某洗衣机厂与南租公司签订联营协议，双方共同引进日本国生产的洗衣机模具检测和喷漆生产线设备一套，约定由洗衣机厂出面承租，协议还对双方联营

期间盈利分享和亏损分担作了明确约定。接着洗衣机厂与东方租赁公司分别签订租赁合同三份，由东方租赁公司采用融资租赁方式租给洗衣机厂自行选定的上述设备一套，总租金为×××万美元，×××作为担保单位签字盖章。

洗衣机厂租赁设备后企业自身经营不善严重亏损被无线电厂兼并无力偿付租金，从而引起纠纷，东方租赁公司遂以洗衣机厂和担保单位为被告诉至法院。在此诉讼中，南租公司是否应作为被告参加诉讼并与洗衣厂按联营协议约定承担经济责任？

按照最高人民法院"关于联营各方对联营债务的承担问题"中指出的"合伙型联营各方应当依照有关法律、法规的规定或者合同的约定对联营债务负连带清偿责任。""联营是协作型的联营各方按照合同的约定，分别以各自所有或经营管理的财产承担民事责任"。此规定，双方联营，一方出面租赁设备拖欠租金是合伙型联营还是协作型联营的，另一方均应承担经济责任。两者区别在，合伙型联营的另一方对租金全额偿付承担连带责任，协作型联营的另一方是按约定份额承担经济责任。

本案中南租公司与洗衣机厂系协作型联营，则南租公司应按联营协议的比例承担偿付租金。担保人则仍应对洗衣机厂、南租公司偿付租金的总额承担连带责任。

（六）货物买卖合同的申请仲裁与融资租赁合同纠纷的诉讼协调一致问题

如前所叙，租赁设备一般是通过货物买卖合同向外商订购。从国际惯例，此类合同一般订有发生争议由贸促会进行仲裁的条款，融资租赁合同的双方均为中国法人产生纠纷又大都向法院诉讼。在实践中出现购货合同在申请仲裁，融资租赁合同在法院进行诉讼，这样的情况如何妥善处理，不仅对当事人，尤其是出租人有个先仲裁还是先诉讼合适的问题。就是对仲裁机构、审判机关也有个如何协调一致的问题。

如某中租公司根据被单厂的要求与意大利国米肯诺特斯公司签订了引进平图网印花机一台的订货合同，合同载明"如发生争议一方可向中国贸促会申请仲裁。"后中租公司又与被单厂签订融资租赁合同，约定中租公司将概算租金为1390万美元的平图网印花机一台套租赁给被单厂。之后，外商派技术人员到工厂安装调试，发现该机平网有效印花台面尺寸不够，刮印装置尺寸不合理，并经双方工程技术人员对质量问题签字认可，被单厂遂以机械质量不符拒付租金，中租公司则以合同约定质量条款由被单厂负责且索赔权已转移，要求担保人工商银行办事处先予偿付，从而产生纠纷。被单厂以中租公司为被告至法院，中租公司获悉又向贸促会申请仲裁。

对此应如何协调，有的意见认为仲裁与诉讼可同时进行，因购货合同和融资租赁合同是两个相互关联又独立的法律关系，仲裁和诉讼两个机构亦不互相冲突。有的意见认为应当先仲后诉。理由是购货合同的标题合同人是出租方，但它只是代理承租人出面订购设备，且仲裁过程中，承租方必须作为不可解脱的当事人出庭，无论是以质量异议或其他原因申请仲裁，只要是围绕"租赁设备"这同一标的物进行仲裁，其结果必将影响下一环融资租赁合同纠纷案件的审理。所以，第二种意见，先仲裁后诉讼比较合适。

第十六章 承揽合同

加工承揽是市场经济生活中一种普遍采用的生产经营方式，它一方面弥补了企业无法达到的"大而全"模式，另一方面使生产工序分工更专业、更细化，符合现代经济发展的方向，是市场经济发展不可或缺的重要组成部分。加工承揽合同作为实现双方合作成功的重要保证形式，是企业经济活动中应用较为广泛的一种法律文件。

第一节 承揽合同基础知识

一、承揽合同的概念和特征

承揽合同是承揽方按照定作方提出的要求完成一定的工作，定作方接受承揽方完成的工作成果，并付给约定报酬的合同。加工承揽合同根据其性质和内容的不同，可分为以下几种：加工合同、定作合同、修缮合同、劳务合同、印刷合同、广告合同；除上述列举的合同以外，还有修理、测试、测绘、装配、包装、装潢、印染、复制、化验、翻译、出版等合同。

其特征如下：

第一，承揽合同是以完成一定的工作为目的，即定作方所需要的不是承揽方的单纯劳务，而是其物化的劳务成果。

第二，承揽合同的标的（定作物）具有特定性，是承揽方按照定作方的特定要求，通过自己与众不同的劳动后而完成的，故明确质量和技术要求、确定验收标准是需要双方充分沟通的重点条款。

第三，承揽合同又是诺成、双务、有偿合同。

第四，承揽方在履行合同过程中，应当妥善保管定作人提供的材料以及完成的工作成果，因保管不善造成定作物损坏、灭失的，应由承揽方独立承担责任；在定作过程中加工人员出现伤亡，或非提供材料原因造成的设备损坏，由承揽方承担责任，定作方原则上不承担责任。

二、承揽合同应具备的内容

加工承揽合同是满足特定需要的一种经济活动,承揽合同的订立过程中存在除了其他合同订立中经常产生的问题,如主体资格、标的的不合法及合同的形式不合要求等,还包括商业秘密、技术材料、留置条件、保密制度等问题。这些问题事项在合同订立中至关重要,当事人应予足够认识。常见的承揽合同应具备以下内容。

(一)合同主体资格

订立加工承揽合同首先要注意了解对方履行合同的能力。尤其是对承揽方能否完成委托项目,其设计能力、设备条件、技术力量、工艺水平以及其曾经完成过何类水平的项目,都要了解清楚。即使全部符合要求,并已经承揽多年业务,也应查询清楚。

(二)标的

承揽合同的标的是特定的劳动成果,具有特定性,当事人在订立合同时应当具体准确地写明定作物的名称或项目,不能模糊使人产生歧义。应注意加工物是否是合法物,审查加工物是否是法律禁止物,是否需经有关部门批准才允许加工,避免出现不必要的法律责任。

(三)原材料的供应和使用

1. 定作人对承揽人提供原材料的要求及检验

承揽人提供原材料应在订立合同时规定原材料的质量标准,承揽人必须依照合同规定选用原材料,并接受定作人的检验,承揽人隐瞒原材料缺陷或者使用不符合合同规定原材料而影响定作物质量时,定作人有权要求重作、修理、减少价款或解除合同。

2. 承揽人对定作人提供原材料及检验

由定作人提供原料在订立合同时应规定原材料交付的时间、数量、质量、交接地点、方式等,承揽人对原材料应及时检验,不符合要求的应立即通知定作人更换或补齐。承揽人对定作人提供的原材料不得擅自更换,对修理的物品不得偷换零件。同时还应对原材料消耗定额,以及超出定额部分材料费用的承担作出约定,以明确责任,避免履行过程中出现纠纷。

(四)对定作物的质量要求及(或)技术标准

1. 订立合同时,对定作物的质量的规定应当明确具体,不能简单或者模棱两可。当事人对质量约定不明的补救措施,应按照国家标准、行业标准履行;没有国家标准、行业标准的,按照通常标准或符合合同目的的特定标准履行。

2. 质量是以样品为准，除了双方封存样品外，还应有样品质量描述的书面材料。以免样品灭失或自然毁损或对样品内部质量有异议而发生纠纷。

（五）定作人提供技术资料、图纸的方法

对资料和图纸的名称、数量和编号都要注明并要经双方签字盖章进行确认。

（六）检查验收

1. 承揽方在工作期间，应当接受定作方必要的检查，但定作方不得因此妨碍承揽方的正常工作。当事人双方对定作物和项目的质量在检验中发生争议时，可由法定质量监督检验机构提供检验证明。

2. 定作方应当按合同规定的期限验收承揽方所完成的工作，验收前承揽方应当向定作方提交必需的技术资料和有关质量证明，对短期检验难以发现质量缺陷的，定作物或项目，应当由双方协商，在合同中规定保证期限，保证期限内发生的质量问题，除定作方使用、保管不当等原因而造成质量问题的以外，由承揽方负责修复或退换。

（七）验收标准、方法及提出异议的期限

有标准的按标准，没有标准的按双方约定的要求检验。对于检验的方式、方法和期限双方认为有必要时协商，最好注明提出异议的期限，对任何期限的约定都一定要注明期限终止的时间点。

（八）留置条件

承揽人提交必要的技术资料及有关质量证明的名称和数量、有关说明书、装箱单、安装图纸、化验单、检验合格证等内容，定作人未付清价款可作为留置条件。《合同法》规定，定作人未向承揽人支付报酬或者材料费等价款的，承揽人对完成的工作成果享有留置权。承揽人享有的留置权是法定担保物权，无须合同约定。承揽人在依法留置定作物后，应当通知定作人在一定期限内履行相应的义务，订立合同时可以对该期限进行约定。

《合同法》规定的期限应不少于 2 个月。承揽人只有在规定的期限届满时，才能处分定作物。承揽人通过折价的方式处分定作物应与定作人协商，通过拍卖、变卖方式处分定作物，应将有关情况及时通知定作人。承揽人在留置定作物期间，可以收取定作物孳息，享有必要的使用权，将报酬请求权转让时，留置权也可一同转让。留置权作为为承揽人设立的权利，当事人可以约定选择放弃。

（九）交付（提取）定作物的方式及费用负担

交付方式一般是通过自提或送货途径。涉及运输的方式和费用负担双方协商约定。注意不得出现"带款提货"、"货到付款"的字样，因为这不是买卖合同，无货可提，并且"带款提货"、"货到付款"也不是交提货的方式。

（十）交付定金的时间、数额及适用定金罚则的条件

加工承揽合同中一般约定定金，数额为总价款的 20%，因定作人有任意解除合同的权利，一旦中途解除合同，承揽人的损失将无法及时有效地得到赔偿。适用定金罚则的条件一般为"一方不履行合同或单方解除合同"。

（十一）余款的支付及支付期限

加工承揽合同一般不能约定分期付款，无论谁提供原材料，在加工过程中都转化为定作物，而定作物的所有权在加工完成时就属于定作人所有，承揽人只享有留置权，一旦交付，留置权消灭，分期付款对承揽人十分不利。

（十二）违约责任及违约金数额或计算方法

如有约定要分别注明违约事项所适用的违约金数额或计算方法。不要出现"按经济合同法"，这是违法无效的约定，不要出现"按合同法"，这是无意义的约定，《加工承揽合同条例》对违约责任、违约金结付定出了比例幅度；合同当事人应注意确定违约金的具体百分数。

（十三）保密条款

承揽人在订立和履行合同过程中知悉定作人的商业秘密或技术秘密，如：设计图纸、技术资料、专利成果甚至是定作人要求保密的姓名、名称、住所等，如果承担人泄露或不正当使用该秘密的，将会给定作人的利益带来损害。因此，在签订承揽合同时，定作人应明确约定承揽人保密的内容和期限，保密的期限可以不限于合同的履行期限，并应具体约定如承揽人违反保密的义务所应承担的赔偿责任。

（十四）其他约定的事项

1. 承揽方应在订立合同时合理地预见"定作方依法随时解除承揽合同"、"中途变更承揽要求"所带来的损失及评估，在此基础上合理安排人力及设备组织加工。

2. 定作人的协助义务。

（1）定作人有依据合同提供材料、设计图纸、技术要求、样品的义务，如出现相关材料存在瑕疵的，定作人还应及时更换、补齐。定作人不履行协助义务的，承揽人可以在合同约定的期限内催促其履行，如果定作人仍不履行的，承揽人有权解除合同。这里涉及催促履行期的问题，应当在合同中予以具体化。

（2）定作方应对自己提供给承揽方的图纸或技术方案予以认真审议。但承揽方对图纸及技术方案提出异议时，要及时核实情况、组织论证、完善方案，切不可拖延推诿，由此将会承担承揽方产生的窝工、设备租赁、生产线闲置等相关损失。

3. 在履行合同过程中，承揽人发现定作人提供的材料或图纸、技术要求等不符合约定要求的，应及时通知定作人进行更换、补齐或采取其他的补救措施，如承揽人不及时通知或定作人怠于答复则有可能导致合同不能按时履行或造成对方损失。

这里还涉及"通知"的时间及方式。所以，在承揽合同中，还应当明确，如出现上述问题，合同一方应当在几天内，通过什么方式通告对方，只要守约方在合同约定的时间内履行了通知的义务，则可避免相关的法律风险。

4. 在承揽合同中，尤其是涉及技术含量较高的承揽工作的合同中，一般均约定主要工作应当由承揽人自行完成。这对于维护定作人对承揽人的依赖以及合同利益都起到决定性的作用。作为承揽人，如考虑到自身在合同期限内有可能不能按时完成承揽工作，而必须与第三人合作才能按时交付工作成果时，则可以在签订合同时与定作人进行协商，约定可将主要工作交由第三人完成，这样对于促成合同的签订以及保障合同的顺利履行将起着积极的作用。反之，如果承揽人在未经定作人同意的前提下，擅自将承揽的主要工作交由第三人完成的，定作人有权解除合同，这样将给承揽人带来一系列的法律风险。因此，承揽合同中最好提前做约定。

第二节 承揽合同在实务中区分的难点

一、承揽合同与买卖合同

根据《中华人民共和国合同法》第一百三十条规定，买卖合同是出卖人转移标的物的所有权于买受人，买受人支付价款的合同。本法第二百五十一条规定，承揽合同是承揽人按照定做人的要求完成工作，交付工作成果，定做人给付报酬的合同。承揽合同包括加工、定作、修理、复制、测试、检验等不同种类。

随着经济发展和社会进步，买卖行为和具有承揽性质的加工、定做等行为日益普遍，由此而引发的纠纷数量也在不断上升。究其原因，主要是因为立法对承揽合同与买卖合同的区分标准不明确。

（一）区分承揽合同与买卖合同的传统标准

1. 传统区分标准。传统上，大陆法系国家多通过立法对其在法律适用上设特种规则对之加以区别。概括其学说和立法体例有三种：

（1）材料供给说。罗马法和早期的德国普通法采用这种立法例。以材料供给为标准，即主要材料如由定作人提供，则为承揽，反之，由制作人提供，则为买卖，而不考虑工作物是否为特定物。

（2）意思表示说。《意大利民法典》和《奥地利民法》采用这种立法例。以当事人意思表示为判断标准，当事人以完成工作为合同目的，则为承揽，如以标的物所有权转移为目的，则为买卖。

（3）混合合同说。《德国民法典》采用了这一体例规定。如材料由定做人提供，为承揽合同。如材料由制作人提供，则应视所完成的工作物是否为种类物有所不同，如为种类物，则为买卖合同；如为特定物，则分别适用买卖和承揽合同的规定。

2. 我国对两者的区分。我国合同法对之并没有明确地区分，实践中存在不同的区分标准：

（1）合同客体（标的物）判断。买卖合同的标的既可以是特定物，也可以是代替物；而承揽合同则必须是特定物。合同成立时，买卖合同的标的物可能存在，也可能不存在；承揽合同标的物则必须在合同成立之后才能存在。

（2）合同主体判断。承揽合同一般需要承揽人亲自完成主要工作或次要工作，而买卖合同中，劳务完成的主体则不具有特定身份性，可由第三人完成。

（3）权利义务和风险划分判断。承揽合同承揽人一般有留置工作成果的权利；而在买卖合同中，任何一方当事人均无此权利。承揽合同的标的物毁损、意外灭失的风险，在工作成果完成前，只能由承揽人承担；而在买卖合同中，标的物意外毁损、灭失的风险，当事人可以约定自合同成立时起转移。承揽合同中，定做人有检验监督权；买卖合同中，买方对卖方无检查监督的权利。承揽合同的定做人在工作成果未完成之前，随时可以解除合同；而买卖合同的当事人并无此权利。

（二）传统区分标准存在问题

上述学理中关于买卖合同和承揽合同的区分标准，由于实践本身的复杂性，往往并不能直接帮助司法实践中当事人对该合同性质做出准确的判断，进而导致适用上的混同。

1. 标的物是否为"特定物"，无法准确判断合同性质。我国《海商法》第25条第2款规定："造船人、修船人在合同另一方未履行合同时，可以留置所占有的船舶"。交通部统一编制的国内造船合同文本采用了"加工承揽合同"的形式。所以，我国有学者认为，造船合同属于加工承揽合同。但在实践中船舶建造方一般认为合同适用有关加工承揽的法律规定不足以保护其利益，而在合同签订过程中规避法律，将其称为"船舶建造买卖合同"或"船舶买卖合同"。

中国船舶工业贸易公司（CSTC）制定的船舶建造合同文本，就是将合同定性为"买卖合同"。我国船舶建造工业在国际市场的地位很高,目前国内造船合同选择采用此文本签订合同的频率很高。这种合同的标的物一定是"特定物",但是合同的性质是买卖合同。

2. 合同履行主体是否为"本人",无法准确判断合同性质。实践中,由于市场分工的细化和专业化要求不同,存在承揽人对承揽合同进一步分包的行为。虽然这种分包行为不完全合法,但实践中大量存在,并且有相关司法解释和实践对于分包产生的债权进行保护并支持。非本人完成的承揽合同不仅存在,还得到了法律保护。可见,合同的履行主体是否为"本人",无法准确区分买卖合同和承揽合同。

3. 单纯依靠某项权利义务和风险划分,无法准确判断合同性质。市场经济利益主体的多元化和需求的多样化,买卖合同一方根据意思自治原则单方授予另一方合同随意解除权的情况时有出现。不能仅仅根据合同条款中是否有"单方解除合同权"来判断合同性质为买卖合同还是承揽合同。同时,留置权条款并不是使合同变成承揽合同的充分条件。留置担保属于法定担保,不允许当事人随意约定,承揽合同是留置权产生的前提,未约定留置权的合同也许是承揽合同,单纯依靠某项权利义务和风险划分也无法准确判断合同性质。

(三) 承揽合同与买卖合同的本质区别

客观世界本身的复杂性、变化性与人类认识客观世界的局限性和环境的不确定性,加之合同条款本身可能具有的不确定性和不完善性,导致在合同适用过程中产生纠纷。法律对合同性质的区分,体现了立法者对不同合同关系中的利益关注和保护程度不同。从立法者本意出发,基于合同当事人的合意来确定合同的性质更加有利于实现法律服务于经济基础的需要。合同合意作为连接基本法律原则、具体法律条款和具体合同条款的有效纽带,成为有效的合同约束体系构建的关键点。合同之所以具有法律上的约束力,一方面表现在合同合意能够严格拘束订约双方中任何一方违约时承担违约责任;另一方面还表现在合意具有优先于合同法任意性规范而适用的效力,即约定优先原则。合同法设定的许多规则的理解和适用都是基于合意而进行。

1. 从合同目的出发,正确理解合同合意。"合同合意"的正确理解,一个关键要素就是要把握住"意思表示"核心内涵。意思表示是行为能力适格者将意欲实现的私法效果发表的行为。其构成包括内心意思与表示行为,是主观意思见之于客观表达,是主客观的统一。

在承揽合同与买卖合同的性质判断中,可以合同成立时当事人意思表示为判断标准,即如当事人订约目的在于使定做人取得标的物所有权,则为买卖合同;

如订约目的在于使承揽人取得所有权并转移于定做人，则为承揽合同。这里的关键点在于厘清合同目的。以避免单独以合同的标的物归属或风险转移等为判断标准的不确定性，更好地解决合同纠纷。

合同目的是指合同双方通过合同的订立和履行，最终所期望得到的东西或者达到的状态。合同目的反映当事人的订约意图，相当于"纲"的作用。

但我国《合同法》第12条关于合同一般条款的规定中并没有提到合同目的条款。而通常情况下，不是所有的合同都会把目的以单独条款形式明确写出。关于合同的目的判断，一般可以通过如下几种途径进行：

（1）名称判断标准。主要是将合同名称所使用概念反映出来。如果合同所使用的概念是买卖合同或相类似的概念（如购销合同等），则应定性为买卖合同；反之，如果使用的是承揽合同或类似的概念（定做合同）等，则应将合同定性为承揽合同。

（2）内容判断标准。如果从合同名称没有具体规定，而根据合同内容条款能够确认合同的性质，则应依合同内容认定。如果一个无名合同中，大量的内容条款围绕承揽法律关系展开，可以根据其多次出现的相关词语将其定性为承揽合同。

（3）综合判断标准。如果合同名称和具有概念性质的内容条款所使用的前后不一致，则以出现频率较高的概念定性。没有法理依据说明合同条款中名称条款的效力高于具体内容条款的效力，所以不能简单地以合同名称条款否定合同的内容条款。因为，此时名称所使用概念的效力并不优越于具有概念性质的具体条款的效力。

（4）第三方判断标准。如果从合同所使用的概念上仍不能确定合同的性质，就应该由案件审理的法官结合案件各方面的事实，探求当事人的真意，根据双方之间的交易习惯，从而做出有约束力的判断。

2. 从合同合意出发，准确区分承揽合同与买卖合同。具体到一份合同究竟是承揽合同还是买卖合同的性质辨析中，建议从合同合意和合同目的出发，从以下几个方面作出判断：

（1）合同合意判断标准。通过对当事人定约目的的把握判断合同合意，看合同文本中有无强调标的物的接受人（具体合同中可能写作购买人或承揽人）控制生产过程的内容，如材料选材权、监督检查权、单方设计变更权、终止定作权等权利的约定。这些约定不一定全部具备，但是必须能显示出定做人对生产过程的必要控制，如有，为承揽合同；如无，应认定为买卖合同。

（2）辅助标准。当合同合意的判断缺乏足够的支持依据的时候，合同客体（标的物）判断标准、合同主体判断标准以及权利义务及风险转移等标准可以辅助参考标准。

（3）在通过上述标准仍无法区分的情况下，从实用主义角度出发，应定性为买卖合同。因为相对于承揽合同而言，买卖合同更具有一般性。买卖合同的规定基本上都适用承揽合同，而承揽合同不一定适用于买卖合同。按照这种逻辑推理，既然该合同不具备承揽合同的特殊要件，应当按照买卖合同来处理，这样更符合立法的初衷和合同的合意。

二、雇佣合同与承揽合同

（一）雇佣合同的概念及相关国家规定

雇佣合同英文称之为 services contract，即罗马法典的佣工契约，传统上称为雇主和雇工的合同，现在称之为雇佣合同。

雇佣合同，虽然在审判实践中，雇佣合同纠纷已广泛存在，但我国现行法律、法规尚未规定雇佣合同，但其他大陆法系一般对雇佣合同都有明确规定，例如《法国民法典》、《德国民法典》、"《中华民国民法典》"（中国台湾地区）。另外，英美法系的其他成文法对雇佣合同也进行了明确界定。实际上，在全国人大法工委委托学者起草的《中华人民共和国合同法建议草案》中，曾专设雇佣合同一章，但是在最后通过的《合同法》中却删掉这一章。对此，梁慧星先生曾做出这样的评论："建议草案在广泛参考各国保护劳动者的立法经验基础上精心设计和拟定的雇佣合同一章被删掉，是最令人惋惜的"。现在的民法典专家建议稿又再对雇佣合同专门设一章，该草案合同编第 15 章第 301 条规定："雇佣合同是受雇人向雇佣人提供劳务，雇佣人支付报酬的合同。"

（二）雇佣合同的特征

根据各国关于雇佣合同的不同定义和我国司法实务所根据的法理来看，雇佣合同所具有的主要法律特征有：

1. 主体的特殊性和从属性。雇佣合同的主体除了法人、社会团体外，主要是自然人，且雇主和雇员之间是从属关系，当事人之间彼此不是独立的。

2. 调整对象的特殊性。雇佣合同调整的是非职业化的劳动关系。

3. 合同规定的自主性。雇佣合同的当事人在合同条款的制定上具有较大的自主协商的余地，除非雇佣合同违反法律、法规的强制性规定，如合同的解除、支付工资的形式等。

4. 合同形式的随意性。雇佣合同的形式可以是书面的，也可以是口头的。

5. 雇佣损害赔偿适用无过错原则。雇工的生产、劳动条件是由雇主提供的，并由雇主安排，指挥主导在整个劳动过程中，因而实行无过错原则可以更好地保护雇工的民事权益，能得到及时的救济。

（三）确定雇佣合同的标准

现实生活中，雇佣合同易与承揽合同等发生混淆。确定一个雇佣合同的主要标准是：首先要看双方当事人之间是否有雇佣合同，如果没有书面形成的雇佣合同，则看是否事实上存在雇佣关系。最关键的是看雇主是否指挥和控制雇员的行为。法国最高法院认为：如果雇主享有对雇员发号施令的权力，并且这种命令和指导是关于这些雇员如何完成其职务活动的方法或指导的话，则雇主和雇员之间存在雇佣关系。而英美法系对此的界定标准较为具体和综合，包括：报酬的给付是以工作时间还是以工作效果为标准，工作时间、地点、进度是否由劳务提供者自己制定；工作的工具、设备由谁提供，发放工资的方式是固定的还是一次性的，雇主解除雇佣关系的权利大小等因素来综合考虑。该认定方式也被中国法律界作为在大多数司法实践中界定雇佣合同的标准。

（四）雇佣合同和承揽合同的甄别

从承揽合同和雇佣合同的法律定义和特征可以看出二者的主要区别如下：

1. 给付劳务的目的不同。在雇佣合同中，受雇人仅为一定的目的而劳动，即在一定时间内给付劳动者，侧重于劳务给付的过程。承揽合同则是以给付劳务为手段，取得劳务的结果即工作成果为目的。

2. 选择相对方的条件不同。雇佣合同中，雇主是以雇员的劳动技能是否适合自己的要求，雇员则是以劳动报酬为选择标准。而在承揽合同中，定作方选择承揽方是根据承揽方的技能、生产设备或生产规模、信誉等作为选择标准。而承揽方则是以自己的技能或现有的条件能否完成工作，并获得预期利益来订立合同。

3. 双方地位不同。在雇佣合同中，受雇人相对于雇主处于被指挥、被掌控的从属地位，受雇人的一切活动须以雇主的同意和指示为准。而承揽合同中，承揽人相对于定作人处于独立的平等地位，承揽人对工作安排享有完全自主权，定作方无权进行干预。

4. 报酬给付方式与标准不同。雇佣关系中，报酬一经确定，则以时间的延续而获得，在单位时间内的报酬是相对稳定的，不会有亏损危险。而承揽合同的劳动报酬是基于承揽方的技能、生产规模或原材料价格等多方面因素确定，其报酬是以完成的成果为标准，一次性给付。

5. 风险承担方式不同。雇佣合同中，雇员在完成工作过程时所产生的风险，如雇员受到伤害，致他人损害，工作物不符合质量要求等所导致的损失，均由雇主承担责任。而在承揽合同中则由承揽人负危险责任，除非是雇员的故意或重大过失所致，而根本不涉及定作方。

最高人民法院民一庭编著的《人身损害赔偿司法解释的适用》一书中，认为当事人双方就是否是承揽合同还是雇佣性质的合同发生争议时，人民法院可以综合分析下列因素，结合案件具体情况可以认定：(1) 当事人之间是否存在控制支配和从属关系；(2) 是否由一方当事人指定工作物场所，提供劳动工具或设备，限制工作时间；(3) 是定期给付劳动报酬，还是一次性结算劳动报酬；(4) 是连续性提供劳动，还是一次性提供劳动成果；(5) 当事人一方提供的劳动是独立的业务，还是经营成果的组成部分。

如当事人之间存在控制、支配和从属关系，由一方提供劳动工具或设备，限制工作时间，定期给付劳动报酬，所提供的是直接受劳务方生产，经营活动的组成部分，可以认定是雇佣合同，反之，则应认定为承揽关系。

第三节 签订承揽合同的主要风险防范措施

一、承揽合同常见陷阱

(一) 防范广告骗局

不法分子以广告宣传/作托，以一些完全是虚构、杜撰出来的利润可观的加工项目为诱饵，蓄意骗取承揽方的合同保证金（也称质保金、立项费）。他们采取的主要方法是发布广告招引承揽方并诱使承揽方与其签订加工承揽合同，在收到承揽方合同保证金等费用后，千方百计以各种理由认定承揽方制作的产品样品不合格，单方面撕毁合同并将毁约责任归承揽方，并以罚扣违约金为借口，不退还承揽方已交的款项。一些不法分子在进行欺骗活动时，往往委托一些单位做中介代表承揽接产方。这些中介者刊登广告招引承揽者，收取中介费后再把承揽方介绍给定作方，致使承揽方被骗后，也难以讨回支付给中介方的中介费。

加工承揽广告宣传介绍的主要是一些技术难度小、操作简单、取材容易、利润较高的项目，如加工制作木包装箱、面袋、服装、鞋帽、玩具等。这些项目对一些中小企业和个体经营者特别是生产经营困难的企业有很强的诱惑，他们往往饥不择食，放松警惕。而且有些企业被骗后，因对违法分子是否能被依法处理信心不足，往往不予深究，使违法分子的违法问题不能得到及时反映。同时，因为此类问题是以一般的经济合同纠纷的假象出现，而且违法分子善于利用法律的空子，在合同中设定各种圈套，不认真进行调查，难以发现问题的实质。特别是中介方的义务和法律责任没有明确的规定，中介方与定作方是否串通共同行骗又难认定,如果定作方逃匿,中介方的欺诈行为基本受不到追究,其收取的中介费也很难被追回。

(二)防范质保金欺诈

承揽方按照定作方提出的要求而完成一项工作所签订的协议,依据我国的有关法律规定:当事人不得签订无质量要求和技术标准的合同。然而,一些别有用心者则抓住当前很多街道、乡镇企业或偏远地区中小型企业领导缺乏有关法律常识和经济状况不景气,急于找活路的特点,抛出精心炮制的诱饵,在不去合同专管部门鉴证的情况下,与之签订了内容条款不完备、对承揽方要求苛刻的合同。在洽谈时,他们既没有样品,又违反上述规定对产品不做出详尽的质量规定。

同时,根据国家有关规定,定作方可向承揽方付定金。而这些人不但不如此,反倒过来向承揽方索要质量保证金。这样,就为他们以后"鸡蛋里挑骨头",反怪他人不能履约做好了铺垫。工商人员形象地称这种做法为"依法行骗"。

目前,以质保金为其中一款的承揽加工合同,都是双方的自愿行为,加上行骗者往往研究过有关法律,能够巧妙地钻法律的空隙,钱骗到手则罢,败露了也没有多大危险。

总之,企业的经营者只有坚持经济交往合同化、法制化,合同签订流程化、规范化,才会少吃亏,不受骗。

二、签订承揽合同的主要风险防范措施

(一)订立合同前对双方能力要有充分了解

这是一个相互了解的过程。双方的名称、注册地址、法人代表的姓名、联系方法要确认。对定作方订立合同的法人资格、代理权限、经营范围、企业信誉、财务状况、任务来源、技术要求合理性等要有基本的了解;对承揽方能否完成委托加工项目,其生产能力、设备条件、技术力量、工艺水平以及其曾经完成过何类水平的项目,都要了解清楚。即使其技术、设备、经历等符合要求,也应尽量了解清楚,其已经承揽过多少业务。

在承揽合同欺诈中,通常定作方都会虚构或夸大加工任务,使承揽人盲目相信该任务能产生多大经济效益,从而放松警惕,对定作方的苛刻要求没有引起足够重视,在谈判中处于被动局面,从而为产生合同纠纷甚至陷阱埋下伏笔。

企业在实际工作中,要防止以下合同欺诈行为:一是订立合同的主体没有订立合同的资格或根本没有履约能力;二是委托代理人超越代理权限,以被代理人名义签订承揽合同。在承揽合同的签订中,经常有委托代理人以被代理人名义签订合同的情况，在被代理人授权范围内，委托代理人所签订合同的权利义务应由被代理人授权。但委托代理人超越代理权或代理权期限已过时效的、届满后所订立的合同，未经被代理人追认，由行为人承担，这有可能给另一方当事人造成损失。所以，对于对方业务员或经营管理人员代表其单位订立的合同，应注意了解对方法定代表人委托授权情况，包括授权范围、授权期限、授权书的真实性，等等。

（二）技术标准、质量要求是衡量合同履行的标尺，必须明确详尽

加工承揽的标的较为广泛，既有加工定作物的，也有完成一定劳动项目的，所以，在合同中要明确委托加工、定制、维修修理的具体内容及相关要求。

第一，标的物应具体合法。如标的物不能模糊，应具体准确，写全称；加工物应是合法物（不能是造支枪、合成制造毒品等）；如须经有关部门批准应办理相关手续（如危化品经营、强制标准许可等）；标的物不能侵犯他人合法权益（知识产权、商业秘密等）。

第二，加工承揽合同的定作物或完成工作项目的质量技术要求应清楚、准确。标的物或项目执行某一标准的，合同中应写明执行的标准名称、代号、编号。属于非标准的定作物，必须有明确的技术要求或图纸资料。没有统一标准而有样品的，双方当事人应共同封存样品，妥善保管，作为验收的标准。当事人不得签订无质量标准和技术标准的承揽合同。

第三，承揽方应当依据合同规定，按定作方要求的技术条件完成工作，未经定作方同意不得擅自变更。承揽方在依照合同要求进行工作期间，发现定作方提供的图纸或技术要求不合理，应当及时通知定作方，定作方应当在规定时间内及时回复，提出修改意见，承揽方在规定的时间内未得到答复，有权停止工作，并通知定作方，因此造成的损失由定作方赔偿。为确保质量，定作方有权在工作期间随时检查或委托双方认可的第三方检查产品质量。

在实际工作中，我们要防范不平等技术要求带来的风险，如定作方提出的定作要求在实际上是不可能实现的，或实现的成本明显高于承揽方所能达到的效益，这样可能给承揽方带来的亏损风险等。

（三）原材料的提供及规格、数量、质量等要求应具体

1. 承揽方使用自己的原材料进行加工承揽生产或完成工作，承揽必须按照合同要求选用原材料，对产品和工作成果的质量负责，并接受定作方的检查。若隐瞒原材料的质量缺陷或使用不符合合同要求的原材料，因而影响定作物质量的，定作方有权要求重作、修理、减少价款或退货等处理。

2. 承揽方使用定作方的原材料完成工作的：一是要明确原材料的消耗定额，对于超定额部分的费用分担要作出约定；二是定作方提供原材料的，应按合同规定的时间、数量、品种规格、质量保证供应，否则，对因原材料因素造成的定作物的瑕疵，承揽方不负责任；三是承揽方每批次应及时检验，发现原材料不符合要求的，应及时通知定作方调换或补齐，不要认为这是定作方供应的而不加注意，以致合同执行过程中发生纠纷，给双方带来损失；四是承揽方对定作方提供的原材料不得擅自更换，对修理的物品不得偷换不需要修理的零部件。

3. 合同条款要明确规定原材料加工过程的废品率、计量误差、边角余料的要求及处理方法等。

（四）价款或酬金条款要合理

价款是用来偿付承揽方完成产品或项目的价金。价款中包括原辅材料、技术、燃料动力、劳务及设备损耗等开支。酬金是不包括原辅材料用来支付对方劳务或智力成果的价金。

1. 加工定作物的价款或酬金，国家或主管部门有规定的，按规定执行。没有规定的，可由当事人双方商定。应包括以下主要内容：单价（是否含税）、总价、付款方式、结算方式、付款期限、价格组成、货币种类等。

2. 由于价款和酬金计算的区别，在违约金核定比例上便有不同规定。以价款来计算违约金比率，一般都低于以酬金计算的比率，这是因为价款中包含着原材料、产成品或购进品的价值部分，其价值量远远大于酬金数量。在实际工作中企业应注意准确选定违约金计算的基数。

（五）定金和预付款的约定要谨慎

加工承揽合同中，使用定金和预付款的情况比较多见。根据国家规定：定作方可向承揽方交付定金，定金数额由双方协商确定。定金是合同担保的形式之一，定作方不履行合同的，无权请求返还定金；承揽方不履行合同的，应当双倍返还定金。经当事人约定，定作方可向承揽方给付预付款，预付款无担保作用。承揽方不履行合同的，除承担违约责任外，必须如数返还预付款；定作方不履行合同的，可以把预付款抵作违约金和赔偿金，有余款的可以请求返还。工作中，企业要注意防范下列风险：

第一，要防范利用承揽合同设立所谓"质保金"、"承诺金"等进行的欺诈。所谓"质保金"、"承诺金"一般都是承揽合同中定作人要求承揽人预先支付的对质量或完成时间的保证金。但在欺诈合同中定作人制定的质量标准是承揽人无法达到的，有的合同对质量约定不明确或质量很难把握，这样定作人可以借口质量不符合标准而解除合同，从而达到骗取"质保金"、"承诺金"的目的。

第二，要防范利用承揽合同中"押料款"进行的欺诈。在承揽业务中经常有来料加工的情况，定作方提供原材料，承揽方进行加工，定作方在合同中要求承揽方必须事前支付原材料款给定作方作为抵押。收取押料款后定作方借口质量问题解除合同，并且不退押料款，从而达到变相销售积压货物的目的。

（六）合同履行的期限、地点和方式要清晰

没有履行期限和地点的合同是无法履行的，因此合同中对交（提）货期限和地点及运输费用的承担、运输途中的风险是否需要投保及保险费用的承担、吊装费用的收取或免收等必须作出具体规定，并应严格执行。

1. 运输费用的确定要包括风险责任转移的确认，即使是双方都心知肚明的常识也应预先约定，避免纠纷。

2. 交（提）定作物期限应当按照合同规定履行。任何一方要求提前或延期交（提）定作物，应当在事先与对方达成协议，并按协议执行。

3. 交（提）定作物日期的确定：承揽方自备运输工具送交定作物的，以定作方接收的戳记日期为准；委托运输部门运输的，以发运定作物时承运部门签发戳记日期为准；自提定作物的，以承揽方通知的提取日期为准，但承揽方在发出提取定作物的通知中，必须留给定作方以必要的途中时间；双方另有约定的，按约定的方法计算。

4. 承揽人有提存定作物或留置定作物的权利。根据我国《合同法》规定，承揽人享有提存权和留置权。定作人除负损害赔偿责任外，还应当承受定作物在留置期内产生的风险（主要包括损坏、风吹雨淋、滞延产生的保管费用等），延期付款的，按中国人民银行有关延期付款的规定执行。

（七）验收标准和验收方法条款要详细

1. 合同中要约定加工制作过程中验收的期限、次数、标准。承揽方在加工期间，应当接受定作方必要的检查，但定作方不得因此妨碍承揽方的正常工作。

2. 双方要约定交付验收的地点、时间、交付期限。

3. 逾期验收或受领定作物，定作人应承担其风险，相关保管费用及其他费用。

4. 验收时有封存样品的，双方共同启封样品，以样品为验收依据；无样品的，依技术资料图纸和规定的技术标准和要求进行验收。

5. 有些产品经检验难以立即发现质量缺陷，因而必须规定一定的产品保修期。在保修期内发现的质量问题，除定作方使用保管不当造成的以外，应由承揽方负责修复或退换。保修期的设置应当恰当合理。

（八）违约责任要明确

合同条款的每一项责任都应有相应的制约条款保证其得到履行。违反加工承揽合同约定的当事人，由于自己的过错，致使合同不履行或不能完全履行，依照法律和合同规定必须承担的责任。如向对方交付违约金、赔偿金，不能收回定金

或双倍返还定金等。

承揽方和定作方都有可能是违约责任的承担者，合同中要划分清楚。承揽方的违约责任主要有：未按合同规定的质量、数量、时间完成工作，未按合同规定包装定作物，擅自调换定作方提供的原材料或零部件，因保管不善使定作物损坏、灭失等。定作方的违约责任主要有：中途废止合同，中途变更合同规定定作物的质量、数量、完成时间，未按合同规定期限提供原材料，超过合同规定期限领取定作物或不按期付款等。

（九）解决合同纠纷方式要协商

这一条款要求当事人双方在签订合同时写明，一旦合同发生争议，双方将采取何种方式加以解决，是双方协商、申请仲裁还是向人民法院起诉。

（十）签订加工承揽合同不能急于求成

在现实工作中，许多承揽人急于订立合同争取到加工承揽业务，而定作人抓住这一心理，强加一些不合理条款、苛刻要求，甚至设下合同陷阱，承揽人为揽业务盲目接受，反而蒙受了更大的损失。因此在承揽合同谈判和签订过程中，承揽人应当保持冷静，不要为表面利益迷惑，为避免风险宁肯放弃，也不能接受不合理条款或者费用。

第十七章 建设工程合同

第一节 建设工程施工合同的一般知识

一、建设工程施工合同的概念和特征

建设工程施工合同是指发包方(建设单位)和承包方(施工人)为完成商定的施工工程,明确相互权利、义务的协议。依照施工合同,施工单位应完成建设单位交给的施工任务,建设单位应按照规定提供必要条件并支付工程价款。

建设工程施工合同是承包人进行工程建设施工,发包人支付价款的合同,是建设工程的主要合同,同时也是工程建设质量控制、进度控制、投资控制的主要依据。施工合同的当事人是发包方和承包方,双方是平等的民事主体。

二、建设工程施工合同主要内容

目前我国的《建设工程施工合同》借鉴了国际上广泛使用的 FIDIC 土木工程施工合同条款,由建设部、国家工商行政管理总局联合发布,主要由《协议书》、《通用条款》、《专用条款》三部分组成,并附有三个附件:《承包人承揽工程项目一览表》、《发包人供应材料设备一览表》、《工程质量保修书》。

建设工程施工合同的主要内容包括以下几项:

1. 工程范围。
2. 建设工期。
3. 中间工程的开工和竣工时间。一项整体的建设工程,往往由许多的中间工程组成,中间工程的完工时间,影响着后续工程的开工,制约着整个工程的顺利完成,在施工合同中需对中间工程的开工和竣工时间作明确约定。
4. 工程质量。
5. 工程造价。工程造价因采用不同的定额计算方法,会产生巨大的价款差

额。在以招标投标方式签订的合同中，应以中标时确定的金额为准；如按初步设计总概算投资包干时，应以经审批的概算投资中与承包内容相应部分的投资（包括相应的不可预见费）为工程价款；如按施工图预算包干，则应以审查后的施工图总预算或综合预算为准。在建筑、安装合同中，能准确确定工程价款的，需予明确规定。如在合同签订当时尚不能准确计算出工程价款的，尤其是按施工图预算加现场签证和按时结算的工程，在合同中需明确规定工程价款的计算原则，具体约定执行的定额、计算标准，以及工程价款的审定方式等。

6. 技术资料交付时间。工程的技术资料，如勘察、设计资料等，是进行建筑施工的依据和基础，发包方必须将工程的有关技术资料全面、客观、及时地交付给施工人，才能保证工程的顺利进行。

7. 材料和设备的供应责任。

8. 拨款和结算。施工合同中，工程价款的结算方式和付款方式因采用不同的合同形式而有所不同。在一项建筑安装合同中，采用何种方式进行结算，需双方根据具体情况进行协商，并在合同中明确约定。对于工程款的拨付，需根据付款内容由当事人双方确定，具体有如下四项：预付款；工程进度款；竣工结算款；保修扣留金。

9. 竣工验收。对建设工程的验收方法、程序和标准，国家制定了相应的行政法规予以规范。

10. 质量保修范围和质量保证期。施工工程在办理移交验收手续后，在规定的期限内，因施工、材料等原因造成的工程质量缺陷，要由施工单位负责维修、更换。国家对建筑工程的质量保证期限一般都有明确要求。

11. 相互协作条款。施工合同与勘察、设计合同一样，不仅需要当事人各自积极履行义务，还需要当事人相互协作，协助对方履行义务，如在施工过程中及时提交相关技术资料、通报工程情况，在完工时，及时检查验收等。

第二节　建设工程施工合同签订和履约注意事项

目前国内建筑市场的恶性竞争导致施工企业工程利润长期在低水平运行，且发包人拖欠工程款的情况相当严重，而施工企业由于项目现场管理不到位、签证资料不完善导致工期延误或者出现工程质量问题而引发业主提出高额索赔、最终导致施工单位倒赔钱的案例屡见不鲜。在新的施工任务不断承接的同时，施工企业作为承包人能否进一步加强施工合同管理，有效规避合同履行的法律风险，已成为当务之急。

一、合同主体审查

（一）承包人应注意审查发包人资质

对发包方主要应了解以下内容：（1）主体资格，即建设相关手续是否齐全。例如，建设用地是否已经批准、是否列入投资计划/规划、设计是否得到批准、是否进行了招标等；（2）发包人如果是属于分包人，审查其是否具有分包资格；（3）履约能力即资金问题。发包人的实力、已完成的工程、市场信誉度、施工所需资金是否已经落实或可能落实等。

（二）发包人应注意审查承包人资质

（1）承包人一般应为建筑企业法人，除了内部承包之外，公民个人不能成为建设工程合同的主体；（2）承包人应具有承包建设工程的资质。概括而言主要是四方面内容：①资质情况；②施工能力；③社会信誉；④财务情况。

二、工程范围

发包人与承包人都应当对合同工程范围条款的进行明确的约定，最好应在合同中附上工程项目一览表及其工程量。

三、建设工期

建设工程合同应对工期约定要准确、完善，如果存在中间交工工程，对中间交通工程的开工、竣工日期，也应在合同中做出明确约定。具体要注意以下几方面的问题：

（一）实际开工日期的认定

1. 承包人有证据证明实际开工日期的，则应认定该日期为实际开工日期。承包人的证据可以是发包人向承包人发出的通知、工程监理的记录、当事人的会议纪要、施工许可证等；

2. 承包人虽无证据证明实际开工日期，但有开工报告，则应认定开工报告中记载的开工日期为实际开工日期；

3. 若承包人无任何证据证明实际开工日期，亦无开工报告，则应以合同约定的开工日期为准。

（二）竣工日期的认定

《最高人民法院关于审理建设工程施工合同纠纷案件适用法律问题的解释》第 14 条规定认定方法：

1. 双方确认的日期为竣工日期；

2. 建设工程经竣工验收合格的，以竣工验收合格之日为竣工日期（注意是经盖章的验收报告的时间，不是竣工验收备案日期，因为竣工验收备案是由建设单位来报送）；

3. 承包人提交竣工验收报告，发包人拖延验收的，以承包人提交验收报告之日为竣工日期；

4. 未经过竣工验收，发包人擅自使用的，以转移占有建设工程之日为竣工日期。

（三）几种影响工期的因素

1. 施工许可证：

（1）如未取得且未施工，以取得施工许可证之日作为开工日期；

（2）但如未取得且已经施工，则一般以施工开始日为开工日期。

2. 拖欠工程款：拖欠工程款且导致停工或缓慢施工，则工期可以顺延，但需要证明延误的天数及拖欠工程款与延误天数之因果关系。

3. 设计变更。

（1）设计变更在关键线路上，则工期可以顺延，但需要证明延误的天数及设计变更与延误天数之因果关系；

（2）设计变更不在关键线路上，则不应以此为由顺延工期。

4. 图纸延误。

（1）设计变更在关键线路上，则工期可以顺延，但需要证明延误的天数及设计变更与延误天数之因果关系；

（2）设计变更不在关键线路上，则不应以此为由顺延工期。

5. 增加工程量。

（1）设计变更在关键线路上，则工期可以顺延，但需要证明延误的天数及设计变更与延误天数之因果关系；

（2）设计变更不在关键线路上，则不应以此为由顺延工期。

6. 质量鉴定。《最高人民法院关于审理建设工程施工合同纠纷案件适用法律问题的解释》第15条建设工程竣工前，当事人对工程质量发生争议，工程质量经鉴定合格的，鉴定期间为顺延工期期间。

（1）鉴定合格，顺延工期；

（2）鉴定不合格，视情况而定。

7. 建设单位的其他原因。如：指定的代表未按照约定提供指令、批准，致使施工不能正常进行；建设单位未按照约定时间和要求提供原材料、设备、场地等；隐蔽工程在隐蔽前，施工企业发出检查通知，建设单位未及时检查等。

（1）设计变更在关键线路上，则工期可以顺延，但需要证明延误的天数及设计变更与延误天数之因果关系；

（2）设计变更不在关键线路上，则不应以此为由顺延工期。

8. 非施工单位造成的停工：一周内，非施工单位原因停水、停电、停气造成停工累计超过合同规定的时间。

9. 不可抗力事件：不可抗力事件指无法预见、不可避免并不能克服的事件。不可抗力事件一旦发生，要积极采取措施，阻止和预防扩大损失，要及时按照合同约定的程序和时限报告。

四、工程质量

1. 发包人注意如下条款的约定。

（1）施工的工程质量要符合国家现有的有关法律、法规、技术标准、设计文件和合同中规定的要求，经质量监督站核定为合格或优良；

（2）工程所用的建筑材料、构配件和设备要有出厂合格证和必要的试验报告；

（3）工程完工时承包人应向发包人提交完整的工程技术档案和竣工图，并负责办理工程竣工交付使用的有关手续；

（4）应注意工程保修的约定。

2. 作为承包人，关于工程质量条款的约定应确保己方能够满足，并且对于质量条款的约定应尽量做简单约定。

五、工程造价

发包人与承包人都应当注意以下事项：

1. 工程造价，如为招标工程，则应以中标时确定的中标金额为准；如按初步设计总概算投资包干时，应以经审批的概算投资中与承包内容相应部分的投资为工程价款；如按施工图预算包干，则应以审查后的施工图总预算或综合预算为准。

2. 合同造价是双方共同约定的条款，是承包方的利益所在，价款数额及付款日期应当明确具体。暂定价、暂估价、概算价、都不能作为合同价款，约而不定的造价不能作为合同价款。并且采用的合同价款方式双方要作出明确的约定。

①对可调价格合同，双方对价款调整的方法应进行明确约定，包括材料、设备价格的涨落，设计变更，降雨、台风等自然因素等。

②采用固定价格应注意明确包死价的种类。如：总价包死、单价包死，还是部分总价包死，以免履约过程中发生争议。还必须把风险范围约定清楚，约定具体的风险费用的计算方法，双方应约定一个百分比系数，也可采用绝对值法。一

般来说固定价格合同，特别是固定总价合同，承包人往往承担的风险较大。因此，双方在合同中要对相关的承包工程范围、设计图纸所涵盖的工程量进行详细约定，并对物价因素、非承包人原因引起的工程量变化（如设计变更）、地质条件变化等因素给予充分考虑，将必要因素纳入风险范围。

六、技术资料交付时间

承包人应注意在合同中约定发包人向承包人提供与本工程项目有关的全部施工技术资料的时间，并且约定若发包人未按时提供资料，造成的工期损失或者工程变更应由发包人负责。

七、材料和设备供应责任

1. 若材料和设备供应采用承包人采购的方式，则发包人应注意在合同中详细的约定以下内容：（1）应详细填写材料设备供应的具体内容、品种、规格、数量、单价、质量等级、提供的时间和地点；（2）应约定供应方承担的具体责任。

2. 若材料和设备的供应采用发包人供材、发包人指定、发包人审核，则承包人应注意在合同中详细的约定以下内容：（1）应详细填写材料设备供应的具体内容、品种、规格、数量、单价、质量等级、提供的时间和地点；（2）应约定供应方承担的具体责任；（3）双方应约定供应材料和设备的结算方法（可以选择预结法、现结法、后结法或其他方法）；（4）由发包人指定材料时应将材料名称、品牌、型号、厂家、价格调整方式等约定清楚；（5）如发包人限价时应注意约定发包人审核的程序及期限，以免耽误工期。

八、工程进度款的拨款和结算

对于承包人，工程进度款的约定尤为重要。对于工程进度款，通常是按月付款或按工程进度拨付。

1. 约定按工程进度拨付的，应注意约定审核的时限及未能在时限内确认的违约责任，如约定"甲方应在收到乙方月进度报告后7日内审核完毕，逾期则以乙方送审的工程量为准"。有的发包人为了加大对审核进度款的约束，故意约定复杂的审核程序，如约定工程量审核需经项目经理、财务部长、主管经理、董事长签字并加盖公章。此时承包人应引起重视，并采取相应的对策。

2. 约定按月支付，支付额度为上月完成工程量的相应比例。但某些建设项目大量增加合同外的工作量，使工程造价成倍增长，而工程款支付以合同价款为基数，并根据形象进度付款，造价的不准确必然导致工程款支付严重不足。合同外增加的价款，应约定当月签证，纳入当月支付。

九、工程签证与索赔

（一）工程签证

1. 可以直接作为结算凭据。如进行合同审价，审价部门对签证不作另行审查；如引起诉讼，该诉讼的性质属于权属确定的返还之诉。

2. 是施工过程中的例行工作，一般不依赖于其他证据。是双方对施工实际变化的相互确认，只要签字即视为认可，不必对具体的调整内容再行审查。

（二）工程索赔程序

《建设工程施工合同（示范文本）》（GF－1999－0201）有关索赔的程序为：发包人未按照合同约定支付各种费用、顺延工期、赔偿损失，承包人可以按照以下规定索赔：

1. 有正当索赔理由，且有有关证据；

2. 索赔事件发生后 28（14）天内，向发包人提出索赔意向通知注意工期索赔的具体天数及其理由（施工关键线路和程序）；

3. 发出索赔意向通知后 28（14）天内，向工程师提出延长工期和（或）补偿经济损失的索赔报告及有关资料；

4. 发包人在接到索赔通知后 28（14）天内给予批准，或要求承包人进一步补充证据和理由，发包人在 28 日内未予答复，视为批准索赔。

若索赔事件持续发生，施工单位应持续索赔；索赔事件消失后，应综合进行索赔。

十、竣工验收

此条款的约定应以国家有关部委颁发的《关于基本建设项目竣工验收的暂行规定》、《工程施工及验收规定》、《建筑安装工程质量评定标准》和其他有关的竣工验收规定及施工图纸说明书、施工技术文件为依据。

十一、质量保修范围和质量保证期

发包人应当特别注意在合同中约定建设工程的质量保修范围和质量保证期。

十二、其他条款

1. 作为承包人或者发包人，由于工程大，或者工程数量多，因此要办理授权手续。对于双方各自委派有人员，要向对方列出名单，明确职责和权限。特别应将具有变更、签证、价格确认、验收确认等具有签认权的人员、签认范围、程序、生效条件等约定清楚，防止无权人员随意签字，或走出权限签字。

2. 争议管辖的约定不能违反级别管辖、专属管辖的规定，选择仲裁的，仲裁委员会的名称应当准确无误。

3. 如果合同各方对合同履行有特殊要求的，均应当在合同中予以明确约定。

4. 违约责任的约定应具有可操作性，以利于执行。

十三、项目章和公章使用

（一）内部公章管理、使用规范化

公章的印文要备案，适用要规范。项目章的使用相对风险更大，项目章的印文没有备案，一旦让法院看到你的项目章管理混乱，也就是不具备"排他性"，则不具备鉴定的意义。如果鉴定不具备参考价值，如果还有其他证据链印证，很可能被判决承担责任。如果管理规范，具备排他性，如果公章鉴定下来确认不是公司备案的公章印文，那这个案件其他的证据链尚不足以让法庭采用高度盖然性的原则判决公司承担责任。

（二）建立严格的印章使用制度

特别是项目章的使用和管理方面，更需要注意，需要规范使用范围、使用权限和失效时间。因为项目章不用的工商备案，公司承担的风险更大。所以，内部要加强管理，明确权限和范围、对使用情况进行登记。

十四、业主拖欠工程款时，建设工程价款的优先权问题

（一）权利行使主体

1. 建设工程价款优先受偿权的权利主体仅指建设工程施工合同的承包人，不包括建设工程勘察、设计合同的承包人。

2. 根据合同相对性原理，只有总承包人享有建设工程价款优先受偿权，分包人不能主张该优先权。

3. 装饰装修合同的承包人是否具有工程优先受偿权？只能在建筑物因装饰装修而增加价值的范围内优先受偿，同时发包人必须是该建筑物的所有人。

（二）受偿范围

享有优先受偿权的工程款应当包括承包人为建设工程支付的劳务报酬、材料款等实际支出的费用，但对于承包人依合同向发包人主张的损害赔偿（赔偿金、违约金等）则不应包括在内。《合同法》第286条规定享有优先受偿权的是"建设工程价款"，而按照一般人的通常理解，损害赔偿金并不属于"价款"之列。

(三) 关于起算时间

1. 建设工程正常竣工情况下：业主拖欠工程款时，建设工程价款的优先权从建设工程竣工之日起算；

2. 建设工程无法正常竣工情况下：业主拖欠工程款时，建设工程价款的优先权从建设工程合同约定的竣工之日。

此时，承包人可以与发包人协商以"烂尾"工程折价，或者达成延期付款和竣工的合意，以便继续履行变更后的施工合同。如果承、发包双方不愿协商或协商不成，承包人可以在工程约定的竣工之日起六个月内行使优先受偿权，但承包人优先受偿权的实现，有待于建设项目的接盘、转让或重新启动。当出现"烂尾"楼整体拍卖时，承包人应从拍卖所得财产中优先受偿，当有新的开发商接盘"烂尾"工程时，接盘人在向承包人支付原发包人拖欠的工程价款后方可受让项目。

此处，需要注意两点：

（1）如果承、发包双方在合同中约定，除按进度支付部分工程款外，余款于工程竣工6个月后支付，这种约定就有可能造成承包人难以及时行使优先受偿权。因此，在合同签约时，就应注意这个付款时间问题。

（2）在结算过程中延误优先权的行使，导致因优先权的丧失而无法获得清偿或全部清偿。因此，我们要注意，一旦6个月的时间即到，而工程价款尚未确定的话，我们就要考虑发包人有没有承担责任的能力，如果没有的话，就要及时提起诉讼，要求行使工程优先受偿权。

（四）权利行使方式

《合同法》第二百八十六条规定，建设工程价款优先受偿权的行使方式有两种：一是与发包人协议将该工程折价；二是申请人民法院将该工程依法拍卖。

具体的行使程序：催告—协议折价或申请拍卖（诉讼）。

1. 催告：有约定的应从其约定，没有约定的，一般将催告的"合理期限"确定为两个月以上。

2. 协议折价：并非必经程序。

3. 申请拍卖：大多数都是发生在审理程序中，目前法院审判实际的做法是，承包人向人民法院起诉，获得生效判决或者调解书后，向人民法院申请执行。当然承包人也可以仲裁书为依据申请人民法院强制执行。

（五）不予支持工程优先受偿权的情形

1. 建设工程的所有权已经转移或已被法院生效法律文书确定转移的。

2. 建设工程已经出售给交纳了全部或者大部分购房款的消费者的。工程优先受偿权是优先于所涉工程上的抵押权和其他一般债权，却不能优先于物权和具有物权期待权的购房人的权利行使。对于已经支付了全部或大部分购房款的买房人所购买的房屋，虽然该房屋尚未办理过户手续，但是为满足人民基本生活的需要，为维护交易安全和社会的稳定性，法律规定施工人的工程优先受偿权并不涉及该以出售的房屋。当然只有以生活消费为目的购买住宅的购房人才是消费者，对于以投资为目的的购房人，并不是消费者，他所购买的商铺、写字楼是不能对抗施工人的工程优先受偿权的。

3. 标的物为不宜折价、拍卖的学校、医院、政府机关办公楼、道路、桥梁等公益建筑工程的。

4. 承包人放弃优先权承诺有效。综上，在施工过程中，现场项目经理部需要就工期、质量标准、付款方式、结算方式、违约条款、工程签证等重要条款与发包人达成补充协议、会议纪要或者应发包人要求出具书面承诺函时，应严格按照承包人内部的合同评审程序进行合同审核，及时将有关函件在签字盖章前送交承包人总部各部门进行审查，并报承包人高层领导同意，从而最大限度规避公司经营风险。

十五、建设工程施工合同范本使用的问题

依照《中华人民共和国合同法》、《中华人民共和国建筑法》及其他有关法律、行政法规，合作双方在进行建设工程施工项目时，必须签订工程施工合同，并遵循平等、自愿、公平和诚实信用的原则。签订合同前，可参照国家发布的工程施工合同范本。

工程施工合同范本可分为以下不同种类：建筑施工合同范本，建筑工程施工合同，建筑施工合同，建筑合同范本，建筑工程承包合同，建筑承包合同范本，房屋建筑合同范本等信息。

在工程施工合同协商阶段中，只要双方对于中标价不调整，有可能会对工程报价或预算书中的不平衡报价或预算错误的内容进行调整。其次，在签订工程施工合同时，洽商和变更并不在以上排序的范围中，正是由于其是对工程施工合同内容的修改，根据《合同法》进行调整即可，无须在以上的排序中进行排列。

一般来说，组成工程施工合同范本的文件包括：工程施工合同协议书、中标通知书、投标书及其附件、工程施工合同专用条款、工程施工合同通用条款、标准、规范及有关技术文件、图纸、工程量清单、工程报价单或预算书，以及建设工程施工合同范本使用说明。

在适用工程施工合同范本签订合同时，应注意以下事项：

1. 工程施工合同的发包方可以是具备法人资格的国家机关、事业单位、国

营企业、集体企业、私营企业、经济联合体和社会团体，也可以是依法登记的个人合伙、个体经营户或个人，即一切以协议、法院判决或其他合法完备手续取得甲方的资格，承认全部合同文件，能够而且愿意履行合同规定义务的单位和人员。上列单位的名称和个人的姓名，应准确地写在工程施工合同的发包方位置内，不得简称。与发包方合并的单位、兼并发包方的单位、购买发包方工程施工合同和接受发包方出让的单位和人员，均可成为发包方，履行工程施工合同规定的义务，享有工程施工合同规定的权利。

2. 工程施工合同的承包方应是具备与工程相应资质和法人资格的国营企业、集体企业、私营企业，上述单位的名称应准确地写在《协议条款》承包方位置内，不得简称。但承包方不能将工程转包或出让，应在合同签订前提出并征得发包方同意。

若需要最新的工程施工合同范本，最佳的方式就是到政府相关部门的网站进行查询，确保能找到最新的信息。

第三节 建设工程施工合同管理

一、承包人建设工程施工合同风险管理

建设工程施工合同风险辨识。风险辨识是进行合同风险管理的第一步，即识别建设项目合同实施过程中可能存在的风险及引起风险的具体因素，只有正确识别项目中的主要风险因素，才能有效实施对策。常见的合同风险因素主要存在于经济方面、工程方面和管理方面。

1. 经济方面的风险。

（1）国家政策调整。国家宏观经济政策变化、金融市场利率变动、有关工程计价政策性文件调整、企业相关收费标准变化，均给承包人带来一定风险。

（2）资金供应。业主资金不足，支持能力差，造成工程款拖欠或有意无意拖延付款，以及承包人资金等筹集计划不能及时落实到位，造成项目生产资金得不到保证。

（3）要素市场价格。要素市场包括劳动力市场、材料市场、设备市场等，这些市场价格的变化，直接影响工程成本支出，它是最常遇见的风险。在采用固定价格合同时，对该方面的影响风险预估往往很难充分考虑。

（4）工程量清单存在失误。目前投标报价系按业主提供的工程量清单确定报价，其工程量的错、漏已含在风险范围内。若由于主观或客观的原因，工程量清

单出现较大数量误差或漏项较多而承包人未能及时发现指出，将给承包人带来直接的经济损失。

2. 工程方面的风险。

（1）地质条件。业主提供的地质资料与现场实际不吻合或不完整，造成承包人地质处理和其他障碍物的排除方面增加工作量延长工期。

（2）水文气象条件。由于对自然气候条件估计不足或出现异常气候，致使台风、洪水、暴雨、高温等不可抗力自然现象致使工期延长和费用增加。

（3）技术规范。图纸中套用技术规范不合理，技术说明不明确以及采用特殊工艺对其验收标准、规范不明确。

（4）设计图纸不完善、专业配合不协调、设计变更不及时。由于图纸设计质量不高而会审不能及时发现致使影响施工。而施工中频繁的设计变更，直接影响承包人的施工计划安排，造成工期延误和经济损失。

（5）施工技术协调。施工过程中常见的工程各专业问题互相"打架"，以及承包人遇到需由发包人或设计方解决的技术问题，不能及时协调解决。

（6）材料设备供应。由于材料设备的订货供应不及时或发生质量问题，导致工程延误。

（7）施工准备和施工组织存在不足。现场不具备施工条件而又要急于开工，承包人编制的施工组织设计存在缺陷和漏洞以及实施过程中人、财、物的组织出现困难都直接影响到工程施工顺利进行。

3. 管理方面的风险。

（1）投标评审不充分，盲目投标、报价。由于激烈市场竞争，承包人未能对招标文件、项目相关情况认真分析评审，不加选择参与投标并且在报价测算考虑因素不足，使得承包人中标承建工程存在极大风险。

（2）合同的签订存在缺陷、显失公平。市场经济条件下决定的业主主导地位加上承包人经验不足或工作失误合同洽商技巧不够，致使双方签订的合同条款不完善，文字不细致严密，存在漏洞，存在单方面约束或过于苛刻权利义务不平衡条款，致使承包人在项目伊始便处于不利地位。

（3）合同管理体系不健全。承包人无健全的合同管理组织体系，致使合同的分析、谈判、履行得不到有效管理、监督、检查，不能在合同的签订开始就有针对性采取谈判策略，签订的合同对承包人存在较多的不利条款，合同实施过程不注重合同分析，对双方权利义务不明确，对潜在风险没有充分准备，难以有效控制合同履行。

（4）项目管理不到位。承包人派驻的项目经理部人员不得力，致使工程组织管理不能满足现场要求；现场人员对合同条款心中无数，不能严格履行权利义务，选择分包商不当等都直接给承包人带来不少损失，尤其是合同履行中相关证据未能及时收集或时效问题，导致部分工程变更索赔及其他权利发生争议，最终无法实现。

二、建设工程施工合同管理应注意的关键点

订立工程合同前，要细心研究合同条款，要结合项目特点和当事人自身情况，设想在项目建设过程中可能出现的问题，事先提出解决的措施。合同条款用词要准确，发包人和承包人的义务、责任、权利要写清楚，切不要因准备不足或疏忽而使合同条款留下漏洞，给合同履行带来困难，使施工单位合法权益蒙受损失。

（一）仔细阅读使用的合同文本，掌握有关建设工程施工合同的法律、法规规定

目前签订建设工程施工合同，普遍采用建设部与国家工商局共同制定的GF-1999-0201《建设工程施工合同》示范文本。该文本由协议书、通用条款、专用条款及合同附件四个部分组成。签订合同前仔细阅读和准确理解"通用条款"十分重要的。因为这一部分内容不仅注明合同用语的确切含义，引导合同双方如何签订"专用条款"，更重要的是当"专用条款"中某一条款未作特别约定时，"通用条款"中的对应条款自动成为合同双方一致同意的合同约定。

（二）严格审查发包人资质等级及履约信用

施工单位在签订《建设工程施工合同》时，对发包人主体资格的审查是签约的一项重要的准备工作，它将不合格的主体排斥在合同的大门之外，将导致合同伪装的坑穴和风险隐患排除在外，为将来合同能够得到及时、正确的改造奠定一个良好的基础。

（三）关于工期、质量、造价的约定，是施工合同最重要的内容

"工期、质量、造价"是建设工程施工永恒的主题，有关这三个方面的合同条款是施工合同最重要的内容。

1. 在实践中关于工期的争议多因开工、竣工日期未明确界定而产生。开工日期有"破土之日"、"验线之日"之说；竣工日期有"验收合格之日"、"交付使用之日"、"申请验收之日"之说。无论采用哪种形式，均应在合同中予以确定。

2. 合同中应明确约定参加验收的单位、人员，采用的质量标准与验收程序，需签署的文件及产生质量争议的处理办法等。

3. 建设工程施工合同最常见的纠纷是对工程造价的争议。所以合同中必须对价款调整的范围、程序、计算依据和设计变更、现场签证、材料价格的签发、确认做出明确规定。

（四）对工程进度拨款和竣工结算程序做出详细规定

一般情况下，工程进度款按月付款或按工程进度拨付，但如何申请拨款，需报何种文件，如何审核确认拨款数额以及双方对进度款额认识不一致时如何处理，往往由于缺少详细的合同规定引起争议和影响工程施工。因此，合同中应特别注重拨款和结算的程序约定。

（五）明确规定监理工程师及双方管理人员的职责和权限

《民法通则》明确规定，企业法人对它的法定代表人及其他工作人员的经营行为承担民事责任。建设工程施工过程中，发包方、承包方、监理方参与生产管理的工程技术人员和管理人员较多，但往往职责和权限不明确或不为对方所知，由此造成双方不必要的纠纷和损失。合同中应明确列出各方派出的管理人员名单，明确其各自的职责和权限。

（六）运用担保条件，降低风险系数

在签订《建设工程施工合同》时，可以运用法律资源中的担保制度，来防范或减少合同条款所带来的风险。如施工企业向业主提供履约担保的同时，业主也应该向施工企业提供工程款支付担保。

三、建筑施工合同风险防范和控制

如何防范和控制施工合同风险，主要是在施工合同形成、谈判与正式签订合同和合同履行过程中。

（一）合同形成阶段

建筑施工合同形成的过程分两步：第一步是参与投标取得合同资格；第二步是通过合同谈判进行正式签约。

1. 参与投标取得合同阶段。投标前要深入了解业主的资金信用、经营作风和签订合同应当具备的相应条件。了解的主要内容应包括有关设计的施工图，是否有计划部门立项文件、土地、规划、建设许可手续，拆迁是否已到位，"三通一平"工作是否已到位等。从侧面调查了解业主资信情况，特别是该工程的资金到位率，在投标过程中，对招标文件深入研究和全面分析，正确理解招标文件，具体地逐条地确定合同责任，吃透业主意图和要求，全面分析投标人须知，详细勘察施工现场实地，仔细研究审查图纸，认真复核工程量，分析合同条款，以减少合同签订后的风险。

2. 合同谈判和正式签约阶段。

（1）在被列为潜在中标人后，发包人通常要求承包人澄清标书中发现的问题和疑问，并可以提出补充要求，比如，提供某些价目的单价分析，要求提供关键设备的技术数据和说明等或者其他商务方面问题，承包人对问题的答复必须慎重，要考虑答复对标书商务特别是报价的影响，在此前提下对发包方的疑问进行充分解释，努力宣传自己的能力和报价的合理性，确立良好形象。

（2）有时发包方会在未发中标通知书之前，提供条件苛刻的非标准文本合同草案，要求施工企业无条件全部接受，其合同条款往往把相当一部分风险转嫁给施工单位，缺乏对业主的权利限制性条款和对承包商保护性条款。由于此时施工企业所处的境地十分被动，因此要尽可能地了解各方面的可靠信息，坚持原则，运用政策法规尽可能修改完善，规避风险。

（3）在接到中标通知书后，公司应组建合同谈判小组，包含法人或法人授权委托人、参加投标的主要负责人、法律顾问，谈判小组的每一个人都应对招标文件的商务和技术条款熟悉，还要熟悉自己的投标文件内容，然后对施工合同草案进行审查，细心复核根据发包人要求逐字逐句分析研究，进一步核实工程范围、内容，工程质量要求，工期要求，报价的工程内容与合同中表述的是否一致。发包人提出增减工程项目或要求调整工程量或改变工程内容，务必在技术上和商务方面重新核实，并以书面文件和工程量清单予以确认，其价格也应通过谈判确认。发包人在谈判过程中对技术和商务做出变更，承包人可相应提出价格调整。

（4）谈判中要注意技巧，施工企业的合同谈判人员，策略上应善于在合同中限制风险和转移风险，对可以免除责任的条款应研究透彻，做到心中有数，切忌盲目接受业主的某种免责条款，达到风险在双方中合理分配。对业主的风险责任条款一定要规定得具体明确。在合同谈判过程中进行有礼有节的谈判显得尤为重要，另外，聘请熟悉合同的专业律师参加谈判是有利的。对需要垫资的工程，签订合同尤其要慎重。

总之，通过合同谈判，使合同能体现双方的责权利关系平衡，尽量避免业主单方面苛刻的约束条件，并相应提出对业主的约束条件，极力维护企业的权益。

（二）加强合同履行全过程的风险防范

1. 加强合同履行时的风险管理。工程施工合同既是项目管理的法律文件，也是项目全面风险管理的主要依据。项目的管理者必须具有强烈的风险意识，学会从风险分析与风险管理的角度研究合同的每一个条款，对项目可能遇到的风险因素有全面深刻的了解。否则，风险将给项目带来巨大的损失。

由于施工合同管理贯穿于施工企业经营管理的各个环节，这就需要制定完善的合同管理制度。提高管理能力和执行能力。在质量、安全、技术及人力、物力的管理上都必须有一套完整的规章制度，对每一项工作都要落实到人，管理到位，措施得力，在整个施工合同履行过程中，对每一项工作，都要严格管理，妥善安排，记录清楚，手续齐全。

坚决杜绝质量事故、安全事故及其他事故的发生，一旦发生事故，对项目部也就是对企业将造成巨大损失，因此，项目经理应组织项目管理人员，认真分析容易发生安全质量事故的因素，提前制定防范措施。

另外，合同管理中还应作好项目成本核算，加强成本分析和成本控制，尽量避免经济损失。

2. 加强分包管理，减少风险事件。在分包工程时要对分包商资质严格审查，对分包工程及其施工过程严格管理，全方面监控，督促分包商认真履行合同。为减少总分包之间的纠纷，在签订分包合同时，特别要将工程质量、安全、工期、工程款结算及支付方式时间等制约条款明确写进合同。工程竣工后，经双方验收，质量符合要求方可结算，并双方在结算清单上签字。

3. 合理转移风险和展开索赔。

（1）向对方转移风险，展开索赔。对于预测到的合同风险，在谈判和签订施工合同时，采取双方合理分担的方法。由于一些不可预测的风险总是存在的，在合同履行过程中，工程索赔很有必要，没有索赔，合同就不能体现其公正性，因为索赔是合同主体对工程风险的重新界定。

工程索赔贯穿项目实施的全过程，重点在施工阶段，涉及范围相当广泛，比如工程量变化、设计有误、加速施工、施工图变化、不利自然条件或非乙方原因引起的施工条件的变化和工期延误等，这些都属于可计量风险的范畴。我国《建设工程施工合同示范文本》关于工程索赔也作了相应的明确规定。这些索赔条款可以作为处理工程索赔的原则和法律依据。利用合同条款成功地进行索赔不仅是减少工程风险的基本手段，也反映项目合同管理的水平。对承包人而言，不善于工期索赔必然导致工期延误的风险；不善于费用索赔必然导致巨大的经济损失，甚至亏本。

实践证明，如果善于进行施工索赔，其索赔金额往往大于投标报价中的利润部分。例如，我公司负责施工的某高速公路一标段，在充分了解了业主的操作模式后，率分利用合同条条款和招标文件规定，结合施工现场实际情况，积极地在变更设计、索赔、材料补差等诸方面挖掘利润增长点。提出变更设计 376 项，批复金额达 4927 万元，通过申请设计院直接下发的变更金额 2520 万元，批复的索赔和补差金额 825 万元，累计变更设计、索赔、材料补差及奖励价值总额达

10219万元，占项目投标价值的70%，顺利实现扭亏为盈。

因此，推行索赔制度是转移风险的有效方法，关键是要学会科学的索赔方法。科学的索赔方法在于必须熟悉索赔业务，注意索赔策略和方法，严格按合同规定要求的程度提出索赔，把开展索赔工作变成为合理合法的转移工程风险的主要手段。要纠正企业现在不敢索赔、不会索赔、不能索赔、不让索赔的现象，不管是合同的当事人还是第三方引起的事件，只要造成经济损失就应当向对方依法提出索赔。

(2) 向第三方转移风险。推行担保制度对工程进行保险，在《建筑工程施工合同示范文本》中对建筑工程一切险种第三方责任险、人身伤亡险和施工机械设备险等都有相应条款。工程保险是发包人和承包人转移风险的一种重要手段，当发现保险范围内的风险造成经济损失时，可向保险公司索赔，以获得相应的赔偿。

综上所述，要控制和防范施工合同风险，就一定要熟悉和掌握和工程合同有关的法律法规；深入研究和全面分析招标文件，把标书做到最优，合同报价最合理；加强合同谈判，签订完善的施工合同；掌握要素市场的价格动态；在执行合同的全过程中，加强合同管理和分析工程风险；推行索赔制度；管好分包商减少风险事件。总之，合同一经签订，即成为合同双方的最高法律，合同中的每一条都与双方利害相关。所以在合同谈判和签订中，对可能发生的情况和各个细节问题都要考虑周到，并作明确的规定，不能存有侥幸的心理。合同中应体现出有效防范和化解风险措施的具体条款。

四、建设工程施工合同管理存在的问题

(一) 不重视招投标阶段、合同签订阶段的合同管理工作

不言而喻，施工合同管理和招投标管理存在内在联系，招投标的过程也是要约、承诺、合同谈判、最终中标签订合同的过程。合同一经签订，只要它合法、有效，即具有法律约束力，则受到法律保护，所以，为了保证合同的有效性、条款的严肃性、用词的准确性，承发包双方都应高度重视合同签订前及合同签订时的管理工作。

然而，在实际操作中，施工合同管理与招投标管理不衔接、相互分离，把签订施工合同和工程招投标作为两个毫不相干的业务对待。施工合同管理与工程招投标管理的严重脱节，使施工合同与招投标文件、投标书的内容不符。例如，实际合同主体不合格，合同权利义务不对等，甚至在招标竞争过程中，其某些行为可能不满足现有法律规范的要求，违反现行规定，拉关系、找后台、给红包、找

回扣等行贿建设单位或招标评标小组成员，使合同的有效性有待认定等，包括后期的合同纠纷都直接与前期合同签订阶段的疏漏有关。

（二）忽视项目履行阶段的合同管理

签订一份有效、严密的合同并不能保证严格执行合同，百分之百地完成合同。实际工作中，承包企业合同一经签订便束之高阁，施工企业认为降低成本才是提高利润的唯一途径，所以，施工企业承接到工程后，往往不能按施工组织设计进行施工，延误工期，工程质量不合格现象时有发生，施工现场有图纸交底、技术交底，但根本没有合同交底，合同中所载明的责任、义务由谁来负，难以落到具体的部门和人员，缺乏有效的合同控制。据抽样调查，能按施工合同约定工期顺利交工的工程只占85%，承包合同履约情况较差，合同履约率低。

（三）不使用标准的施工合同文本

许多企业承揽工程任务，正是合同法、建筑法所禁止的挂靠、全部转包或肢解分包现象，所以，"私下合同"、"小合同"屡禁不止，同一个工程项目，"正规"、"私下"各有一份合同，正规合同形式正规、内容合法，但双方当事人并不真正去履行它，其存在的唯一作用就是为了应付上级部门的检查；私下的合同把通过法定的招投标程序产生的中标内容，部分或全部推翻，换成违法的、违反管理规定的内容，不使用标准合同文本，致使合同签订不能保证其有效性、严密性，某些重要的环节被疏漏，用词模棱两可等。

（四）缺乏合同变更意识

合同内容频繁变更是工程合同的特点之一。这种对合同的修改不能免除承包商的应有责任，但对合同的实施影响很大。常见的有工程量变更、合同双方责任的变化、已完工程的返工、施工秩序的打乱等。所以，承发包双方必须注重合同的变更管理，但实践中，施工企业对业主的口头命令执行后，不能及时进行合同变更或签证，最终给施工企业带来巨大的损失。例如某个承包合同签订了合同质量等级为合格，施工后，业主要求施工企业按样板工程施工，施工企业增加了成本，提高了质量，以为业主必增拨工程款，但最后业主拿出合同为凭证，合同未写明达到优良标准，施工企业有苦说不出。施工企业不注意收集工程变更指令、会议记录，及时签订变更合同，为事后的索赔纠纷带来了极大困难。

（五）不重视索赔管理

合同管理中一个十分重要的工作就是索赔的管理，它有时直接关系到施工企业是否盈利的问题。但实际中，施工企业往往认为进行索赔就是和业主过不去，就是向业主多要钱，影响承发包关系，最终得不偿失。所以，一是缺乏索赔意识；二是不重视索赔证据的积累和收集工作。施工中，施工企业确实发生了由于非自身原因、合同规定之外的额外工作或损失，但没有及时收集相关的谈话记录、会议记录、变更记录，而导致承发包方争议过大，索赔无据，最终没有向业主要回应属于承包商的费用和时间补偿。

(六) 缺乏懂得法律、合同的专业人才和专业职能部门

正是工程实践中，承发包双方合同意识淡薄，导致承发包企业缺乏建设工程承包合同管理力量，没有专门的机构从事合同管理工作，尤其是一些小型施工企业只注重公关和预算管理，轻视合同管理，遇到工程签约便临时抽调人员以便应付，这也是合同纠纷较多的原因所在。

五、加强建设工程承包合同管理的几点对策

工程承包合同管理应遵循动态管理原则，贯穿于合同招投标、谈判签约、合同履行、合同结束、资料归档的全过程中。

(一) 增强法制观念，树立合同管理意识

缺乏合同意识是前述各种问题存在的根源，只有提高企业管理人员乃至全体员工对合同重要性的认识，才能做好各项合同管理工作。在建筑市场逐渐走向正轨的今天，承包企业应积极组织学习《合同法》、《建筑法》、《招投标法》及与建筑企业相关的法规和方针政策，使建筑从业人员的法律意识普遍得到加强。

同时，有针对性地组织培训合同管理人员，提高合同管理人员的政策意识和业务水平。还要通过各种途径和方式，如介绍一些合同订立不规范、合同违约等反面案例进行宣传教育，使承发包企业认识到建设工程施工合同是约束双方的法律性文件，承包企业必须认真订立、严格履行，否则依法承担违约责任，从而达到自觉规范合同的订立、履行合同等行为的目的。

(二) 建立有效的合同管理机制

面对合同种类多，数量大，履行周期长，以及建筑市场竞争激烈所造成的合同签订难、履行风险大等特点，承包企业应从实际出发，充分认识合同及合同管理在企业生产经营中的重要地位和作用，将合同管理纳入企业管理的轨道，建立有效的合同管理机制，确保企业各项经济目标的完成。

1. 首先应明确合同管理的目标。合同管理直接为项目总目标和企业总目标服务，所以，它不仅是工程项目管理的一部分，也是企业管理的重要职能。合同管理目标，一是保证项目三大目标的实现，使整个工程在预定的成本、预定的工期达到预定的质量和功能目标；二是保证工程结束时，承发包双方满意，合同争执少，合同各方互相协调。

2. 建立合同组织保证机构或相应的程序文件。明确承包企业公司、分公司、

项目部三级合同管理的领导和责任人，各级职能部门及相关人员组成合同管理网络，规定各级责任人、相关部门及管理人员在合同管理中的职责，使合同管理工作人员在其位，各尽其职。

3. 建立工程承包合同实施的保证体系。只有建立合同实施的保证体系，才能使合同实施中的一切日常事务性工作有秩序地进行，使全部工程项目在合同期内处于控制中，保证合同目标的实现。

首先，应建立合同管理工作程序，以便协调好各方面的工作，使合同实施程序化、规范化，尤其是工程变更程序；分包商索赔程序；台账程序；材料、设备、隐蔽工程、已完工程的检查验收程序；工程进度付款账单的审查批准程序应给以特别的重视。

其次，落实合同责任，做好合同交底工作，工程承包合同签订后，承包商应组织项目负责人和各职能部门相关人员学习合同条文和合同总体分析结果，对合同的主要内容作出解释和说明，熟悉合同中有关合同关系、合同价格、合同工期、工程质量与技术规范等主要内容、各种规定和管理程序，了解承包商的合同责任和工程范围，同时，避免各种合同纠纷，使大家能协调工作。然后，应向劳务作业层介绍业务工作的合同规定和要求，同时，反馈基层信息，以便早日制定出一套有效的合同管理措施和合同风险防范措施。

最后，工程合同实施过程中严格检查验收制度。合同责任是通过具体的合同实施工作完成的，合同监督可以保证合同实施按合同和合同分析的结果进行。承包商只有做好合同监督、检查工作，才能清晰地反映合同履行中的状况及一般性的问题，及时发现妨碍合同履行的重大问题、产生争议或出现纠纷的现象或隐患，及时分析、预测、设计应付的策略和防范措施，消除不良因素。

4. 建立合同文档系统。随着建筑技术的迅速发展，工程项目的规模日益庞大，合同条款日益复杂，合同文件的组成内容越来越多，承包企业迫切需要借助现代化管理手段，建立合同管理系统，包括合同档案库、合同分析系统、合同网络系统、合同监督系统、索赔管理系统，利用计算机合同管理系统，实现了合同的订立、履行、监督和检查的系统管理，从而，保证了工程建设的顺利进行，提高了施工企业现代化管理手段。

（三）使用建设工程施工合同标准示范文本

在合同的履行与管理中，一个科学、合理、全面的合同示范文本，对于保证工程的质量、工期和效益，对于提高承包商的管理水平，保证履行合同各方的权益都是具有非常重要的作用。

为了规范合同当事人的行为，维护建筑市场的经济秩序，我国有关的政府部门联合制定颁发了《建设工程施工合同示范文本》，承包商应积极推行使用施工合同示范文本，避免自治合同文本标准程度低，规范性差、条款不完备的缺陷，保证施工企业的基本权利得到保障，减少合同争议或纠纷的数量。

另外，随着对外改革开放及引进外资、涉外工程的增多，施工企业还应执行国际惯例 FIDIC 条款，熟悉并掌握 FIDIC 条款，适应加入 WTO 后的新形势的需要，推动工程项目管理与国际惯例的接轨，促进国内建筑市场的不断完善与规范。

（四）培养承包企业的工程合同管理和索赔专业人才

在国际工程中，合同管理和索赔是高智力型的、涉及全局的，同时，又是专业性、技术性强，极为复杂的管理工作。要保证我国的承包企业的长远发展，且有更高的效益，就必须培养一批企业自己的从事具体合同管理和索赔的专家。

在现代工程中，不仅需要专门的合同和合同管理专家，而且，由于工程合同的作用及其特殊性，参与工程管理的各类人员，如项目经理、工程师及企业的各职能部门人员，都应具备合同和合同管理知识。

第十八章 运输合同

第一节 运输合同基础知识

《合同法》第288条规定，运输合同是承运人将旅客或者货物从起运地点运输到约定地点，旅客、托运人或者收货人支付票款或者运输费用的合同。

运输合同主要特征有：运输合同是有偿的、双务的合同；运输合同的客体是指承运人将一定的货物或旅客到约定的地点的运输行为；运输合同大多是格式条款合同。

运输合同主要包括：客运合同、货运合同、多式联运合同。

（一）客运合同

客运合同又称旅客运输合同，是指承运人与旅客签订的由承运人将旅客及其行李运输到目的地而由旅客支付票款的合同。

根据运送工具的不同，客运合同可分为铁路客运合同，公路客运合同，水路客运合同，航空客运合同等。客运合同一般采用票证形式，如车票、船票、机票等。

客运合同的特征是：(1) 旅客既是合同一方当事人，又是运输对象；(2) 客运合同通常采用票证形式；(3) 客运合同包括对旅客行李的运送。

（二）货运合同

1. 概念。货运合同即货物运输合同，是指当事人为完成一定数量的货运任务，约定承运人使用约定的运输工具，在约定的时间内，将托运人的货物运送到约定地点交由收货人收货并收取一定运费而明确相互权利义务的协议。

2. 分类。根据运输工具的不同，货运合同可分为铁路货运合同，公路货运合同，水路货运合同，航空货运合同，管道货运合同等。货运合同往往涉及第三人，即收货人，收货人有时不是货运合同的当事人，但却是合同的利害关系人，享有规定的权利并承担合同规定的义务。

3. 特征。货运合同为运输合同的一种，除具有运输合同的一般特征外，还具有如下重要特征：

（1）往往涉及第三人。货运合同由托运人与承运人双方订立，托运人与承运人为合同的当事人，但托运人既可以为自己的利益托运货物，也可以为第三人的利益托运货物。托运人既可自己为收货人，也可以是第三人为收货人。在第三人为收货人的情况下，收货人虽不是订立合同的当事人，但却是合同的利害关系人。在此情况下的货运合同即属于为第三人利益订立的合同。

（2）以将货物交付给收货人为履行完毕。货运合同与客运合同一样，均是以承运人的运输行为为标的。但是，客运合同中承运人将旅客运输到目的地义务即履行完毕；而货运合同中，承运人将货物运输到目的地，其义务并不能完结，只有将货物交付给收货人后，其义务才告履行完毕。

（3）为诺成性合同。货运合同一般以托运人提出运输货物的请求为要约，承运人同意运输为承诺，合同即告成立。因此，货运合同为诺成性合同。

（三）多式联运合同

多式联运合同又称为"多式联合运输合同"、"混合运输合同"，是指以两种以上（含两种）的不同运输方式将旅客（及其行李）或货物运输到约定地点的运输合同。按《合同法》第三百一十七条规定，多式联运经营人负责履行或者组织履行多式联运合同实施，对全程运输享有承运人的权利，承担承运人的义务。

除具有一般运输合同的特征外，多式联运合同还具有以下法律特征：

1. 联运合同的承运人一方为两人以上。联运合同的承运人必须为两人以上，若仅为一人，则不为联运。联运合同的承运人虽为两人以上，但联运合同只是一个合同，而不是数个运输合同的组合。

2. 相互衔接的不同的运输方式承运。承运人虽为两人以上，但各承运人是以同一运输工具完成运输任务的，也不属于联运。联运合同的承运人一方须以不同的运输工具承运，例如铁路与公路联运、铁路与水路联运、公路与水路联运、铁路与航空联运，以及三种或三种以上运输方式的联运。如果拥有同一运输工具的数个承运人运输同一货物或旅客，则属于单式联运，不属于多式联运。

3. 一次交费并使用同一运输凭证。在多式联运中，货物由一承运人转交另一承运人运输或者旅客由一种运输工具换乘另一种运输工具时，不需另行交费和办理托运手续或购票。

由上可见，多式联运可以减少运输的中间环节，有利于加快运输速度，提高运输效率。多式联运一般实行"一次托运，一次收费，一票到底，全程负责"的

"一条龙"服务的综合性运输，有独特的优越性，极大地方便了旅客和货主，对发展运输横向联系和促进社会主义市场经济建设起着越来越重要的作用。

第二节　运输合同订立和履行的重点问题

一、客运合同订立和履行应注意的事项

（一）审查承运人主体的运输资格和履行合同的能力

包括运输资质、运输工具的安全性、紧急突发处理方案等，了解这些有利于实现运输目的，同时保障旅客的人身、财产安全。

（二）注意合同生效时间及转让

1. 车票、船票等既是客运合同的表现形式，同时又是有价证券。客运合同虽然自旅客购得客票时成立，但合同并未同时生效，而是自检票时起生效。

2. 作为有价证券，除记名的客票外，其他不记名的客票在检票之前可以转让。

（三）双方无正当理由都不得影响延误合同履行

客运合同是诺成性合同，双方经过要约、承诺，形成意思表示一致，合同即告成立。合同订立生效后，承运人不得在无正当理由下任意解除、延误或拒绝履行合同，旅客无正当理由的不得延误合同履行。

（四）承运人不得拒绝及拒载的责任

1. 旅客运输属于公共运输，承运人不得拒绝旅客通常的运输要求。

在客运合同的订立中，尽管在一般情况下，旅客一方提出乘坐相应的交通工具要求的意思表示为要约，承运人同意承运为承诺，但对于旅客的要约，承运人承担着强制承诺的法律义务，除正当理由之外，不得拒绝。

2. 如果承运人拒载，旅客可以向交通运输主管部门投诉，主管部门有权对拒载承运人给予处罚。

（五）旅客不当乘运承运人应承担的责任

1. 旅客不当乘运时，应当按照规定向承运人补交票款的全部或者不足部分。否则，承运人可以旅客未履行基本的合同义务而终止合同的履行，并有权在适当的地点要求旅客离开运载工具或返回适当等级乘坐。

2. 对于无票乘运或者持失效客票乘运的，在始发站发现的，承运人可以拒绝其乘运；在到达站发现的，承运人可以按照规定要求其补交票款和加收票款。

（六）客运合同的特殊情形

旅客运输合同自旅客购得客票时成立只是通例，法律允许当事人另行约定。

此外，按照交易习惯另行确定合同成立时间的除外。

出现旅客先乘坐后补票的常见情形时，旅客运输合同自旅客登上交通工具时成立，其后旅客补票的行为则是旅客向承运人履行支付票款的合同义务。因为此时双方的行为表明双方已就运输合同达成协议，只是双方的合同为非书面形式。

二、货运合同签订和履约应注意的事项

(一) 审查承运人主体的运输资格和合同履行能力

包括运输资质、运输工具的安全、紧急突发处理方案、信誉等，了解这些有利于实现货运合同的目的，同时保障托运人的货物财产安全。

(二) 合同订立的形式和内容规范

1. 货物运输合同应当以书面形式明确各自的权利义务，国家有统一的货物运输合同文本的，应使用统一的合同文本签订，避免出现被欺诈。

2. 双方当事人商定合同的条款内容须具体、全面。才能避免因约定不明或无约定而出现不必要的麻烦。

(三) 货物包装要求

托运人对托运的货物，应当按照国家主管部门规定的标准包装；没有统一规定包装标准的，应当根据保证运输安全的原则，按货物的性质和承载交通工具等条件包装。

凡不符合上述包装要求的，承运人有权拒绝承运。

(四) 托运人注意事项

1. 托运人关于承运人的主体资格和履行合同能力进行必要的审查和了解，才能确定对方是否具备承运资质和保障货物安全到达目的地的能力。

2. 托运人应对托运单填写内容的真实性和正确性负责。因为托运人填交的货物托运单经承运人接受，并由承运人填发货运单后，货物运输合同即告成立。

3. 托运人必须在托运的货件上标明发站、到站和托运人、收货人的单位、姓名和地址，按照国家规定标明包装储运指示标志。

4. 在运输过程中必须有专人照料、监护的货物，应由托运人指派押运员押运。押运员对货物的安全负责，并遵守运输有关规定，承运人应协助押运员完成押运任务。

5. 托运货物内不得夹带国家禁止运输、限制运输物品和危险物品。

6. 如实申报货物的真实和运输条件，要求包装符合运输安全的要求等。

(五) 承运人注意的事项

1. 承运人承运货物时，应对托运人填交的托运单进行查核，并有权在必要

时会同托运人开箱进行安全检查。

2. 承运人应按照货运单上填明的地点，按约定的期限将货物运达到货地点。货物错运到货地点，应无偿运至货运单上规定的到货地点，如逾期运到，应承担逾期运到的责任。

3. 承运人应按照通常的或者约定的路线将货物运送至约定的地点。通常的运输路线一般是指班列或者班轮运输，有固定的航次、班次、时间，固定的到达地，托运人随时可以办理运输手续。

4. 承运人应于货物运达到货地点后 24 小时内向收货人发出到货通知。

5. 承运人应按照货运单交付货物。交付时，发现货物灭失、短少、变质、污染、损坏时，应会同收货人查明情况，并填写货运事故记录。

6. 货物从发出提货通知的次日起，经过 30 日无人提取时，承运人应及时与托运人联系征求处理意见；再经过 30 日，仍无人提取或托运人未提出处理意见，承运人有权将该货物作为无法交付货物，按运输规则处理。对易腐或不易保管的货物，承运人可视情况及时处理。

7. 承运人应采取切实有效的措施，保证货物在运输中的安全、完整、完好地将货物交付给收货人。保证货物运输的安全，防止事故和损失的发生。

8. 从事公共运输的承运人不得拒绝托运人通常、合理的运输要求。

（六）收货人的义务

收货人应及时凭提货证明到指定地点提取货物。货物从发出到货通知的次日起，免费保管 3 日。收货人逾期提取，应按运输规则缴付保管费。

（七）货损赔偿方面

1. 赔偿额的计算。对于货物的毁损、灭失的赔偿额，当事人有约定的，按照其约定；没有约定或者约定不明确，依照本法的规定仍不能确定的，按照交付或者应当交付时货物到达地的市场价格计算。法律、行政法规对赔偿额的计算方法和赔偿限额另有规定的，依照其规定。

2. 限额赔偿。注意在民航、铁路、汽车、海上和水路五种运输方式中，公路和水路货物运输没有明确的限额赔偿规定，其他三种都是限额赔偿。因此，水运货物运输合同当事人亦可以就货物的损失赔偿事先进行约定，以便于及时处理损害赔偿。

3. 保价运输。双方应在合同中明确保价运输，承运人按价值承运，就应当按价值赔偿；按重量承运，就应按重量赔偿。重量赔偿的原则是按重量乘以每单位重量赔偿额计算出赔偿总额；价值赔偿是以托运人声明价值为赔偿基础。

（八）承运人的免责条件

承运人能证明货物的毁损、灭失是因为不可抗力、货物本身的自然性质或者合理损耗以及托运人、收货人的过错造成的，不承担损害赔偿责任。

（九）其他注意事项

订立运输合同应注意一些特殊的规定，比如：

1. 双方订立货物运输合同，应贯彻优先运输国家指令性计划产品，兼顾指导性计划产品和其他物资的原则。

2. 大宗货物的铁路运输，有条件的可按年度、半年或季度签订货物运输合同；也可以签订更长期限的运输合同。

3. 其他整车货物运输，应按月签订运输合同，零星货物运输，以货物运单作为运输合同。

第三节 物流行业合同风险及其防范

与传统的货物运输相比，现代物流已涵盖了运输、仓储、包装、配送、装卸、流通加工、信息等多个环节，其业务范围不仅涉及运输与仓储，更包括对存货管理、加贴商标、订单实现、属地交货和包装等提供服务，并且按照客户的经营战略去谋划它的物流。因此现代物流企业是一个集多种业务于一身的综合性的大型服务业。正由于物流业的综合性的特点，物流业的风险远远高于一般行业，对物流风险管理的研究也越来越紧迫。

作为一个好的现代物流企业应清醒地认识到，从事现代物流业务比从事传统物流业务的责任与风险要大得多。正如通用电气前首席执行官杰克·韦尔奇所说："企业的法律风险是一种商业风险，管理人员有责任像管理企业生产经营的其他风险一样管理法律风险。"

虽然我国现行法律对物流业的规范显得十分粗略，但是对这些零散的法律规范进行分类掌握并且运用，对于防范风险是十分重要的。

一、物流行业法律立法现状

物流（logistics）最早的名称是Physical Distribution，关于物流的概念，目前国际上的表述存在差异。一般认为物流是指物资资料在生产过程中的各个阶段以及从生产者向消费者的转移过程中，通过运用与之相关的自然技术和管理技术，从而实现提高物资流动效率，减少全社会物资库存总成本，降低物资流动费用，并最终达到提高企业和社会经济效益的一系列物资空间位移活动。

我国国家标准《物流术语》对物流的定义是：物品从供应地向接收地的实体流动过程，根据实际需要，将运输、储存、装卸搬运、流通加工、配送、信息处理等基本功能，实施有机结合。

与物流活动相关的法律规范比较广，在指导思想和原则层面上，主要有《中华人民共和国民法通则》、《中华人民共和国合同法》、《中华人民共和国海商法》。在具体操作层面上，有关物流方面的法律法规分散于海陆空运输的行业管理部门分别制定的有关文件中（如：交通部发布的《关于促进运输企业发展综合物流的若干意见》，外经贸部2002年发布的《外商投资国际货物运输代理企业管理办法》，铁道部颁布的《铁路货物运输管理条例》，中国民航总局颁布的《中国民用航空国际运输规则》），国家现代物流标准只有《物流术语》，以及国际法律法规《联合国国际货物买卖合同公约》、《海牙规则》、《维斯比规则》等。

二、仓储合同的法律风险防范与对策

仓储合同是保管人储存存货人交付的仓储物，存货人支付仓储费的合同。在仓储合同中，仓单是最重要的法律凭证，对仓单性质的认定直接涉及仓储物权属问题。目前企业尤其需要注意因忽视仓单作为债权凭证与作为物权凭证的差异而引起的法律风险。

（一）仓单作为物权凭证的法律要素——货物指向的特定化

物权是权利人依法对特定的物享有直接支配和排他的权利，其指向是特定的物，仓单作为物权凭证的要素，应记载上述提及的内容，尤其是仓储物的品种、数量、质量、包装、件数和标记。而且只有这些内容与特定的物形成对应，仓单才能形成一种物权凭证。如果通过这些内容，只能对应到种类物，那么仓单项下的权利，就不能构成物权。

之所以强调货物指向特定化，其证明效果在于：记载内容与特定的物形成对应使得仓单持有人具有支配和排他权利。如果仓单持有人能够证明其仓单所载货物对应特定货物并且这些特定货物仍在仓库之内，则这些货物可以与其他仓单持有人的货物区别开来，从而可以避免亏仓风险。

实践中，货物特定化的表现方式有使用货物批次号、仓管人员确认、竖牌子、贴标签等。表现方式各有不同，其证明力也各不相同：(1) 货物批次号是指货物生产批号或者入库管理号码，应当具有唯一性；(2) 仓管人员确认指的是双方在仓储合同中约定货物管理人，指定仓管人员负责特定的货物；(3) 竖牌子，就好比圈地运动，大家各自划分势力范围并插面旗帜并宣告，这块地是我的；(4) 贴标签就是在货物上写上货主的名字。

很显然，从证据的形成过程来看，货物批次号的客观性较强，并具有唯一性，其真实性与合法性符合证据规则要求，应当作为定案依据。而仓管人员、竖牌子、贴标签等容易被篡改、涂写，作为证据的真实性、关联性有所欠缺，不能直接作为定案依据，除非有其他证据予以佐证。

（二）风险防范与对策

仓单要作为物权凭证，应该具有特定化的要素。仓单若无法与特定的物相对应，那么仓单所载明的权利仍是一种债权，而非物权。在发生纠纷时，只能与其他债权人一道，依据债权比例进行分配。因此，对于仓单持有人而言并非高枕无忧，若不注重仓单制作与规范，很可能发生亏仓的风险。为避免此风险的发生，企业应主动出击，积极应对：（1）物流企业应树立仓储货物安全意识及风险管理意识；（2）规范仓单的制作，其标志的内容指向应具有唯一性，如仓单明确记载货物的品种、数量、质量、包装、件数及批次号等；（3）库存管理中，引入货物指向特定化理念，严格依据货物特定化要素进行管理，或者约定存放的空间和区域；（4）定期跟踪和管理，定期验货巡查，做到早预防、早发现、早处理。

三、保险合同的法律风险与管理对策

保险合同是投保人与保险人之间设立、变更、终止保险法律关系的协议。保险合同一般包括投保单和保险单，二者构成要约和承诺，附加包含一般约定的保险条款共同构成。有时候保险单会用其简化方式《保险凭证》替换。物流行业通常会为自己的货物投保财产保险，但许多企业由于风险意识不强，容易导致索赔困难。

（一）保险合同法律风险的高发点——保险单

案例：2008年10月，A仓储公司为其储存的货物投了财产保险，保险金额20万元，保险费1万元。10月20日，A公司向B保险公司的营销员何某缴纳了保险费，营销员出具了保险费收据。10月21日下午，当地忽降暴雨，A仓储公司价值15万元货物被淹没了。10月22日，A公司向B保险公司报案，保险公司核对后认为，A公司被水淹的情节属于保险范围内，但由于保险单未交到公司，尚未生效，故不同意对A公司的损失进行赔偿。故A公司将保险公司告上法庭。法院判决保险公司依法赔付A公司保险金15万元。

本案所涉保险法相关规定如下：（1）第13条：投保人提出保险要求，经保险人同意承保，保险合同成立。保险人应当及时向投保人签发保险单或者其他保险凭证。保险单或者其他保险凭证应当载明当事人双方约定的合同内容。当事人也可以约定采用其他书面形式载明合同内容。依法成立的保险合同，自成立时生效。投保人和保险人可以对合同的效力约定附条件或者附期限。（2）第14条：保险合同成立后，投保人按照约定交付保险费，保险人按照约定的时间开始承担保险责任。

本案中投保人与承保人双方未明确约定保险责任的开始时间，应推认为自当事人按约定交纳保费时起保险责任开始，承保人不得拒绝承担保险责任。

从上述案例我们可以得到启示，正是由于A仓储公司及时履行了保险合同的主要义务，并取得了保险费收据，使得保险公司提出的保险单未生效的抗辩不成立，最终保护了企业的正当权益。

（二）保险合同风险防范对策

为防止保险合同效力给企业的风险，在投保物流保险时，企业应注意以下事项：

1. 衡量保险价值，合理选择保险种类。投保时，首先要对企业所面临的风险做出评估，甄别哪种风险最大、最可能发生，并结合不同险种的保险费率来加以权衡。

2. 选择适格的保险代理人，看清免责条款。尤其在保险金索赔期限、保险人的先行赔偿义务、投保人的告知义务、合同争议管辖地、附加善后义务等方面要小心投保的条款陷阱。

3. 认真填写投保书。填写保单时，应先认真审查保单内容，发现错漏之处，应及时要求业务员交保险公司更正。对于保险合同的成立及生效时间，应在合同中予以明确说明。如确认保单无误，填妥保单后应督促保险公司业务员及时带回公司办理正式审批手续以确保企业权益。

4. 注意索取首期缴费收据。在保险公司未签发保险单前，连同投保书一起交付首期保险费时，应向业务员索取保险公司出具的保费暂收收据或保费收据。为确保企业投保的权益，不应收取业务员以个人或任何他人的名义出具的收条。

5. 仔细核对合同条款。许多企业在签订保险合同时，往往不注意仔细看清合同条款，仅仅相信保险代理人的解释便签字。实际上，当发生理赔纠纷时，具有法律拘束力的只有保险合同条款。因此，企业一定要对合同条款进行仔细核对，以确认和自身的需求相符合。

四、运输合同的风险与对策

运输合同是承运人将旅客或者货物从起运地点运输到约定地点，旅客、托运人或者收货人支付票款或者运输费用的合同。物流业往往涉及跨地域运输，对运输合同必须予以足够的理解和重视。

（一）运输合同法律风险实例分析

案例：重庆A轮船公司承运货主B公司榨菜8210坛，抵达武汉港。C港口公司进行卸货作业，发现榨菜破损达 1788 坛，其中原残 164 坛，船残、工残 1624 坛。经查明，造成这批榨菜破损原因，一是货主 B 公司未按承运人 A 轮船公司要求备足 2% 的空坛以备破损后换装，在运单上，货主同意托运人作"无空坛换装，破损自负"的批注；二是货物到港后，C 港口公司的装卸工人未能谨慎卸船和转运，而理货人员见有批注，疏于督促。

法院审理后认为，这一批榨菜损失系三方混合过错所致。依据法律规定，过错方均应承担民事责任，但由于船、港交接不明，所以 A 轮船公司、C 港口公司所负责任比例不清。最后三方当事人在法院调解下达成和解协议如下：（1）货主 B 公司自行承担损失的 50%；（2）C 港口公司赔偿 B 公司损失的 50%；（3）A 轮船公司应承担的损失数额与其货主自行商定。

本案中货主 B 公司没有根据货物的性质、运输条件和承运人的要求，采用适当的内、外包装材料和包装形式，妥善包装。A 轮船公司、C 港口公司见有托运人"破损自负"的批注，未能谨慎卸船和转运更进一步导致了货物的破损。但根据合同法第三百零七条的规定，即使托运人未适当包装货物，但承运人已经承运的情况下，仍应采取相应的措施以避免损失的发生。本案中，承运人未尽到此法定义务，因此应当承担责任。

（二）运输合同风险防范对策

在实际操作中，为防范货物装卸引发的责任承担风险，物流企业应注意以下几点：（1）注意对货物包装进行检查，避免错误操作。托运人托运易燃、易爆、有毒、有腐蚀性、有放射性等危险物品，应当按照国家有关危险物品运输的规定对危险物品妥善包装，作出危险物标志和标签，并将有关危险物品的名称、性质和防范措施的书面材料提交承运人。（2）交接时注意各种货物装卸的基本作业要求，从事危险货物运输、装卸人员必须按照国家有关规定进行岗位培训，凭专业岗位操作证书上岗作业。（3）注意承运人合理提醒义务及不能免责的情形。

五、货物配送的风险与管理对策

在法律意义上对配送人行为规范方面的要求，远比单纯从事销售或运输业务的单一行为主体要严格得多。从法律角度进行考察，配送制集购销、运输、保管、借贷诸种法律行为于一体，但它的行为主体只有两个：配送人和收货人，因而它是一种双方而非多方的法律行为，存在诸多的赔偿风险：（1）因延迟配送和延迟收货承担的风险；（2）不适当配送导致的经济赔偿；（3）货物侵权的责任承担风险；（4）货物质量引发的法律风险；（5）误交付导致第三人损坏货物的风险。物流企业要避免此类纠纷的发生，应注意以下几点：

（一）约定合同变更或中止条款，力保合同的灵活性

为利于当事人及时履行合同义务，避免发生物资积压及由此引发的债务纠纷，配送合同中应约定允许当事人协商变更合同，在不能达成一致意见时还可以暂时中止，甚至终止执行合同。例如设计标的物质量条款，可约定产地不作为约束条件，配送人只要按照合同提供了符合有关技术标准及双方约定品质要求的标的物时，就认为适当地履行了配送义务。

（二）订立长期配送合同，尽量避免临时不确定合同

配送通常是根据用户要货指令（包括电话通知）由配送人即时交货，所以大多数情况下不可能在合同中订有十分明确的履行日期，但双方当事人的配送合同应当约定为一个有明确期限的长期合同，当事人可把合同有效期定为几个月或者几年。只要在合同有效期间内，收货人都可以随时向配送人发出要货指令，而不论其形式如何，均应视为配送合同的组成部分，具有法律效力，当发生纠纷时，按照双方签订的长期合同进行责任认定。这样，就避免了多次临时配送来不及签书面合同的风险。

（三）确定合理价格，减少债务压力

配送合同的价格条款由材料价格、运输劳务费用和综合费用三部分组成。企业约定价格时可分项议定，也可以笼统协商。某些企业为提高市场竞争能力，可能愿意无偿提供劳务服务，但一旦发生纠纷，很难区分应当就价格承担责任还是应当就劳务承担责任。为减少价格条款对合同履行的冲击影响，把材料价格与劳务费用分项划定更符合配送合同的特殊要求，责任分明，避免仅仅因为劳务争议而发生价格上的损失。

（四）利用担保降低合同风险

在《担保法》规定的担保方式中，定金制度比较适合配送债权的全面实现。由于在配送过程中，配送人担负着从货物的采购、分配、调运、保管到资金的预垫、利息的支付、销售费用的承担等一揽子综合流通投入和负担，因而它背负着更多的法律义务。为了平衡和弥补配送人过多的债务困扰，由收货人给付配送人一定比例的定金更有利于配送法律关系的调整，企业应当注意定金的比例不得超出合同标的额总额的20%，否则超出部分无效。

第十九章 技术合同

第一节 技术合同基础知识

一、技术合同的概念和特点

（一）技术合同的概念

技术合同，同是当事人就技术开发、转让、咨询或者服务订立的确立相互之间权利和义务的合同。技术合同的标的与技术有密切联系，不同类型的技术合同有不同的技术内容。技术合同履行环节多，履行期限长。技术合同的法律调整具有多样性。当事人一方具有特定性，通常应当是具有一定专业知识或技能的技术人员。

（二）技术合同的特点

1. 技术合同的标的与技术有密切联系，不同类型的技术合同有不同的技术内容。技术转让合同的标的是特定的技术成果，技术服务与技术咨询合同的标的是特定的技术行为，技术开发合同的标的兼具技术成果与技术行为的内容。

2. 技术合同履行环节多，履行期限长，价款、报酬或使用费的计算较为复杂，一些技术合同的风险性很强。

3. 技术合同的法律调整具有多样性。技术合同标的物是人类智力活动的成果，这些技术成果中许多是知识产权法调整的对象，涉及技术权益的归属、技术风险的承担、技术专利权的获得、技术产品的商业标记、技术的保密、技术的表现形式等，受专利法、商标法、商业秘密法、反不正当竞争法、著作权法等法律的调整。

4. 当事人一方具有特定性，通常应当是具有一定专业知识或技能的技术人员。

5. 技术合同是双务、有偿合同。

（三）技术合同的分类

技术合同分为四类：技术开发合同、技术转让合同、技术咨询合同、技术服务合同。

1. 技术开发合同是指当事人之间就新技术、新产品、新工艺、新材料及其系统的研究开发所订立的合同。

2. 技术转让合同是指当事人之间就专利权转让、专利申请权转让、专利实施许可及技术秘密的使用和转让所订立的合同。

3. 技术咨询合同是指当事人一方为另一方就特定技术项目提供可行性论证、技术预测、专题技术调查、分析评价报告所订立的合同。

4. 技术服务合同是指当事人一方以技术知识为另一方解决特定技术问题所订立的合同。

《合同法》第三百三十、第三百四十二条分别规定，技术开发合同、技术转让合同应当采用书面形式，但对技术咨询合同、技术服务合同未作规定。

根据合同法的规定，技术合同订立当事人应恪守诚实信用原则，技术合同不得以妨碍技术进步、侵害他人技术成果或非法垄断技术为目的。

二、技术合同的认定管理

（一）技术合同认定登记制度及申请主体

技术合同认定登记实行按地域一次登记制度。技术开发合同的研究开发人、技术转让合同的让与人、技术咨询和技术服务合同的受托人，以及技术培训合同的培训人、技术中介合同的中介人，应当在合同成立后向所在地区的技术合同登记机构提出认定登记申请。

（二）技术合同认定登记程序

1. 提交材料。技术合同的认定登记，以当事人提交的合同文本和有关材料为依据，以国家有关法律、法规和政策为准绳。当事人应当在合同中明确相互权利与义务关系，如实反映技术交易的实际情况。当事人在合同文本中作虚假表示，骗取技术合同登记证明的，应当对其后果承担责任。

当事人申请技术合同认定登记，应当向技术合同登记机构提交完整的书面合同文本和相关附件。合同文本可以采用由科学技术部监制的技术合同示范文本；采用其他书面合同文本的，应当符合《中华人民共和国合同法》的有关规定。

采用口头形式订立技术合同的，技术合同登记机构不予受理。

2. 审查。技术合同登记机构应当对当事人提交申请认定登记的合同文本及相关附件进行审查，认为合同内容不完整或者有关附件不齐全的，应当以书面形式要求当事人在规定的时间内补正。

申请认定登记的合同应当根据《中华人民共和国合同法》的规定，使用技开发、技术转让、技术咨询、技术服务等规范名称，完整准确地表达合同内容。使用其他名称或者所表述内容在认定合同性质上引起混乱的，技术合同登记机构应当退回当事人补正。

技术合同登记机构对当事人所提交的合同文本和有关材料进行审查和认定。其主要事项是：(1) 是否属于技术合同；(2) 分类登记；(3) 核定技术性收入。

三、技术合同的主要内容

合同法对技术合同的主要条款做了示范性规定，包括项目名称、标的、履行、保密、风险责任、成果以及收益分配、验收、价款、违约责任、争议解决方法和专门术语的解释等条款。体现技术合同特殊性的条款主要有：

(一) 保密条款

保守技术秘密是技术合同中的一个重要问题。在订立合同之前，当事人应当就保密问题达成订约前的保密协议，在合同的具体内容中更要对保密事项、保密范围、保密期限及保密责任等问题作出约定，防止因泄密而造成的侵犯技术权益与技术贬值的情况的发生。

(二) 特殊的价金或报酬支付方式条款

技术合同的价款、报酬和使用费如何支付，当事人应当在合同中约定。技术合同价款的支付有如下方式：

1. 一次总算，一次总付。指当事人将合同价款一次算清并全部一次性支付。这种方式下，交易风险全部由受让方承担，对转让方较为有利；但对于价格较低的技术合同，这种支付方式简捷便利，能及时结清。

2. 一次总算，分期支付。指当事人将合同价款一次算清但不一次性支付，而是设定一定的条件，在条件分别满足时分期支付价金。这种方式下，交易风险由双方共担，对双方权利的保护较为平均。

3. 提成支付方式。指受让方将技术实施后产生的经济效益按一定比例与期限支付给对方，作为支付给转让方的价金。提成支付的方式旨在使双方当事人公平合理地分担交易风险，在那些技术比较成熟、市场前景稳定、技术价格较高的技术交易项目中经常采用。采取这种方式支付价金的，合同双方应对按产值还是利润为基数、提成的比例等作出约定。

4. 提成支付附加预付"入门费"方式。指受让方首先在一定期限内向转让方支付一部分固定的价款，称为"入门费"，其余的价款则采用提成方式分期支付。这种方式既可以公平分担交易风险，又可以给已为技术投入了大量成本的转让方一些固定的补偿，适合于履行期长、技术价格高、技术水平高的技术合同。

（三）成果归属条款

即合同履行过程中产生的发明、发现或其他技术成果，应定明归谁所有，如何使用和分享。一般原则是：

1. 委托开发所完成的发明创造，除当事人另有约定的以外，申请专利的权利属于研究开发人。研究开发人取得专利权的，委托人可以免费实施该专利。研究开发人转让专利申请权的，委托人可优先受让该专利申请权。

2. 合作开发所完成的发明创造，除当事人另有约定的外，申请专利的权利属于合作开发的各方共有。当事人一方转让其专利申请权的，其他各方可优先受让其共有的专利申请权。合作开发的一方声明放弃其共有的专利申请权的，可由另一方单独或其他各方共同申请。申请人取得专利权的，放弃专利权的一方可免费实施该项专利。但合作开发的一方不同意申请专利的，另一方或其他各方不得申请专利。

3. 委托开发或合作开发完成的技术秘密成果的使用权、转让权和利益的分配办法，由当事人约定。没有约定或约定不明确，依《合同法》第六十一条的规定仍不能确定的，当事人均有使用和转让的权利。但是，委托开发的研究开发人不得在向委托人交付研究开发成果前，将研究开发成果转让给第三人。

4. 在技术转让合同中，当事人可以按照合理的原则，约定实施专利、使用技术秘密的后续改进技术成果的分享办法。在合同没有约定或者约定不明的情况下，当事人可以协议补充；不能达成补充协议的，按照合同中有关条款或交易习惯确定；依照合同有关条款或交易习惯仍不能确定的，一方后续改进的技术成果，其他各方无权分享，而由后续改进方享有。

（四）开发风险的负担条款

在履行技术开发合同过程中，因出现无法克服的技术困难而导致研究开发全部或部分失败的，其风险负担由当事人约定；没有约定的，可补充约定或按交易习惯确定；仍不能确定的，由当事人合理分担。

（五）专门名词和术语的解释条款

由于技术合同专业性较强，当事人应对合同中出现的关键性名词，或双方当事人认为有必要明确其范围、意义的术语，以及因在合同文本中重复出现而被简化了的略语作出解释，避免事后纠纷。

四、技术合同无效的特殊规定

除有《合同法》第五十二条规定的情形之一的技术合同无效外，根据技术合同的特点，《合同法》第三百二十九条专门规定：非法垄断技术、妨碍技术进步或者侵害他人技术成果的技术合同无效。

非法垄断技术，妨碍技术进步，是指通过合同条款限制对方在合同标的技术的基础上进行新的研究开发，或者限制对方从其他渠道吸收先进技术，或者阻碍对方根据市场的需求，按照合理的方式充分实施专利和使用技术秘密。侵害他人技术成果指侵害另一方或者第三方的专利权、专利申请权、专利实施权、技术秘密的使用权和转让权或者发明权、发现权等的行为。

第二节 技术合同签订和履行中应注意的问题

技术合同是知识形态的商品通过市场进行交换的法律形式，规定了技术贸易双方的权利和义务，是保证技术贸易顺利进行的基本文字依据，是对技术洽谈所涉及的各种问题的归纳、总结、规范和提高。技术合同受法律的监督和保护。技术合同的主体是技术的拥有方，客体是提供的技术（成果、服务等），体现了双务有偿的原则。签订一个好的合同，能保护签约者各方的基本利益，避免和减少日后的纠纷，降低合作失败的风险。

一、技术合同签订前应注意的问题

(一) 签订技术合同前，对标的技术充分调研

调研内容具体包括：(1) 技术的高新程度和维持高新程度的预计时间期限。技术开发或转让技术的先进与否，直接关系到产品的竞争力，还要重点考虑技术的生命周期。(2) 技术成果的成熟程度和实用性。千万不能认为授予专利权的技术就是可以直接应用于产业的成熟技术，往往还需要大量的后续开发工作，而后续开发还有失败风险。因此，订立技术合同前，要审查技术成果的技术方案的完整程度及其后续开发的工作量。(3) 要考虑是否有可以替代该技术的同类技术情况，这主要是作为评估技术成果的价值参考。(4) 使用该技术所生产的产品的市场需求量、使用该技术所需要的投资以及预期经济收益等。

(二) 明确约定技术的权利状态

对标的技术充分调研后，还要重点审查以下内容，以确定标的技术的权利状态：

1. 技术转让方是否是技术的合法权利人，即转让技术的所有权必须明确，不存在权属争议。

2. 转让的技术通常是权利化的技术方案，即转让的技术通过法律或合同合法设定了专利权、专利实施许可权、技术秘密使用权及转让权等。技术转让从实

质上讲是权利的转移或许可使用，通常要求转让的技术是具有权属的技术。如果是普通技术人员已经掌握的技术、专利期满的技术等属于社会公知公用的技术，一般不作为技术转让的标的，可通过检索查新等公开渠道获取该公知技术。

3. 明确转让技术的权利状态。将转让技术的专利权状况、专利转让情况、专利许可使用情况或技术秘密的使用及保密情况等如实告知技术受让方。

（三）确定技术合同的标的

技术合同标的的内容、范围和要求是当事人权利和义务的主要依据，也是技术合同最基本、最重要的条款，直接关系到合同其他条款的履行。合同当事人履行合同发生争议往往也是合同中对标的的内容、范围和要求约定不明引起的。因此，签约前合同当事人应明确合同标的，进而在合同文本中对此条款尽可能作出准确、全面的约定。

技术合同标的的内容，是从定性的角度去界定技术合同的标的，明确合同标的是什么，按标的性质划分技术合同的边界；技术合同标的的范围，是从定量的角度去界定技术合同的标的，明确合同包括哪些标的，以及标的物的合理数量，界定履行合同应当提交的全部成果；技术合同标的的要求，是对技术合同标的所应达到的具体技术指标、参数、预期效果等作出约定，作为验收合同标的最主要的标准和依据。不同的技术合同对标的的内容、范围和要求的约定应有所不同。

二、技术合同签订中应注意的问题

（一）权衡技术合同的获利与风险的关系

技术研究和技术开发是一种探索未知的活动，失败和反复是不可避免的，所以，技术开发合同的签订，也是一种风险投资。签订技术合同时应充分考虑到研究开发的风险，由于技术条件、技术水平达不到合同约定的要求，研究项目失败，或者所研究开发的内容已经公开，均属于技术风险的范围。要在合同中约定出现类似风险时，采取何种方式认定，经济损失怎样分担等内容。要对合同的风险有充分的认识，不能有冒着高风险追求高回报之倾向，要很好地把握风险与获利的尺度。

（二）双方保守技术秘密的约定

保密条款是技术合同中非常重要的内容，合同双方都有保密义务。目前，技术失密经常发生，其主要原因是制度不严、管理不善以及人员流动所致。所以在合同中应列出技术资料、样品、数据和其他秘密事项的清单、保密期限和违反保密义务的责任以及失密后的处理方式等内容。

（三）技术成果的归属与分享

在合同中应约定技术成果的归属、使用和转让，以及由此产生的利益分配办法。技术成果的归属应该尊重当事人的意志，如果当事人没有特别的约定，应遵循《合同法》中"坚持权利与义务一致，保障技术开发各方的权益平衡"的原则。技术成果在使用和转化的过程中，有时经后续开发或改进会产生新的成果，发生升值，由此可能影响技术成果的所有权、利益分配以及各自的权利和义务，能预见的双方约定，不能预见的应由当事人双方特别约定。

（四）严密合同条款及约定

一般情况下，技术合同约定有"未经甲方容许，乙方不得单方转让技术成果"的条款，如果合同中没有"甲方未完全履行合同，不支付合同款，乙方有权将成果转让给第三方"的约定，尽管甲方违约，不支付合同款，乙方也不能将技术成果转让给第三方，否则甲方反过来可以追究乙方的违约责任并要求赔偿，不能因为甲方违反付款约定，乙方就可以违反合同中约定的条款。

另外，没有经过甲方的同意，合同的部分或者全部工作乙方不得转让给第三者承担。但可以在合同中约定，在什么情况下，乙方可以不经甲方同意转让给第三方承担。

（五）付款方式的约定

在技术合同的履行中，"付款方式"的约定发生问题较多，拖延、拒付或不支付合同尾款的案例经常发生，所以约定合理的付款方式尤为重要。在合同签订时，双方必须认真核算，反复斟酌，避免风险。如果在合同中约定"按利润提成"，则为日后的付款留下隐患，因为利润不像销售额那样有据可查，多数企业视利润为企业秘密不轻易披露，作为技术的卖方要准确地掌握买方利润，其难度很大，所以这类约定的风险很大，甲方可能会以种种理由不付或少付合同款。从防患风险考虑，在这类合同中可加入乙方对甲方财务报表的审核权，或者约定保底条款。

（六）注意技术合同争议的解决方式的规定

技术合同文本中"合同争议的解决方式"有"仲裁"和"诉讼"两种选项。在签订合同时，若选择"仲裁"方式，必须向所在地的技术合同仲裁委员会递交仲裁申请书，否则仲裁机构不予受理。

（七）注意技术合同诉讼管辖地的确定

诉讼管辖地关系到可能发生诉讼的法院地点，可能会影响到发生诉讼的费用和诉讼的成败，必须在了解法律的相关规定的情况下谨慎对待。对诉讼管辖地的确定原则，有约定的从约定；没有约定的按"履约地为管辖地"，"履约地"则按合同条款中的"有关履约地的约定"来判断或按"实际履约地"来判断；履约地约定不明确的，按被告所在地为管辖地。

三、技术合同履行中应注意的问题

（一）技术资料交接必须规范

技术资料对合同的履行具有举足轻重的作用。作为合同甲方，在合同履行时，必须为乙方提交背景技术资料；作为合同乙方，在合同履行后，必须为甲方提交试验报告、结题报告等技术资料。这是甲乙双方在技术合同履行时应承担的义务。一般性资料，可积累一定数量后让对方签收；涉及技术项目的保密资料，需要对方当场签收。值得注意的是，技术资料的签收人必须具有能够代表合同主体的资格，不得随意将技术资料交付他人。

（二）履行过程中合同的变更应严格依照法律程序

合同中一般的条款变更，如甲方申请延期付款或乙方申请延迟交付资料等，如果延迟期不长，只需双方口头或书面同意，并记录备查。如果发生一方请求履约时间延宕较长，或合同实质性条款发生变更，如技术项目更换或合同主体变更，即形成了新的要约或承诺，则必须经双方确认并签订书面协议。

（三）确保技术"卖"方提供的研究成果合法

作为凝结着智力劳动所取得的科研成果，是一种无形资产，确认知识产权的前提条件就是承认智力劳动所创造的成果是一种财产。技术卖方必须保证你所出售的技术成果是自己的自主原创，不存在侵权的问题，如有发生，技术卖方要承担相应的法律责任。

技术合同复杂性的特点使得技术合同表述难、定价难、履约难，因此，技术合同自签订到履行是复杂而艰巨的。由于技术卖方熟悉自己出售的技术，比较熟悉技术贸易的有关程序、特点和法律、法规，所以，由技术卖方形成的文字合同，不可避免地在某些内容上有利于技术卖方，而对技术买方的利益考虑不周，或者体现不明确。作为技术买方，应熟悉自己所需要的技术，仔细推敲技术合同的各个条款及细节，以免留下隐患。

四、技术合同管理中应注意的问题

（一）技术合同的订立、履行应遵守《合同法》的原则

《合同法》规定，《合同法》的基本原则是，第一，平等、自愿原则。第二，公平、诚实信用原则，当事人应当遵循法律和尊重社会公德原则，当事人订立、履行合同，应当遵守法律、政策法规，尊重社会公德，不得扰乱社会经济秩序，损害社会公共利益。

这些基本原则是法律的强行性规定，当事人必须遵守，是指导和规范技术合

同双方当事人的行为准则，凡与基本原则相抵触的技术合同约定都是无效的技术合同。这也是为保护双方当事人的合法权益，维护社会主义经济秩序，促进社会主义市场经济建设的需要。

（二）加强职务成果管理，维护单位法人的合法权益

《合同法》第三百二十六条对职务技术成果的概念使用权及转让权的归属，完成者的权利作了具体规定。划分职务技术成果和非职务技术成果，对确认技术成果财产权归属和订立技术合同的主体资格具有很大意义。

《合同法》第三百二十九条第二款规定："技术成果是执行法人或者其他组织的工作任务，或者主要是利用法人或其他组织的物质条件所完成的技术成果"。只要符合其中之一条件，即为职务技术成果。所以，职务技术成果的转让权、使用权属于法人或其他组织。法人或者其他组织有权作为民事法律关系的主体就该项职务技术成果订立技术合同转让、开发、推广。职工个人不经单位法人的同意，未得到单位法人授权或事后得到法人的授权追认，私自将职务技术成果转让开发或推广，就侵害了法人的技术权益和经济权益，构成了侵权，其合同的效力是无效的。

科技工作者应自觉地维护本单位的合法权益。职务技术成果是通过在职科技工作者辛勤劳动所取得的，国家为鼓励创新和发明创造，对职务技术成果及完成人所享有的人身权、荣誉权也作了明确的规定。

（三）技术合同订立内容和形式，对合同认定的重要影响

《合同法》第三百二十四条规定：技术合同内容是由当事人约定，一般包括：项目名称，标的的内容范围和要求履行计划、进度、期限、地点和方式，技术情报和资料的保密，风险责任的承担，技术成果归属和收益的分成办法、验收标准及方法、价款、报酬或使用费及支付方式、违约金或损失赔偿计算，解决争议的方法，名词和术语的解释等11条。

此规定的合同内容是指导性条款，并不影响当事人按照要求作出其他约定。技术合同法规定的内容，反映了技术合同当事人之间的权利义务关系，也是当事人履行合同的主要依据。

在实践中，技术合同的内容规定得明确、具体，有利于双方当事人了解自己的权利义务，有利于合同的履行。特别是在履行合同发生纠纷时，合同是否完备、规范、明确，对违约行为和违约责任的认定和处理有重要影响。

订立技术合同的形式是合同双方当事人就确立、变更、终止民事权利义务关系达成一致的方式，是合同当事人内在意思的外在表现形式。它对合同当事人权利义务的确定具有重要意义。《合同法》第三百三十条和第三百四十条中规定，

技术开发合同和技术转让合同应采用书面形式,这有利于技术合同的规范化,有利于减少合同纠纷和解决合同纠纷。口头技术合同不符合技术合同法规定的形式要件(除口头技术合同已经履行,且双方当事人对口头约定的主要权利义务的内容无异议,或能通过有关证据给予确认的),实际上是不成立的。因此,在订立技术合同时,应尽可能避免因人情关系的口头协议可能给双方合法利益带来的损害。

(四)技术合同的成立与生效

技术合同的成立是双方当事人完成了签订合同的全过程,双方当事人之间意思表示达成了一致。这是合同存在的前提条件。合同生效是指合同成立后,该合同符合法定的生效条件,该合同生效,其约定的义务对合同当事人有了法律约束力,并不是所有的合同成立了就等于生效。

如国家目前有许多科研计划,是通过技术合同的形式来落实的,研究人员在申报此类科技项目时,若项目组成员由几个单位成员组成,就会对完成该项目的各单位成员要尽的义务签订补充协议,此协议虽然成立了,但其效力还处于待定状态之中,只有当科技项目得到批准,经费落实后,该协议才生效。

因此,在签订此类协议时,应尽可能对研究内容的分工、经费分配、成果权属等条款明确,避免出现责任不清,影响立项后技术合同的履行而承担违约责任。

(五)注意技术合同争议的诉讼时效

时效是法律强制性规定,必须在法律规定的期限内主张自己的权利,保护自己的合法利益。《合同法》规定,一般合同纠纷诉讼时效为 2 年,从知道或者应该知道权利受到侵害时起计算。此外,主张权利时,必须提交法律认可的时间证据,信函、电子邮件或者传真等。

还需要特别提醒注意的一点是,《合同法》第一百二十九条中规定了"对涉外买卖合同和技术进口合同争议提请诉讼者或申请仲裁的期限为 4 年,其他合同争议提起诉讼或者申请仲裁的期限依照有关法律的规定"。

五、技术合同纠纷常见问题及对策

就目前技术合同纠纷产生的原因来看,大多数是由合同各方对有关技术条款约定不明确而引发的,如合同各方对研究开发技术成果、技术转让的标的技术、技术服务等是否符合合同约定的标准产生争议。

(一)研究开发技术成果或技术转让成果是否符合合同约定标准

当事人在订立技术开发合同或技术转让合同时,应当尽可能明确技术开发合同或技术转让合同标的的具体内容、提交形式和具体技术要求,即标的技术是什么表现形式、其工业化程度如何以及包括哪些内容等事项,以免在验收技术成果时引起不必要的争议。如果当事人在合同中明确约定了标的技术,即研究开发技术成果或技术转让成果的具体内容（如技术指标）、提交形式和检测方式或验收标准等,当合同当事人对技术成果是否符合合同约定的标准产生争议时,可向人民法院申请或自行委托专业鉴定机构对"技术开发成果或技术转让成果是否符合合同约定的标准"进行技术鉴定。

（二）研究开发技术成果或技术转让成果是否具备实用性或存在重大缺陷

如果当事人没有在技术合同中对研究开发的技术成果或技术转让成果的具体内容、提交形式和检测方式或验收标准等作出明确的约定,当合同当事人对标的技术成果产生争议时,可以委托鉴定机构就"研究开发技术成果或技术转让成果是否具备实用性或存在重大缺陷"进行技术鉴定。

（三）技术开发失败是被告违约所致,还是技术开发的风险责任所致

这既是一个法律问题,又是一个技术问题。技术开发合同的风险责任,是指在履行技术开发合同的过程中,因出现无法克服的技术困难,导致研究开发工作失败或者部分失败,对所产生的损失,应由技术开发合同双方当事人约定承担或者合理分担的一种责任。

在审判中,当一方当事人提出风险责任的抗辩时,就涉及对风险责任的确认问题。风险责任的认定,必然涉及对技术的论证问题,需要由专家进行鉴定。

（四）技术资料的提交是否符合合同约定的要求

技术资料是否完整、真实、可靠,直接关系到受让方能否顺利实施转让的技术。因此,技术合同双方应在合同中明确约定应当提交的有关技术资料,以确保受让方按照转让方提交的技术资料生产出合格的产品。如果受让方认为转让方实际提交的技术资料与合同中约定应当提交的技术资料不符,可以向法院提出主张,或请求法院委托鉴定,以追究转让方提交技术资料不符合约定的违约责任。

第二十章　仓储合同和保管合同

第一节　仓储合同基础法律问题

一、仓储合同概述

仓储合同，也称仓储保管合同。我国《合同法》第二百八十一条规定："仓储合同是保管人储存存货人交付的仓储物，存货人支付仓储费的合同。"就仓储合同的性质而言，它仍然是保管合同的一种，但又具有其与一般保管合同相区别的显著特征：

（一）仓储保管人必须是拥有仓储设备并具有从事仓储业务资格的人

仓储是一种商事行为，有无仓储设备是仓储保管人是否具备营业资格的重要标志；仓储设备是保管人从事仓储经营业务必备的基本物质条件。从事仓储业务资格是指仓储保管人必须取得专门从事或者兼营仓储业务的营业许可。

（二）仓储保管的对象是动产，不动产不能成为仓储合同的标的物

与一般保管合同的标的物必须是特定物或特定化了的种类物不同的是，作为仓储物的动产不限于特定物，也可以是种类物，若为特定物，则储存期限届满或依存货人的请求返还仓储物时须采取原物返还的方式；若为种类物，则只需返还该种类的相同品质、相同数量的替代物。

（三）仓储合同为诺成性合同

这一点显著区别于实践性的保管性合同，即合同从成立时即生效，而不是等到仓储物交付才生效，这一点在《合同法》上明确定义具有重要的实践意义。

在仓储合同中，保管人是具有专业性和营利性的从事仓储营业的服务的民事主体，合同一旦成立，在仓储物交付之前其必然要耗费一定的人力、物力、财力为履行合同做必要准备，若存货人此时反悔不交付货物，必然给对方带来损失。若仓储合同作为实践性合同，则合同从交付之日才成立，从订立合同到交付之间的这种损失只能依缔约过失责任而不是违约责任请求赔偿。作为诺成性合同则不

同，只要双方达成一致协议、合同成立，则合同立即生效，双方当事人必须受合同效力的约束，上述损失就可依违约损失获得赔偿。显然法律的用意在于强调仓储合同的严肃性、稳定性，任何一方在仓储行为中都要做出慎重的、负责的意思表示，不可随意为之。

（四）存货人的货物交付或返还请求权以仓单为凭证，仓单具有仓储物所有权凭证的作用

作为法定的提取或存入仓储物的书面凭证，仓单是每一仓储合同中必备的，因此仓单是仓储合同中最为重要的法律文件之一。

二、仓储合同中的几项特殊权利

仓储合同当事人根据合同约定各自具有特定的权利义务，但在这些权利义务中有两项特殊权利值得我们注意：

（一）存货人对仓储物的检查权

根据《合同法》有关规定：保管人在仓储物的占有期间，仓储物的所有权仍然属于存货人。存货人为了防止货物在储存期间变质或有其他损坏，有权随时检查仓储物或者提取样品，但检查仓储物或提取样品的行为，不得妨碍保管人的正常工作。如果保管人无正当理由拒绝存货人检查仓储物并提取样品，仓储物发生变质或有其他损害的，保管人应当承担赔偿责任。

（二）保管人对仓储物的提存权

《合同法》第三百九十三条规定："储存期间届满，存货人或者仓单持有人不提取仓储物的，保管人可以催告其在合同期限内提取，逾期不提取的，保管人可以提存仓储物。"所谓提存，是指债权人无正当理由拒绝接受履行或其下落不明，或数人就同一债权主张权利，债权人一时无法确定，致使债务人难于履行债务，经公证机关证明或法院的裁决，债务人可将履行的标的物提交有关部门保存。一经提存即认为债务人已经履行了其义务，债权债务关系即行终止。债权人享有向提存物的保管机关要求提取标的物及其孳息的请求权，但须承担提存期间标的物损毁灭失的风险并支付因提存所需要的保管或拍卖等费用，且提取请求权自提存之日起5年内不行使而消灭。

提存程序一般来说，首先，应由保管人向提存机关呈交提存申请书。在提存书上应当载明提存的理由、标的物的名称、种类、数量以及存货人或提单所有人的姓名、住所等项内容。其次，仓管人应提交仓单副联、仓储合同副本等文件，以此证明保管人与存货人或提单持有人的债权债务关系。此外保管人还应当提供证据证明自己催告存货人或仓单持有人提货而对方没有提货，至该批货物无法交付其所有人。这两项权利是法律根据仓储合同的独有特点赋予仓储当事人双方的独特权利，双方当事人应充分合理地行使这些权利，从而在最大限度内保护自己的利益。

三、仓单的法律定位

（一）仓单的法律理解

我国《合同法》第三百八十五条规定："存货人交付仓储物的，保管人应当给付仓单。"所谓仓单，就是指仓储保管人在收到仓储物时向存货人签发的表示已经收到一定数量的仓储物，并以此来代表相应的财产所有权利的法律文书。

1. 仓单是仓库保管人签发的法律文书。仓单表明了保管人对存货人在仓储物上的权利的确认。所谓的保管人签发，不仅包括保管人亲自签发仓单，而且也包括保管人的代理人及其雇员所签发的仓单。保管人的代理人或雇员所签发的仓单在法律上与保管人亲自签发的仓单具有同等效力。保管人出具签发的仓单，就意味着保管人已经收取了存货人交付的仓储物，而且该仓储物已经过保管人的验收，并被保管人确认是符合仓储合同约定的仓储物。

2. 仓单是对存货人签发的法律文书。存货人只是一种身份，并不一定是存入货物的行为者，对保管人而言，只要是仓单的持有人就是存货人。保管人签发仓单是依据仓储合同而为的义务，而合同的另一方当事人即存货人就是接受保管人履行合同义务的权利的接受者，因此保管人只对存货人给付仓单、承担仓储合同上的义务。存货人持有仓单就表明自己已完全按照合同的约定向保管人交付了合格的仓储物，并可凭仓单要求保管人到期返还仓储物。

3. 仓单是代表一定的财产所有权的法律文书。存货人持有仓单所证明的应当是：虽然货物已经交付给了保管人，但这种交付并不涉及财产权利的移转，交付只是为了求得妥善的存储与保管，仓储物的所有权仍然掌握在自己手中，自己仍然可以以所有人的身份自由处分仓储物，在仓储期满时，存货人或者仓单持有人就可以以此为凭证提取仓储物。

（二）仓单的物权效力

1. 仓单交付的物权效力。根据我国《合同法》第三百八十七条的规定，存货人或仓单持有人在仓单上背书并经保管人签字或盖章之后，仓单上所具有的提取货物的权利随之转让于新的仓单持有人。民事主体占有仓单与其对仓储物本身的占有具有同样的法律意义，这是仓单交付的首要效力。

2. 仓单交付的后果。

（1）仓储物风险承担随仓单而移转。依合同法基本理论，风险自交付时转移,尽管仓单的交付不是货物的直接交付,但具有了法律上交付的意义,所有权的转移得到了实现,风险的转移也随之完成。

(2)仓单仅具有单纯的物权效力。仓单毕竟只是低层次的有价证券,它远不及票据,仓单的交付只对于那些由仓单而发生的权利以及对于仓储物上的权利而具有物权转移的效力,而不涉及其他方面的权利关系,比如票据上的对前手背书人的追索权。

(3)仓单具有物权的排他性。在同一仓储物上,不能存在两份或多份内容相同的仓单。这是一物一权主义所决定的,即使在混藏仓储合同的情况下,也只能理解为各仓单持有人为共同所有人,如果出现两份或多份仓单请求给付,则应当以最先签发的仓单为准。

(4)仓储物的非所有人取得的仓单仍然具有物权效力。除盗窃、抢夺、拾得遗失物等违背所有权人本意占有他人之物外,只要是基于合法的占有而将物储存、保管于保管人,则据此取得的仓单同样具有物权效力,即在仓单交付时,被背书人基于仓储物已经交付储存与保管的事实,相信背书人即为仓储物的所有人,则在此情形下,被背书人取得仓储物的所有权。

第二节 仓储合同的签订及纠纷预防

一、签订仓储合同的原则

(一)合法原则

订立合同必须遵守国家的法律、法规,必须符合国家政策和计划的要求。任何单位和个人不得利用合同进行违法活动,扰乱经济秩序,破坏国家计划,损害国家利益和社会公共利益,牟取非法收入。具体说来:一是当事人双方必须要有履行合同的能力,即当事人只能在他自己的生产经营范围内,才可以签订合同;二是合同内容要合法,合同的所有条款不得与国家法律、政策相抵触;三是合同的形式要合法。

(二)平等互利,协商一致,等价有偿的原则

订立合同的当事人的法律地位是平等的,在平等的地位上进行充分协商,任何一方不得把自己的意志强加给对方,任何单位和个人不得非法干预。

二、签订仓储合同的程序

签订仓储保管合同要履行一定的手续,经过一定的程序,一般要经过邀约、

验资、洽约、审约、定约、履约六个阶段。

（一）邀约

即委托方当事人向保管方提出订立仓储保管合同的建议和要求。这种邀约应明确地表达订立合同的意愿，并提出保管合同的具体内容和要求保管方作出答复的期限。邀约人在规定的有效期限内，不得与第三者签订同样内容的合同，邀约期满后，对方未作出答复时，才可以向其他人提出订立合同的建议。

（二）验资

仓储保管合同的主体是法人，即具有一定的组织机构，独立的财产或独立的预算，能够以自己的名义进行经济活动，享受权利和承担义务，依照法定的程序成立的企业、事业单位、国家机关、社会团体等。法定代表人或委托法人签订合同，应出示《营业执照》、法定代表人或委托法人的身份证明书、授权委托书、委托代理期限、权限、范围等证明材料。对签约对象的法律地位、资信情况进行查验确认。

（三）洽约

法人授权的业务洽谈人员，在对签约主体资格、资信情况、经营范围、履约能力考察后，针对邀约人提出订立合同具体条款的要求，逐条进行当面商定，如以下一些内容：

（1）委托储存的货物品名、类别、占用面积或储存吨位；
（2）货物的数量、质量、包装；
（3）货物验收的内容、标准、方法、时间；
（4）货物保管条件和保管要求；
（5）货物进出库手续、时间、地点、运输方式；
（6）货物损耗标准和损耗处理；
（7）收费标准项目和结算方式、结算银行、账号、结算时间；
（8）责任划分和违约处理、合同纠纷的处理；
（9）租赁期限或合同的有效期限、变更的约定处理办法；
（10）附则，如签订时间、地点、双方代表人签字、盖章、公证等。把双方都能接受的条款，明确地一条条确定下来。

（四）审约

由经过专门培训的合格的审查人员审查合同条款是否符合法律或政策规定，权利是否平等，条款是否严密，意思表达是否确切。防止合同条文中双方责任规定得不明确，或没有违约责任，尤其是防止仓容供过于求的情况下，签订"不平等条约"，造成不必要的合同纠纷和经济损失。

(五) 定约

各单位负责人对合同产生的经济效益，风险责任和合同履行过程中出现的问题负责，要克服合同签订的随意性，提高签订合同的责任感，对确有必要签订的合同在委托方和仓储企业依法达成的仓储保管合同文本上，由双方的法定代表人或授权委托人签字，单位盖公章或合同专用章，合同即成立。

(六) 履约

履约就是履行合同。《合同法》规定合同实行全面履行原则。全面履行即合同怎样规定就怎样履行，包括实际履行和适当履行。合同一经签订，双方必须严格履行合同所规定的内容，自觉地完成各自承担的义务。

三、规范仓储保管合同文本

国家工商局早就将标准购销合同文本推行于全国。仓储企业应积极响应，参照标准的经济合同文本结合实际，创造性地制定出适合于本地区、本行业或本企业的仓储保管合同示范文本，加以贯彻实行，实现合同管理的规范化。每个企业都应当重视合同的运用，要重合同签订质量，重合同履约实行，用合同管理推动企业提高工作质量，提高管理水平，提高经济效益。

四、仓储合同的纠纷预防

(一) 注意仓储合同与保管合同的区别

如前所述，仓储合同有其法定的特点，所以在签订履行时要注意自己权利义务的内容、起始时间，这决定着承担责任的内容和开始时间，例如合同生效时间二者不同，前者为成立时生效，后者为交付时生效；前者均为有偿，而后者有偿与否则由当事人自行约定。（具体的区别将在后文中叙述）

(二) 认真审查仓储保管人的资格

仓储合同对保管人的资格严格限制，存货人在签订合同之前应对仓储营业人的资格和保管能力有所了解，防止没有仓储保管业务的企业法人或其他组织与他人订立无效仓储合同，骗取保管费。

仓储合同中的保管方一般是经工商行政管理机关核准登记的专营或兼营仓储保管业务的法人组织。随着市场经济的不断发展，经工商行政管理机关核准登记，个体、集体经营户也可以成为仓储合同的保管方。保管方拥有仓储设备，这是保管方从事仓储保管业务的物质基础。仓储设备必须能够满足储存和保管物品的需要。

(三) 特别注意货物品名、种类与数量

仓储合同主要是规范保管方为存货方保存管货物的，其内容要合法，包括合

同标的物合法。同时，不同的货物有着不同的保管条件和保管要求，针对不同的保管难度，仓储营业人有着不同的收费标准，存货人往往因想少交保管费而在品名、数量、质量等项目中填写模糊或与实际情况不符，这就为日后发生纠纷埋下祸端，因此存货人在填写时一定要注意准确清楚，不要产生歧义。

仓储合同有效成立后，在履行过程中，当事人双方应严格按照合同的规定履行各自的义务，否则，应承担违约责任。

（四）充分行使检查仓储物或提取样品的权利

《合同法》赋予了货物所有人随时检查或提取样品的权利，有的仓储合同期限较长，仓储物在仓储过程中可能发生某些变化，若等到提取时才发现问题不仅不能避免损失还会发生损失承担的争议，所以行使该权利无疑为避免纠纷打下良好基础。

（五）履行过程中密切注意双方对仓储合同的实质变更

仓储合同订立生效后，是可以变更的，并非一成不变，并且变更后的仓储合同同样具有法律效力，双方当事人都应遵守合同的规定，切实履行义务。变更仓储合同不一定是双方当事人再订立一份形式上统一的变更原合同的协议。当事人之间来往的有关协商同意修改合同的信函、电报等也可以构成有效的变更合同的协议，任何人不得以这种形式不具备合同的形式而否认变更后合同的效力。

（六）存货人应防止仓储营业人在合同中滥用免责条款

免责条款是指当事人以协议排除或者限制其未来责任的合同条款。这与法律规定的不可抗力致使合同不能履行的免责不同。根据《合同法》及《仓储保管合同实施细则》规定的法定免责事由只能是不可抗力、自然原因和货物本身的性质引起的货损，当事人也可以对免责条款进行协商达成协议。由于仓储合同往往采用格式合同的形式，免责条款的问题应尤加注意，存货人要仔细阅读合同中的免责条款事项，如果发现对方利用其优势地位未经对方同意加入了超出法定范围的免责事由，应及时表示异议，要求予以修改或拒绝签订合同，以防步入免责陷阱对自己的利益造成损害。

第三节 保管合同及其履行注意事项

一、保管合同的概念及特征

根据《合同法》第三百六十五条的规定："保管合同是保管人保管寄存人交付的保管物，并返还该物的合同。"

保管合同，又称寄托合同，寄存合同，它是指双方当事人约定一方当事人保管另一方当事人交付的物品，并返还该物的合同。其中保管物品的一方称为保管人，或受寄托人，其所保管的物品为保管物，交付物品保管的一方为寄存人，或称寄托人。

保管合同具有以下法律特征：（1）保管合同为实践合同；（2）保管合同原则上为无偿合同、不要式合同、双务合同；（3）保管合同以物的保管为目的；（4）保管合同须移转标的物的占有。

二、保管合同履约注意事项

保管合同是保管人保管寄存人交付的保管物，并返还该物的合同。在保管合同中，寄存物品的一方称为寄存人，负责保管物品的一方称为保管人。在签订保管合同的过程中，应注意以下事项：

（一）保管合同的成立

保管合同为实践合同，即保管合同仅有承诺生效，双方意思表示一致，该合同仍不能成立，还须寄存人将保管物送保管人，保管合同方才成立。

（二）保管凭证应记载的事项

保管凭证是保管合同的一个重要证据，需注意以下事项：

1. 若保管凭证仅为接受保管物凭证，则所记载事项较为简单，只需记明保管人及所收保管物的名称、数量等基本情况。

2. 若保管凭证即为保管合同，则签订保管合同应使用全国统一的保管合同文本，保管合同应尽量做到条款齐备、文字含义清楚、责任明确。

（三）保管人的限制

保管合同是以保管物品为目的的合同。委托人将自己的物品交给保管人保管，只是把该物品的使用权交给保管人保管，该物的物权仍归委托人，保管人只能按合同约定妥善管理的义务，并承担保管期间的毁损、灭失责任。

保管人不得将保管物转交第三人保管，但当事人另有约定的除外。保管人违反该规定将保管物转交第三人保管，对保管物造成损失的，应当承担损害赔偿责任。

（四）保管费用

订立保管合同时应当明确保管费用，否则保管会是无偿的义务行为。

无偿的保管行为除保管人能证明自己没有重大过错行为不承担赔偿责任外，其他情形也要承担保管物的损害赔偿责任，因此，在订立保管合同时，应明确保管物应支付的费用。

（五）保管合同的终止

保管合同终止的原因：（1）因履行而终止；（2）因抵消而终止；（3）因提

存而终止；（4）因双方协议而终止。

（六）保管合同的诉讼时效

《民法通则》第一百三十六条规定，寄存财物被丢失或者损毁的，诉讼时效期间为1年。

（七）保管合同的违约责任及违约责任的免除

1. 违约责任。根据我国《合同法》的有关规定，保管合同的违约责任主要表现在以下几方面：

（1）寄存人交付的保管物有瑕疵或者按照保管物的性质需要采取特殊保管措施的，寄存人应当将有关情况告知保管人。寄存人未告知，致使保管物受损失的，保管人不承担损害赔偿责任；保管人因此受损失的，除保管人知道并未采取补救措施的以外，寄存人应当承担损害赔偿责任。

（2）保管人违反规定将保管物转交第三人保管，对保管物造成损失的，应当承担损害赔偿责任。

（3）保管期间届满或者寄存人提前领取保管物的，保管人应当将原物及其孳息归还寄存人。如果因违约行为使对方失去实际上可获得的利益，包括利息的损失、自然孳息损失、利润损失等，应当赔偿受害方所遭受的损失。

2. 保管合同的违约责任的免除。

（1）因不可抗力而免责。不可抗力是当事人不能预见、不能避免且不能克服的客观情况。由于不可抗力的原因造成保管合同不能履行或不能完全履行，不是当事人主观上的过错所引起的，因此，在不可抗力发生后，有关当事人即可依法免除违约责任。

（2）受害人对于损失的发生也有过错的，可以减轻或者免除违约方的责任。

（八）争议解决方式

1. 如约定诉讼管辖法院，只能约定由被告住所地、合同履行地、合同签订地、原告住所地、合同标的物所在地法院管辖，且只能约定其中一个法院管辖。如果约定不明确、选择两个以上法院管辖，或约定上述5个法院以外的法院，或既约定仲裁又约定诉讼的，这样解决争议的条款是无效的。

2. 如约定仲裁，应当明确约定具体的仲裁机构和仲裁事项。仲裁机构约定明确的标准为：仲裁机构所在地明确，同一地点有两个以上仲裁机构的应当写明约定的仲裁机构的详细名称。

3. 发生争议后当事人双方可以平等协商达成共识，也可以由人民调解委员会调解或者向人民法院起诉以及依约定申请仲裁。人民法院的裁判、调解以及仲裁机构的裁决、调解都是具有强制力；当事人双方协商达成的共识和人民调解委员会的调解没有强制力但是其效力等同于签订了新的合同。

第四节 保管合同与仓储合同

仓储合同实际上是保管合同的一种特殊形式，立法上之所以把仓储合同单列出来，是因为仓储合同作为一种商事合同，与保管合同又存在着很大的区别。

一、保管合同与仓储合同的相似之处

(一) 两者的合同目的相同

两者的合同目的都是为他人财物提供保管行为，并予以返还。保管人都应当妥善保管保管物。

(二) 两者均为不要式合同

保管合同以寄存人对保管物的实际交付为成立要件，并不要求当事人必须采取何种特定形式，因此，保管合同为不要式合同。

对于仓储合同是否为不要式合同，大家有不同的看法。有人认为仓储合同为要式合同，必须采取书面形式；有人认为仓储合同并不要求具备特定的形式，因而为不要式合同。

本书认为，我国现行法律并未规定仓储合同应当采用特定形式，因此认定仓储合同为要式合同是没有法律依据的。虽然仓储合同的保管人在接受储存的货物时应当给付存货人仓单或其他凭证，但仓单并非仓储合同的书面形式，所以，仓储合同与保管合同一样，为不要式合同。

(三) 两者均为双务合同

对于保管合同是双务合同还是单务合同，学者中有不同的观点。一种观点认为，在无偿保管合同中，保管合同为单务合同；在有偿保管合同中，保管合同为双务合同。另一种观点认为，保管合同就是双务合同，而不以保管行为的有偿无偿为转移。

本书认为，双务合同与单务合同区分的标准并不在于合同是否有偿，而在于合同的双方当事人在享有合同权利的同时，是否也负担一定的合同义务。即使是在无偿的保管合同中，寄存人仍须负担支付保管人为保管所支出的必要费用的义务。因此，保管合同是双务合同。

仓储合同的当事人双方于合同成立后互负给付义务：保管人须提供仓储服务，存货人须给付报酬和其他费用，双方的义务具有对应性，所以，仓储合同为双务合同。

（四）两者均需移转标的物的占有

在保管合同中，移转标的物的占有是合同的成立要件，不移转标的物的占有于保管人，则保管人无法履行保管义务。

在仓储合同中，存货人亦得向保管人移转标的物的占有，否则，保管人无法履行其保管义务。

（五）两者的保管人都须给付保管凭证

在保管合同中，除非当事人另有约定，寄存人向保管人交付保管物时，保管人应当向寄存人出具保管凭证。该保管凭证是证明保管关系存在的凭证。

在仓储合同中，存货人交付仓储物的，保管人应当给付仓单，这是仓储合同保管人的一项合同义务。仓单是存货人或仓单持有人提取货物的物权凭证，并可以转让。

（六）寄存人或存货人就保管物的瑕疵或特殊性质有说明的义务

在保管合同中，寄存人交付的保管物有瑕疵或者按照保管物的性质需要特殊保管措施的，寄存人应当将有关情况告知保管人（见《合同法》第三百七十条）。

在仓储合同中，储存易燃、易爆、有毒、有腐蚀性、有放射性等危险物品或者易变质物品，存货人应当说明该物品的性质，提供有关资料（见《合同法》第三百八十三条）。

（七）当寄存人或存货人不支付报酬或必要费用时，保管人有留置保管物的权利

寄存人未按照约定支付保管费以及其他费用的，保管人对保管物享有留置权，但当事人另有约定的除外（见《合同法》第三百八十条）。

另外，根据《合同法》第三百九十五条，有关仓储合同的法律条款中没有规定的，适用保管合同的有关规定。

因此，两者的保管人在一定条件下都对保管物享有留置权。

（八）保管人得亲自履行保管义务和不得使用或许可第三人使用保管物的不作为义务

保管人不得将保管物转交第三人保管，但当事人另有约定的除外（见《合同法》第三百七十一条）。

保管人不得使用或者许可第三人使用保管物，但当事人另有约定的除外（见《合同法》第三百七十二条）。

仓储合同保管人亦得遵守以上两条规定。

（九）保管人在特定情形下的通知义务

在保管合同中，在出现寄存人寄存的保管物因第三人或自然原因可能会失去

的危险情形时，保管人应当及时通知寄存人。

在仓储合同中，在储存的仓储物出现危险或发现有变质或者其他损坏，危及其他仓储物的安全和正常保管时，保管人有义务及时通知存货人或仓单持有人，催告其采取必要的措施或作出必要的处置。

（十）保管人的返还义务

在保管合同期限届满或终止时，保管人应及时返还保管物。合同没有规定保管期限的，保管人可以随时返还，寄存人也可以随时要求返还。在寄存人要求返还或保管人返还保管物时，应当将原物和孳息一并返还。

在仓储合同中，对储存期间没有约定或者约定不明确的，存货人或仓单持有人一可以随时提取仓储物，保管人也可以随时要求存货人或仓单持有人提取仓储物，但应当给予必要的准备时间。储存期间届满，存货人或者仓单持有人应当凭仓单提取仓储物。

（十一）保管人承担责任的归则原则相同

在这两类合同中，保管人承担责任的基础都是保管人存在过错，但是因保管合同的有偿无偿，保管人承担责任的条件有所不同：当保管合同是无偿合同时，保管人仅就故意或重大过失造成保管物毁损、灭失的，承担损害赔偿责任；而当保管合同是有偿合同时，保管人对于因一般过失造成保管物毁损、灭失的，也应当承担损害赔偿责任。

在仓储合同约定的储存期限内，因保管人保管不善造成仓储物毁损、灭失的，保管人应当承担损害赔偿责任（见《合同法》第三百九十四条）。

可见，在仓储合同中，保管人应当尽到善良管理人的义务。

二、保管合同与仓储合同的不同之处

（一）两者的成立生效要件不同

保管合同是实践合同，其成立不仅须有当事人双方的意思表示一致，而且须有寄存人将保管物交付给保管人占有的行为，也就是说，寄存人交付保管物的行为是保管合同的成立要件，这在我国《合同法》第三百六十七条中得到反映。

而仓储合同是诺成合同，只要合同双方当事人的意思表示一致，该仓储合同即告成立并生效（见《合同法》第三百八十一条、第三百八十二条）。

（二）保管合同原则上是无偿合同，而仓储合同是有偿合同

在我国，保管合同是社会成员相互之间提供帮助或服务部门为公民提供服务的一种形式，以无偿为原则，但当事人也可以约定为保管而支付报酬，此时，保管合同则为有偿合同（见《合同法》第三百六十六条）。

仓储合同为有偿合同，这一点从其定义即可得知，存货人应当为保管人提供的保管服务支付仓储费用。

（三）两者对保管人的资质要求不同

在保管合同中，立法对保管人的资质条件并无特殊要求；而在仓储合同中，作为保管存货人货物的保管人，只能是仓库营业人。仓库营业人既可以是法人，也可以是个体工商户、合伙或其他组织，但必须具备一定的资格，即具有仓储设备和专门从事仓储保管业务，保管人储存易燃、易爆、有毒、有腐蚀性、有放射性等危险物品的，应当具备相应的保管条件。

（四）保管人有无验收义务不同

在保管合同中，保管人对即将交付给其保管的物品没有验收的义务。

而在仓储合同中，保管人应当按照约定对入库仓储物进行验收。保管人验收时发现入库仓储物与约定不符的，应当及时通知存货人。保管人验收后，发生仓储物的品种、数量、质量不符合约定的，保管人应当承担损害赔偿责任（见《合同法》第三百八十四条）。

（五）仓储合同的保管人有容忍义务，保管合同的保管人则无

仓储合同的保管人的容忍义务是指保管人根据存货人或仓单持有人的要求，应当同意其检查仓储物或者提取样品。在存货人或仓单持有人请求对仓储物为一定的保存行为时，保管人除非有正当理由，应予准许。

（六）两者对存货人逾期提取保管物的处理不同

在仓储合同中，存货人或者仓单持有人逾期提仓储物的，应当加收仓储费；提前提取的，不减收仓储费。

储存期间届满，存货人或者仓单持有人不提取仓储物的，保管人可以催告其在合理期限内提取，逾期不提取的，保管人可以提存仓储物。

第二十一章　委托合同、行纪合同和居间合同

第一节　委托合同

一、委托合同的概念和特征

委托合同是指受托人为委托人办理委托事务，委托人支付约定报酬或不支付报酬的合同。其特征有：

（一）建立在委托人与受托人相互信任基础上

委托人之所以选定受托人为自己处理事务，是以他对受托人的办事能力和信誉的了解、信任为基础的；而受托人之所以接受委托，也是出于愿意为委托人服务，能够完成委托事务的自信，这也是其基于对委托人的了解和信任。

因此，委托合同只能发生在双方相互信任的特定人之间。没有当事人双方相互的信任和自愿，委托合同关系就不能建立，即使建立了合同关系也难以巩固。因此，在委托合同中，受托人应当亲自处理受托的事务，不经委托人的同意，不能转托他人处理受托的事务。同时，在委托合同建立后，如果任何一方对他方产生了不信任，都可以随时终止委托合同。

（二）标的是处理委托事务

委托合同是提供劳务类合同，其标的是为劳务，这种劳务体现为委托人为受托人处理委托事务。关于委托事务的范围，《合同法》并没有将委托事务限于法律行为，因而解释上应不限于法律行为。但是，应当指出，委托事务的范围也并不是没有任何限制的，委托事务必须是委托人有权实施的，且不违反法律或者社会公共利益、社会公德的行为。

（三）受托人以委托人的名义和费用处理委托事务

受托人处理事务，除法律另有规定外，不是以自己的名义和费用，而是以委托人的名义和费用进行的。因此，委托合同的受托人处理受托事务的后果，直接归委托人承受。这是委托合同与行纪合同、承揽合同、居间合同等类似合同的重

要区别。

在有些情况下,受托人也可以以自己的名义与第三人为民事法律行为。《合同法》第四百零二条规定:"受托人以自己的名义,在委托人的授权范围内与第三人订立的合同,第三人在订立合同时知道受托人与委托人之间的代理关系的,该合同直接约束委托人和第三人,但有确切证据证明该合同只约束受托人和第三人的除外。"《合同法》第四百零三条规定:"受托人以自己的名义与第三人订立合同时,第三人不知道受托人与委托人之间的代理关系的,受托人因第三人的原因对委托人不履行义务,受托人应当向委托人披露第三人,委托人因此可以行使受托人对第三人的权利,但第三人与受托人订立合同时如果知道该委托人就不会订立合同的除外。""受托人因委托人的原因对第三人不履行义务,受托人应当向第三人披露委托人,第三人因此可以选择受托人或者委托人作为相对人主张其权利,但第三人不得变更选定的相对人。""委托人行使受托人对第三人的权利的,第三人可以向委托人主张其对受托人的抗辩。第三人选定委托人作为相对人的,委托人可以向第三人主张其对受托人的抗辩以及受托人对第三人的抗辩。"

(四)委托合同可以是有偿的,也可以是无偿的

委托合同可以是有偿合同,也可以是无偿合同,委托合同是否有偿,由当事人双方约定。如约定收取报酬,则为有偿合同。如法律没有另外规定,当事人双方又没有约定给付受托人报酬的,则为无偿合同。

(五)委托合同为诺成合同、不要式合同、双务合同

委托合同自双方达成一致的协议时即成立,不以物的交付或当事人实际履行行为作为合同成立的要件。因此,委托合同为诺成合同。委托合同为不要式合同,合同采用何种形式,由当事人双方自行约定。委托合同无论是否有偿,均为双务合同。在无偿的委托合同中,委托人虽没有支付报酬的义务,但其仍负有其他义务,如支付费用、接受委托事务的结果、赔偿损失等,这些义务与受托人的义务是相对应的。因此,无偿的委托合同也是双务合同。

二、委托合同签订注意事项

委托合同是日常生活中常见的一项合同,为了保障委托人的合法、合理利益,对于相关条款应明确约定,所以在签订合同时,一定要注意条款的约定。

(一)合同签订前应审慎选择受托人

委托人应对受托人行使委托事务的能力予以审查,一些需要具备专业资质或经营资格才能行使的委托事务,委托人应当对委托人是否具备专业资质或经营资格进行审查。

(二) 委托合同中委托事务明确

在委托合同中，应对委托事务的基本信息进行准确、详细约定，尤其是委托事务的具体要求，以确保受托人能够很好地完成委托事务，同时受托人必须在委托人授权范围内进行活动，如果受托人超越权限给委托人造成损失的，应当赔偿损失或委托人减少其相应的报酬。没有经委托人指示，受托人不得擅自改变委托事务，更不能将办理委托事务所产生的利益据为己有。

(三) 委托合同之委托期限

在委托合同中，应对期限进行明确的约定，受托人应按约定时间保质保量完成委托事务。如果受托人因自己的过失不能按时完成，则构成违约，因此给委托人造成损失的，要承担赔偿损失。

(四) 委托合同之受托人损害赔偿

委托合同若是有偿的，因受托人的过错给委托人造成损失的，委托人可以要求赔偿损失。但是，因委托人自己指示不当或其他过错致使受托人遭受不应有损失的，该损失由委托人自行承担。

委托合同若是无偿的，因受托人的故意或者重大过失给委托人造成损失的，委托人可以要求赔偿损失。

(五) 委托合同的报酬

委托合同分为无偿的委托合同与有偿的委托合同。无偿的委托合同，一般是亲友或熟人等自然人之间订立的委托合同，委托人只需向受托人支付办理委托事务的必要费用。

委托合同如果是有偿的，应在合同中对于报酬的支付时间、支付方式等进行明确的约定：

1. 明确约定报酬的支付方式，以现金支付或是通过银行转账的方式。

2. 明确约定报酬支付时间，在受托人完成委托事务后，委托人应支付约定的报酬给受托人。同时，委托人还应支付给受托人在处理委托事务中垫付的相关必要费用。

3. 明确约定委托事务因受托人的过失而未能完成，委托人可以不支付报酬或是就已经完成的部分支付相应的报酬。

(六) 其他事项

在订立合同，建议根据实际具体委托事项对是否允许转委托、违约责任、争议解决的方式、诉讼管辖地等约定清楚，以降低合同履行风险和保证合同顺利履行，并尽可能保障作为承租方的合法、合理利益。

三、委托合同欺诈及其防范

（一）委托合同中的欺诈行为

1. 委托人欺诈受托人。委托人欺诈受托人主要指委托人没有遵循合同法诚实信用的原则，把委托事项的真实情况如实告知受托人，而是捏造事实、隐瞒真相、做了欺骗性的描述，并以利益引诱，使得受托人的意思表示存在瑕疵，与委托人订立了委托合同，并因此利益受损的情形。

例如，A市甲机械厂，生产多种型号毛织机，其中部分型号的机种获得了合格证及获奖证书，但有一种某型号的毛织机质量不合格，常有客户退货，造成库存积压近百台该种型号的毛织机，占用了大量资金，导致财务状况不佳。为了摆脱困境，甲机械厂派人联系B市乙机械厂，请其代为销售积压型号的毛织机，并出示了不同型号的其他机种的合格证及获奖证书，以获取信任。同时许诺，每售出一台毛织机，乙机械厂可从价款中直接提取20%作为报酬，剩余价款汇回甲机械厂。双方根据约定订立了委托合同。

合同生效后，乙机械厂为甲机械厂代售某型号毛织机。在一个月内乙机械厂售出20余台毛织机，扣除报酬，剩余价款尽数汇给甲机械厂。但是第二个月所售出的毛织机因质量问题纷纷被买家退货，乙机械厂被迫返还毛织机货款，加上运输费、保管费等，乙机械厂因此受到损失20余万元。本案例即为委托人欺诈受托人，使受托人蒙受损失的情形。

2. 受托人单独欺诈委托人。受托人单独欺诈委托人主要是通过骗取委托人信任，以为委托人处理委托事务为名，骗取报酬，为自己牟利，使委托人利益受损的情形。

例如，孙某原是甲木材厂的办公室人员，现已被开除。在偶然的机会，孙某得知乙家具厂急需购买一批木材，孙某主动找到乙厂厂长，声称自己曾经任甲木材厂的办公室主任，和甲厂厂长很熟，能以低于市场价的出厂价采购木材。乙厂厂长信以为真，于是与孙某订立委托合同，委托孙某为乙家具厂代购木材，价格为出厂价。双方还约定货到付款。过了几天，孙某找到乙厂厂长，称需要"活动费"2万元，乙厂厂长先付给其1万元，约定有消息后，再付1万元。孙某拿到1万元钱款后潜逃。本案例即为受托人单独欺诈委托人的情形。

3. 受托人与第三人合谋欺诈委托人。受托人与第三人合谋欺诈委托人主要是受托人利用委托人的信任，与第三人恶意串通欺诈委托人，以谋取委托人的报酬、费用，使委托人利益受损的情形。

例如，甲服装厂委托张某代购一批布料，张某找到其亲属任销售科长的乙布厂，购买了一批库存积压布料，并开出虚假发票，上列价款15万元，实际只支付给乙布厂9万元，剩余6万元，被张某及其亲属平分。此案例即为受托人与第三人合谋欺诈委托人的情形。

（二）委托合同中欺诈行为的防范

1. 学习必要的合同法律知识。合同的当事人应该了解合同的订立过程、合同的必要条款、合同的效力、合同的履行、违约责任等法律知识，这样在订立合同时才不会盲目无从。

2. 明确委托合同应具备的条款。订立委托合同应具备如下条款：委托人和受托人的名称（或姓名）及住所；委托事项（应明确委托事项的名称、数量、规格、质量、完成时间等具体要求）；授权范围；委托期限；报酬支付；双方的权利和义务；合同的终止；违约责任；合同纠纷的解决等。

3. 订立委托合同前要做好充分的准备。当事人在订立委托合同前应充分了解对方的情况，通过与对方的接触、谈判，获知对方的有关信息，包括对方的姓名、职业、社会关系、道德品质、经验阅历及对方订立合同的目的等方面，以利于合同安全。

4. 在利益面前保持理智，做好理性分析。欺诈者常用的手段就是以利诱人，有些当事人为了利益，被对方所欺骗、蒙蔽，以致上当受骗，不仅没有得到应得的利益，而且还有可能给自己和他人造成损失，最后追悔莫及。根据经济学的原理，利润越高，风险越大，因此，在订立合同时一定要保持理智，对委托合同的条款要详加分析，查看合同内容是否合法、条款是否齐全、有无不合理的地方或者矛盾的地方，这样才可有效地防止被欺诈。

5. 不擅作主张，多听取专业人士的意见。对于自己不了解的领域，要多听取专业人士的意见，他们比一般人熟悉本领域的情况，有丰富的经验，可以分辨出合同的漏洞及陷阱。当事人应当用认真的态度听取专业人士的意见。

6. 一旦被欺诈，要及时采取有效措施，防止损失扩大。当事人一旦察觉被对方欺诈，一定要立即采取中止交易、追缴财物、提起诉讼等手段，保护自己的利益。必要时，可以求法院对欺诈人的财产进行诉讼保全，积极配合公安机关、检察院搜集证据，准备材料，为庭审做准备。总之，应尽可能采取各种措施，防止损失扩大。

第二节　行纪合同

1999年10月1日开始施行《中华人民共和国合同法》，这不仅是我国法律建设史上具有里程碑意义的大事,对于我国建立社会主义市场经济法律制度更是向前迈进了一大步。

改革开放以来,行纪业在我国又兴盛起来,并已初成规模。而在我国20世纪80年代所颁布实施的三个合同法中并没有关于行纪合同的规定,因此,行纪合同也只能作为一种无名合同而存在。法律规定的欠缺也使行纪业在现实生活中缺乏必要的法律指引和规范,从而使行纪业在我国的发展受到了一定局限。为了改变这种局面,《合同法》在分则部分设专章对行纪合同加以规定,使行纪人和委托人都有法可循。

一、行纪合同与行纪制度的法律含义辨析

(一)行纪合同的概念及行纪制度的发展

1. 行纪合同的概念。行纪合同,是指一方根据他方的委托,以自己的名义为他方办理购销、寄售和有价证券业务,并收取报酬的合同。其中以自己名义为他方办理业务者,为行纪人;由行纪人为之办理业务,并支付报酬者,为委托人。

2. 行纪制度的发展。行纪制度是随着信托业务的发展而产生的。在欧洲中世纪,由于国际贸易的兴起,出现了专门从事受他人的委托以办理商品购入,贩卖或其他交易事务并收取一定佣金的行纪人,行纪制度已较为发达。因为当时商人委派代理人前往国外经营商业时,代理人往往滥用其信用,使商人常处于遭受损害的危险状态中。而且不管业务繁简,商人都需要委派代理人,致使费用太高,因而行纪制度较之代理制度有其独特的优势。

在罗马法上,行纪制度是随着海上贸易的发展而发展起来的,并且随着商品经济的发展,行纪行为在中世纪的欧洲开始活跃,出现了一些商人专门接受他人委托,以自己的名义为委托人办理动产买卖或其他交易事务,并为此收取佣金。由此产生了以此种经营为业的行纪商。德国商法学家史密斯特在其《德国行纪行为史》中考证认为,在欧洲中世纪,当时的一些商事习惯法和商事成文法已对行纪的概念特征,行纪行为的规则及法律后果等,做了颇为详细的规定,这些规定成为现代商事行纪法律规范的基础和历史渊源。

但是与此同时发展起来的英美法系却并直接没有吸收这一概念。在英美法系的各国判例法中,从未出现过有关行纪制度的判例,而仅有关于"被代理人身份不公开的代理"的判例,但其判例的内容,则与西欧国家中行纪制度的使用条件相类似。也就是说,英美法系并没有行纪制度这一概念,而仅有与之相应的"被代理人身份不公开的代理"的概念。而在大陆法系中,不管市民商分立或民商合一,一般都对行纪合同有明确的规定。

在我国，早在汉朝就已经出现了"牙行"、"货栈"等行纪组织，并且行纪这一制度也是在历史上非常活跃的，但是一直以来，它和居间、经理人、代办商并没有严格的区别。到清民律草案和民国第二次民法草案也只是设了居间专节，并没有行纪的专章。直到1929年颁布旧民国民法时，行纪这一名称才正式出现。新中国成立初由于实行高度集中统一的计划经济体制，行纪行业日趋衰退。《民法通则》只承认直接代理，对行纪未予涉及。后来出于外贸代理的现实需求，外经贸部于1991年颁布了《关于对外贸易代理制的暂行规定》，该规定首次明确了行纪方式在外贸代理中的合法地位。1999年的《合同法》中更专设了行纪合同一章，这使得我国的行纪制度趋于充实。

3. 行纪制度的优势。现代各国大都有关于行纪合同的规定。行纪制度与其他制度相比其优势在于：

（1）委托人可以不暴露自己的姓名或名称，但仍享有与他人订立合同的利益，从而使委托人既能保守商业秘密，又不失交易良机。

（2）行纪人在与第三人订立合同时，无须探求委托人的信用及支付能力，所以能使交易达到安全、便捷的效果。同时，委托人可以利用行纪人的资产和作用为其服务，和利用行纪人的交易关系及有关的业务知识。

（3）在行纪人以自己名义为委托人利益与第三人订立合同时，行纪人对第三人负责，这样能使行纪人在充分行使权利的同时，能审时度势。

（4）因为委托人与行纪人之间关于准用关于委托的法律规定，从而使行纪与代理权的授予有同一法律效力。

从行纪制度的优势让我们认识到它的无可替代性及《合同法》所增添的对行纪合同的法律规定是我国市场经济的必然需要。

（二）行纪合同的法律特征

作为合同中一个类型的行纪合同，除了具有合同的一般特征外，与其他合同相比较，它自身有着多个特征。

1. 行纪合同主体的限定性。在我国，行纪合同的委托人可以是公民，也可以是法人，并没有太多的限制，但行纪人只能是经批准经营行纪业务的法人或公民，也就是说行纪人的主体资格要受到限制。笔者认为这种主体的限定性，从另一个角度来说应该体现在行纪人所承担的义务与一般合同当事人承担的义务相比，具有一些限定，如行纪人在办理行纪业务时，应选择对委托人最有利的条件，并亲自办理，尽善良管理人的注意。行纪人在尽保管义务时，只有不可归责于行纪人的事由发生，否则不能免责。行纪人在尽移转收益及物品的义务时，应将行纪营业取得的收益及代购所得物品及时移交给委托人。

2. 行纪人以自己的名义为委托人办理业务。行纪人在为委托人办理业务时，须以自己的名义。行纪人在与第三人实施法律行为时，自己即为权利义务主体，这就形成了在行纪合同中，行纪人和第三人（相对人）是交易的双方当事人，其关系依交易的性质和种类而定，如是动产买卖，则两人关系就是买卖当事人之间的关系。由此可看出，委托人与第三人不发生任何直接关系，从而当行纪人没有将基于交易行为所产生的权利转交到委托人时，委托人不得对第三人（相对人）主张权利。关于义务也是一样。所以如第三人不履行义务时，对该第三人有损害赔偿请求权的，不是委托人，而是行纪人。

3. 行纪人为委托人的利益办理业务。因行纪合同所产生的权利义务最终应归于委托人承受，因此，在行纪人与第三人为法律行为时，应充分考虑到委托人的利益，并将其结果归属于委托人。行纪人为委托人所购、售的物品，虽在行纪人的支配之下，但其所有权归委托人。这些财产如果不是因为行纪人的原因而发生毁损、灭失，该风险也由委托人承担。

4. 《合同法》第四百一十四条规定：行纪合同的标的是行纪人为委托人进行一定的法律行为。行纪合同是由行纪人为委托人服务的，而提供的这种服务不是一般意义上的服务或劳务，是行纪人必须与第三人为一定的法律行为。该法律行为的实施才是委托人与行纪人订立行纪合同的根本目的所在，该法律行为才是行纪合同中的权利义务共同指向的对象。

5. 行纪合同是双务有偿合同、诺成合同和不要式合同。行纪人负有为他方办理买卖或其他商事交易的义务，而委托人负有给付报酬的义务，在此双方的义务相互对应；同时，行纪人完成事务须收取报酬，即为有偿服务，双方的利益具有对价关系，所以行纪合同是双务有偿合同。由于行纪合同只需双方当事人之间的意思表示一致即告成立，而无须为实际履行，也无须有特别的方式和特别的程度，因而它又是诺成合同、不要式合同。

（三）行纪合同与其他类似合同的区别

在经济生活中，认识行纪合同与委托合同，以及行纪合同与信托制度、承揽合同直接代理的区别，有利于正确适用有关的法律，减少合同纠纷的出现。

1. 行纪合同与委托合同。行纪合同与委托合同是最为相似的两种合同，有一些共同的特征，如两者都为提供服务的合同，都以当事人双方的相互信任为前提，委托人都委托他人处理一定事务等。因此，许多国家的立法都有明确规定"除另有规定的适用委托合同的有关规定"，有的国家甚至将行纪合同规定为委托合同的一种。但行纪合同与委托合同作为两种不同类型的合同存在着许多差异，主要体现在：

（1）主体资格要求不同。行纪人应为经许可或批准的经营行纪业务的人，而委托人则只要是具有民事行为能力的自然人、法人均可。

（2）处理事务范围不同。行纪合同中所指的委托事务属于特定事务，仅限于买卖、寄售等法律行为性质的贸易活动，不包括事实行为；而委托合同中没有这一限制，委托事务既可以有法律行为，也可以有事实行为。

（3）行为名义与产生效力不同。行纪合同中的行纪人以自己的名义与第三人从事贸易活动，行纪人与第三人之间所为的法律行为并不能直接对委托人发生效力；而委托合同的受托人处理委托事务，既可以以自己名义，也可以以委托人名义，所以，受托人与第三人订立的合同有时可对委托人直接发生法律效力。

（4）费用负担不同。在行纪合同中，行纪人为委托人处理委托事务所支出的费用，除当事人另有约定外，由行纪人负担；在委托合同中，受托人为委托人处理委托事务支出的费用，由委托人负担。

（5）有偿无偿不同。行纪合同一定是有偿合同，而委托合同既可能是有偿的，也可能是无偿的。

2. 行纪合同与信托合同。在我国理论上，行纪合同曾被称为信托合同，也正是因为如此，一些人将行纪合同与信托制度混为一谈。

所谓信托是指委托人将其财产转移或为其他处分给受托人，委托受托人为受益人的利益或为某一特定目的而管理和处分该财产。信托和行纪存在一定的相似之处，例如两者都是给予信任关系为基础，都涉及财产管理问题等，但他们是两种不同的法律制度。

（1）调整法律不同。行纪合同属于合同关系其当事人是行纪人和委托人，受合同法调整；而信托则属于财产管理关系，私人包括委托人、受托人和受益人三方，受财产法的调整。

（2）适用范围不同。行纪合同的财产范围仅限于动产，而信托则适用于财产的管理，范围包括动产和不动产。

（3）主体自主权利不同。行纪合同中行纪人应依委托人的要求处理事务，在不违背委托人指示的前提下享有介入权。而信托合同中，受托人享有广泛的自由决定权，但没有介入权，即不得为了自己的利益而与信托财产进行交易。

（4）成立要件与利益归属不同。行纪合同的成立不以财产的交付为要件，且行纪人为委托人处理事务的所得均归委托人所有，而信托的成立事宜财产的交付为要件，且信托财产在法律上所有权属于受托人，收益归受益人。

3. 代理与行纪。大陆法系的代理制度基于法律行为理论，一般采取"名义原则"，即要确定代理人究竟是以本人的名义还是以自己的名义为法律行为的。

如果代理人是以本人的名义，就是直接代理，代理人对第三人不需承担个人责任。如果代理人是以自己的名义，但实际上是为了本人的利益，则为间接代理，代理人需对第三人承担个人责任，其效果间接地归属于本人。

行纪是大陆法系国家间接代理的主要形式，它通过两个合同即委托人与行纪人的"行纪契约"及行纪人与第三人的"执行契约"，在某种程度上克服了直接代理所固有的机械僵化等缺陷。但因为行纪缺乏大陆法上"代理"的最基本要素，即代理人向第三人为意思表示而该意思表示的效果却直接归属于本人，所以在大陆法系的传统理论中，间接代理不属于代理，它只是"英美法系学者对大陆法系行纪制度的一种文字表述"。

由此可知，虽然行纪制度自其诞生之日起就与代理制度密不可分，有些国家也称其为间接代理，但是行纪制度并不属于严格意义上的大陆法系代理制度的一部分，它是大陆法系为了解决直接代理在商务交易中适用的不灵活性而精心设计的另一种独立性的制度。在立法层面上，行纪制度也得到了大陆法系各个国家的承认，法国、德国、瑞士、日本等国相继确立了行纪制度。

代理与行纪的区别如下：

（1）代理制度存在民法上的代理与商法上的代理之分，而行纪是一种商行为，不存在民法上的行纪。

（2）代理关系基于授权而发生，属于单方法律行为；而行纪合同属于双务诺成合同，属于双方法律行为。

（3）行纪以其独特的二人合同制度为特征，只有行纪人将其与第三人所订立的合同转移给委托人后，委托人才能对第三人主张权利，简言之，需通过两个合同关系才能让委托人与第三人发生直接的法律关系。而代理制度中，代理人只要是在授权范围内行事，其法律效果直接由被代理人承担，不需要合同来转移其权利义务。

（4）行纪制度一般只适用于一部分对交易安全要求较高的领域如我国现行立法中已规定的有价证券的买卖，委托贷款等。又因其"职业性"强调行纪人要具有专业知识，代理人并无这一要求。在行纪制度发展比较成熟的大陆法系国家，行纪营业人的资质，行纪营业范围，行纪规则，行纪后果的转承等内容规定得详尽而全面，而我国只是在《合同法》中以行纪合同的方式规定了行纪人与委托人的权利义务，行纪制度的立法十分不完备，这也是行纪制度在我国缺乏独立性而易与代理发生混淆的主要原因。

4. 代理与信托。信托源于英美衡平法有关财产转移和管理的制度，但是作为信托制度源泉的英美法，采取"目的导向"或"效果导向"的思维模式，极少对法律行为下定义，至今仍未形成通用的信托概念。自从大陆法系继受信托制度以来，许多国家包括我国在内都对信托作出界定并赋予其尽可能多的内涵。

如我国《信托法》第二条明确规定：本法所称信托，是指委托人基于受托人的信任，将财产权委托给受托人，由受托人按委托人的意愿以自己的名义为受益人的利益或特定目的，进行管理或者处分的行为。

从上述的定义中，我们可以知道信托和代理存在如下区别：

（1）代理关系是一种对人关系，代理成立后，代理人财产的所有权并不发生转移，代理涉及的财产的所有权与收益权并不发生分离，都归属于代理人；而信托关系是财产性的，信托成立后，信托财产的所有权便由委托人转移到受托人而且转移的是收益权被剥离的所有权，其收益权由受益人享有。

（2）在代理制度中，代理人可以以自己的名义或本人的名义行使代理权，而在信托制度中，由于受托人是信托财产的权利主体，其要以自己的名义从事信托管理活动。

（3）在代理关系中，代理人因实施代理行为所发生的一切法律后果一般由本人直接承担；在信托关系中，因信托财产的管理处分而发生的法律后果原则上由受托人承担无限责任。

（4）在代理关系中，代理人的权限比较小，只能在被代理人的授权范围内活动，不得越权代理；而在信托关系中，受托人拥有为实施信托事务所必需的一切权限，除非法律另有规定或委托人有所保留和限制。

（5）代理关系具有一种极不稳定的特性，被代理人原则上可以随时撤销代理，代理关系也可因被代理人或代理人任一方的死亡而终止。信托关系一经成立，原则上不能解除，即使出现委托人或受托人死亡或被宣告破产等情况，信托的存续期限一般也不受影响。

综上所述，代理、行纪和信托都是以委托为基础的法律制度，因其社会功能的不同而并存于当今的市场经济中，分析归纳三者的差异，可以更加准确地理解它们各自的性质特征，从而在现实生活中，根据实际需要灵活地选择适用。

第三节 居间合同

《中华人民共和国合同法》第四百二十四条规定，在居间合同中，居间人仅在委托人与第三人之间充当媒介，而无权在当事人之间的民事活动表达自己的意志；居间人既不是委托人与第三人所订立合同的当事人，也不是任何一方的代理人，而是按约定为委托人介绍第三人，并促成委托人与第三人交易或签约的人。

居间活动本身不是生产活动，但它以其特有的方式为人们提供信息和媒介服务，从而促进了交易的发展和市场的繁荣。

一、居间合同的概念和特征

（一）居间合同的概念

根据《合同法》规定，居间合同系居间人向委托人报告订约机会或为其提供订约媒介的合同。

（二）居间合同的特征

1. 居间合同是不要式合同和诺成合同。居间合同成立的唯一依据是委托人和居间人的意思表示一致，居间合同的成立既可以是书面形式，也可以是口头形式，但不以任何标的物的交付为成立前提。

2. 居间合同是双务、有偿合同。居间人为委托人报告订立合同的机会或者提供订约媒介，委托人则应向居间人支付报酬，因此，居间合同为双务、有偿合同。

3. 居间活动主体的特殊性。法律对居间人的资格做出规定，只有具备以下两个条件的公民或法人才可以成为居间人：第一，具有相应的知识、能力、从业条件，从事商事居间的还必须经工商登记；第二，鉴于机关法人、领导干部等有特殊职权的人可以凭借或利用手中的权力和社会关系，从中牟利、滋生腐败，从而严重危害社会经济秩序，因此，掌握特殊职权的机关法人、领导干部不得从事居间活动。

4. 居间合同是劳务合同。居间合同的标的是报告订立合同的机会或者提供定约媒介合同，而不是交付标的物或者转移财产权，因而属于劳务合同的范畴。

5. 居间合同的客体是居间人依合同约定实施的中介服务行为。居间人所进行的中介服务行为表现为为委托人报告订约机会或者提供订立合同的媒介服务。其中报告订约机会是指受委托人的委托，寻觅可与委托人订立合同的相对人，从而为委托人提供订约的机会。

6. 居间合同的委托人一方的给付义务履行具有不确定性。在居间合同中，只有居间人的居间活动达到目的，委托人才负有给付报酬的义务。但是其活动是否能达到目的，委托人与第三人交易能否成功，具有不确定性，不能完全由居间人的意志决定。

二、居间合同欺诈行为的防范

（一）居间合同欺诈行为的表现

居间合同欺诈是指居间人故意告知居间合同双方当事人虚假情况，或者故意隐瞒真实情况诱使居间合同一方当事人甘心上当付出中介费的行为。其主要形式表现为如下几个方面。

1. 居间人与第三人进行恶意串通，获得委托人的预付款、定金及服务费。居间合同欺诈多以无偿获得或不平等获得委托方的中介费为目的，所以居间人提供的信息必然是虚假的，否则也就不构成合同欺诈。居间人惯用的手段就是与第三人恶意串通，共同设置陷阱，使受欺诈方甘心上当付出预付款及中介费。一旦第三人不履约或逃之夭夭，居间人也不会因提供居间服务而受到法律的追究。而受欺诈人要找居间人与第三人恶意串通的证据是非常困难的。

2. 居间人故意夸大第三人的履约能力，促成委托方与第三人签约以获取中介服务费。这种欺诈行为主要表现为居间人夸大第三人的履约能力，没有把与合同有关的真实情况告诉委托方，致使委托方与第三人订立的合同在履行了一部分后不得不终止，而委托方则因要求返还中介费没有合法依据而不得不承受损失中介费的后果。

3. 居间人和第三人串通在合同履约中以种种借口解除合同，使委托人承担违约责任。居间人和第三人串通在合同履行中以种种借口解除合同，使委托人以种种借口解除合同，不但赚取了中介费，而且使委托人有苦说不出。多次进行这样的欺诈行为不但可获得可观的中介费，而且完成了第三人的加工任务。

（二）居间合同欺诈行为的防范

1. 接受居间人服务的一方，尤其要对所谓第三方的真实身份进行了解。在居间合同欺诈中，多数受欺诈人是因为相信居间人的真实性和可靠性，忽视了对第三方的严格考察，有的受欺诈人虽然进行了实地考察，但实际并不知道如何进行考察往往为一些表面现象所蒙蔽。

2. 对居间人提供的合同标的物要进行认真考察，了解其实施的要求是否真实、科学。由于居间合同欺诈中，居间人提供的居间信息多为加工承揽信息，所以考察信息的真伪，预防欺诈后果的发生，主要在委托人对加工承揽合同中的标的物进行仔细考察，合同欺诈人惯用的伎俩是预付保证金、试制样品、样品验收合格后正式履约，而伏笔便设在样品试制或验收上，根据对方提供的样品或图纸往往根本无法生产出合格的产品，被欺诈人不但损失了中介费、产品试制费而且背上了违约责任，因此接受居间服务的一方必须在对合同定作物的具体要求综合考察后，才能决定是否签订合同，是否支付中介费。

3. 接受居间服务的一方要注意居间服务广告和居间服务合同之间的联系，不让居间人利用广告与合同的不一致进行欺诈行为。由于居间人经常采用广告的形式发布有关信息，而受欺诈人经常误把广告所刊登的内容理解为合同的内容，其实广告只是一种要约邀请，并不具有合同效力，因此接受中介服务的一方，即使面对的是一份规范的合同也要对自己受到吸引的广告语言是否明确写入合同进行认真检查、核对。如果没有写入合同应当要求明确写入，如果居间人推托，就不要轻易签约。

4. 接受居间服务的一方应当注意对支付居间服务费的限制，以便最大可能地防范合同欺诈的得逞。对于居间服务费用的支付，根据合同法有关规定应当在居间人促成合同的签订后支付，但这时支付很难对居间人加以控制防止欺诈的出现。因此接受中介服务一方完全可以根据协商原则，在居间合同中对费用支付约定限制性条款。例如，约定先签订居间合同，等交易双方有效签订交易合同时，再支付居间费用，对居间人收取费用的限制性条款定得越细，居间人利用合同进行欺诈的可能性就越小。

三、当前房地产居间合同所存在的问题及其对策

（一）当前房地产居间活动的发展现状及其存在问题

1. 诚信缺失和法律空白使得房地产居间活动亟须规范。近年来，我国房地产产业得到了迅猛发展，房地产中介市场也随之不断扩大，房地产居间合同也伴随着中介市场发展而趋于规范完善。但与国外一些发达国家的房地产市场相比，我国的房地产市场、中介市场、居间合同的发展均属于早期的摸索阶段。通过房地产经纪人的居间活动，较好地促进了房地产交易的达成，加快了房地产的流通速度，有利于房地产资源的分配和利用。

同时，由于市场空间较大和操作不规范，房地产中介市场存在着巨大的利润空间，大量的经营者纷纷进入这一领域，由此也引起了众多的法律纠纷和舆论的谴责。

一方面，房地产居间活动缺乏行业的统筹规划和行业自律，致使一些房地产经纪人机构及工作人员片面追求短期利润和超额利润，不讲职业道德，不顾法律规定，运用"定金陷阱"、虚假中介等手段欺诈和胁迫客户，做出一些不讲诚信的行为，严重损害了房地产居间行业的声誉和发展前景；

另一方面，对于房地产中介服务行业，目前仅有《中华人民共和国城市房地产管理法》、《城市房地产中介服务管理规定》、《关于房地产中介服务收费的通知》等几部简单的法律法规、规章进行规范，虽然各地行政部门也相继出台了一些办法、条例之类的地方性法规。但其效力、范围以及对违规行为的处罚力度远不能满足中介市场健康发展的需要，不能有效地规范和发展市场行为，亟须进一步加以完善和规范。

2. 居间活动主体的合法身份问题。在居间活动中，由于主体身份的不适格，特别是居间机构、居间人员的合法身份问题，一直以来房屋租赁中介行业混乱的根本原因之一。许多机构组织没有营业执照，或者营业执照中只有信息咨询的经营范围，根本不具有进行房屋经纪的合法资格。从事中介业务的工作人员有时没有经纪人资格证书，中介机构应当让有资格的经纪人员为上下家提供服务，并且是以中介机构的名义从事中介活动。如果是没有资格的业务员提供服务，委托人可能会以此为由主张居间合同无效，从而导致纠纷的发生。

3. 居间收费名目繁多，收费陷阱亟须规范。居间合同收费名目繁多，有看房费、佣金、居间活动费、定金、押金、信息费、咨询费、劳务费等各种名目。建设部、计委颁布的《关于房地产中介服务收费的通知》中明文规定"房屋买卖代理收费，按成交价格总额的0.5%~2%计收；实行独家代理的，收费标准由委托方与房地产中介机构协商，可适当提高，但最高不超过成交价格的3%。买卖代理费应向委托人收取。"但实际上各省市租房中介佣金比例有高有低，给实际操作留下漏洞和隐患。

（二）房地产居间合同立法的补充和完善

1. 明确房地产居间合同性质。《合同法》所述的居间合同是个大外延的概念，调整各种形式的居间关系，但房地产中介合同是典型的居间合同。居间合同订立后，居间人在交易中是完全独立于房地产买卖双方的民事主体，他可以参加双方当事人对合同的商定过程，但不参加合同的订立，也不是任何一方的代理人，而是居于当事人之间起媒介作用的中间人。这与行纪合同有着重要区别，行纪人是接受委托人委托，为委托人利益并以自己的名义参加合同订立，直接享有合同权利义务的人，其与委托合同最相类似。

市场上，一些不良中介常常利用行纪名义赚取合同差价。其一般手段是寻找二手房的业主，双方不签署任何合同，中介更没有出现款购买房屋，只是做一般的中介代理工作。但当中介找到合适的买家，并与其谈妥价钱后，房地产中介就回头与卖方签订一份行纪合同，约定的内容是卖方以一定的价格将其房屋卖给中介，并约定若中介以高于此价的价格卖出房屋，则差价归中介所有。但实际上，中介根本没有支付房款买下房屋。结果，本应由业主获取的房款，被中介暗中吃掉了。买方的利益也相应地受到了损害。在这种情况下，由于法律并不禁止房地产经纪签订行纪合同，有关管理部门也只能够在态度上表示不支持、不鼓励，却不能有法定的措施去纠正这种市场行为。

2. 明确居间收费名目和标准。鉴于居间合同收费名目繁多，收费标准不规范，实际操作中留下许多漏洞和隐患。因此，相关部门应制定详细的收费项目和

第二十一章　委托合同、行纪合同和居间合同
合同管理操作实务

标准。同时严格执法，以国家现有的房地产中介服务收费标准相对照，对超出标准的收费除返还相对人外，还应进行严厉的处罚。

3. 完善告知制度及信息披露制度。

（1）应严格居间各方的诚信义务规定。《合同法》第四百二十五条规定：居间人应当就订立合同的重要事项向委托人如实报告。居间人故意隐瞒与订立合同有关的重要事项或提供虚假情况，损害委托人利益的，不得要求报酬并应当承担损害赔偿责任。在房地产居间过程中，如实报告的前提必须是居间人对与订立合同有关事项的彻底了解和知悉。

实践中，房产经纪人往往只能听业主对其房屋进行简单的描述，并到有关房管部门进行查询，得到一部分产权资料，或到现场对房屋进行实际察看。如果业主故意欺诈或隐瞒，经纪人的如实告知义务就可能无法完整实现。如果出现问题，民众意识里想到的责任方必定是中介，这样的判断对中介方是非常不公平的，是有失事实真相的。

因此，针对当前《合同法》中未能充分考虑到居间人与委托人的平等性，也未规定委托人也应负有相应的如实告知义务，应当完善告知制度。应当立法建立全面的告知制度，防止房地产交易中的问题出现。但这并非一件易事，比如告知时间的确定是非常难以确定的问题。时间定得过晚，它会大大影响买方的判断和决策，增加买方放弃的机会，不利于交易的稳定性。

完善的告知制度不仅应该规定经纪人、买卖双方的告知义务，还应该规定告知的时间、方式、一些限制条件、免责范围和条件等内容。

（2）应建立并严格执行信息披露制度。房地产中介行业是信息服务行业，信息的披露是否准确、完整、无欺诈意图决定了经纪人的社会信誉度，甚至可以说是其生存条件之一。应当对披露的信息种类、时间、方式等进行详细规定，如成交的标准、佣金的支付等，以减少代理人违规操作的现象，在交易过程中保护买方这一弱势群体。明文规定具体的、可操作性强的信息披露制度在房地产居间活动中是很有必要的。

从上述规定中可以看到，委托人与居间人之间对报酬一般是有约定则按约定，无约定者按规定，建设部颁布的《关于房地产中介服务收费的通知》规定"房屋买卖代理收费，按成交价格总额的 0.5%～2% 计收；实行独家代理的，收费标准由委托方与房地产中介机构协商，可适当提高，但最高不超过成交价格的 3%。买卖代理费应向委托人收取。"但两种情况下支付的前提都必须是居间人促成了合同成立。

合同成立后居间人即有权收取报酬，在履行非媒介服务范围内的过错应否成

为买卖方不支付居间费用的合法抗辩理由,是人们应该思考的一个问题。房地产经纪人在促成买卖后,本可以由买卖双方自行到房管部门进行交易,换句话说,办理交易过户手续并不是经纪人的法定义务。相应地,若买卖方需要经纪人提供这种服务的,就应当另行支付费用,该费用应属独立于居间费用以外的一项有偿服务费用。买卖双方无权就提供此项有偿服务过程中发生的问题而拒付居间费用,其有权针对的仅是有偿服务费用。

下篇

其他合同管理实务

第二十二章 合同犯罪

第一节 合同诈骗罪

一、合同诈骗罪法律依据

我国《刑法》第二百二十四条规定,有下列情形之一,以非法占有为目的,在签订、履行合同过程中,骗取对方当事人财物,数额较大的,处3年以下有期徒刑或者拘役,并处或者单处罚金;数额巨大或者有其他严重情节的,处3年以上10年以下有期徒刑,并处罚金;数额特别巨大或者有其他特别严重情节的,处10年以上有期徒刑或者无期徒刑,并处罚金或者没收财产。

二、合同诈骗罪构成要件及立案标准

（一）本罪构成要件

1. 本罪的客体,是复杂客体,即国家对经济合同的管理秩序和公私财产所有权。本罪的对象是公私财物。

2. 本罪的客观方面,表现为在签订、履行合同过程中,以虚构事实或者隐瞒真相的方法,骗取对方当事人财物,数额较大的行为。

首先,根据《中华人民共和国刑法》第二百二十四条,本罪的诈骗行为表现为下列五种形式:

（1）以虚构单位或者冒用他人的名义签订合同的。

（2）以伪造、变造、作废的票据或者其他虚假的产权证明作担保的。这里所称的票据,主要指能作为担保凭证的金融票据,即汇票、本票和支票等。所谓其他产权证明,包括土地使用权证、房屋所有权证以及能证明动产、不动产的各种有效证明文件。

（3）没有实际履行能力,以先履行小额合同或者部分履行合同的方法,诱骗对方当事人继续签订和履行合同的。

（4）收受对方当事人给付的货物、货款、预付款或者担保财产后逃匿的。

（5）以其他方法骗取对方当事人财物的。这里所说的其他方法，是指在签订、履行经济合同过程中使用的上述四种方法以外，以经济合同为手段、以骗取合同约定的由对方当事人交付的货物、货款、预付款或者定金以及其他担保财物为目的的一切手段。

行为人只要实施上述一种诈骗行为，便可构成本罪。

其次，诈骗对方当事人财物必须数额较大。所谓数额较大，根据以非法占有为目的，在签订、履行合同过程中，骗取对方当事人财物，涉嫌下列情形之一的，应予追诉：

（1）个人诈骗公私财物，数额在5000元至2万元以上的；

（2）单位直接负责的主管人员和其他直接责任人员以单位名义实施诈骗，诈骗所得归单位所有的，数额在5万至20万元以上的。

（3）本罪的主体，个人或单位均可构成。犯本罪的个人是一般主体，犯本罪的单位是任何单位。

（4）本罪的主观方面，表现为直接故意，并且具有非法占有对方当事人财物的目的。

（二）合同诈骗罪立案标准

1. 《刑法》规定立案标准。本罪是1997年《刑法》新增设的罪名。《刑法》第二百二十四条规定：有下列情形之一，以非法占有为目的，在签订、履行合同过程中，骗取对方当事人财物，数额较大的，处3年以下有期徒刑或者拘役，并处或者单处罚金；数额巨大或者有其他严重情节的，处3年以上10年以下有期徒刑，并处罚金；数额特别巨大或者有其他特别严重情节的，处10年以上有期徒刑或者无期徒刑，并处罚金或者没收财产：

（1）以虚构的单位或者冒用他人名义签订合同的；

（2）以伪造、变造、作废的票据或者其他虚假的产权证明作担保的；

（3）没有实际履行能力，以先履行小额合同或者部分履行合同的方法，诱骗对方当事人继续签订和履行合同的；

（4）收受对方当事人给付的货物、货款、预付款或者担保财产后逃匿的；

（5）以其他方法骗取对方当事人财物的。

本罪既可以由个人实施，也可以由单位实施，因此，只要单位或者个人进行合同诈骗，骗取的财物达到"数额较大"的标准，就构成犯罪，依法追究单位或者个人的刑事责任。

2. 关于经济犯罪案件追诉标准的规定。根据最高人民检察院、公安部《关于经济犯罪案件追诉标准的规定》的有关规定，以非法占有为目的。在签订、履行合同过程中，骗取对方当事人财物，涉嫌下列情形之一的，应予追诉：

（1）个人诈骗公私财物，数额在 5000 元至 2 万元以上的；

（2）单位直接负责的主管人员和其他直接责任人员以单位名义实施诈骗，诈骗所得归单位所有，数额在 5 万元至 20 万元以上的。

立案标准的第 1 种情形，"个人诈骗公私财物，数额在 5000 元至 2 万元以上"，应当立案追究。这主要是指个人实施《刑法》第二百二十四条规定的合同诈骗的五种情形之一，诈骗他人财物累计数额达到 5000 元至 2 万元以上的。

立案标准的第 2 种情形，"单位直接负责的主管人员和其他直接责任人员以单位名义实施诈骗，诈骗所得归单位所有，数额在 5 万元至 20 万元以上的"，应当立案追究。

三、合同诈骗罪与其他经济纠纷或犯罪的区别

（一）合同诈骗罪与合同纠纷的界限

合同诈骗犯罪往往与合同纠纷交织一起，罪与非罪的界限容易混淆。要划清它们的界限，大体有三种情形：

1. 内容真实的合同，即行为人是在有实际履行能力的前提下签订的合同。这种合同的签订，表明了行为人在签订合同时有进行经济往来的真实意思，并非旨在诈骗他人钱财，根据有关司法解释的精神，即使合同签订后没有得到完全的履行，也不属于诈骗犯罪。但是，有的行为人以有限的履约能力和他人签订大大超过履约能力的合同，就另当别论了。以超出自己履约能力的合同签订后，行为人积极落实货源，设法履行合同，即使最终没有完全履约，也不能认定为诈骗罪。但若行为人在合同签订后，并没有设法履行合同，就有故意诈骗他人财物的企图了，此时就应以合同诈骗罪论处。

2. 内容半真半假的合同。就是那种行为人只具有某种履行合同的意向，就与第三人签订的合同，其内容带有半真半假的性质。这类合同客观上已经具备部分履约的可能性，但要受到许多条件的制约。如果行为人有履约意图，客观上也为履行合同作积极努力，最后因种种客观原因未能履行合同，不能认定为诈骗犯罪。相反，如果行为人借有部分履约能力之名行诈骗之实，没有为合同的进一步履行做出努力，就应当以合同诈骗罪论处了。

3. 内容完全虚假的合同，即行为人是在完全没有履约能力情况下签订的合同。行为人在主观上就没有准备履行合同，占有他人财物的动机明显，应当以合同诈骗罪论处，但行为人主观上无长期占有他人财物的意图，只是想临时借用，

待将来有收益后再行归还对方的，一般不宜以合同诈骗罪论处。

（二）合同诈骗罪与民事欺诈行为的界限

本罪也往往同民事欺诈行为交织在一起，但是二者也有明显的区别，主要表现在以下六个方面：

1. 主观目的不同。民事欺诈是为了用于经营，借以创造履行能力而以欺诈行为诱使对方陷入认识错误并与其订立合同，不具有非法占有公私财物的目的，只希望通过实施欺诈行为获取对方的一定经济利益，而合同诈骗罪是以签订经济合同为名，达到非法占有公私财物的目的。

2. 欺诈的内容与手段不同。民事欺诈有民事内容的存在，即欺诈方通过商品交换、完成工作或提供劳务等经济劳动取得一定的经济利益。而合同诈骗罪根本不准备履行合同，或根本没有履行合同的实际能力或担保。合同的民事欺诈一般无需假冒身份，而是以合同条款或内容为主，如隐瞒有瑕疵的合同标的物，或对合同标的物质量作虚假的说明和介绍等；而合同诈骗罪的行为人是为了达到利用合同骗取财物的目的，总是千方百计地冒充合法身份，如利用虚假的姓名、身份证明、授权委托书等骗取受欺诈方的信任。

3. 欺诈财物的数额不同。

4. 欺诈侵犯的客体不同。民事欺诈的客体是双方当事人在合同中约定的权利义务关系，如欺诈方骗来的合同定金、预付款等，都是合同之债的表现物；而合同诈骗罪侵犯的客体是公私财物的所有权，作为犯罪对象的公私财物始终是物权的体现者。

5. 欺诈的法律后果不同。民事欺诈是无效的民事行为，当事人可使之无效。若当事人之间发生争议，引起诉讼，则由民事欺诈方对其欺诈行为的后果承担返还财产、赔偿损失的民事责任，而合同诈骗罪是严重触犯刑律，应受刑罚处罚的行为，行为人对合同诈骗罪的法律后果要负担双重的法律责任，不但要负刑事责任，若给对方造成损失，还要负担民事责任。

6. 欺诈适用法律不同。民事欺诈虽在客观上表现为虚构事实或隐瞒真相，但其欺诈行为仍处在一定的限度内，故仍由民法规范调整；而合同诈骗罪是以非法占有他人公私财物为目的，触犯刑律，应受到刑罚处罚，故由《刑法》规范调整。

（三）本罪与诈骗罪的区别

从本质上看，合同诈骗罪也是一种具体的诈骗犯罪，其与诈骗罪是特殊与一般的关系，它们的区别主要表现在以下几个方面：

1. 侵犯的客体不同。诈骗罪只侵犯财产所有权，是单一客体，而本罪既侵犯他人的财产权利，同时又侵犯合同行为管理制度。

2. 犯罪客观方面表现不尽相同。诈骗罪可以表现为虚构任何事实或隐瞒真相，以骗取财物；本罪只是在经济合同的签订、履行过程中，因而欺诈手段有特定范围的特殊性。

3. 犯罪主体不尽相同。诈骗罪限于自然人主体；本罪主体包括单位，且是任何单位。

4. 本罪与诈骗罪属于法条竞合，应当遵循特别法优于一般法的原则。

四、合同诈骗罪主要表现形式

1. 以假乱真"饰耳目"。犯罪分子以虚假的证明材料虚构不存在的单位，或伪造身份证明、冒用他人名义，在签订合同骗取钱财后就溜之大吉。

2. 招摇撞骗"唱空城"。犯罪分子虚构购销产品、发包工程、投资协作等名目骗签合同，待收受对方给付的货物、货款、预付款或者得到担保财产后迅速逃逸。

3. 一唱一和"演双簧"。犯罪分子利用媒体和网络先发布虚假广告，冒充国家行政机关、国有企业、部队和知名民营企业等单位名义，以紧俏和滞销商品为诱饵，通过一方需购买某种物品，而另一方能提供此物品来演"双簧"，随后诱惑第三方参与进来，上当受骗。

4. 虚张声势"空手道"。为证明自己"有经济实力"，犯罪分子以伪造、变造、作废的票据或者其他虚假的产权证明，虚假的土地使用证、房屋所有权证等作担保，诱使对方当事人信任，再利用经济合同诈骗钱财。

5. 先舍后取"钓大鱼"。犯罪分子本没有实际履行能力，为达到其犯罪目的，先履行小额合同或者部分履行合同，使对方当事人相信其履约能力和诚意，进而与之签订标的额更大的合同，待诈骗到大量钱财后立即销声匿迹。

6. 高进低出"连环套"。犯罪分子先以高价签订买卖合同并交付小额定金或支付小部分货款，在骗取对方信任后，想方设法拿到全部货物，然后迅速将这些货物进行低价倾销，随后迅速逃跑。

五、合同诈骗罪的处罚与量刑标准

（一）合同诈骗罪的处罚

1. 自然人犯本罪的，处 3 年以下有期徒刑或者拘役，并处或者单处罚金；数额巨大或者有其他严重情节的，处 3 年以上 10 年以下有期徒刑，并处罚金；数额特别巨大或者有其他特别严重情节的，处 10 年以上有期徒刑或者无期徒刑，并处罚金或者没收财产。

2. 单位犯本罪的,对单位判处罚金,对其直接负责的主管人员和其他直接责任人员,依本条之规定追究刑事责任。

(二) 合同诈骗罪的量刑标准

1. 针对个人犯罪的量刑标准。

(1) 3 年以下有期徒刑、拘役、单处罚金法定基准刑参照点。个人合同诈骗,数额不满 5000 元的,单处罚金刑;5000 元以上不满 1 万元的,为拘役刑;1 万元的,为有期徒刑 6 个月;每增加 1200 元,刑期增加 1 个月。

(2) 3 年以上 10 年以下有期徒刑法定基准刑参照点。个人合同诈骗数额满 3 万元,具有下列情形之一的,为有期徒刑 3 年。数额每增加 2000 元,刑期增加 1 个月。具有两个以上情形的,在 6 个月之内酌情增加刑期:①诈骗集团的首要分子或者共同诈骗犯罪中情节严重的主犯;②惯犯或者流窜作案危害严重的;③诈骗法人、其他组织或者个人急需的生产资料,严重影响生产或者造成其他严重损失的;④诈骗救灾、抢险、防汛、优抚、救济、医疗款物,造成严重后果的;⑤挥霍诈骗的财物,致使诈骗的财物无法返还的;⑥使用诈骗的财物进行违法犯罪活动的;⑦曾因诈骗受过刑事处罚的;⑧导致被害人死亡、精神失常或者其他严重后果的;⑨具有其他严重情节的。

个人合同诈骗,犯罪数额 4 万元以上不满 20 万元的,犯罪数额 4 万元,为有期徒刑 3 年,每增加 2000 元,刑期增加 1 个月。

(3) 10 年以上有期徒刑法定基准刑参照点。①个人合同诈骗,数额 10 万元,并具有上列情形之一的,为有期徒刑 10 年;每增加 1 万元,刑期增加 1 个月;每增加情形之一,刑期增加 6 个月;②个人合同诈骗,数额 20 万元的,法定基准刑为有期徒刑 10 年;每增加 1.6 万元,刑期增加 1 个月。

2. 单位犯罪责任人员法定基准刑参照点。

(1) 单位合同诈骗,数额 5 万元以上不满 8 万元的,对直接负责的主管人员和其他直接责任人员处罚金刑;8 万元以上不满 10 万元的,对直接负责的主管人员和其他直接责任人员处拘役刑;10 万元,为有期徒刑 6 个月;每增加 3300 元,刑期增加 1 个月;

(2) 单位合同诈骗,数额 20 万元的,直接负责的主管人员和其他直接责任人员法定基准刑参照点为有期徒刑 3 年;每增加 2000 元,刑期增加 1 个月;

(3) 单位合同诈骗,数额 200 万元的,直接负责的主管人员和其他直接责任人员法定基准刑参照点为有期徒刑 10 年;每增加 1 万元,刑期增加 1 个月。

第二节 签订、履行合同失职被骗罪

一、签订、履行合同失职被骗罪概念

签订、履行合同失职被骗罪，是指国有公司、企业、事业单位直接负责的主管人员，在签订、履行合同过程中，因严重不负责任而被诈骗，致使国家利益遭受重大损失的行为。

二、签订、履行合同失职被骗罪特征

国有公司、企业、事业单位的工作人员在签订、履行经济合同的过程中严重不负责任，未向主管单位或有关单位了解，盲目同无资金或无货源的另一方进行购销活动；有的不了解对方情况，擅自将本单位资金借出受骗，有的违反外贸法规规定，未经咨询，不调查客户信誉情况，盲目与外商成交或擅自作经济担保，结果被诈骗造成重大经济损失。鉴于这种行为具有一定的普遍性和典型性，为严肃法纪，保护国有资产的安全，保障市场经济健康发展，《刑法》第一百六十七条规定了签订、履行合同失职被骗罪。根据这一规定，签订、履行合同失职被骗罪具有三方面的特征：

1. 构成本罪人员是国有公司、企业、事业单位直接负责的主管人员。

2. 上述人员在签订、履行合同过程中，因严重不负责任被诈骗。这里的"严重不负责任"在实践中表现为各种各样的行为：有的粗枝大叶，盲目轻信，不认真审查对方当事人的合同主体资格、资信情况；有的不认真审查对方的履约能力和货源情况；有的销售商品时对并非滞销甚至是紧俏的商品，让价出售或赊销，以权谋私，导致被骗；有的无视规章制度和工作纪律，擅自越权签订或者履行经济合同；有的急于推销产品，上当受骗；有的不辨真假，盲目吸收投资，同假外商签订引资合作协议等。

3. 构成本罪还必须致使国家利益遭受重大损失。"国家利益遭受重大损失"包括造成大量资金、财物被诈骗；因为被骗，对方根本不会付款或无法供货；工厂濒临破产倒闭等。具体标准应当通过司法解释来规定。

三、签订、履行合同失职被骗罪构成要件

1. **本罪犯罪主体是特殊主体**。即国有公司、企业、事业单位直接负责的主管人员。

2. 主观方面是过失。如果行为人是与对方当事人恶意串通，合伙诈骗国有公司、企业、事业单位的财产，则是诈骗的共同犯罪而不再是本罪。

3. 本罪侵犯的客体是国有公司、企业、事业单位的正常活动秩序和经济利益。

4. 本罪客观方面的特征。签订、履行合同是指被骗罪客观方面表现为两种行为，即行为人在签订，履行合同过程中因为严重不负责任被诈骗，或者严重不负责任造成大量外汇被骗购或者逃汇，致使国家利益遭受重大损失的行为。

（1）所谓"严重不负责任被诈骗"，是指行为人根本不履行或者不正确地履行自己主管、分管合同签订、履行合同的义务，致使他人利用合同形式骗取单位财务的情形。

（2）构成本罪还必须具备"致使国家利益遭受重大损失"。

四、签订、履行合同失职被骗罪的认定及立案标准

（一）签订、履行合同失职被骗罪的认定

1. 区分罪与非罪的界限。区分的关键在于行为人签订、履行合同失职被骗是否使国家利益遭受了重大损失，如果在签订、履行合同时虽然被骗，但发现后及时采取措施，避免了可能造成的损失，不构成犯罪。

2. 区分签订、履行合同失职被骗罪与国家机关工作人员签订、履行合同失职被骗罪的界限。两种犯罪的相同之处在于都是在签订、履行合同过程中，由于严重不负责任而被骗，致使国家利益遭受重大损失，区别在于犯罪主体不同，前者是公司、企业、事业单位直接负责的主管人员，而后者仅限于国家机关工作人员。

（二）签订、履行合同失职被骗罪立案标准

国有公司、企业、事业单位直接负责的主管人员，在签订、履行合同过程中，因严重不负责任被诈骗，造成国家直接经济损失数额在 50 万元以上的，或者直接经济损失占注册资本 30% 以上的，应予追诉。

金融机构、从事对外贸易经营活动的公司、企业的工作人员，严重不负责任，造成国家外汇被骗购或者逃汇，数额在 100 万美元以上的，应予追诉。

五、签订、履行合同失职被骗罪应负的刑事责任

《中华人民共和国刑法》第一百六十七条规定，国有公司、企业、事业单位直接负责的主管人员，在签订、履行合同过程中，因严重不负责任被诈骗，导致国家利益遭受重大损失的，处 3 年以下有期徒刑或者拘役；导致国家利益遭受特

奇重大损失的，处3年以上7年以下有期徒刑。

  金融机构、从事对外贸易经营活动的公司、企业的工作人员严重不负责任，造成大量外汇被骗购或者逃汇，导致国家利益遭受重大损失的，依照《刑法》第一百六十七条的规定定罪处罚。

第二十三章 "守合同 重信用"体系建设

第一节 "守合同 重信用"公示活动的建立与发展

一、"守合同 重信用"活动的定义

"守合同 重信用"公示活动是国家政府部门对企业信用的一种综合评价活动,主管部门是国家工商总局。目前,工商行政管理机关开展"守合同 重信用"公示活动已有20余年,获得"守合同 重信用"公示企业可享受包括工商局、税务局、发改委、科技厅以及财政、社保、银行、海关等十几个政府部门共五十余项优惠政策的扶持。

二、开展"守合同 重信用"活动的重要意义

社会主义市场经济是信用经济,合同是信用经济的基础,是实现信用经济的重要途径,企业合同履约状况直接关系市场交易安全和经济秩序。开展"守合同 重信用"活动,是工商行政管理机关根据我国《民法通则》和《合同法》中规定的诚实信用原则,依据企业合同履约的客观记录,经过严格评价,对合同履约信用程度达到规定标准的企业,向全社会予以公示、表彰,是弘扬企业诚信守约的行为,促进全社会良好信用观念的形成,推动社会信用机制建立的一项重要措施。

深入开展"守合同 重信用"活动,有利于增强企业的法律意识、信用意识和自律能力,有利于增强企业的市场竞争能力,对推动社会信用体系的建设,营造良好的市场环境,维护生产经营和消费者的合法权益,促进经济社会和谐发展,具有重要的现实意义。各级工商行政管理机关要把开展"守合同 重信用"活动作为加强企业经营行为监管的重要措施,抓紧抓好,抓出成效,不断提高监管水平和效能,真正实现工商行政管理工作为经营者和消费者服务、为促进改革发展服务的根本目的。

第二节 评选"守合同 重信用"企业的原则和标准

开展"守合同 重信用"活动，要遵循公开、公正、公平的原则，把握标准、注重质量、严格把关。要坚持企业自愿申请，坚持标准，不搞照顾，不收费用，不搞终身制，更不能搞暗箱操作。

"守合同 重信用"企业的标准包括以下几个方面：

1. 申请参加"守合同 重信用"活动的企业，应是企业信用分类监管中的守信企业，且无不良信用记录。

2. 企业领导法律意识强，重视商业信誉和合同管理工作，坚持诚实信用的经营理念，具有较强的合同管理水平，了解本单位合同订立、履行状况。企业领导、专（兼）职合同管理人员和有关业务人员，熟悉与本企业生产经营有关的法律法规、制度。

3. 企业建立了科学合理的合同信用管理机制，有专（兼）职合同信用管理机构和人员并有企业领导负责日常合同信用管理工作。有比较系统、完善、适合本企业特点的合同信用管理制度，并抓好检查落实。合同档案、用户档案保存完整、齐全，能及时、准确地提供统计数据和有关资料。

4. 企业合同的订立应符合有关法律法规，签订合同应采用书面形式，自觉使用合同示范文本。格式合同不得含有不公平或歧视性的条款、内容。

5. 企业签订的合同，除不可抗力、对方当事人违约以及依法变更、解除外，按照约定全面履行合同，合同履约率达到100%。

6. 企业在订立和履行合同中遵纪守法、诚实守信。能够运用法律手段解决合同纠纷，自觉执行仲裁机构或人民法院已生效的法律文书，自觉接受工商行政管理等有关部门的监督。

7. 企业通过加强合同信用管理工作，在维护自身合法权益，提升经营管理水平、经济效益和社会效益等方面取得较好效果。

第三节 加强对"守合同 重信用"企业的监督和引导

1. 对"守合同 重信用"企业要实行动态管理，不搞终身制。工商行政管理机关对严重违反法律法规或不符合标准的"守合同 重信用"企业，由公示的工商行政管理机关撤销其称号。对利用合同进行欺诈的企业，5年不得参加"守合同 重信用"活动。

2. 加强对"守合同 重信用"企业的监督管理，建立健全"守合同 重信用"企业档案及企业信用数据库，对"守合同 重信用"企业的信用状况要及时记录备查。

3. 加强对企业合同信用自律组织或有关的行业协会的联系和指导，支持、帮助它们更好地开展工作。企业合同信用自律组织或有关行业协会应协助工商行政管理机关对"守合同 重信用"企业的信用状况进行监督，促进企业自律，促使企业做到诚实守信。

4. 结合实际情况，制定对"守合同 重信用"企业的鼓励支持政策，对公示的"守合同 重信用"企业在办理年检、变更登记、抵押登记、拍卖备案及日常巡查方面给予更多的便利。

5. 加强对"守合同 重信用"企业的宣传力度，扩大"守合同 重信用"活动的社会影响。

第四节 "守合同 重信用"评选活动对新经济形势的影响

1. 随着网络时代的来临，网络营销、网上交易异军突起；网络时代在给人们带来方便、快捷、成本降低的同时，也出现了一些不和谐的情况，严重影响着网络经济的健康发展，例如，虚假宣传、网络欺诈、钓鱼网站、个人信息泄露等。这些情况的出现，一是由于网络经济爆炸性的快速发展，二是由于相关法律、法规制定滞后，监管乏力。此时，积极推动"守合同 重信用"企业评选活动，倡导诚信、守法的经营环境，特别是在一些中小型企业中宣传、推广，让企业经营者守法于心，诚信于心，对净化网络经营环境会起到重要的引导和补充作用。

2. 经历过"三聚氰胺"事件的重击、"瘦肉精"事件的炸雷、"上海染色馒头"的喧闹，到如今的"塑化剂"事件、"速成鸡"事件，中国人对于食品安全的态度早已变得麻木和无奈，食品安全问题已然成为国人心中挥之不去的梦魇。当面对这一幕幕丧失道德和法制基准的食品安全事故的时候，企业信誉也一夜扫地，有的知名企业也因此关门倒闭。"守合同 重信用"不能仅仅作为口号挂在嘴边，也不能仅仅作为一个荣誉牌匾挂在墙上，而应作为一种企业良知、企业责任去身体力行。

"守合同 重信用"企业评选与公示活动已推行 20 多年，"守合同 重信用"的精神也潜移默化影响了企业 20 年。成千上万的企业因坚守了这一信条而脱颖而出，也有很多知名企业、知名品牌、百年老店因丧失了这一信条而从人们的视野消失。"守合同 重信用"活动永不过时，并会随我国的经济发展而不断完善，永葆活力。